HELVETIA
CLUB

150 JAHRE
SCHWEIZER ALPEN-CLUB SAC

PUBLIKATION ZUR AUSSTELLUNG
HELVETIA CLUB.
DIE SCHWEIZ, DIE BERGE UND DER SCHWEIZER ALPEN-CLUB

20. April 2013 bis 30. März 2014
Alpines Museum der Schweiz in Bern

HELVETIA *CLUB*

150 JAHRE
SCHWEIZER ALPEN-CLUB SAC
1863–2013

HERAUSGEBER: Daniel Anker — **TEXTE:** Daniel Anker, Bernhard Rudolf Banzhaf, Peter Camenzind, Caroline Fink, Beat Hächler, Martin Gutmann, Andrea Hungerbühler, Françoise Jaquet, Barbara Keller, Élodie Le Comte, Marco Marcacci, Andreas Minder, Frank-Urs Müller, Andrea Porrini, Martin Rickenbacher, Thomas Schmid, Johann Schneider-Ammann, Jürg Steiner, Marco Volken — **FOTOS:** Sophie Stieger, Marco Volken, Tamara Janes und weitere — **STATISTIKEN:** Rob & Rose — **GESTALTUNG:** Anita Schneuwly — **ÜBERSETZUNG:** Emanuel Balsiger

INHALT

06 **GRUSSWORT**
Johann N. Schneider-Ammann, Bundesrat

08 **VORWORT**
Frank-Urs Müller, Zentralpräsident SAC

PORTRÄTS

12 **35 PORTRÄTS HEUTIGER SAC-MITGLIEDER**

GESCHICHTE

50 **SCHWEIZER (ALPEN-)CLUB**
54 GRÜNDUNG UND 35 GRÜNDER
67 DIE ERSTEN SIEBEN SEKTIONEN DES SAC

68 **TOURISMUS**
82 BERGFÜHRER

86 **KARTEN**
98 PUBLIKATIONEN

102 **HÜTTEN**
114 KUNST UND KULTUR

118 **FRAUEN**
130 JUGEND

134 **SPORT**
152 RETTUNG

156 **GANZ OBEN**
174 GANZ UNTEN

182 **UMWELT**
192 GEBIRGSFLIEGEREI

196 **CLUBLEBEN**
206 CLUBLOKALE

216 **WIR ALPINISTEN**
228 HELVETIA CLUB

STATISTIKEN

234 **BERGE AUS ZAHLEN UND BILDERN**

260 **NACHWORT**
Françoise Jaquet, Designierte Zentralpräsidentin SAC

ANHANG

264 **BIBLIOGRAFIE, ANMERKUNGEN, BILDNACHWEIS**

276 **BIOGRAFIEN**

277 **DANK**

GRUSSWORT

Kennen Sie das unbeschreibliche Gefühl, wenn sich nach einem beschwerlichen, fast unendlich scheinenden Aufstieg zuoberst auf dem Berggipfel unvermittelt ein atemberaubendes Panorama eröffnet? Dieser kurze Moment der tiefen Befriedigung war für mich oft der Motor, wenn ich mich am frühen Morgen in voller Bergsteigermontur auf mehr oder weniger mühsame Wege machte. Diese Gipfelbegeisterung beinhaltet zahlreiche zusätzliche Empfindungen, die jedem Alpinisten und insbesondere jedem Mitglied des Schweizer Alpen-Clubs SAC ein Begriff sind.

Die wichtigste ist zweifellos das Gefühl der Zusammengehörigkeit und der gegenseitigen Abhängigkeit, der «Seilschaft». Das gemeinsame Erlebnis, die unerlässlichen Absprachen über Risiken, die man eingehen oder eben nicht eingehen will, das gemeinsame Bewältigen von Krisen, das Feiern von Erfolgen, die intensiven und ungestörten Gespräche: Das alles ist Teil der Faszination, die auf uns Alpinisten wie ein Magnet wirkt und uns immer wieder in die Berge lockt.

Dazu kommt in der Bergwelt der überwältigende Eindruck der ungebändigten Natur. Die Schönheit von Flora und Fauna. Alpen-Margeriten, Gletscher-Hahnenfuss und Mannsschild sind unübersehbare Farbtupfer. Ein Steinbock oder ein Rudel Gämsen laden zur stillen Beobachtung ein. Manchmal schwingt etwas Neid mit: Gerne würden wir uns in den steilen Wänden so furchtlos und sicher bewegen wie sie! Und dann sind da auch die Naturereignisse, die uns immer wieder zu verstehen geben, dass es Kräfte gibt, gegen die wir nichts ausrichten können, wie Lawinen oder Felsstürze.

Der Alpinismus und andere Bergsportarten sind für viele Menschen ein wichtiger Ausgleich zum stressigen Arbeitsalltag. Der SAC bietet ihnen allen die Hand und im wörtlichen wie im übertragenen Sinn ein schützendes Dach über dem Kopf. Und das seit 150 Jahren! Fast ein Drittel dieser Zeit habe ich als anfänglich aktiveres Mitglied als heute miterlebt. Wie wichtig diese Zeit als SAC-Mitglied für mich ist und war, davon zeugt in meinem Zuhause ein Büchergestell gefüllt mit Bergbüchern. Die vielfältigen Erfahrungen, die ich in den Bergen gesammelt habe, möchte ich nicht missen. Sie haben mir viel gebracht. Als dankbarer Insider gratuliere ich dem Schweizer Alpen-Club SAC zum 150. Geburtstag und wünsche ihm und seinen zahlreichen treuen Mitgliedern alles Gute für die Zukunft.

Johann N. Schneider-Ammann
Bundesrat, Vorsteher des Eidgenössischen Volkswirtschaftsdepartements
Mitglied der Sektion Wildhorn

VORWORT

Wenn man sich Gedanken über die Entwicklung des Bergsports der letzten 25 Jahre macht, dann reicht der Begriff «gross» nicht. Zahlreiche neue Formen sind entstanden. Sportklettern hat sich als Breitensport etabliert, der Wettkampfsport hat seinen Platz im SAC gefunden, das Material hat sich enorm entwickelt, viel mehr Leute sind in den Bergen anzutreffen, auf vielen neuen Routen. Dies ist in erster Linie erfreulich, denn es zeigt, dass der SAC quasi im Zentrum der gesellschaftlich-sportlichen Entwicklung der letzten 25 Jahre steht. Dass sich die Mitgliederzahl fast explosionsartig entwickelt hat, ist aber auch nicht unbedenklich. Denn wir haben seit 1907 den Schutz der Alpenwelt und die Erhaltung von deren Schönheit auf die Fahne geschrieben. Der Zielkonflikt zwischen Schützen und Nutzen ist nicht neu. Ich bin überzeugt, dass wir die Herausforderung beider Rollen mit 100-prozentigem Engagement wahrnehmen und uns diesem Zielkonflikt stellen müssen. Nur so sind wir gegenüber Öffentlichkeit und Politik glaubwürdig und werden ernst genommen.

Grosse Veränderungen gab es auch im Club selbst. Im Vordergrund steht dabei die Strukturreform des Jahres 1996. Seit 1999 wird der SAC von einem sieben- bis elfköpfigen Zentralvorstand (ZV) geführt, der von der Abgeordnetenversammlung gewählt wird und nach Sprachregion, Generation und Geschlecht ausgewogen zusammengesetzt ist. Die Führungsriege wechselt nicht mehr wie beim Vorortsprinzip alle vier Jahre. Heute ist Kontinuität und Stabilität garantiert. Auf der andern Seite sorgt die Amtszeitbeschränkung von acht Jahren für frischen Wind. Diese Neuorganisation hat sich bewährt und auch dazu beigetragen, dass der Club als dynamisch und offen wahrgenommen wird. Trotz dem nötigen Ausbau der Geschäftsstelle in den vergangenen Jahren ist das Ehrenamt im Zentralvorstand und in den Kommissionen nach wie vor zentral und soll es bleiben. 1996 wurden die neuen Mitgliederkategorien Jugend und Familie eingeführt. Heute kann man mit sechs Jahren Mitglied des SAC werden und erhält bereits mit 16 Jahren das Stimmrecht. Die Integration der Jugend, des Wettkampfkletterns und Skitourenrennsports haben den SAC geöffnet und dazu beigetragen, dass er wichtige verbindende Funktionen wahrnehmen kann.

Ein Jubiläum bietet die Möglichkeit, zurückzuschauen und sich zu freuen. Es bietet aber auch die Möglichkeit, innezuhalten und zu reflektieren. Was machen wir genau, machen wir es gut, könnten wir es besser machen? Handeln wir gemäss den Statuten und im Interesse unserer Mitglieder? In diesem Sinne hoffe ich, dass unser 150-Jahr-Jubiläum nicht nur eine Gelegenheit zum Feiern ist, sondern ebenfalls zum Nachdenken. Dem SAC und uns allen wünsche ich ein gelungenes Jubiläum und eine goldige Zukunft.

Frank-Urs Müller
Zentralpräsident SAC 2005–2013
Mitglied der Sektion Weissenstein

PORTRÄTS

12   35 PORTRÄTS VON SAC-MITGLIEDERN
               Fotografie: Sophie Stieger

DANIEL ANKER

«J'AI TOUJOURS AIMÉ LA MONTAGNE.»

Es gab am Anfang eine Zahl: 35. Aus einem einfachen Grund: 35 Männer aus der Deutschschweiz und gutem Hause gründeten vor 150 Jahren den Schweizer Alpen-Club. Heute hat der Club 140 000 Mitglieder. Männer, Frauen, Jugendliche. In der ganzen Schweiz, aus jeder Schicht, mit unterschiedlichsten Berufen. Hochtourengeherinnen, Bergläuferinnen, Himalayabergsteiger, Skialpinistinnen, Höhlenforscher, Hallenkletterinnen, Hüttenwanderer, Langläuferinnen, Iceclimbers. Bergsportler einfach. Clubisten, um ein beliebtes Wort von einst zu gebrauchen. 35 Porträts von den SAC-Mitgliedern heute: Das sollte das Ziel sein. Der Weg dorthin war nicht leicht. Aber spannend wie eine Tour auf einen unbekannten Gipfel.

Es gab Auswahlkriterien: SACler aus allen Landesteilen, aus möglichst verschiedenen Sektionen, Berufsgattungen und Altersgruppen, sollten porträtiert werden. Männer und Frauen, berühmte und unbekannte, langjährige und frisch beigetretene Mitglieder, Bergprofis und Gelegenheitsbergsteiger. Der Vielfalt des SAC ein persönliches Gesicht geben. Genauer: Gesichter, und sogar ein paar mehr als 35, weil da und dort eine Familie, ein Geschwister- oder Ehepaar aufgenommen wurde. Nicht am Berg übrigens, sondern am Arbeits- oder Wohnort. Um so den Club noch besser in seiner Vielfarbigkeit zeigen zu können.

Es gab leichte Entscheidungen: Yvette Vaucher, das erste weibliche Ehrenmitglied, sollte porträtiert werden. Alexandra Eyer, eine der erfolgreichsten Schweizer Wettkampf-Sportkletterinnen. Heidi Bächtold, die letzte Präsidentin der Section Jorat, die es im Jubiläumsjahr nun nicht mehr gibt. Ivo Burgener, oberster Alpinmilitär und Kommandant des berühmtesten Skitourenrennens der Schweiz. Oder die Gebrüder Remy, die wohl alle kennen, die hierzulande kletternd unterwegs sind. Und so füllte sich langsam «mein» Rucksack mit den angestrebten 35 Porträts. Ich machte eine Liste nach Sektionen, Sprachen, Alter, Tätigkeiten, Landesteilen. Und merkte auf einmal, dass mir da noch jemand fehlt, dort eine Berufsgruppe gut zum Schweizer Alpen-Club passen würde. Wie ein Bergführer, eine Bergführerin natürlich. Ein Führerautor. Eine Hüttenwartin. Ein Arzt. Jemand von der Alpinen Rettung. Vom Lawinendienst. Doch nicht alle Arbeitsgebiete sollten gebirgig sein. Oder dann nur indirekt, wie eine Winzerin – jemand muss schliesslich im Rebberg stehen und später den Gipfelwein machen!

Es gab Volltreffer: Noch fünf Mitglieder fehlten mir, wenn möglich aus der Romandie und wenn möglich eine Frau, mehr noch: eine Hebamme. Diesen Wunsch übermittelte ich, wie schon so viele andere Wünsche, Daniela Seiler auf der SAC-Geschäftsstelle in Bern. Die Liste mit den Sagefemmes erhielt ich umgehend und wählte Fabienne Rios-Miranda von der noch nicht berücksichtigten Section Chaussy aus. Sie willigte ein. Mehr noch: Da eben erst Mutter geworden, ist jetzt auch ihr Kind mit auf dem Bild. Wer weiss, vielleicht tritt es in 25 Jahren dem SAC bei?

Es gab Hoffnungen: Ein Nachkomme eines der 35 Gründer des SAC sollte porträtiert werden. Aber gab es ihn oder sie überhaupt? Mit der Hilfe von Daniela Seiler und Leonhard Burckhardt aus Basel fand ich schliesslich Christian Preiswerk. Als ich ihm telefonierte, merkten wir beide rasch, dass wir uns kennen. Schöne Zufälle. Die ich aber nicht alleine herbeiführen konnte. Bei der Suche nach Kandidaten für die Porträtserie sei auch ganz herzlich Caroline Fink, Marco Volken und vielen weiteren Freunden, Bekannten und Weggefährten gedankt, die immer wieder Ideen einbrachten.

Es gab Enttäuschungen: Sepp Gisler zum Beispiel, sympathischer Postautochauffeur aus dem Riemenstaldental beim Vierwaldstättersee. Die Bergsportler müssen ja schliesslich in ihr Gebiet kommen, das stand als Gedanke hinter der Anfrage. Sepp hätte mitgemacht, da bin ich sicher. Nur ist er nicht Mitglied des SAC, weil er, wie er mir sagte, keine Zeit habe. Denn am Wochenende müsse er immer die SAC-Mitglieder in die Berge rauf und wieder runter fahren. –1 musste ich dann Sophie Stieger mailen. Zum Glück aber öfters +1.

Und es gibt eben sie: Sophie Stieger. Die Fotografin der 35 Porträts. Sie hat es geschafft, diesen altehrwürdigen Club, den 35 Deutschschweizer vor 150 Jahren im Bahnhofsgebäude Olten gegründet haben, mit 35 Porträts von heutigen Mitgliedern auf eine neue, noch nie gesehene Art zu zeigen. Merci, Sophie! Monatelang reiste sie in der ganzen Schweiz umher, um Clubisten zu treffen und zu fotografieren. Einmal begleitete ich sie. Zu Georges Nicollier in La Tour-de-Peilz am Genfersee, zum Mitglied, das am längsten im SAC ist. 1929 trat er dem Club bei, die Jahreszahl ist auf seinem goldenen Abzeichen eingestanzt. Er hatte es ans Revers geheftet, als wir ihn besuchten. Während Sophie die Porträtfotografie im Büro von Monsieur Nicollier vorbereitete, unterhielt ich mich mit ihm. Draussen in seinem Garten, mit Blick auf die Berge. «J'ai toujours aimé la montagne», sagte er.

«Nach 15 Jahren Leistungssport geht meine Route wieder zurück in die Berge. Meine Leidenschaft zum Klettersport begann mit neun im Wallis, liess mich später unvergessliche Wettkämpfe an Kunstwänden bestreiten, und nun finde ich Entspannung und Energie, wenn ich am Wochenende in die magische Welt der Berge eintauche.»

ALEXANDRA EYER, Jahrgang 1981. Seit 1996 in der Sektion Uto; trainierte ab elf Jahren mit, obwohl noch zu jung für die JO. Spitzerkletterin, von 2000 bis 2012 im Swiss Climbing Team Elite; mehrfache Schweizer Meisterin, Bronzemedaille 1999 an der Junioren-WM in Courmayeur, Weltcupsieg im Lead 2004 in Brno. Bandagistin (Orthopädie Orthetik), Trainerin Swissolympic TGK, zurzeit Studentin Psychomotorik-Therapie. Zürich.

Porträts 1

«Als nicht schwindelfrei, aber bewegungsfreudig geniesse ich es, mit Gleichgesinnten von anderen Berufsgruppen meine Freizeit zu verbringen. In 42 Jahren entsteht eine zuverlässige Kameradschaft, die es erlaubt, auch im sogenannten Ruhestand angemessen in Bewegung zu bleiben.»

HEIDI BÄCHTOLD, Jahrgang 1943. Beim SAC seit 1971, in der Sektion Jorat BE (Frauensektion), zuletzt als deren Präsidentin. Die Sektion löste sich Ende 2012 auf und wurde in die Sektion Biel-Bienne integriert. Langlauf und Wandern. Kinderschwester, pensioniert. Nidau.

«An Bergen fehlt es im Tagesgeschäft nie. Gipsberge in der Sammlung, Pendenzenberge auf dem Schreibtisch, ein Skimüllberg in der Ausstellung 2012/13. Aber um den Kopf zu lüften, braucht es die echten Berge. Zum Beispiel den Pizzo Leone im Winter. Mit Schneeschuhen hochsteigen und auf den tiefblauen Lago Maggiore hinunterblicken. Perfetto.»

BEAT HÄCHLER, Jahrgang 1962. Seit 2011 Mitglied der Sezione Locarno und Direktor des Alpinen Museums der Schweiz (ALPS) in Bern. Seit Jahren alpiner Literatur- und Weitwanderer, nicht nur im Tessin, aber mit Vorliebe dort oder im italienischen Sprachraum. Im Winter noch (zu) wenig auf Schneeschuh- und Skitouren unterwegs. Bern.

«Die Berge verändern dein Leben, spätestens dann, wenn du dich für die Teilnahme an der legendären PDG entschieden hast.»

IVO BURGENER, Jahrgang 1968. Seit 2009 in der Sektion Monte Rosa Brig. Oberst im Generalstab; Kommandant Kompetenzzentrum Gebirgsdienst der Armee (Komp Zen Geb D A) in Andermatt; in Milizfunktion Kommandant Patrouille des Glaciers (PDG). Lernte als Kind und Jugendlicher die Alpen dort kennen, wo sich die Walliser Schwarznasenschafe und Schwarzhalsziegen bewegen. Winter- und Sommergebirgstouren, Walliser Hochjagd und Motorradfahren. Hergiswil (NW).

«Passion, Glücksgefühle, Bewegung pur, eindrückliche Landschaften, spontane Begegnungen und tolle Erlebnisse mit Gleichgesinnten. SAC-Mitglied? Eben, darum!»

MONIKA SCHWAB, Jahrgang 1966. Seit 2010 in der Sektion Ledifluh. Bergläufe wie der Alpine Marathon in Davos, Wanderungen, Berg- und Skitouren, Gipfeltrekkingtour 2012 (Ararat). Leiterin Steuern auf der Finanzverwaltung Neuenegg. Wohnt in Buch ob Mühleberg, an der Westabdachung der Ledifluh.

«Stark war die Fotosession an der Aussenwand des sympathischen Lokals der SAC-Sektion Diablerets. Noch besser wär's nur mit Lautsprechern gewesen, um in voller Stärke Hard-Rock-Musik zu spielen und so Lausanne herauszufordern.»

CLAUDE UND YVES REMY. Claude (Jg. 1953, rechts) und Yves (Jg. 1956) machten ein paar Jahre bei JO der Subsektion Vallorbe des CAS Diablerets mit. Seit 1981 bei der Section des Diablerets. Claude war Mitglied der Verlagskommission von 1997 bis 2011. 1970 eröffneten die Gebrüder Remy ihre erste Neutour, seither sind 10 000 neue Seillängen in über 2000 Routen dazugekommen. Berater bei Mammut, Verantwortliche für die Kletterhalle St-Légier, Autoren von Kletter- und Clubführern. Yves wohnt in Vevey, Claude in Vers l'Eglise bei Les Diablerets.

«Zum Glück hatte die Sektion Tödi SAC den Mut und mich eingestellt, sonst wäre aus mir nie eine Berglerin geworden. Es sind die kleinen, feinen Dinge, die mir über die vielen Jahre ans Herz gewachsen sind. Ich kenne die Gegend hier oben nun seit über 20 Jahren und kann nicht aufhören, im Rhythmus mit der Lunge des Tödi zu atmen.»

GABI ASCHWANDEN, Jahrgang 1970. Seit 1993 Mitglied der Sektion Tödi. Ist im Sommer und Winter so oft wie möglich zu Fuss im Gebirge unterwegs. Ursprünglich kaufmännische Angestellte, seit 1992 Hüttenwirtin der Fridolinshütte; eidgenössisch diplomierte Wanderleiterin SBV. Linthal.

«In den Bergen sind viele bleibende Freundschaften entstanden. Nach der Durchsteigung einer schwierigen Wand oder nach einem kalten Biwak weisst du, ob du dich auf jemanden verlassen kannst.»

CHRISTIAN PLÜSS, Jahrgang 1962. Seit 1980 in der Sektion Manegg. Aktiver Tourenleiter und von 2002 bis 2007 Präsident der Sektion Manegg. Bewegt sich kletternd, skitourend, bikend und trail-runnend durch die Berge der ganzen Welt. Direktor von MeteoSchweiz, Vizepräsident des Europäischen Zentrums für mittelfristige Wettervorhersage (EZMW) und dauernd auf der Suche nach Möglichkeiten, das Training in den vollen Berufsalltag einzubauen. Uster.

«Die Umwandlung des Schnees ist eine absolut faszinierende Sache.»

FABIENNE RICHE, Jahrgang 1983. Von 2001 bis 2010 Mitglied der Section des Diablerets, seit 2011 der Sektion Prättigau. J+S-Leiterin für Sportklettern, Skitouren und Bergsteigen. Schrieb am WSL-Institut für Schnee- und Lawinenforschung SLF in Davos, in der Abteilung Schnee und Permafrost, eine Dissertation zur Physik des Schnees: «Snow metamorphism affected by thermal conductivity and grain boundaries» (ETHZ, e-collection: http://e-collection.library.ethz.ch/view/eth:6210). Davos Dorf.

«Über wie unter der Erde liegt das Vergnügen vor allem darin, die schönen Momente mit Freunden zu teilen.»

ERIC WEBER, Jahrgang 1979. In der Section Pierre-Pertuis seit 1996, bei der Zweitsektion La Chaux-de-Fonds seit 2013. Mitglied von Spéléo-Secours Schweiz und der Schweizerischen Gesellschaft für Höhlenforschung. Seit 2003 Sekretär des Spéléo-Club Jura. Skitouren, Klettern, Höhlenforschung, Hochtouren. Hydrogeologe am Schweizerischen Institut für Speläologie und Karstforschung (ISSKA). La Chaux-de-Fonds.

«Mit dem Seil an der Handegg, mit den Ski auf der Mähren, mit dem Töff auf der Grimsel, mit dem Zwilch im Sägemehl – deshalb liebe ich die Schweiz.»

LORENZ STÄMPFLI, Jahrgang 1992. Im SAC seit 2004, Sektion Oberhasli. Kletterer, Skibergsteiger, Töfffahrer. Hafner, Schwinger. Innertkirchen.

«Gemeinsam zu den schönsten Gipfeln unterwegs sein.»

MARIE UND FLORENT TROILLET: Florent (Jg. 1981) seit 2001, Marie (Jg. 1983) seit 2004 bei der Section Monte Rosa Martigny. Florent ist einer der erfolgreichsten Schweizer Skitourenrennathleten (je zwei Siege Patrouille des Glaciers und Pierra Menta; Einzelweltmeister Skitourenrennen 2010), Mitglied der SAC-Nationalmannschaft Skitourenrennen; hauptberuflich Grenzwächter. Seine Schwester Marie ist auch Skitourenrennläuferin, von 2004 bis 2012 Mitglied in der SAC-Nationalmannschaft Skitourenrennen, 2013 im Transitkader; sonst Grundschullehrerin in Lourtier im Val de Bagnes.

«In den Siebzigerjahren wollte mich die Genfer Sektion des SAC zum Ehrenmitglied des Gesamtclubs ernennen. Die Zentrale verhinderte das, legte ihr Veto ein. Ein paar ‹Betonköpfe› hatten etwas dagegen.»

YVETTE VAUCHER, Jahrgang 1929. Bei der Section genevoise seit 1978, welche sie und Loulou Boulaz 1975 zu Ehrenmitgliedern wählte. Tourenleiterin und 1995 Präsidentin der Section genevoise. 2011 zum 103. und 1. weiblichen Ehrenmitglied des Gesamt-SAC gewählt. Mitglied der Groupe de Haute Montagne und Jurymitglied für den Piolet d'Or. Eine der besten Alpinistinnen der Schweiz, kletterte zwischen 1964 bis 1975 als erste Frau durch die ‹klassischen sechs Nordwände der Alpen›. Genf.

«Mit dem Vorsatz ‹Der Weg ist das Ziel› konnte ich schon viele schöne Erlebnisse auf meinen Touren sammeln. So führte mich der Weg mit 8927 Tagen Lebenserfahrung auf das Lauteraarhorn, mit den Ski. Mein letzter 4000er der Schweiz war bestiegen.»

SONJA SIMMEN, Jahrgang 1987. Mitglied des SAC seit 1998 (Sektion Aarau), der neuen Stammsektion Interlaken seit 2011. Aktive JO-Leiterin und ehemalige JO-Chefin der Sektion Aarau. Alpinistin, Betriebsökonomin und Tagesmutter. Lütschental.

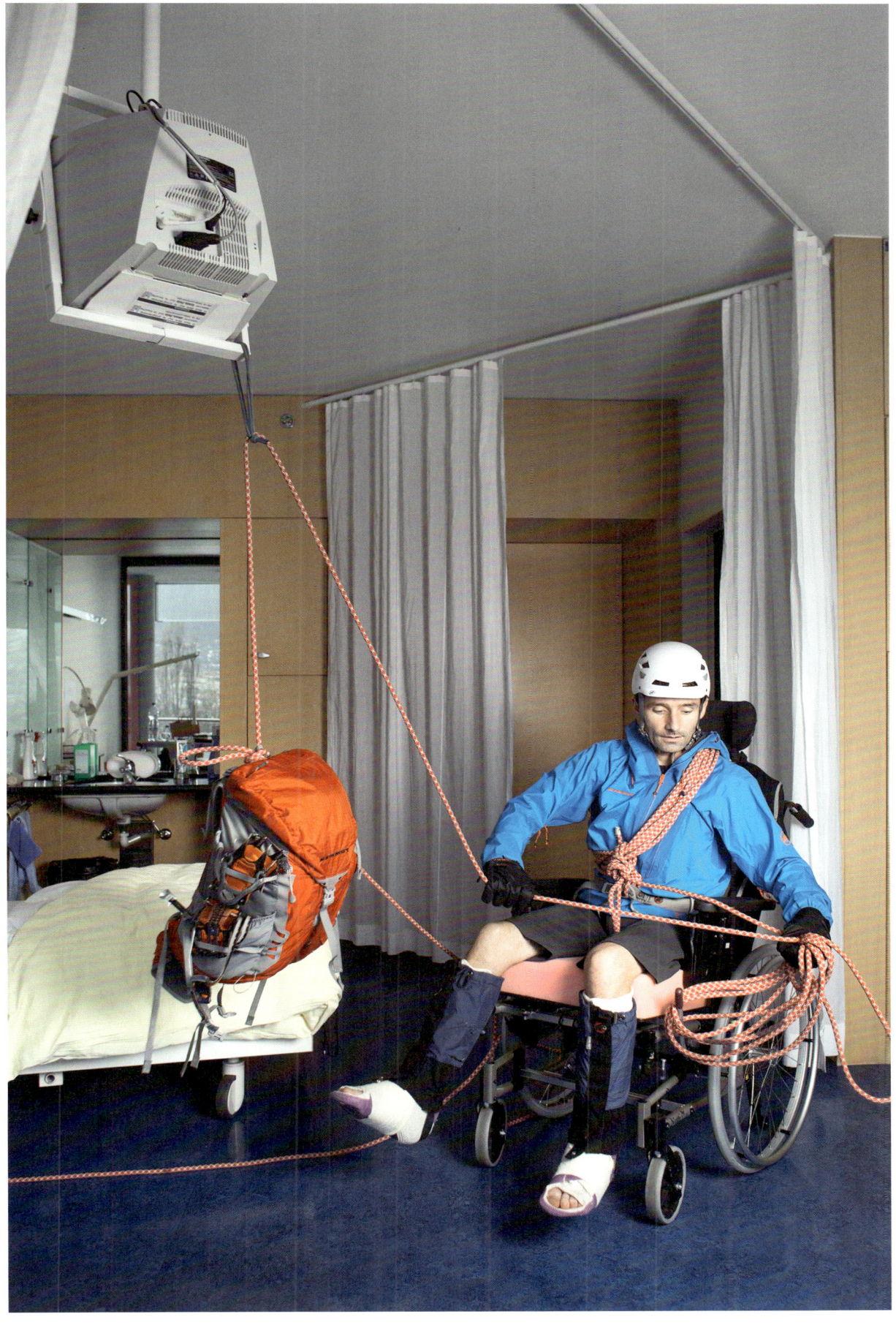

«Neue Routen und Horizonte zu entdecken, im Jura, in den Alpen und überhaupt in den Bergen der Welt: Danach dürste ich noch immer. Eine geschickte Mischung aus Erfahrung und Können, Mut und Glück, verbunden in der Freundschaft der Seilgefährten: Das besänftigt den Hunger – und nährt das feu sacré.»

DENIS BURDET, Jahrgang 1971. Seit 2000 in der Section neuchâteloise. Früher mikrotechnischer Ingenieur, seit 2002 Bergführer Leadguide beim SAC-Jugendprojekt Leistungsbergsteigen und bei der erfolgreichen Peruexpedition 2012. Experte im Schweizer Bergführerverband. Zahlreiche Erstbegehungen auf fast allen Kontinenten. Der Kletterunfall Ende 2012 hat seiner Passion für die Gipfel keinen Stoss versetzt, im Gegenteil. Neuchâtel.

«Hüttenarbeit in der Chamonna dal Linard mit vielen Gästen ist Erholung vom Alltag im Tal!»

RUEDI HALLER. Ruedi (Jg. 1966), Barbara (Jg. 1964), ihre Kinder Johanna (Jg. 2000), Florian (Jg. 2002, oben links) und Linus (Jg. 2004). Ruedi ist mit Unterbruch seit 1982 beim SAC, in der Secziun Engiadina Bassa seit 2005; Geograf, Leiter des Bereichs Forschung und Geoinformation im Schweizerischen Nationalpark. Barbara ist Apothekerin und Ethnobotanikerin. Im Sommer bewartet die Familie Haller jeweils eine Woche lang die Linardhütte des Club Alpin Svizzer. Ardez.

«Ich fand meinen Lebenspartner am 125-Jahre-Jubiläumsfest des CAS Ticino, als wir beide als Alpinisten des 19. Jahrhunderts eingekleidet waren.»

MARIA JANNUZZI, Jahrgang 1966. Seit 1998 in der Sezione Ticino. Mitglied der Verlagskommission des SAC; im weiteren der UTOE (Unione Ticinese Operai Escursionisti) und der ASAC (Associazione Sentieri Alpini Calanca). Bergwanderin. Graubündenkorrespondentin von RSI (Radiotelevisione svizzera di lingua italiana) in Chur. Roveredo.

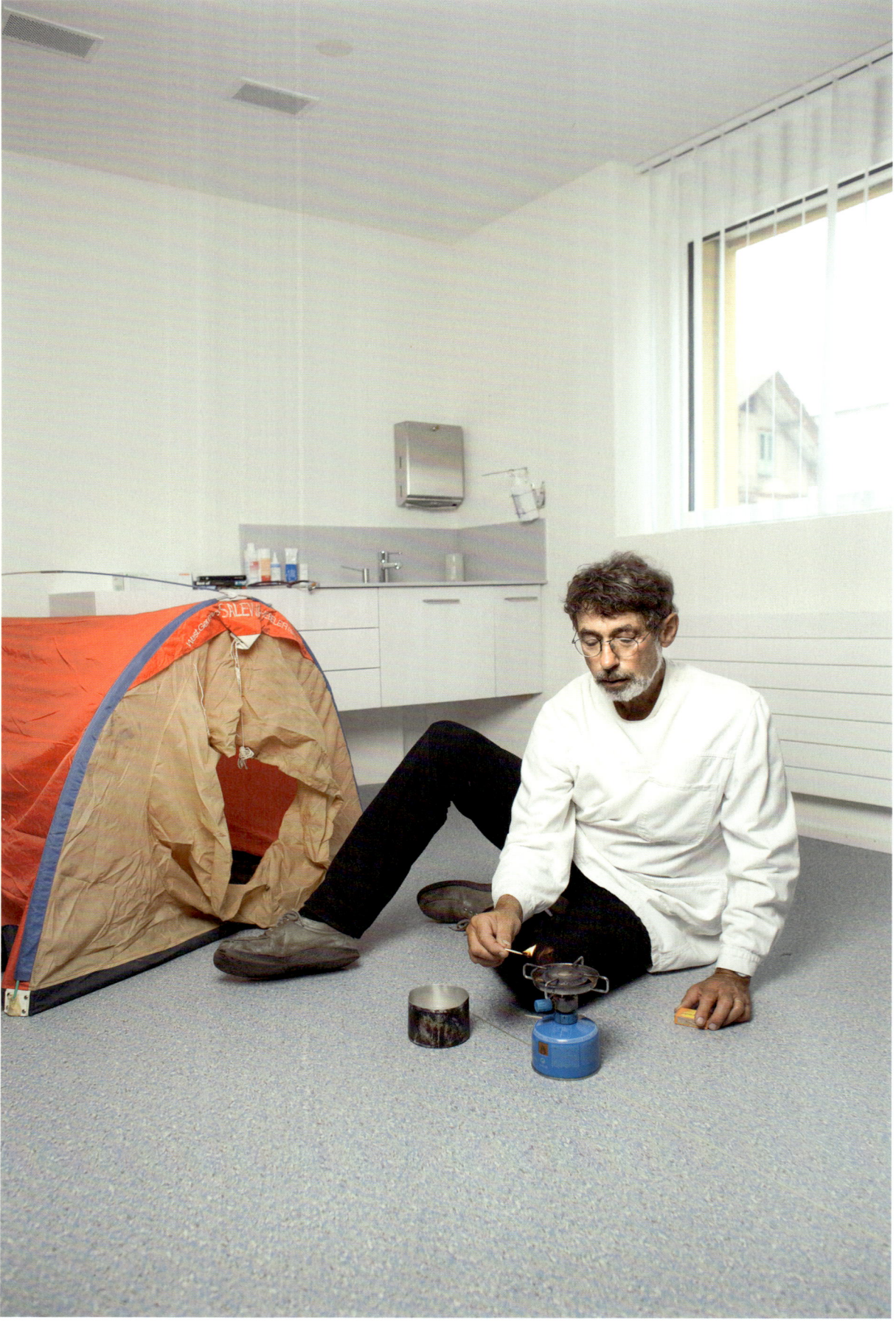

«Um Wilderness zu finden, muss ich nicht in der Welt herumjetten. Ich finde sie in ÖV-Reichweite in unserem Land, vor allem im Tessin und in den Bergen rund ums Bietschhorn. Ich möchte möglichst nur Spuren in Berichten und Führern hinterlassen.»

CHRISTOPH BLUM, Jahrgang 1944. Mit 16 Eintritt in die JO Bern, ab 1967 in der Sektion Bern, seit 1975 in der Sektion Oberaargau. Tourenleiter, Tourenkommissionsmitglied, Umweltbeauftragter im Sektionsvorstand. Mitglied Akademischer Alpenclub Bern und Mountain Wilderness. Verfasser SAC-Führer «Berner Alpen 3», Mitautor «Best of keepwild!climbs» und «Ticino keepwild!climbs». Entdecken und Klettern von neuen Routen zum Selbstabsichern, Skitouren und Hochtouren. Nach 35 Jahren Hausarztpraxis pensioniert. Langenthal.

«Meine Gäste sollen sich bei mir auf der Hütte wie auch im Zug der Rhätischen Bahn sicher und wohl fühlen.»

NICLAUS SAXER, Jahrgang 1952. Seit 1972 in der Sektion Piz Sol und seit 1987 Vorstandsmitglied. Hüttenchef und Hüttenwart der Enderlinhütte SAC seit 1987 – wie sein Vater, der über 30 Jahre auch die beiden Funktionen innehatte. Im Sommer kaum Zeit zum Bergsteigen, im Winter ausgedehnte Schneeschuhwanderungen in der Region. Seit 1972 Lokführer bei der Rhätischen Bahn – sein zweiter Jugendtraumberuf. Malans.

«Als Mineur bin ich immer umschlossen vom Berg und am Arbeiten. Beim Strahlen hole ich mir die Ruhe und Kraft für das ganze Jahr.»

ROGER FELDER, Jahrgang 1970. Seit 2006 Mitglied Sektion Piz Lucendro. Berggänger und Strahler. Mineur, zum Beispiel beim Strassentunnel von Küblis im Prättigau. Brunnen.

«Mir gefällt es sehr gut in der Sektion Kamor – und in ihrem Clubheim.»

ROSMARIE BROGER, Jahrgang 1956. Seit 2011 in der Sektion Kamor. Besucht mit «ihren» Frauen vom Turnverein gerne das Clubheim Hägis ob Wildhaus im Toggenburg. Wandern, Schneeschuh- und Langlaufen. Hausfrau und Bäuerin. Meistersrüte am Westfuss des Hohen Hirschbergs, Appenzell Innerrhoden.

«Wir lieben es, in den Bergen zu relaxen. Sie sind eine Oase für die Seele.»

PETRA ELMER BOLINGER UND ROMAN W. BOLINGER: sie (Jg. 1972) seit 2010 und er (Jg. 1971) seit 2002 in der Sektion Rossberg. In den Bergen sammelt sie gerne Naturmaterial, um damit das Zuhause zu dekorieren, und geniesst die Ruhe. Er tankt Kraft, fotografiert und beobachtet Steinböcke. Opernsängerin bzw. Trainer und Opernsänger bei Voci Eleganti. Zug.

«Bergsteigen ist für mich archaische, komplementäre Lebensform zur medizinischen Tätigkeit. Beim Wandern im Himalaya oder in Graubünden und beim Tasten im löchrigen Fels der Dolomiten oder des Oman werden die Batterien für die Auseinandersetzungen in den Stadtschluchten von Zürich aufgeladen.»

OSWALD OELZ, Jahrgang 1943. Seit 1985 im SAC, Sektion Bachtel; Mitglied der Alpinen Gesellschaft Gipfelstürmer (Innsbruck) und des Alpine Club. Lebenslanges Amateurbergsteigen in aller Welt. Als Dritter auf den Seven Summits, Version Carstenszpyramide. Heute Trekker und Kletterer in einsamen wilden Gegenden. Prof. Dr. med., Chefarzt, Expeditionsarzt, Höhenmediziner. Bergbuchautor (zuletzt «Orte, die ich lebte, bevor ich starb»). Wernetshausen am Bachtel.

«Beim Bergsteigen reduziert sich die Welt oft auf den nächsten Schritt, den nächsten Griff. Gerade diese Einfachheit und das Erreichen von klaren, aber an sich nutzlosen Zielen ermöglicht ein intensives Erleben, das für mich das Bergsteigen so wertvoll macht.»

CHRISTIAN PREISWERK, Jahrgang 1965. Seit 1982 in der JO, seit 1988 Vollmitglied der Sektion Angenstein und heute ihr Tourenchef. Ebenfalls Mitglied des Akademischen Alpenclubs Bern. Allroundalpinist und Höhlenforscher. Der Bruder seines Ururgrossvaters ist Eduard Preiswerk-Burckhardt von Basel, Mitbegründer des SAC; auch sein Grossvater war Mitglied der Sektion Basel. Diplomierter Geologe, nun bei der Akademie der Naturwissenschaften Schweiz (SCNAT) in Bern tätig. Kehrsatz.

«Wo bleibt denn nur der Gipfelwein?»

CHRISTINE CHERVET, Jahrgang 1946. Seit 1975 im SAC, Section Moléson. Früher Kletter- und Hochtouren mit ihrer Freundin, heute Wanderungen im Jura und in den Voralpen mit Ehemann François. Sein Onkel war Daniel Chervet, an den eine Rippe in der Nordwand des Lauterbrunnen Breithorns erinnert. Mit ihrem Mann Leitung des Weinbaubetriebes «Château de Praz» in Praz (Vully).

«Meine Arbeit ist mein Leben. Den Entscheid, Bergführerin zu werden, habe ich nie bereut. Nie, nie, nie.»

RENATA ROSSI, Jahrgang 1953. Mitglied der Sezione Bregaglia seit 1980; ursprünglich Mitglied der Sektion Engiadina des Schweizerischen Frauen-Alpen-Clubs. Als Italienerin auch Mitglied des Club Alpino Italiano. 1984 erste italienische Bergführerin, seit 1997 auch Canyoningführerin. Autorin des Führers «Badile – sogno nel granito». Lebt seit ihrer Geburt im Dorfteil Dogana von Villa di Chiavenna, direkt an der Schweizer Grenze.

«Die Berge – das ist Ergriffenheit, Einschüchterung und Ehrfurcht zugleich. Ich gehe gerne dorthin, um Kraft zu schöpfen, an meine Grenzen zu kommen und ihre Schönheit zu bewundern.»

MARGARITA CANDIL, Jahrgang 1984. Seit 2011 in der Section Montreux. Mitglied und Stationsmedizinerin der Alpinen Rettungsstation Montreux. Skitouren. Assistenzärztin, Weiterbildung in Innerer Medizin. Caux

«Als Eltern war es uns stets ein Bedürfnis, die Begeisterung und Freude am Bergsteigen, die Schönheit der Natur, den nötigen Respekt und Achtung vor dem Berg unseren Kindern von klein auf mit auf den Weg zu geben.»

FAMILIE EDELMANN: Friedrich (Jg. 1955, oben), Forstwart, und Marianne (Jg. 1960), Fachfrau Pflege und Betreuung, in der Sektion St. Gallen seit 1994; Sohn Alexander (Jg. 1984) Zimmermann und J+S-Leiter. Tochter Martina (Jg. 1986, nicht auf dem Foto), Floristin: beide seit 1996 in der Sektion St. Gallen. Vater J+S-Leiter, jahrelang Verantwortlicher und Leiter KiBe; arbeitet zudem als selbstständiger Höhenarbeiter (Arbeiten am hängenden Seil), zum Beispiel für Felssicherungen an der Gotthardstrecke. Ski- und Schneeschuhtouren, Klettern, Hochtouren. Andwil, Gossau und St. Gallen.

«Die wunderschönen Zeiten in den Bergen waren auch eine Lebensschule. Nach meinem Unfall konnte ich von dem in den Bergen angeeigneten Durchsetzungsvermögen und der positiven Willenskraft sehr profitieren.»

THOMAS VON DÄNIKEN, Jahrgang 1953. In der Sektion Weissenstein seit 1976. War Tourenleiter und Einsatzleiter der Alpinen Rettung. Seit 1998 querschnittgelähmt, nach einer «zu harten Landung mit dem Gleitschirm». Inhaber der Turben Garage, Datech AG, Präsident des Verwaltungsrats; eidg. dipl. Automechaniker, Informatiker. Bellach.

«Die Berge faszinieren mich, und sie wollen geachtet werden. Es ist die gleiche Achtung, die ich auch der Natur schulde, sowie jedem Menschen und jedem Land, ob nah oder fern, damit wir uns weiterhin gemeinsam an den schönen Dingen der Welt erfreuen dürfen.»

FABIO PEDRINA, Jahrgang 1954. Mitglied seit 1982 der Sezione Bellinzona e Valli. Skifahren, Wandern, Höhenbergsteigen und Segeln. Lizenziat in Wirtschaftswissenschaften an der Universität Zürich und in Raumplanung an der ETH Zürich. Mitinhaber des Planungsbüros Habitat.ch in Airolo. SP-Nationalrat 1999–2011; Präsident der Alpeninitiative. Airolo.

«Manchmal helfe ich mit bei der Renovation von SAC-Hütten. So bei der Chamonna Lischana und der Elahütte.»

DURI TALL, Jahrgang 1962. In der Sektion Engiadina Bassa seit 1995, bei der Zweitsektion Davos seit 2011. Wanderungen, Hoch-, Kletter- und Schneeschuhtouren. Mitarbeiter bei Argo Davos Werkstatt für erwachsene Menschen mit Behinderung. Davos Platz.

«Ich bin nie viel geklettert und habe keine schwierigen Bergtouren gemacht. Mein Interesse war das Bergwandern, das Wandern im eigenen Land.»

GEORGES NICOLLIER, Jahrgang 1910. In der Section Jaman seit 1929 – das Mitglied mit den meisten Mitgliedsjahren. Sein Vater Charles Nicollier-Peter war Präsident der Section Jaman. Bergsteiger. Ingénieur civil EPFL-SIA. Vater des einzigen Schweizer Astronauten Claude Nicollier. La Tour-de-Peilz.

«Es gibt drei grosse Leidenschaften in meinem Leben: klettern, klettern und klettern.»

PATRICK INDERBITZIN, Jahrgang 1999. Seit 2010 in der Jugendorganisation (JO) der Sektion Pilatus und seit 2013 Mitglied des Regionalkaders Sportklettern Zentralschweiz, Herren U14. Schüler der 1. Sekundarklasse Mariahilf in Luzern. Klettern, bouldern und bergsteigen, im Winter Ski fahren und im Sommer tauchen. Luzern.

Porträts 1

«Early outings in the mountains meant being well dressed with a tie. The day I started climbing it rained hard and so I took up speleology. I finally surfaced in Geneva and began exploring the Alps. For me they are a place of relaxation in all weathers and conditions.»

PAUL EVERETT, Jahrgang 1947. Seit 1997 im SAC, Section genevoise und Sezione Ticino, sowie seit 2009 in der 1909 gegründeten Association of British Members of the Swiss Alpine Club ABMSAC. Chef de course seit 2002, Alpinwanderleiter seit 2005, Präsident der Section genevoise 2009–2011. Pensionär. Genève.

«Ich schätze die Natur, und ich bin dem Schweizer Alpen-Club beigetreten, um Leute mit den gleichen Interessen kennenzulernen.»

FABIENNE RIOS-MIRANDA, Jahrgang 1982. In der Section Chaussy seit 2012. Kletterin. Hebamme am Universitätsspital Lausanne. Mit Maluan, dreieinhalb Monate alt, auf der Foto. Lausanne.

GESCHICHTE

50	**SCHWEIZER (ALPEN-)CLUB**
54	GRÜNDUNG UND 35 GRÜNDER — Text: Thomas Schmid und Daniel Anker
67	DIE ERSTEN SIEBEN SEKTIONEN DES SAC — Text: Daniel Anker
68	**TOURISMUS** — Text: Marco Marcacci
82	BERGFÜHRER — Text: Andrea Hungerbühler
86	**KARTEN** — Text: Martin Rickenbacher
98	PUBLIKATIONEN — Text: Daniel Anker
102	**HÜTTEN** — Text: Marco Volken
114	KUNST UND KULTUR — Text: Daniel Anker
118	**FRAUEN** — Text: Caroline Fink
130	JUGEND — Text: Daniel Anker
134	**SPORT** — Text: Élodie Le Comte
152	RETTUNG — Text: Andreas Minder
156	**GANZ OBEN** — Text: Daniel Anker
174	GANZ UNTEN — Text: Andrea Porrini
182	**UMWELT** — Text: Martin Gutmann
192	GEBIRGSFLIEGEREI — Text: Peter Camenzind
196	**CLUBLEBEN** — Text: Bernhard Rudolf Banzhaf
206	CLUBLOKALE — Text: Beat Hächler
216	**WIR ALPINISTEN** — Text: Jürg Steiner
228	HELVETIA CLUB — Text: Barbara Keller

2

ANDREA PORRINI

UNSERE ALPEN, UNSERE SCHWEIZ!

DIE ANFÄNGE DES SCHWEIZER ALPEN-CLUBS

Heute ist der SAC eine Vereinigung für Bergsportliebhaber. Zu Beginn war er in erster Linie eine Hochburg schweizerischen Bürgertums.

KOLONISIERUNG DES EIGENEN LANDES

Im Tanzsaal des Hotels Bad in Stachelberg (GL) trafen sich am 9. August 1863 19 Persönlichkeiten, alle aus der Deutschschweiz. Ihr Ziel: eine Expedition zum Tödi, dem nahe gelegenen Massiv auf der Grenze zwischen den Kantonen Glarus und Graubünden. Zur Gruppe gehörten Wissenschaftler, Politiker, Mitglieder des gebildeten Bürgertums. Der Chef der Operation, der Chemie- und Geologieprofessor Rudolf Theodor Simler, entfaltet auf einem Tisch die Dufourkarte der Gegend. Aufmerksam erwarten die Teilnehmer die Aufteilung des Territoriums in «Feldzüge» und deren Zuweisung an die Gruppen. Jedem Detachement werden methodisch Topografie, unbestiegene Gipfel und wissenschaftliche Ziele vorgestellt. Im Erdgeschoss warten die Führer und Träger darauf, dass das Konklave aus dem ersten Stock heruntersteigt und sich auf den Weg zu den verschneiten Gipfeln des Tödis macht.

«Diesen Moment stellte ich mir feierlich vor, wie ein Feldherr den Augenblick vor einer Schlacht, wo er vor der Fronte seinen Soldaten mit kurzen Worten die Situation enthüllt und ihnen Sieg und Ruhm verheisst», sagte später Rudolf Theodor Simler über das Treffen in Stachelberg. Seine Wortwahl mit «Hauptquartier», «Generalstab», «Kriegsrat» und «Feldzug» zeigt, wie sehr die Organisation einer Expedition dem militärischen Vorbild glich. In der Tat wurde die Unternehmung als eine patriotische und wissenschaftliche Kolonisierung eines Niemandslandes gesehen, als welches das Hochgebirge damals galt, jener Teil des Landesterritoriums, den der junge Bundesrat noch nicht so unter Kontrolle hatte. Eine einwöchige Exkursion war also keineswegs übertrieben. Eine Woche, die eigentlich der erste offizielle Ausflug des Schweizer Alpen-Clubs war, der am 19. April 1863 im Verwaltungsratssaal der Schweizerischen Central-Bahn im Bahnhof Olten gegründet wurde. Sein Vereinszweck? «Unsere Alpen» besser kennenlernen, dann der Bevölkerung zur Entdeckung überlassen.

Damals ist in der Tat das Wissen über die Berggegenden trotz offensichtlichen Fortschritten in der Kartografie lückenhaft und ein Ausflug in die Berge ein Abenteuer mit ungewissem Ausgang. So fand zum Beispiel im August 1863 Eugène Rambert, ein gelehrter Mann aus Montreux, erst auf dem Gipfel heraus, dass er zusammen mit seinen als Führer angeheuerten Jägern den Clariden bestiegen hatte, und nicht wie geplant das Gross Schärhorn! Tröstlich für die Seilschaft, dass sie eine Erstbesteigung realisiert hatte und damit dem offiziellen Detachement «Claridenstock» zum grossen Ärger von Simler, Initiant des SAC und sein erster Präsident, zuvorgekommen war.

Solche Pannen sind nicht selten. Zahlreiche Gipfel haben noch keinen offiziellen Namen, und die von den Einheimischen verwendeten Bezeichnungen sind im Übrigen oft gar nicht bekannt. Die Dufourkarte hat den Massstab 1:100 000, womit sie wenig praktisch ist für die Verwendung unterwegs. Oft haben die Panoramazeichnungen, bevor sie ästhetische und künstlerische Übungen wurden, noch eine Orientierungsfunktion für die alpinen Abenteurer. Trotz den Schwierigkeiten sind es immer mehr Bergsteiger und Touristen, die über die Ewigschneegrenze hinausgehen. Das Jahrzehnt der Eroberung der wichtigsten Alpengipfel, das man als «Goldenes Zeitalter des Alpinismus» bezeichnet, neigt sich dem Ende zu, das mit der Erstbesteigung des Matterhorns 1865 erreicht wird.

PATRIOTISCHER KONKURRENZKAMPF

In dieser Zeit wird der SAC aus der Taufe gehoben. Er ist auch eine schweizerische Antwort auf die Erfolge – namentlich von britischen Alpinisten – in der «Region des ewigen Schnees und Eis» der Schweiz. Bei der Gründung des Vereins von «Hochgebirgsfreunden», der der SAC ist, befürchtet Rudolf Theodor Simler, dass Schweizer, die sich über ihre Alpen informieren wollen, auf englische Publikationen zurückgreifen müssen. «Eine solche Sachlage schiene uns bemühend, ja sogar beschämend», klagt er im «Kreisschreiben an die Tit. Bergsteiger und Alpenfreunde der Schweiz» vom 20. Oktober 1862, in dem Brief, der zur Gründung des SAC führt. Als dritter alpiner Zusammenschluss nach den Schwesterorganisationen in Grossbritannien (1857) und Österreich (1862) macht der SAC also

---

1 / «Und im gleichen Augenblick flatterte das weisse Kreuz im rothen Feld rauschend über die schneeigen Abgründe.» Was die SAC-Mitbegründer Abraham Roth und Edmund von Fellenberg in ihrem vor 150 Jahren erschienenen Buch «Doldenhorn und Weisse Frau» schreiben, passt perfekt auf die Zeichnung «Eine Alpenspitze» von Emil Rittmeyer, einem der Gründer der SAC-Sektion St. Gallen. — Quelle: Hermann Alexander Berlepsch: Die Alpen in Natur- und Lebensbildern, 1861.

1 /

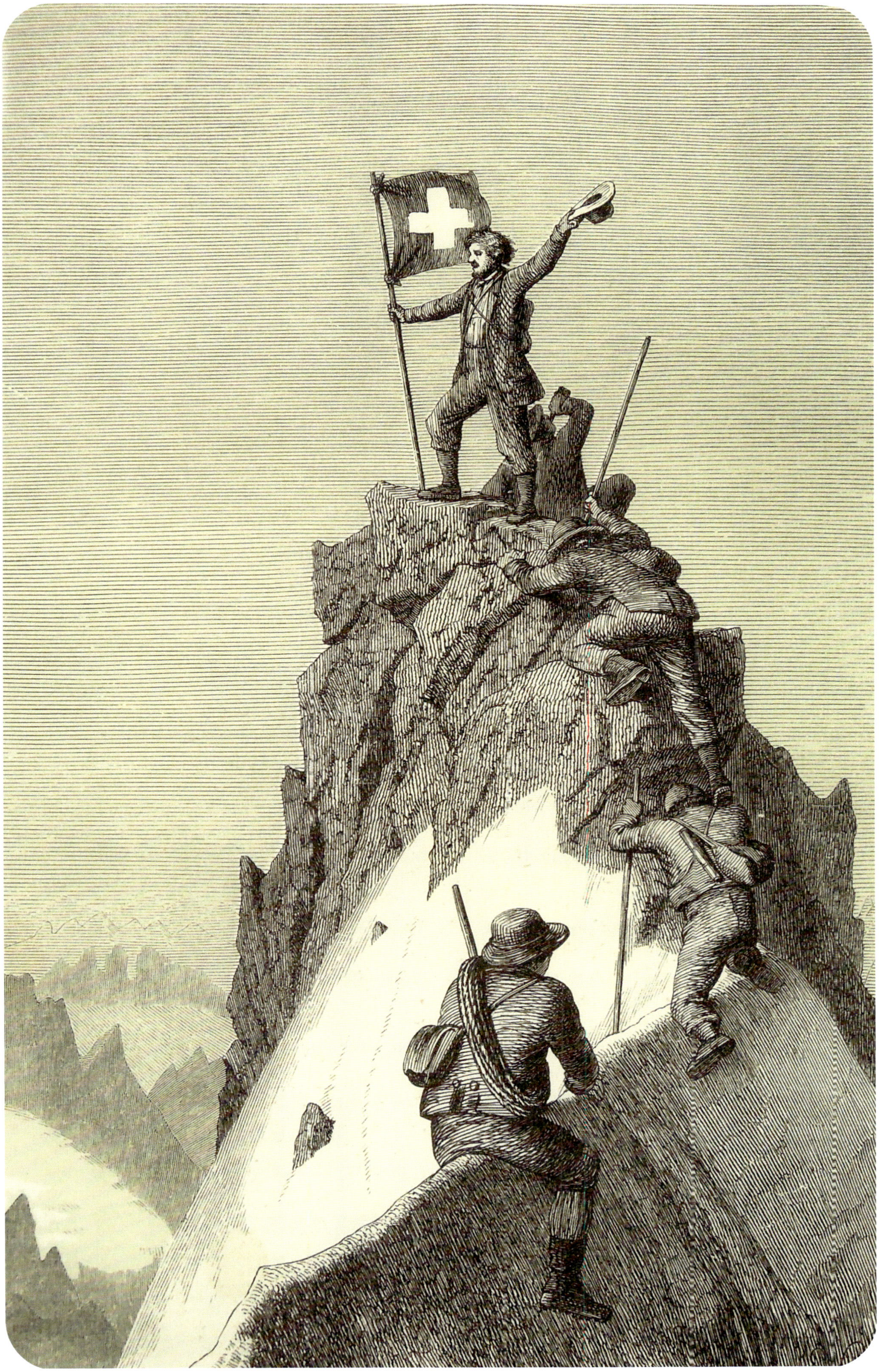

seine ersten Schritte in einer Atmosphäre des patriotischen Konkurrenzkampfes, aber auch im absoluten Vertrauen auf Wissenschaft und Fortschritt.

Die erste Kollektivexpedition ins Tödi-Massiv erbringt durchwachsene Ergebnisse. Nichts bremst allerdings den SAC in seinen Anstrengungen bei der Erforschung des Territoriums. Während des ganzen letzten Drittels des 19. Jahrhunderts wählt er periodisch «Exkursionsgebiete» aus, die zu bevorzugen jedem Mitglied empfohlen wird, wenn es Touren in den Bergen plant. Einmal pro Jahr veröffentlicht das Comité eine topografische Karte und eine enzyklopädische Zusammenfassung des Wissens – geologisches, botanisches, auch ethnologisches Wissen – über die ausgewählte Region. Die Mitglieder werden gebeten, dieses Wissen zu ergänzen oder zu verbessern, bevor ein abschliessender Bericht in den Zeitschriften des Vereins erscheint.

DEN ALPENRAUM AUSSTATTEN

In erster Linie aber trägt der SAC zur Einrichtung eines Netzes von Infrastrukturen und Dienstleistungen bei, welche den Zugang zum Berggebiet stark erleichtern. Der Club finanziert detailliertere topografische Karten, organisiert die Ausbildung und Reglementierung von Führern und überzieht die Alpen mit Hütten und Wegen. Nach der ersten Hütte am Tödi, der Grünhornhütte, die im Gründungsjahr des SAC eingeweiht wird, folgen weitere. Am Vorabend des Ersten Weltkriegs zählt man 75 Hütten, vor dem Zweiten Weltkrieg deren 115. Auf diese Weise trägt der SAC zum Prozess der Zähmung des nationalen Raums bei, der gemeinsam mit der Entwicklung des Staatsapparats und dem Aufschwung der Fremdenindustrie oder des Tourismus, wie wir heute sagen, abläuft.

Die Hotelbranche interessiert sich sehr rasch für eine Zusammenarbeit mit dem Verein. Davon zeugt der hohe Anteil von touristischen Unternehmern in den Reihen der Bergsektionen. Unter anderen bringen sich die Engadiner Hoteliers, wie die Badrutt aus St. Moritz, vor allem aber die Seiler-Dynastie aus Zermatt sehr stark in den Verein ein und übernehmen manchmal gar den Betrieb von Clubhütten. Ein Engagement, das ihnen ermöglicht, das Angebot für die Kunden auszubauen, gleichzeitig Kontakte zu knüpfen und ein Verzeichnis mit wirtschaftlich interessanten Adressen anzulegen.

ELITECLUB UND BUNDESSTAAT

Heutzutage messen die Mitglieder des SAC, wie weit die sportlichere und weniger utilitaristische Praxis von der Philosophie abweicht, welche den Verein vor 150 Jahren geleitet hat. Damals scheinen hinter dem Bergsteigen und der Symbolik der Berge noch Formen der Freizeitgestaltung und von Ritualen eines Vereinslebens auf, die Elitezirkeln eigen sind. Und der Wille, die Freizeit des Schweizer Bürgers zu organisieren, trägt zum Aufbau des öffentlichen Raums des 19. Jahrhunderts nach den Prinzipien des bürgerlichen, in erster Linie liberalen Vereinsgeistes bei. Die Frauen sind übrigens nicht zugelassen. Die Beziehungen zur Arbeiterbewegung sind sehr konfliktreich. Anlässlich des Generalstreiks von 1918 gehört der Schweizer Alpen-Club zu den wichtigsten Befürwortern von Bürgerwehren. Aber der SAC, das sind auch die Sektionen, von denen einige eine ganz eigene Geschichte haben, die stark mit derjenigen des Bundesstaats zusammenhängt. Die Sektion Bern zum Beispiel verzeichnet in seiner ersten Anfangsphase eine ausserordentliche Präsenz des politischen Milieus. Kurz nach der Gründung sind nicht weniger als vier Bundesräte Mitglied der Sektion, Jakob Dubs, Constant Fornerod, Josef Knüsel, Emil Welti und Johann Ulrich Schiess, der Bundeskanzler, sowie andere hohe Funktionäre. Anderswo, etwa in Winterthur, einer industriell und wirtschaftlich starken Region, gehören zu den Mitgliedern der örtlichen Sektion die bekanntesten Namen des Schweizer Grossbürgertums wie Sulzer, Reinhart oder Bühler.

MEHR ALS BERGSPORT

Auf diese Weise verstärkt die politisch aktive Mitarbeit im Club von Persönlichkeiten aus den höchsten Schichten der Politik, der Wirtschaft und der Verwaltung oder der Wissenschaft das Prestige und den Einfluss des Vereins. Für ihn ist es auch ein Mittel, seine Beziehungen sowohl zum Bund wie zu den Kantonen zu konsolidieren, Beziehungen, die unerlässlich sind bei der Umsetzung von Themen, die mit seinen Interessen und Zielen zu tun haben. Über die wissenschaftlichen Erforschungen und das Bergsteigen als solches hinaus trägt der SAC gleich wie andere Kultur-, Sport- und Wirtschaftsverbände mit ihren keineswegs belanglosen Aktivitäten, Festen und Publikationen im 19. Jahrhundert dazu bei, das Gewebe einer schweizerischen Gesellschaft in voller Industrialisierung zu knüpfen. Diese Vereine sind ebenfalls Orte der Geselligkeit, des Austauschs und der Lehre für die bürgerliche Elite, in denen man lernt, öffentlich aufzutreten und sich in Gesellschaft «tadellos zu benehmen».

---

2 / «Es ist lebendig geworden in unsern Bergen. Da füllt der habgierige Kräutersammler seine Taschen; dort betrachtet der vorwitzige Botaniker durch sein Glas das zarte Blüthengewebe der seltensten Saxifragen und Gletscherranunkeln; hier öffnet des Geologen ohrbeleidigender Hammer das feinste Geäder des Gesteins. Auf allen Punkten pflanzt der vermessene Topograph seine Bussole auf, während der Maler all' die Wunder dieser bisher verschlossenen Welt auf seine Leinwand zaubert und ein Anderer gar am Seile sich in nie erforschte Fels- und Gletscherschlünde hinunterlässt. Bis in's unwegsame Gebiet der Gemsen und des Auerhahnes hinauf bauen die Verwegenen ihre verdächtigen Hütten. Kein noch so hoher Gipfel ist mehr gegen ihren derben Fusstritt gefeit.» So kraftvoll (und hier gekürzt) beschrieb Ernst Buss, Pfarrer in Glarus und Vizepräsident des SAC, das Titelbild seiner Denkschrift «Die ersten 25 Jahre des Schweizer Alpenclub». Es blieb lebendig in den Schweizer Bergen – und wie! — Quelle: Zentralbibliothek des SAC, Zürich.

Die ersten 25 Jahre des S.A.C.

von

Dr. ERNST BUSS

Kreisschreiben
an die Tit. Bergsteiger und Alpenfreunde der Schweiz

Geehrte Herren!

Seit einigen Jahren werden die Gletscher- und Hochgebirgstouren immer häufiger, und es scheint in dieser Hinsicht ein wahrer Wetteifer namentlich auch unsere schweizerischen Touristen zu beseelen. Es ist Ihnen nicht unbekannt, dass der «englische Alpenclub» in Folge seiner Organisation den schweizerischen Touristen starke Concurrenz macht, und es könnte bald dahin kommen, dass, wenn das Publicum in der Schweiz über die Regionen des ewigen Schnee's und Eises, über die Zugänglichkeit der Gletscher und Felsengipfel sich aufklären will, es zu den Beschreibungen des englischen Alpenclubs greifen muss. Eine solche Sachlage schien uns bemühend, ja sogar beschämend.

Während so ausgezeichnete Kräfte vorhanden sind, die durch ihr Zusammenwirken ohne Zweifel Besseres, für das Vaterland unmittelbar Fruchtbareres leisten könnten als benannter fremdländische Club, bietet ihre Isolirung leider nur Fragmentarisches, das, wenn auch oft trefflich in seiner Art, dem grösseren Publicum doch lange unbekannt bleibt.

Auf den Schweizern ruht zwar immer das Verdienst, die ersten gewesen zu sein, welche auf die unvergleichlichen Schönheiten der Alpen- und Gletschernatur aufmerksam machten, welche sie zugleich wissenschaftlich explorirten – wir brauchen nur zu erinnern an: Conrad Gessner, Josias Simler, J. J. Scheuchzer, H. B. de Saussure, Escher v. d. Linth, Hugi, Agassiz, Desor, G. Studer, M. Ulrich, J. Weilenmann – aber heute, unter veränderten Verhältnissen, wäre es wünschenswerth, wenn man sich einigte zu einer grösseren Gesellschaft, um so zum Theil planmässig die letzten Verstecke der Eisregionen und die noch unerstiegenen Gipfel in Angriff zu nehmen und später durch anmuthige und belehrende Schilderungen die gesammelten Erfahrungen dem Publicum zu übergeben.

Schon sind die drei letztgenannten ausgezeichneten Montanisten mit einem solchen Versuche vorangegangen, indem sie sich entschlossen, ihre zum Theil einzeln unternommenen Bergfahrten gemeinsam, unter dem Titel: Berg- und Gletscherfahrten in den Hochalpen der Schweiz, herauszugeben. Wieviel mehr könnte nun nicht in der gleichen Zeit geleistet werden, wenn 20 bis 30 unserer schweizerischen Hochgebirgsfreunde zusammenwirkten?

Aber nicht nur dem weiteren schweizerischen Publicum würde sich der Alpenclub verbinden, er wäre auch im Stande, kraft seiner grösseren finanziellen Mittel, der Wissenschaft erhebliche Dienste zu leisten.

In den Hochregionen sind noch eine Zahl, zum Theil physikalischer, zum Theil chemischer und geologischer Erscheinungen zu studiren; die Ausführung solcher Studien ist oft schwierig wegen der Ortsverhältnisse und wegen der Kosten wenig ermunternd. Indem die Gesellschaft die Errichtung von Hütten an besonders interessanten Localitäten über sich nähme, wäre ihren Mitgliedern, die solchen Fachstudien obliegen, bedeutender Vorschub geleistet; ferner wäre es Zeichnern, Photographen etc. ermöglicht, längere Zeit an einem besonders pittoresken Punkte zu verweilen.

(Wir verweisen hier blos auf den Tödi, auf dessen Scheitel mancher gern einen ganzen Tag zugebracht hätte, wäre er sicher gewesen, etwa auf der Höhe der gelben Wand einigermaassen Schutz gegen die Kälte der Nacht zu finden.)

An der Hand unseres vorzüglichen, schweizerisch-topographischen Atlasses würden wir zum Theil systematisch die Hochgebirge bereisen, und unsere Schilderungen würden sich mit der Zeit zu einem gediegenen geographischen Compendium, einer nothwendigen Ergänzung der Karten gewissermaassen, zusammenstellen lassen.

Wie eine solche Gesellschaft für ihre Sommertouren am besten zu organisiren, was alles im Detail von ihr anzustreben sei, bliebe natürlich spätern Besprechungen vorbehalten.

Dieses, verehrte Herren, sind die hauptsächlichsten Gesichtspunkte, welche uns veranlassten, die Idee der Gründung einer schweizerischen Alpengesellschaft anzuregen und, wo sie schon existirte, sie nach Kräften zu unterstützen.

Indem wir Sie ersuchen, das beigefügte Organisationsstatut zu prüfen und im Falle der Beipflichtung und des Beitrittes zu gedachtem Gründungscomité Ihre werthen Namen unter dieses Circular zu setzen, freuen wir uns der Gelegenheit, Sie unserer ausgezeichnetesten Hochachtung zu versichern.

Im Einverständniss mehrerer Freunde und Bergsteiger
Bern, den 20. October 1862

Dr. R. Theodor Simler,
Docent der Chemie und Geologie

Diesen Brief, der zur Gründung des Schweizer Alpen-Clubs führte, versandte Rudolf Theodor Simler an ihm bekannte Adressen in Basel, Chur, Genf, Glarus, Luzern, Neuenburg, St. Gallen, Lausanne und Zürich. Das Echo war gross: Über 100 Männer erklärten sich in Antwortschreiben bereit, dem zu gründenden Verein beizutreten. 35 fanden sich am 19. April 1863 in Olten ein. — Quelle: SAC-Zentralarchiv, Burgerbibliothek Bern, GA SAC 139.

DIE 35 OLTNER «GRÜNDERVÄTER»
VON URS VON ARX BIS FRIEDRICH WYSS-WYSS

**THOMAS SCHMID UND
DANIEL ANKER**

Mit einer Stunde Verspätung begann am Sonntag, 19. April 1863, «nach neun Uhr Morgens» die «Constituirende Versammlung» des Schweizer Alpen-Clubs in Olten: Offenbar waren die Herren Alpinisten auch für populäres Spektakel zu haben; jedenfalls vermerkte der Protokollführer Edmund von Fellenberg im Gründungsprotokoll, man habe den Festzug zu Ehren des neuen Ortspfarrers Peter Bläsi «lange erharrt» und dann gebührend «angestaunt».

35 Männer aus Basel (15), Bern (7), Glarus und Olten (je 3), Aarau und Zürich (je 2), Buochs NW, Luzern und St. Gallen (je 1) waren im «Nabel der Schweiz» zusammengekommen (wie es der klassisch gebildete von Fellenberg ausdrückte), um im «Verwaltungs-Saal auf dem Bahnhof» den SAC aus der Taufe zu heben.

So weit, so einigermassen bekannt. Aber wer sind sie eigentlich, diese 35 «Gründerväter»? Nun finden sich unter ihnen gewiss ganz grosse Namen des Schweizer Alpinismus, die vielen aus dem SAC und darüber hinaus ein Begriff sind, wie zum Beispiel eben dieser Edmund von Fellenberg (er setzte seinen Namen als 25. auf die Liste vor dem Gründungsprotokoll) oder sein Berner Kollege Gottlieb Studer (Nr. 3). Auch Abraham Roth (Nr. 1), zusammen mit von Fellenberg, Autor des prächtigen, 1863 erschienenen Buches «Doldenhorn und Weisse Frau. Zum ersten Mal erstiegen und geschildert», ist kein unbeschriebenes Blatt. So wenig wie der St. Galler Iwan Tschudi (Nr. 4) mit seinem Bestseller «Schweizerführer» oder der Basler Zoologieprofessor Ludwig Rütimeyer (Nr. 30), dessen Publikationen wie «Die Fauna der Pfahlbauten der Schweiz» von 1862 aufhorchen liessen. Und natürlich war Rudolf Theodor Simler (Nr. 5) nach Olten gekommen, der mit seinem «Kreisschreiben an die Tit. Bergsteiger und Alpenfreunde der Schweiz» vom 20. Oktober 1862 überhaupt erst die «Gründung einer schweizerischen Alpengesellschaft» angeregt hatte. In Antwortschreiben hatten «bis zum Frühjahr 1863 schon über 100 Männer ihren Beitritt zu dem zu gründenden Verein bindend erklärt», wie Heinrich Dübi in der Denkschrift «Die ersten fünfzig Jahre des Schweizer Alpen-Club» schreibt. Darunter übrigens 16 Anmeldungen aus der welschen Schweiz; so der berühmte Gletscherforscher Edouard Desor aus Neuchâtel und François Thioly aus Genf, später einer der Gründer der Section genevoise und der erste Schweizer Tourist auf dem Matterhorn. Nur fand leider kein Romand den Weg nach Olten.

Einige Teilnehmer der Gründungsversammlung erfreuen sich mindestens lokaler Bekanntheit, etwa der Glarner Caspar Hauser (Nr. 32), Gründungspräsident der Sektion Tödi, der Basler Albert Hoffmann-Burckhardt, Erstbesteiger des Dammastocks. Aber wer waren der Oltner Theodor Munzinger (Nr. 7) oder der Berner Ludwig Dietzi (Nr. 16), von denen auch die Sektionsgeschichten oft nur knapp den Namen kennen?

Im Folgenden wird versucht, zu allen 35 Gründern die wichtigsten biografischen Informationen zusammenzutragen und sie mit ihren Porträts auch visuell erlebbar zu machen – nicht immer waren freilich die Recherchen von Erfolg gekrönt. Denn so wie einige grosse Namen wie etwa die Zürcher Melchior Ulrich und Heinrich Zeller-Horner, der St. Galler Johann Jakob Weilenmann oder der Bündner Johann Coaz in Olten durch Abwesenheit glänzten, waren umgekehrt eben auch so manche anwesend, die sich später nicht unbedingt mit feurigen Lettern in die Annalen des SAC eingetragen haben (deshalb «Gründerväter» in Anführungszeichen) und auch sonst nicht gross aufgefallen sind.

Dennoch sind genug Angaben und Porträts zusammengekommen, um die «35 Oltner» in einem abwechslungsreichen Reigen Revue passieren zu lassen: all die Unternehmer und Akademiker, Beamten und Angestellten, Pfarrer, Künstler und Weinhändler (von den drei Letzteren nur je einer). Sie verbrachten nach dem Ende der Versammlung um 12 Uhr den Nachmittag und Abend im Bahnhofbuffet «unter steigender Festfreude und entsprechenden Toasten», wie das Protokoll festhält, «erfreut darüber, dass dieser Tag nicht nur für heute und flüchtig die Theilnehmer verbunden, sondern dass er für ein dauerndes, das Vaterland ehrendes Werk den Grund gelegt habe».

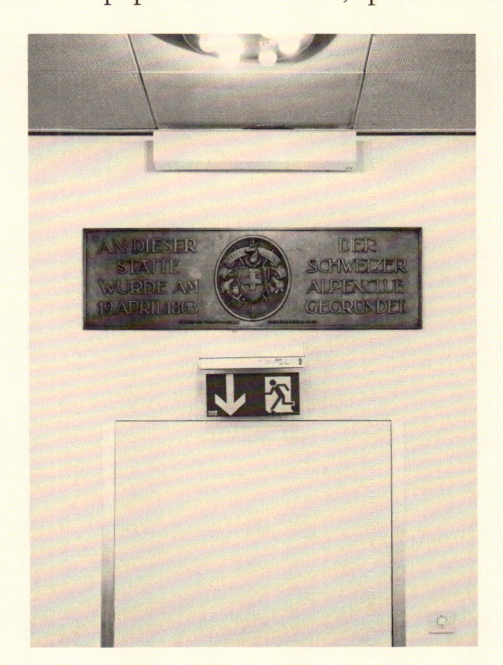

Gedenktafel im Sitzungszimmer «SAC» im 1. Stock des Bahnhofbuffets Olten, mit Platz für 30 Personen. 1940 stiftete das Central-Comité Olten 1938–1940 die Bronzegusstafel.
Foto: Nicole Weber.

Geschichte 2

I. Versammlung in Olten, Samstag 17 April 1863.

Die Herren Schriftsteller werden ersucht, auf diese Seite ihre Namen einzuschreiben.

1) Roth Zellweger in Bern
2) Abraham Stocker i Luzern
3) J. G. Deucher, Rug. Ralph. d. Tamm.
4) v. Wartschudi St. Gallen.
5) Dr R. Th. Simler in Bern
6) J. Brenner-Stekelin. Cond. S. Basel.
7) Th. Menzinger } Bern
8) Urs von Arx
9) Roeÿ Roter
10) Aug. Raillard, Basel
11) Hoffmann Merian Basel
12) Camenzind Ant. Buochs
13) A Hoffmann Burckhardt Basel
14) J. Pestalozzi Ferry von Zürich
15) F. Wyss-Wyss Nost. Bern.
16) L. Dietz, Notar in Baar
17) Ed Preiswerk Burckhardt aus Basel
18) August Schenker-Bir
19) L. Költerborn aus Basel.

20) A. Neuburger Rathsherr von Aarau
21) Christoph Merian von Basel
22) Kiefer-Weibel von Basel
23) Speininger n. Basel.
24) Meyer-Bischoff n. Basel
25) F. Fellenberg Nat. Rath. Bern.
26) Böcklin-Lippe Basel
27) Preiswerk-Oser Basel
28) J. Schmid, zum Glarus
29) R. Huber, Kaufmann Bern
30) J. Rüttimeyer v. Basel.
31) J. Mh. Speich Glarus.
32) Hauser Advocat in Glarus
33) Paravicini Pfarrer in Aarau.
34) Bischoff Dr. von Basel.
35) B. Treuler von Zürich

Die Liste der Gründer in Olten
gezeichnet und geschlossen:
am Schlusse der Gründungssitzung
Mittags um 12 Uhr in der Bahnhofrestauration
Olten den 19ten April 1863.

Der Secretär des Central
Comités:
Chr. v. Fellenberg

Constituirende Versammlung. Olten den 19ten April 1863.

Nachdem man mit den verschiedenen Bahnzügen in Olten, diesem Ὀμφαλός der Schweiz, angelangt war und über dem Anstaunen einer zu Ehren des unermüdlichen pastor loci, des ehrwürdigen Gläsi, flaggehabenden lange erharrten, dann aber bald wonnigen entschwundenen Festzugs eine hübsche Zeit verloren hatte, begann nach neun Uhr Morgens die Sitzung im Verwaltungs-Saal auf dem Bahnhof.

Anwesend waren vorstehende 35 Mitglieder.

Die Versammlung ernannte zum Präsidenten Herrn Dr. R. Th. Simler aus Bern.

Zum Schreiber Dr. H. Fischer von Basel.

Der Präsident eröffnet die Geschäfte mit der Frage, wie man es bezüglich des Mittagessens zu halten wissen wolle und ordnet nach einigen kleinen Erörterungen in welchen voraussichtlich das Nöthige über den so wichtigen Punkt der Tagesfrage gesagt an.

Der Präsident beliebt sodann die von ihm vorläufig entworfenen, sämmtlichen Mitgliedern bereits mitgetheilten Statuten.

Es wird beschlossen, in artikelweise Berathung derselben einzutreten.

Nunn das Appenzell wird aufgestellt.

Titl. I. § 1 Durch das Appenzell angenommen.

Auszug aus «Protokolle der Generalversammlungen des Schweizer Alpen-Clubs», 1863–1872 — Quelle: SAC-Zentralarchiv, Burgerbibliothek Bern, GA SAC 4.

1 / ABRAHAM ROTH-ZELLWEGER
1823–1880, Bern

Der früh verwaiste Thurgauer Pfarrerssohn studierte in Bonn und Berlin Philosophie, Staatsrecht und Geschichte, ohne sich von seiner Schwerhörigkeit behindern zu lassen. In Bern doktorierte er über die Landgrafschaft Thurgau. Ererbtes Vermögen ermöglichte ihm weite Reisen, über die er jeweils Berichte verfasste. Seine publizistische Begabung führte zu einer vielfältigen Karriere als Zeitungsredaktor (unter anderem Mitgründer des Berner «Bund», Chefredaktor der Basler «Schweizer Grenzpost»). Seine alpinistische Höchstform fiel in die Jahre 1862/63, als er drei bedeutende Erstbesteigungen verzeichnen konnte: Doldenhorn und Wyssi Frau (Blüemlisalp), mit dabei Edmund von Fellenberg (Nr. 25); Bifertenstock, mit dabei August Raillard (Nr. 10). Ausserdem gelangte er in Rekordzeit auf den Glarner Tödi. Im SAC engagierte er sich als Vizepräsident des ersten Central-Comité und naheliegenderweise als Redaktor des Jahrbuchs.

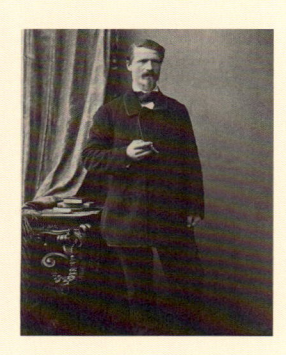

2 / ABRAHAM STOCKER
1825–1887, Luzern

Der Sohn eines Hufschmieds und Gemeindeammanns war zuerst als Buchhändler tätig, machte dann Karriere in der eidgenössischen Militärverwaltung (1864 Platzkommandant in Genf, 1875–1880 Oberinstruktor der Infanterie) und wurde Verwaltungsrat der Gotthard- und der Bern-Luzern-Bahn sowie der Eidgenössischen Bank. Als liberaler Politiker war er in Stadt (Stadtpräsident) und Kanton Luzern (Grossrat) aktiv, 1867–1871 auch als Luzerner Ständerat. Zudem redigierte und verlegte er die freisinnigen Kampfblätter «Der Volksmann» und «Der Eidgenosse» und war entscheidend an der Gründung der christkatholischen Gemeinde in Luzern beteiligt. Der 1864 gegründeten Sektion Pilatus trat er 1865 bei, im Luzerner CC 1873–1875 amtierte er als Vizepräsident. Alpinistisch hat er in den Schriften des Gesamtverbandes keine Spuren hinterlassen.

3 / GOTTLIEB STUDER
1804–1890, Bern

Der Onkel ein Gletscherforscher, der Cousin ein Alpengeologe und Topografiehistoriker, der früh verstorbene Vater ein Panoramenzeichner (von Beruf Notar und Amtsschreiber): Studer war gewissermassen familiär vorbelastet. Zwar wurde er Notar und war bis 1866 Regierungsstatthalter, seine grosse Passion wurde jedoch die Erforschung der Alpen. Nach eigener Aussage getrieben von Abenteuerlust und dem Willen, der Wissenschaft und der Aufklärung zu dienen, durchstreifte er 50 Jahre lang die Alpen, wobei er laut seinem Verzeichnis 643 «Berghöhen über 1300 m» bestieg, darunter ein gutes Dutzend als Erster (wie Sustenhorn und Basòdino). Das Amt des SAC-Gründungspräsidenten lehnte er ab, amtierte im ersten Central-Comité aber als Revisor, wurde 1879 Vizepräsident und war erster Präsident der Sektion Bern (danach Ehrenpräsident auf Lebenszeit). Bekannt ist Studer für seine etwa 900 Panoramazeichnungen, von denen die des Mattwaldhorns artistische Beilage zum ersten SAC-Jahrbuch war. Studers mehrbändiges Werk «Ueber Eis und Schnee» ist bis heute ein Standardwerk der Alpinismusgeschichte. Das Studerhorn (3634 m) östlich des Finsteraarhorns ist nach ihm und seinem Cousin Bernhard benannt; daselbst auch zwei Studerjöcher und der gleichnamige Gletscher. Am Nordrand des Berner Länggassquartiers steht seit 1893 der Studerstein.

4 / IWAN VON TSCHUDI
1816–1887, St. Gallen

Johannes (so sein eigentlicher Vorname) verlor früh den Vater, einen Glarner Grosskaufmann und Ratsherrn. In Mühlhausen und Paris (wo er mit dem Dichter Heinrich Heine verkehrte) studierte er Chemie und Zeichnen. Nachdem er eine Textilfabrik in St. Petersburg geleitet hatte (daher «Iwan»), übernahm er 1846 den St. Galler Verlag Scheitlin & Zollikofer, in dem er 1855 unter seinem Namen den von seinem Bruder Friedrich (dem St. Galler Gründungspräsidenten und Zentralpräsidenten für 1866) verfassten «Schweizerführer» herausgab. Das Taschenbuch, das Iwan ab der 3. Auflage dauernd verbesserte und ergänzte, wurde ein grosser Erfolg und erlebte 36 Auflagen (seit 1872 als «Der Tourist in der Schweiz»). 1880 wurde ihm die Ehrenmitgliedschaft des Alpine Club verliehen, 1886 die seiner Sektion und des Gesamt-SAC.

5 / RUDOLF THEODOR SIMLER
1833–1873, Bern

Der Initiator des SAC, ein Nachkomme des berühmten Theologen und Alpenforschers Josias Simler, wuchs in Wollishofen bei Zürich als Sohn eines Spinnereibesitzers auf, studierte in Zürich und Heidelberg Naturwissenschaften und habilitierte sich in Bern als Chemiker. In die Berge führten ihn sein Interesse für Geologie und Botanik sowie Aufträge für chemische Analysen von Mineralquellen. Während seiner vermeintlichen Erstbesteigung des Piz Russein (3614 m) am 31. Juli 1861 fasste er den Entschluss, einen Verein von Bergsteigern und Alpenfreunden ins Leben zu rufen, und versandte schliesslich 1862 den entsprechenden Aufruf als Zirkular. Die von Simler präsidierte Gründungsversammlung des SAC wählte ihn zum ersten Präsidenten. In der Sektion Bern amtierte er als erster Sekretär, verliess Bern aber schon 1865, wurde Mitglied der Sektion Uto und ihr Vizepräsident. Von einem lebenslangen Leberleiden geplagt, trat er bis zu seinem frühen Tod vor allem noch als Autor in Erscheinung, etwa mit seinem «Botanischen Taschenbegleiter des Alpenclubisten» (Zürich 1871). An den Anstifter des SAC erinnert der Simlergrat zwischen Glarner Tödi und Piz Russein. In seiner Schrift «Der Tödi-Rusein» von 1863 nimmt er die Ehre für sich in Anspruch, der Erstbesteiger des Piz Russein zu sein; der höchste Gipfel des Tödis wurde aber schon 1824 von Süden erstmals erreicht und 1859 dann auch von Norden, nämlich durch Johann Heinrich Speich (Nr. 31). Man vermutet, dass Simlers falsche Behauptung ihn die Ehrenmitgliedschaft in «seinem» Club kostete.

6 / JOHANNES BRENNER-STEHELIN
1804–1881, Basel

Fabrikant, Kommandant der baselstädtischen Landwehr und Vorgesetzter der Zunft zu Webern. An der ersten Generalversammlung in Glarus Anfang September 1863 nahm er ebenfalls teil. Im fünften Jahrbuch von 1868 lobt Zentralpräsident Melchior Ulrich ausdrücklich die Touren zweier Veteranen, «deren Alter nicht nur über der mittleren, sondern sogar über der oberen Menschengrenze» liege: nämlich «Herr Commandant Brenner, 64 Jahre, Tschingelgletscher, Petersgrat, Eggischhorn, Moléson».

7 / THEODOR MUNZINGER
1816–1907, Olten

Der Sohn eines Oltner Stadtammanns verdiente seinen Lebensunterhalt als Weinhändler und war daneben vielfältig politisch und kulturell engagiert. So amtierte er als Schulpräsident, Gemeindestatthalter, Mitglied der Disteli-Kommission (städtische Kunstsammlung) und Friedensrichter. Daneben war Munzinger Turner, Mitglied der Liebhabertheatergesellschaft und des Gesangsvereins Olten sowie Betreuer der meteorologischen Station. Ob er Mitglied des SAC blieb bzw. einer der Sektionen wurde, konnten wir nicht herausfinden. In den Mitgliederverzeichnissen von 1865 und 1898 erscheint er jedenfalls nicht.

8 / URS VON ARX
1813–1877, Olten

Betreiber einer erfolgreichen Lithografie- und Prägeanstalt. Zur Mitgliedschaft im SAC vgl. die Angaben bei Theodor Munzinger (Nr. 7).

9 / THEODOR BROSY
1821–1900, Olten

Sohn eines Tuchhändlers und Bruder von Nationalrat Albert Brosi. Von Beruf Notar, war er in der Solothurner und Oltner Politik als Kantonsrat und Gemeinderat aktiv. Im Gäubahnkomitee engagierte er sich für den Bau der Eisenbahntrasse Olten–Solothurn. Zur Mitgliedschaft im SAC vgl. die Angaben bei Theodor Munzinger (Nr. 7).

10 / AUGUST RAILLARD
1821–1889, Basel

Nach einer kaufmännischen Ausbildung trat er in die väterliche Gerberei ein, die er schliesslich übernahm. Politisch und kirchlich war der Konservative aktiv als Basler Grossrat, Mitglied des Grossen Stadtrats, Bürgerrat, Mitglied der Synode und Kirchenrat. Daneben amtierte er als Laienrichter, so während 25 Jahren am Strafgericht. Er engagierte sich in seiner Sektion Basel als deren erster Seckelmeister, später als Obmann. Anlässlich des Baus der Bahn auf den Pilatus, den er mehr als 20 Mal bestieg, habe er bedauert, dass sein Liebling nun auch in Eisen gelegt werden solle. Mit Abraham Roth (Nr. 1) zusammen Erstbesteiger des Bifertenstocks am 7. September 1863, nachdem er innerhalb von acht Tagen Galenstock, Finsteraarhorn und Aletschhorn bestiegen hatte. 1864 Erstbesteigung des Fleckistocks, zusammen mit Leonhard Fininger (Nr. 23). Er stürzte am 1. September 1889 auf einer Wanderung von Weesen nach Amden zu Tode. «Raillard war einer jener Veteranen des S.A.C., die durch ihre schlichte Anspruchslosigkeit bei höchst bedeutenden Leistungen und ihre jugendfrische Begeisterung für die Alpen so recht dazu angethan sind, den jüngeren Generationen des Clubs als Vorbild zu dienen», heisst es in der Rubrik «Alpine Unglücksfälle 1889» im 25. Jahrbuch des SAC.

11 / THEODOR HOFFMANN-MERIAN
1819–1888, Basel

In den Fussstapfen seines Vaters absolvierte er seine kaufmännische Ausbildung in einer Basler Bandfabrik und in der Romandie und avancierte dann zum eidgenössischen Zolldirektor in Basel. Später war er als Eisenbahnbetriebschef in St. Gallen und Basel so wie als Spediteur tätig. Politisch war er als freisinniger Grossrat und in der Basler Bürgergemeinde aktiv, ausserdem setzte er sich als Mitglied und Präsident der Synode für kirchliche Reformen ein. Der Sektion Basel diente er als Präsident, dem Gesamt-SAC als Rechnungsrevisor. Er wird gerne mit F. Hoffmann-Merian verwechselt, ebenfalls frühes Mitglied der Sektion Basel und Erstbesteiger des Stucklistocks.

12 / ANTON CAMENZIND
1825–1888, Buochs

Er übernahm in jungen Jahren die Leitung der väterlichen Seidenspinnerei in Buochs am Vierwaldstättersee und wurde 1849 Teilhaber der Firma Josef Maria Camenzind & Söhne. Der Liberale amtierte in Buochs als Gemeinderat, Gemeindepräsident und Kirchmeier sowie auf der Ebene des Kantons Nidwalden als Kantonsrichter und Regierungsrat. Am 31. März 1864 wurde die Sektion Pilatus als neunte Sektion des SAC gegründet und zählte Ende 1864 18 Mitglieder; Camenzind war nicht dabei. Im «Mitglie-der-Verzeichniss des Schweizer-Alpen-Club 1865» finden wir ihn aber unter dieser Sektion. Alpinistisch hat er in den Schriften des Gesamtverbandes keine Spuren hinterlassen.

13 / ALBERT HOFFMANN-BURCKHARDT
1826–1896, Basel

Nach einer Lehre im Seidenbandgeschäft seines Vaters betätigte er sich in Mailand im Tuchgeschäft. Nach Basel zurückgekehrt wurde Hoffmann Grossrat, amtete als Meister der Zunft zum Schlüssel, war Mitglied der Synode und Präsident des Bürgerrates. Er war Gründungsmitglied der Sektion Basel, deren Schreiber und Präsident und unterhielt die Sektion sehr häufig mit Vorträgen; 1893 wurde er zum Ehrenmitglied ernannt. Im Zentralverband engagierte er sich 1864 als Kassier und 1870–1872 als Präsident. Als Alpinist glückten ihm die Erstbesteigungen des Schneestocks im Jahre 1864 und im Jahr drauf diejenigen des Kilchlistocks und des Dammastocks; das Grenzgebirge zwischen Uri und Bern war 1864/65 das zweite Exkursionsgebiet des SAC. Zudem führte Hoffmann mit seinen Führern die beiden ersten Übergänge vom Trift- zum Dammagletscher aus, heute wilde, gefährliche und unbegangene Routen.

14 / JAKOB PESTALOZZI-JENNY
1822–1871, Zürich

Das Gründungsmitglied der Sektion Uto war der Sohn eines Theologieprofessors. Da der Posten des Sektionspräsidenten 1863–1865 vakant blieb, nahm der Kassier Pestalozzi in dieser Zeit auch die Funktionen des Präsidenten wahr, weshalb er als faktischer Gründungspräsident der Sektion gelten kann. 1867–1869 war er Mitglied des Zürcher Central-Comité. Sein Beruf wird mit Kaufmann bzw. Sensal (Makler) angegeben. Am 19. August 1867 war Pestalozzi bei der Erstbesteigung des Ruchis durch die Sektion Tödi dabei.

15 / FRIEDRICH WYSS-WYSS
1812–1887, Bern

Der Sohn eines Gerbers war zunächst selbst als Gerber und Lederhändler tätig, ging aber um 1850 als Goldgräber nach Amerika (wahrscheinlich schon 1848/49, während des kalifornischen Goldrauschs). Nach seiner Rückkehr kaufte er 1856 mit dem Geld seiner Ehefrau Caroline das Bürstenfabrikationsgeschäft von U. Allemann in Bern und bezeichnete sich fortan als Bürstenfabrikant. Sein bergsteigerisches Geschick trug ihm den Beinamen «bernische Gemse» ein, und wegen seines weissen Bartes war er als «der wyss Wyss-Wyss» bekannt. 1874 nahm er an der ersten Traversierung vom Altels zum Balmhorn teil, 1875 am ersten Aufstieg vom Schmadrijoch aufs Grosshorn. 1876 stieg er im Auftrag der Sektion Bern aufs Schreckhorn, um ein Minimal-Maximal-Thermometer in einem Kasten zu montieren, das zehn Jahre lang seinen Dienst tat. Dem Berner Central-Comité gehörte er 1879–1881 als Beisitzer an.

16 / LUDWIG DIETZI
1803–1879, Bern

Der Sohn eines Berner Engemeisters (Aufsichtsbeamter für die Engehalbinsel) absolvierte eine Ausbildung zum Notar und war später als Polizeisekretär tätig. Im SAC wirkte er als Beisitzer des ersten Central-Comité. Offenbar engagierte er sich auch im Schiesswesen, jedenfalls war er Mitglied des Dekorationskomitees des eidgenössischen Freischiessens von 1857 in Bern. Was seine Aufträge als Notar betraf, scheint er nicht wählerisch gewesen zu sein, wie sein «Gesuch um Arbeit» von 1841 im «Berner Intelligenzblatt» zeigt: «Ludwig Dietzi, Notar, wohnhaft im Altenberg Nr. 169, empfiehlt sich zu Besorgung von Notariatsgeschäften, zu Verfertigung von Vorstellungen, Beschwerdeschriften u. dgl. Er befasst sich auch mit Abschreiben von ältern Urkunden, und übernimmt alle Arten von Copiaturen in deutscher und französischer Sprache; Ausfertigung von Verträgen, Rechnungen und tabellarischen Arbeiten.» Er begleitete Gottlieb Studer (Nr. 3) auf einigen Bergreisen und überlebte 1825 auf der Nordostseite des Culan (Diablerets) einen Absturz.

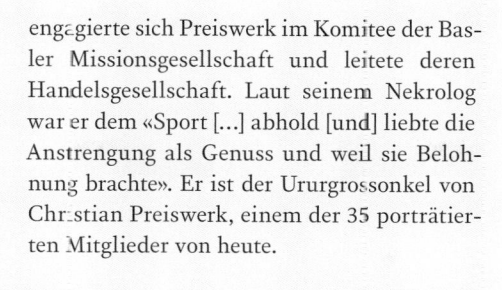

17 / EDUARD PREISWERK-BURCKHARDT
1829–1895, Basel

Der Sohn eines Kolonialwarenhändlers absolvierte seine eigene kaufmännische Ausbildung in einem Basler Tuchgeschäft und einer Neuenburger Bank, um danach das väterliche Geschäft zu übernehmen. Er amtierte in Basel als Zivilrichter und konservativer Grossrat und gehörte zu den Gründern der «Allgemeinen Schweizer Zeitung». Vor allem aber engagierte sich Preiswerk im Komitee der Basler Missionsgesellschaft und leitete deren Handelsgesellschaft. Laut seinem Nekrolog war er dem «Sport [...] abhold [und] liebte die Anstrengung als Genuss und weil sie Belohnung brachte». Er ist der Urgrossonkel von Christian Preiswerk, einem der 35 porträtierten Mitglieder von heute.

18 / AUGUST SCHEUCHZER-DÜR
1831–1919, Basel

Postbeamter, Eisenwaren- und Ofenhändler sowie «in gemeinnützigen und religiösen Werken vielfach tätig», wie es im «Basler Stadtbuch» heisst. Er nahm 1863 an der offiziellen Expedition ins Tödi-Clariden-Clubgebiet teil, im II. Detachement mit Bifertenstock und Selbsanft. Am 11. August glückte ihm zusammen mit den Führern Fridolin Lenzinger und Jakob Legler die erste Besteigung des Hinter Selbsanfts; anschliessend kletterten sie durch die fürchterlich steile Hintere Schibenrus hinab und stiegen hinauf zur Grünhornhütte, wo sie unter anderen Albert Neuburger (Nr. 20) trafen. Anderntags gings auf den Tödi.

19 / LUDWIG KELTERBORN
1811–1878, Basel

Der aus Hannover stammende Sohn eines Schusters liess sich 1831 in Basel nieder (dort 1839 eingebürgert), wo er als Zeichenlehrer arbeitete und sich im Konflikt zwischen Stadt und Landschaft auch als politischer Karikaturist betätigte. Als Kunstmaler schuf er vor allem Historienbilder und Veduten und förderte Arnold Böcklin (den Sohn von Nr. 26).

20 / ALBERT NEUBURGER
1825–1904, Aarau

In Basel geboren und aufgewachsen im Badischen und in Konstanz, absolvierte Neuburger eine Ausbildung zum Apotheker (Lehre in Lahr im Schwarzwald und Studium in Freiburg im Breisgau). Über Rastatt und Bern kam der junge Pharmazeut nach Aarau, wo er 1851 eine Apotheke übernehmen konnte. Das Geschäft ging sehr gut, denn mit 50 konnte er sich zur Ruhe setzen. Er war Kassier des Armenerziehungsvereins und Mitglied der Prüfungskommission für die eidgenössischen Medizinalprüfungen (pharmazeutische Abteilung). Seine Musse widmete er zu einem guten Teil seiner Sektion Aarau. Neuburger war deren Mitgründer und Präsident, was mit der Ehrenmitgliedschaft honoriert wurde. Er nahm mit der gesamten Sektion (vgl. Nr. 33) an den Fahrten im ersten Clubgebiet teil und gehört zu den Fasterstbesteigern des Speichstocks (2967 m) am 10. August 1863. Im Jahre 1865 machte er die Erstbesteigung der Cima Camadra (der eigentlich angestrebte Piz Medel wurde im Nebel verpasst). Neuburger reiste 1903 noch ans Clubfest zum 40-jährigen Bestehen des SAC in Pontresina.

21 / CARL LÜSCHER-STAPFER
1817–1875, Basel

Über ihn konnte nur in Erfahrung gebracht werden, dass er als Bankier tätig war. Sein Name taucht im Jahrbuch nicht auf.

22 / JAKOB HEINRICH KIEFER-WEIBEL
1817–1881, Basel

Der Kaufmann amtierte 1864 als Schriftführer (Sekretär) des SAC. Im gleichen Jahr nahm er am 26. Juli an der zweiten Ersteigung des Eggstocks im Triftgebiet, dem zweiten Exkursionsgebiet des SAC, teil; auf der Exkursionskarte des SAC ist der Eggstock mit Schneestock angeschrieben, was zu Verwirrungen führt(e). Rudolf Lindt bemerkte im zweiten Jahrbuch des SAC von 1865: «Vor zwei Jahren misslang ein Versuch Dr. Simmlers, und wenn Herr Wenger sein Ziel glücklich [als Erster] erreichte, so wob der Berggeist boshaft dicke Schleier vor seinen Augen. Gnädig empfing er aber die Herren Raillard und Kiefer und söhnte sich sichtlich mit dem Schweizer Alpen-Club aus. Die von diesen Herren erhaltene Auskunft bestimmte Herrn Hofmann, dem Damma-Stock sich zuzuwenden.» Mit diesem Hof(f)mann ist die Nr. 13 gemeint. Im Sektionsbericht von 1875 steht unter dem Stichwort «Fahrten haben unternommen» bei der Sektion Basel: «Kiefer-Weibel: Feuerstein».

23 / LEONHARD FININGER
1821–1869, Basel

Er war ursprünglich im Eisenwarengeschäft tätig, erscheint aber im SAC-Mitgliederverzeichnis von 1865 als «Rentier», lebte also von den Erträgen seines Vermögens. Fininger amtierte als Meister der Zunft zu Schmieden und als Basler Ratsherr (Mitglied der Regierung, damals noch ein Ehrenamt). Der Mitbegründer der Sektion Basel war 1864 CC-Beisitzer, 1866–1869 Statthalter der Sektion Basel. Am 5. Februar 1869 wurde er von der Sektion einstimmig als Zentralpräsident für die Jahre 1870–1872 vorgeschlagen. Am 20. Juni 1869 stürzte sich Fininger von der Axenstrasse in den Vierwaldstättersee; sein Leichnam wurde nicht gefunden. Er machte 1863 die zweite Besteigung des Grossen Schärhorns, erreichte 1864 zusammen mit August Raillard (Nr. 10) als Erster den Fleckistock, und 1865 gelang ihm die Erstbesteigung des Kleinen Schärhorns. 1867 bestieg er Schreckhorn und Eiger; im erst 1963 gedruckten Bericht bemerkte er: «Am ganzen Eiger findet sich nirgends ein ordentlich ebenes Plätzchen, auf dem man gemütlich ein Glas Wein trinken und sich des Lebens freuen kann.»

24 / JOHANN CHRISTIAN MEYER-BISCHOFF
1816–1876, Basel

Der Kaufmann war Gründungspräsident seiner Sektion und wurde 1864 zweiter Zentralpräsident des SAC. Wahrscheinlich kommt ihm die Ehre zu, als Erster die Mitgliedschaft von Frauen im SAC angedacht zu haben; in der Clubchronik für 1864 schrieb er: «Noch erwähnen wir, dass ein Mitglied derselben [Sektion Bern] mit seiner Schwester die Besteigung der über 11 000' hohen Altels gemacht hat. Auch in andern Sektionen zeigen sich unter Frauen und Jungfrauen solche unternehmende Bergsteigerinnen, dass wir vielleicht auch das schwächere schöne Geschlecht in unsere Reihen aufnehmen müssen, wenn es mit dem stärkeren an Ausdauer wettzueifern fortfährt.» Noch immer sehr lesenswert die Beschreibung seiner Besteigung des Oberalpstocks im zweiten Jahrbuch von 1865: «Wir tranken auf das Gedeihen des schweizerischen Alpen-Clubs, legten unsere Wahrzettel in die Flasche unseres Vorgängers und stiegen den gleichen Weg wieder hinab, wobei wir einigemal respectable Lawinen in Bewegung setzten.»

25 / EDMUND VON FELLENBERG
1838–1902, Bern

Fellenberg, dessen Vater Chemiker und ein Cousin des Pädagogen Emanuel von Fellenberg war, studierte an der Universität Bern Geologie und Mineralogie und absolvierte an der Bergakademie von Freiberg im Erzgebirge die Ausbildung zum Ingenieur. Nach Bern zurückgekehrt, wirkte er als Konservator der geologischen, mineralogischen, paläontologischen, archäologischen und ethnografischen Sammlungen und übte entscheidenden Einfluss auf die Entwicklung der stadtbernischen Museen aus. Auch seine Freizeit füllte Fellenberg mit wissenschaftlichen Studien an, die er nahtlos mit seiner alpinistischen Leidenschaft verband – so erschloss er etwa in jahrzehntelanger Arbeit das Finsteraarhornmassiv für die «Beiträge zur Geologischen Karte der Schweiz». Zu seinen wichtigsten Erstbesteigungen und Erstbegehungen zählen: Doldenhorn und Wyssi Frau (Blüemlisalp), Silberhorn, Lauterbrunnen Breithorn und Gross Grünhorn, Wellhorn, Aletschhorn von Süden, Mönch über den Nollen, Bietschhorn Westgrat. Im SAC übernahm der jüngste Gründer im ersten Central-Comité die Charge des Sekretärs, in der Folge betätigte er sich vor allem durch Vorträge und Aufsätze. Das Fellenbergflieli am Rottbrättgrat der Jungfrau und die Fellenberglicken zwischen Bächlistock und Brandlammhorn im Grimselgebiet erinnern an den gewichtigen SAC-Mann.

26 / FRIEDRICH BÖCKLIN-LIPPE
1802–1880, Basel

Der Textilkaufmann brachte es aus einfachen Verhältnissen bis zum Direktor einer Basler Seidenbandfabrik. Offenbar war er ein innovativer Kopf, jedenfalls attestierten die Herren Fabrikanten Steiger ihrem jungen Gehilfen im Jahr 1824, auf das von ihm entwickelte Verfahren zur Herstellung und Färbung «türkischer Mützen» habe man in Basel schon seit 30 Jahren gewartet. Er war der älteste Teilnehmer an der Gründungsversammlung und trat später aus dem Club aus, wie auf dem Rahmen des Fotos im Porträtalbum der Sektion Basel vermerkt ist. Sein Sohn war der berühmte Maler Arnold Böcklin. Dieser hat, im Gegensatz zum Vater, seine Auftritte in den SAC-Jahrbüchern – so 1890 in «Ein Spaziergang im Rätikon» von Uto-Mitglied Otto von Pfister: «Ich jauchzte laut vor Lust. Es war ein Bild, wie Böcklin es in glühenden Farben auf die Leinwand zaubert.»

27 / JOHANN JACOB PREISWERCK-OSER
1804–1872, Basel

Der Kaufmann erscheint bereits auf der 25 Namen umfassenden Liste, die Simler nach seinem Aufruf aus Basel erhielt; 14 der Unterzeichner waren in Olten dabei. Laut Sektionsbericht für das Jahr 1872 aus dem SAC-Jahrbuch verlor der Verein mit dem Ableben von Preiswerck-Oser «eines seiner bewährtesten Mitglieder und Mitgründer».

28 / FRIDOLIN SCHMID
1829–1884, Glarus

Er stammte aus einfachsten Verhältnissen (sein Vater war Taglöhner), brachte es aber zum erfolgreichen Buchdrucker und Verleger. Seine 1857 gegründete freisinnige «Neue Glarner Zeitung» war geradezu das Glarner «Regierungsorgan». Daneben verlegte er auch die von Caspar Hauser (Nr. 32) mitbegründete «Alpenpost». Schmid gehört zu den 26 Gründern der Sektion Tödi. Nicht zu verwechseln mit seinem älteren, aber nicht näher verwandten Namensvetter, der ebenfalls einen Verlag in Glarus betrieb und von dem er sich durch den Zusatz «junior» abzugrenzen versuchte.

29 / RUDOLF STUBER
1825–1904, Bern

Der Sohn eines Metzgermeisters war wegen seiner Kurzsichtigkeit für den Militärdienst untauglich, was ihn aber nicht hinderte, «ein unermüdlicher Bergfexe» zu werden. Nach juristischen Studien in Bern, Berlin und Paris legte er das bernische Fürsprecherexamen ab, war jedoch in der Folge nicht in seinem Beruf tätig, da ererbtes Vermögen ihn unabhängig machte. Stattdessen widmete er sich ganz der Berner Politik, die er als konservativer Gemeinderat, Burgerrat und Grossrat sowie als Mitgründer und Verwaltungsrat des «Berner Tagblatt» während fünf Jahrzehnten mitgestaltete. 1859 begleitete er Gottlieb Studer (Nr 3) auf den Uri-Rotstock, 1862 auf einer Bergreise von der Grimsel via Wallis bis ins Tessin auf den Monte Generoso.

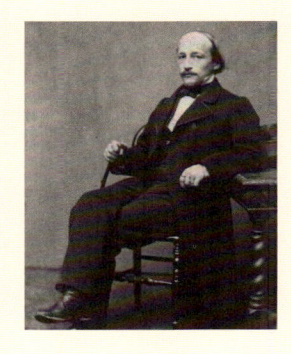

30 / LUDWIG RÜTIMEYER
1825–1895, Basel

Der aus Biglen im Emmental gebürtige Pfarrerssohn studierte zunächst selbst Theologie in Bern, dann Naturwissenschaften und Medizin und wirkte 1855–1894 als Professor für Zoologie und vergleichende Anatomie an der Universität Basel; seine Forschungen über die Säugetierpaläontologie und die Tiergeografie waren wegweisend. In seiner Sektion engagierte er sich als Mitgründer, Statthalter und Obmann, im SAC 1864 als Redaktor des Jahrbuchs und Vizepräsident (letzteres erneut 1870–1872). Rütimeyer verfasste die Itinerarien «Das Gotthardgebiet», «Das Rheinwaldgebirge» und «Die Tessiner Alpen» (1871–1873) und hielt 32 Vorträge in seiner Sektion. Wirklich grosse Bergtouren unternahm er keine, er war aber ein ganz ausdauernder Berggänger. Als Beauftragter des SAC in der Gletscherkommission trieb Rütimeyer als deren Präsident die Vermessung des Rhonegletschers entscheidend voran. 1884 wurde er zum Ehrenmitglied von Sektion und Zentralverband ernannt. Obschon Mitglied von mehr als vierzig wissenschaftlichen Gesellschaften des In- und Auslandes, sei ihm der SAC am liebsten gewesen. Aus Palermo schrieb er 1852: «Ich gebe ganz Italien für einen wilden Lauf durch Wald und Feld, über Stock und Stein auf unsern Höhen des Emmentals oder auf den zackigen Graten des Oberlandes.»

31 / JOHANN HEINRICH SPEICH
1822–1891, Glarus

Speichs Vater war offenbar ein vielseitiger Typ, jedenfalls soll er sowohl als Zimmermeister wie auch als Schuhmacher gearbeitet haben und fungierte daneben noch als Glarner Dorfvogt – ein Amt, das später auch der Sohn ausübte, der auch Gemeinderat war. Von Beruf war Speich «Dessinateur», also Musterzeichner in der Textilindustrie. Im Vorstand seiner Sektion, zu deren Gründern er zählt, war er vier Jahre als Beisitzer aktiv – welches aber die «bedeutenden Verdienste» waren, die ihm 1880 die Ehrenmitgliedschaft der Sektion eintrugen, konnte nicht eruiert werden. Nach ihm ist der Speichstock (2967 m) zwischen Gemsfairenstock und Clariden benannt, der am 10. August 1863 im Rahmen der offiziellen SAC-Expedition vom III. Detachement erstmals fast erklettert wurde; Speich war der Chef des Detachements, das am folgenden Tag am Clariden scheiterte. Beim erneuten Scheitern an anderer Stelle tags darauf war er nicht dabei.

32 / CASPAR HAUSER
1827–1883, Glarus

Hauser, dessen Vater Wirt und Glarner Landseckelmeister war, studierte in Heidelberg und München Recht und praktizierte danach in Näfels und Glarus als Anwalt. Als fortschrittlicher Liberaler sass er schon mit 21 Jahren im Dreifachen Landrat und wurde 1850 Ratsherr (Mitglied des exekutiven Rats). Als Gründungspräsident seiner Sektion war Hauser überaus aktiv, so verfasste er z.B. schon 1864 eine «Instruktion über die wissenschaftliche Aufgabe bei den Touren» (also zwei Jahre bevor der SAC mit den «Beobachtungsnotizen» eine entsprechende Anleitung herausgab). Ausserdem arbeitete er am SAC-Jahrbuch mit und war Mitherausgeber der «Alpenpost» (im Verlag von Nr. 28). Der Vorder Selbsanft (2751 m), den Hauser mit den Führern Heinrich und Rudolf Elmer am 15. August 1863 erstmals bestieg, erhielt ihm zu Ehren vom SAC im Jahr darauf den Zweitnamen Hauserhorn und ist noch immer so auf der Landeskarte der Schweiz verzeichnet. Drei Schweizer Gipfel sind somit nach SAC-Gründern benannt: Hauserhorn, Speichstock und Studerhorn; dazu noch das Fellenbergfliel an der Jungfrau (vgl. S. 69).

33 / ALEXIS GARONNE
1826–1881, Aarau

Der aus dem Kanton Neuenburg stammende Garonne wuchs als Waisenkind bei Verwandten in Zurzach auf. Nach dem Theologiestudium in Berlin, Heidelberg und Basel wurde er 1853 Pfarrer an der Stadtkirche Aarau, wo er bis zu seinem frühen Tod in reformtheologischem Sinn wirkte. Garonne gehört zusammen mit Albert Neuburger (Nr. 20), Emil Frey-Gessner und C. W. Stein zu den vier Gründern der Sektion Aarau, die an der ersten offiziellen Exkursion des Gesamtclubs im Tödi-Clariden-Gebiet im August 1863 teilnahmen, und zwar im III. Detachement, das zweimal am noch unbestiegenen Clariden scheiterte. Dazu Simlers Kommentar im «Generalbericht» aus dem ersten Jahrbuch des SAC: «Der Alpenclub hätte eine Ehre mehr gewonnen, die ihm schon am folgenden Tage von Hrn. Professor Rambert in Zürich weggeschnappt wurde.» Ramberts «Note sur l'ascension des Clarides» ist in diesem Jahrbuch zu finden, als der erste von drei französischen Beiträgen. Rambert wurde 1882 übrigens der zehnte Zentralpräsident.

34 / GOTTLIEB BISCHOFF
1820–1885, Basel

Der Pfarrerssohn studierte Recht in Basel, Göttingen und Heidelberg und wurde 1842 promoviert. Seine beruflich-politische Karriere führte in Basel-Stadt über die Ämter des Chefs des Landjägercorps, des Polizeidirektors und des Staatsschreibers bis in den Regierungsrat. Sein Nachruf in der «Allgemeinen Schweizer Zeitung» attestiert ihm, dass er als Polizeidirektor «nach seiner originellen Art hie und da etwa auch in ungewohnter Form und mit einer gewissen Verachtung des hergebrachten Geschäftsstyles» agierte. Bischoff war vielseitig sozial und kulturell engagiert; bei der Gründung des SAC war er der Adressat von Simlers Kreisschreiben in Basel, wo er sich der Sektion bei deren Gründung als Schreiber zur Verfügung stellte. Alpinistisch machte er sich keinen Namen.

35 / BALTHASAR FREULER
1821–?, Zürich

Über den letzten Mann, der seinen Namen auf das Gründungsprotokoll des SAC setzte, ist so gut wie nichts bekannt. In der «Festschrift zum vierzigjährigen Bestehen der Sektion Uto des S.A.C.» wird er bei den beiden Abgesandten aus Zürich in Olten ohne Namen genannt. Wie dem «Mitglieder-Verzeichnis des Schweizer-Alpen-Club 1865» zu entnehmen ist, war er Kaufmann in Zürich.

DIE ERSTEN SIEBEN SEKTIONEN DES SAC
VON 1863

DANIEL ANKER

35 Einzelpersonen aus der Deutschschweiz gründeten am 19. April 1863 in Olten den SAC. Die kantonalen Sektionen wurden anschliessend gegründet, mit einer Ausnahme: In ——— Basel ——— hatten sich 15 Männer am 17. April 1863 im Gesellschaftshaus in Kleinbasel zur «Basler Sektion» der zu gründenden gesamtschweizerischen Vereinigung von Alpenfreunden zusammengeschlossen. Deshalb erstaunt es auch nicht, dass die Delegation aus Basel mit wiederum 15 Teilnehmern die mit Abstand grösste in Olten war; Sektionspräsident Johann Christian Meyer-Bischoff war selbstverständlich dabei.

26 Männer, darunter die drei Glarner Delegierten in Olten, gründeten am 3. Mai 1863 im «Glarnerhof» in ——— Glarus ——— die Sektion Tödi. Erster Präsident wurde Caspar Hauser.

Für die Gründung der Sektion Bern gibt die SAC-Literatur zwei Daten an. Am 30. April 1863 trafen sich im Zunfthaus zum Affen in ——— Bern ——— die drei Mitglieder des provisorischen Central-Comité (Simler, Fellenberg und Roth) sowie Gottlieb Studer zur ersten Sitzung; dabei wurde unter anderem beschlossen, «die bernischen Mitglieder des S.A.C. zusammenzuberufen zur Konstituierung einer bernischen Sektion» (Heinrich Dübi in «Die ersten fünfzig Jahre des Schweizer Alpenclub»). Diese fand am 15. Mai 1863 im «Café Boulevard» am Bollwerk statt, mit den drei Herren des CC sowie acht weiteren Clubisten, darunter Dietzi und Studer (erster Präsident). Die Sektion Bern ist also die dritte SAC-Sektion.

In ——— St. Gallen ——— fanden sich elf Herren, darunter Weilenmann und Iwan von Tschudi, am 3. Juni 1863 in der «Walhalla» zur konstituierenden Sitzung ein und wählten Friedrich von Tschudi zum ersten Präsidenten.

Wann genau die Sektion ——— Aarau ——— (der ursprüngliche Name «Jura» wurde bereits 1864 fallen gelassen) gegründet wurde, ist nicht bekannt. Nach den Angaben von Emil Frey-Gessner, dem ersten Präsidenten der Sektion, hat sie zu Beginn der Sommerferienzeit 1863 mit Sicherheit bestanden. Wie Thomas Fuhrer, Sektionspräsident von 1992 bis 2001, schreibt, begannen die Ferien «auch damals mit dem Maienzug, welcher jeweils am ersten Freitag im Juli stattfindet. 1863 fand der Maienzug am 3. Juli statt.» Das heisst, dass es zu diesem Zeitpunkt die Sektion Aarau gab. Ihre vier Gründer nahmen als «ganze Section» (so Simler im «Generalbericht») an der ersten offiziellen SAC-Exkursion im August 1863 teil.

Die konstituierende Versammlung der Sektion Uto fand in ——— Zürich ——— am 23. Oktober 1863 im «Café Saffran» statt. Datum und Ort, beide bisher nicht bekannt, fand Urs Schallberger von der Sektion Uto in seiner Recherche «Wann wurde die SAC Sektion Uto gegründet? Und wer war ihr erster Präsident?» heraus. Wahrscheinlich nahmen sieben Männer teil. Kassier wurde SAC-Mitgründer Jakob Pestalozzi-Jenny, der auch das erst jetzt gefundene Einladungsschreiben verschickt hatte. Zum Präsidenten wurde an der Gründungsversammlung Arnold Escher von der Linth gewählt, der sein Amt aber nie antrat, weshalb Pestalozzi de facto auch dieses innehatte.

Die Liste aus dem Waadtland, die Simler als Antwort auf sein Kreisschreiben zur «Gründung einer schweizerischen Alpengesellschaft» erhielt, umfasste zehn Namen; an der Oltner Versammlung nahm aber kein Westschweizer teil. In ——— Lausanne ——— trafen sich zehn Männer am 13. November 1863 im kleinen Konferenzsaal des Musée industriel zur konstituierenden Sitzung der dortigen Sektion; als Name wählten sie Section des Diablerets. Auguste Bernus wurde in Personalunion Präsident, Sekretär, Kassier sowie Delegierter im Gesamtverband.

Ende 1863 umfasste der Schweizer Alpen-Club also sieben Sektionen. Und nicht, wie man oft lesen kann (zum Beispiel bei Dübi), acht Sektionen. Wohl waren insgesamt neun Männer aus Graubünden, darunter der Forstinspektor und Bernina-Erstbesteiger Johann Coaz, dem SAC sozusagen als Einzelmitglieder beigetreten; zur Bildung einer bündnerischen Sektion war es aber im Gründungsjahr des Clubs nicht gekommen. Erst am 4. Januar 1864 versammelten sich die in Chur wohnenden SAC-Mitglieder im Gasthof zum «Roten Löwen», um «über die Konstituierung einer bündnerischen Sektion zu beraten», wie es in der Schrift «Geschichte der Sektion Rhätia S.A.C., 1864–1904» heisst. Zum ersten Präsidenten wurde Coaz gewählt.

MARCO MARCACCI
MEHR ALS TOURISTEN

DIE GRATWANDERUNG
ZWISCHEN TOURISMUSFÖRDERUNG
UND BERGSTEIGERIDEAL

Von allem Anfang an war der Schweizer Alpen-Club einer der Hauptakteure in der Entwicklung des Tourismus in der Schweiz, die zu grossen Teilen im Bergtourismus gründet. Allerdings war die Haltung des Clubs gegenüber den touristischen Aktivitäten komplexer und vielschichtiger, als man auf den ersten Blick annehmen könnte. Schon sehr früh sah sich der Schweizer Alpen-Club mit der Ambivalenz konfrontiert, die allen touristischen Aktivitäten eigen ist: Mit der steigenden Zahl von Touristen und dem Ausbau der auf sie ausgerichteten Infrastruktur wächst die Gefahr, dass das in Mitleidenschaft gezogen wird, was eben gerade das touristische Kapital ausmacht: die Landschaft, die Kulturgüter, der Zustand der Umwelt sowie eine gewisse Exklusivität. Der Club musste den Willen, den Zugang zum Hochgebirge zu erleichtern, mit der Notwendigkeit, die Landschaft und den Lebensraum der Alpen zu bewahren, in Einklang bringen. Eine schwierige Gratwanderung.

1. DIE PHASEN DER TOURISMUS-GESCHICHTE IN DER SCHWEIZ

Bevor wir im Detail die Position und die Politik des SAC gegenüber dem Tourismus darlegen und seinen Beitrag an der Entwicklung dieses Wirtschaftszweigs aufzeigen, ist es sicher nützlich, einen kurzen Blick zurück auf die Rolle der Fremdenindustrie oder des Tourismus in der Schweiz im 19. und 20. Jahrhundert zu werfen.

«Der Tourist reist wegen des Vergnügens, das ihm die besuchte Gegend bereitet, oder aus historischem oder wissenschaftlichem Interesse, oder auch wegen des süssen Nichtstuns, während der Reisende wohl oder übel seinem eigenen Weg folgt und ein Land nur durchreist, um in ein anderes zu gelangen.»[1] Diese Aussage des englischen Entwicklungsbiologen und Naturforschers Gavin Reylands de Beer, Autor von mehreren gelehrten Büchern über die ersten Reisenden und Touristen in den Schweizer Alpen, hilft, zu verstehen, wie die Schweiz eine Tourismusdestination geworden ist. Von einer nur der Durchreise wegen durchquerten Gegend werden die Alpen Gegenstand von wissenschaftlicher Neugierde, bevor sie zu einer Art «Spielplatz», zum «Playground of Europe» aufsteigen, wie Leslie Stephen die Alpen genannt hat.[2]

Die Kantone und die Alpen der Schweiz werden ab der zweiten Hälfte des 18. Jahrhunderts zur Destination mit touristischem Zweck, als junge Aristokraten auf ihrer grossen Bildungsreise durch Europa begannen, hier Halt zu machen, statt einfach durchzufahren, um in ein anderes Land zu gelangen.[3] In der Schweiz werden sie angezogen von den Alpen oder zumindest von den alpinen Landschaften, die man von den Seeufern, Pässen und Aussichtspunkten aus bestaunen kann.

Eine zweite Phase beginnt gegen 1820 und dauert bis gegen 1875. Sie ist charakterisiert durch die Entwicklung der Beherbergungsinfrastruktur, das Aufkommen von neuen Transportmitteln (Dampfschiff und Eisenbahn) sowie durch den Bau von befahrbaren Strassen. Die Kundschaft nimmt an Umfang und Vielfalt zu, indem jetzt das wohlhabende europäische Bürgertum dazu kommt: Dies ist der Beginn des sportlichen Tourismus, die Reisebüros kommen auf, und die Zahl der Führer, welche die Reisenden begleiten, nimmt zu.

Die Eroberung der Schweizer Alpengipfel, die ab 1842 richtig einsetzt, erreicht ihren Höhepunkt zwischen 1855 und 1865; man spricht vom «Goldenen Zeitalter des Alpinismus», das stark von den Touristen aus Grossbritannien geprägt ist. 1857 wird der Alpine Club in London ins Leben gerufen, der den Austausch über die Erfahrungen im Hochgebirge fördern will. Ab 1859 veröffentlicht er die Berichte über seine Tätigkeiten, zuerst in «Peaks, Passes und Glaciers», dann im «Alpine Journal». Das Goldene Zeitalter geht mit der Erstbesteigung des Matterhorns 1865 zu Ende, zwei Jahre nach der Gründung des SAC – und der ersten durch das Reisebüro Thomas Cook organisierten Reise in die Schweiz.[4]

---

1 / Speichstock (2967 m) in den Glarner Alpen: der lange, flache Felsrücken etwas links der Bildmitte, fotografiert vom Firner Loch. SAC-Mitbegründer Johann Heinrich Speich war der Chef des III. SAC-Detachements, dem am 10. August 1863 fast die Erstbesteigung gelang. — Foto: Felix Ortlieb.

2 / Studerhorn (3634 m) in den Berner Alpen: der Firngipfel links des Finsteraarhorns. Gottlieb Studer über die Erstbesteigung am 5. August 1864: «Meine Vorgänger liessen mir in freundlicher Weise die Ehre, zuerst den Fuss auf den jungfräulichen Gipfel des Studerhorns zu setzen.» — Quelle: Jahrbuch des Schweizer Alpenclub, 1865.

3 / Hauserhorn (2751 m) in den Glarner Alpen: der spitzige Gipfel des Vorder Selbsanfts, gesehen vom Muttenwändli. Rudolf Theodor Simler im SAC-Jahrbuch von 1864: «Diesen vordern Selbsanftgipfel nennen wir in der vom Club herausgegebenen Karte des officiellen Gebietes dem ersten Besteiger zu Ehren das Hauserhorn.» Caspar Hauser und Gefährten machten die Erstbesteigung am 15. August 1863. — Foto: Felix Ortlieb.

4 / Fellenbergflieli (3386 m) in den Berner Alpen: Schlüsselstelle und Nebengipfel im Rotbrättgrat der Jungfrau. Edmund von Fellenberg und seine Männer versuchten im Gründungsjahr des SAC zweimal erfolglos, diesen schwierigen Grat auf die Jungfrau zu meistern. Im ersten SAC-Jahrbuch schreibt er: «Da wir doch einen schönen, vom ganzen Oberland und von Interlaken aus sichtbaren Punkt erreicht hatten, wurde die Fahne in der Mitte des Grates in den Schnee eingebohrt, als Wahrzeichen der erreichten Höhe.» — Quelle: Die Alpen, 1929.

1 /

2 /

3 /

4 /

Die dritte Phase, die bis zum Ersten Weltkrieg dauert, ist von einer raschen Expansion der Tourismusindustrie geprägt, angetrieben von der Eröffnung der Alpentransversalen und dem Bau einer wachsenden Zahl von Eisen- und Bergbahnen. Die Idee der Sommerfrische in den Bergen verbreitet sich, der Bade- und Gesundheitstourismus blüht, die Ausübung von Sportarten auf Schnee und Eis kommt in Mode, und es beginnt der Aufenthalt im Hochgebirge im Winter. Es kommen neue touristische Zentren – Graubünden, das Wallis und in geringerem Ausmass das Tessin – zu jenen dazu, die bereits etabliert sind: Genfersee, Berner Oberland, Vierwaldstättersee. Die Tourismusindustrie organisiert sich, um ihre Interessen zu vertreten, der ausländischen Konkurrenz die Stirn zu bieten und die Zusammenarbeit mit der öffentlichen Hand zu verstärken.

Zu Beginn des 20. Jahrhunderts werden die ersten Stimmen laut, die ein Unbehagen gegenüber der entfesselten Entwicklung der Tourismusindustrie ausdrücken, die Gefahr laufe, die Landschaft zu verschandeln, die kulturellen und historischen Schätze zu zerstören, ja gar den Nationalcharakter zu verderben. Der SAC, wie wir noch sehen werden, kann sich aus der Besorgnis der Zeit nicht heraushalten, für die das Aufkommen von neuen Bewegungen wie dem Heimatschutz typisch ist, in deren Fadenkreuz die grossen Hotels in den Bergregionen und gewisse Transportanlagen geraten, insbesondere die Eisenbahnen in den Bergen, Seilbahnen und andere Aufstiegshilfen.[5]

Die vierte Phase erstreckt sich vom Ersten Weltkrieg bis Mitte der 50er-Jahre. Sie ist geprägt von der anhaltenden Stagnation der Nachfrage: Man muss bis 1957 warten, ehe die Zahl der Übernachtungen in der Schweiz von 1912 wieder erreicht wird. Der Tourismus leidet unter den Kriegen, dem Erstarken des Schweizer Frankens, der internationalen Wirtschaftskrise und den von mehreren Staaten getroffenen Massnahmen, welche die Touristen im eigenen Land halten sollen. Das macht auch die Schweiz, indem sie den Autotourismus und die Wintersportarten fördert, insbesondere den Skilauf. Der Tourismus, auch der Berg- und Hochgebirgstourismus, erlebt eine erste Phase der Demokratisierung, weil Freizeitaktivitäten für breitere Schichten zugänglich werden. Der Bundesrat erklärt diesen Wirtschaftszweig als im nationalen Interesse stehend und fördert ihn, und der SAC, dessen patriotische Ausrichtung sich im Verlauf dieser Phase verstärkt, unterstützt diese Massnahmen.

Die fünfte Phase, diejenige des Massentourismus, beginnt in den 50er-Jahren und ist geprägt durch die Mobilität, die Einführung von bezahlten Ferien für alle und die Fünftagewoche. Sie führen zu einem Aufschwung und einer Massenbewegung, die weder am Bergsteigen noch am Wandern in den Bergen vorbeigeht. Die Zahl der SAC-Mitglieder steigt von rund 31 000 im Jahre 1945 auf 75 000 bis 1987.

Seit einigen Jahren zeigt sich ein neuer Trend: Die Globalisierung der Tourismusindustrie, die tiefen Preise in der Fliegerei und der zunehmende Gebrauch des Internets sind im Begriff, die Gewohnheiten und Bedürfnisse der Touristen zu verändern. Immer mehr Personen machen kurze Reisen, deren Ziel im Nu am Computer ausgewählt und die elektronisch reserviert und bezahlt werden können. Als Anbieter von touristischen Leistungen muss sich der SAC ebenfalls an das neue Verhalten und die neuen Gewohnheiten seiner Kunden anpassen.

2. DIE PHILOSOPHIE UND DIE TOURISTISCHEN ZIELE DES SAC
A) DEN ZUGANG ZUM SCHWEIZER HOCHGEBIRGE ERLEICHTERN

Gemäss den geltenden Statuten fördert der SAC «den Bergsport als Erlebnis für eine breite Bevölkerung», und zu seinen Aufgaben zählt er vor allem «Errichtung und Unterhalt der notwendigen Infrastruktur, namentlich von Clubhütten und Biwaks», sowie «verlegerisches und publizistisches Wirken, namentlich durch die Herausgabe von Clubführern, Lehrschriften und einer Mitgliederzeitschrift.»[6]

Die Terminologie und die Umstände mögen anders sein, aber einige der wichtigsten Ziele des Clubs haben sich in den vergangenen 150 Jahren nicht allzu gross verändert. Gemäss den Statuten von 1866 stellt sich der SAC «die Aufgabe, das schweizerische Hochgebirgsland allseitig zu erforschen, näher bekannt zu machen und den Besuch desselben zu erleichtern». Zur Erreichung dieses Ziels werden verschiedene Mittel erwähnt: von den Sektionen organisierte Kurse, jährliche Tourenlager, Bau und Einrichtung von Hütten, Organisation und Ausbildung von Bergführern, Publikation von literarischen Beiträgen.[7] Obschon hauptsächlich motiviert durch das Interesse an der Natur und der Topografie, helfen die Kursaktivität und die verlegerische Arbeit des SAC dennoch mit, die Anwesenheit von Touristen in den Alpen zu verstärken, eine Tatsache, gegen die nichts zu sprechen scheint. Die Absichten des SAC und die Interessen der Tourismusindustrie gehen Hand in Hand.

Hoteliers und Tourismuspromotoren sind Mitglieder des Clubs und manchmal gar in der Sektionsführung tätig. Sie sehen im Club ein Mittel, die Tourismuswirtschaft in den Bergregionen anzukurbeln, wie die Recherchen bestätigen, die in den Sektionen oder bestimmten Regionen gemacht wurden.[8] Im Wallis sind die Tourismus- auch gleich

---

5 / Wegbau am Hausberg von Genf: Die Section genevoise liess den Sentier d'Orjobet durch die gleichnamige Höhle in der Westseite des Grand Salève errichten. Die Eröffnung fand im September 1905 statt. — Quelle: Les cinquante premières années de la Section Genevoise du Club Alpin Suisse, 1865–1915.
6 / Wenn Weg und Hütte offen sind, freuen sich die Touristen. Beim Chalet du Mont d'Amin de la Section La Chaux-de-Fonds, östlich des Col de la Vue des Alpes, 31. Dezember 2012. — Foto: Daniel Anker.
7 / Zu welcher SAC-Hütte soll es gehen? Wegweiser in Steglaui im Göschenertal. — Foto: Marco Volken.
8 / Weiss-blau-weiss markierte Alpinwanderwege: neu angelegter Weg zur Britanniahütte (rechts oben). — Foto: Marco Volken.

5 /

6 /

7 /

8 /

die Bergsportförderer. Dank seiner quasi institutionellen Rolle ist der SAC die Körperschaft, in der die Interessen der Tourismusindustrie und diejenigen der Entdeckung der Alpen zusammenlaufen. Die Hoteliers und Gastwirte stellen im 19. Jahrhundert eine der in der Walliser Sektion Monte Rosa am stärksten vertretenen Berufsgruppen dar.[9] In den ersten Jahrzehnten des 20. Jahrhunderts spielt der SAC in den Freiburger Alpen eine ähnliche Rolle, insbesondere was den Skitourenlauf angeht.

Die Clubisten, welche die Hochgebirgsregionen besuchen, wünschen sich, den Ausbau von Verkehrswegen, Transportmitteln und Unterkunftsinfrastruktur in den Tälern, weil er ihre eigenen Anstrengungen unterstützt, den Zugang zur Bergwelt mit dem Bau von Hütten, die Publikation von topografischen Karten und Routenbeschreibungen und die Verbreitung des Wissens über die Alpen zu fördern.

B) GEGEN DIE EXZESSE DER TOURISMUSINDUSTRIE

Eine Trendumkehr zeichnet sich um 1900 ab: Der beträchtliche Aufschwung der Tourismusindustrie, der sich an der wachsenden Zahl an Unterkunftsmöglichkeiten, steigenden Übernachtungszahlen, immer mehr Transporteinrichtungen und Freizeit ablesen lässt, löst Unruhe «ästhetischer» und kultureller Art aus. Man ist der Meinung, dass die Berge durch die Invasion einer Bande von Gaffern bedroht sind und durch die grossen Hotels und eine Vervielfachung der Standseil-, Gondel- und Schwebebahnen verschandelt werden. Ausserdem wird befürchtet, der in den Tourismusorten herrschende Kosmopolitismus könnte gar den Nationalcharakter der Schweiz verderben. Es handelt sich um eine Haltung, die auf einer idealisierenden, ideologisch antimodernen Sicht auf die Alpen beruht, die verwandt ist mit den Zielen und Werten von Organisationen und Gesellschaftsgruppen, die darin die helvetische Identität verankern wollen.[10] Obschon innerhalb des Clubs divergierende Meinungen herrschen, die mit gegenläufigen regionalen und beruflichen Interessen zu tun haben, ist der SAC nicht unempfindlich gegenüber diesen Sorgen. Der Name des Zentralpräsidenten, des Solothurners Robert Schöpfer, steht im Frühling 1905 auf der Liste der 156 Erstunterzeichner des Schweizer Heimatschutzes.[11] Der Club hingegen bleibt neutral und gibt der expliziten Forderung der Initianten, der Club solle das Patronat übernehmen, nicht statt und überlässt jedem Einzelnen, ob er beitreten will oder nicht.[12]

Zu dieser Zeit nimmt der SAC mehrmals Stellung auf der Seite jener, die im Namen der «Schönheit des Vaterlandes» gegen gewisse Projekte von touristischen Promotoren kämpfen: Eisenbahnen ins Hochgebirge (namentlich die Bahnen aufs Matterhorn und den Sommet des Diablerets), Hotels auf Berggipfeln und Werbeplakate mitten in der Natur. Ein anderes Zeichen für eine Veränderung der Gesamtsicht zeigt sich in der Revision der Statuten, die 1907 angenommen wurden. Zum ersten Mal werden der Schutz des schweizerischen Alpengebietes («Erhaltung seiner Schönheiten») und die «Stellungnahme gegen Verunstaltungen des Hochgebirges» als Ziele des Clubs in die Statuten aufgenommen. Die Interessen des Clubs beginnen sich von denjenigen der Tourismusbranche zu trennen.[13]

Zur gleichen Zeit öffnet sich der Club nach einigem Zögern für den Skilauf als Hilfsmittel für die Fortbewegung in den Bergen und die Erforschung der Alpen im Winter, was zur Entwicklung eines neuen Tourismus in den Alpen beiträgt, diesmal im Winterhalbjahr. Der Club streitet auch mit den Transportunternehmungen um spezielle Tarife für Touristen und Feriengäste.

C) DER SAC UND DIE TOURISMUSORGANISATIONEN

1917 ist der SAC bei der Gründung der «Nationalen Vereinigung für die Förderung des Reiseverkehrs» (später Schweizerische Verkehrszentrale SVZ, heute Schweiz Tourismus) beteiligt. Das Central-Comité ist eher skeptisch und überzeugt davon, dass die neue Organisation hauptsächlich die Interessen der Hotellerie vertreten werde.[14] Es ist wohl der Hartnäckigkeit des Bundesrats zu verdanken, der die Rolle des SAC als entscheidend beurteilt («als Bewahrer der Schweizer Traditionen und Hüter der Berge»), dass sich Zentralpräsident Alexandre Bernoud überzeugen liess, im Verwaltungsrat der SVZ Einsitz zu nehmen.[15]

Zu Beginn des Jahres 1918 erscheint in Lausanne eine Wirtschaftsstudie, in der dem SAC vorgeworfen wird, indirekt und gegen seinen eigenen Willen zur Entwicklung des Tourismus in der Schweiz beigetragen zu haben. Für den Autor der Studie geschieht die Entwicklung des Tourismus über die Förderung des «Fremdenverkehrs», während der SAC sich doch vornehme, die Bergwelt bekanntzumachen und ihre Wertschätzung zu fördern.[16] Weil ein Vertreter des Clubs in der «Nationalen Vereinigung zur Förderung des Reiseverkehrs» sitzt, sorgt der Vorwurf für ein gewisses Unbehagen. Der Präsident stellt anlässlich einer Sitzung des SVZ-Verwaltungsrats die Position des Clubs in Sachen Tourismus klar: «Der SAC versucht nicht, jene Touristen anzuziehen, die in die Schweiz kommen, um auf Pferde zu wetten (‹oder Mädchen aufzureissen›, wie es im Text weiter heisst, was aber weggelassen wird. [Anm. des Autors]), sondern solche, welche die Naturschönheiten des Landes schätzen und respektieren. Wenn sie nach Hause zurückkehren,

---

9 / «Sektionstur auf den Bonderspitz, 1896.» Die Clubisten als Förderer und Nutzer des Tourismus in den Alpen. Fragt sich bloss, zu wem die drei Frauen gehören: zum Hotel oder zum Club? — Quelle: Geschichte der Sektion Burgdorf des S.A.C. 1879–1929.

10 / Hotel oder Hütte? Eine gute Frage seit 150 Jahren. Hier fotografiert im Sommer 2012 in Saas Almagell. — Foto: Marco Volken.

11 / «Links die Skipiste, die beim Berghotel und mit Jodelbegleitung beginnt und im Swing-Bar-Lokal endet; rechts der Skifahrerweg des Bergsteigers, der zur Gipfelhöhe Aufstieg hält und abends nach genussreicher Abfahrt und gemütlichem Hüttenhock im Kreis seiner Kameraden auf harter Pritsche wohlverdiente Ruhe hält, um andertags wieder frisch-froh an die Arbeit gehen zu können.» Originallegende zu einer der seltenen Illustrationen im Chronikteil der SAC-Zeitschrift. — Quelle: Die Alpen, 1943.

9 /

10 /

11 /

Führt die Piste zur Natur?

sagen diese Touristen nicht: ‹Besucht die Schweiz, das macht Spass›, sondern: ‹Besucht die Schweiz, sie ist ein wunderbares Land›».[17] Das Central-Comité anerkennt jedoch auch, dass der Autor der Studie nicht ganz falsch liegt, «insofern als der Tourismus nur als raffinierte Art gilt, die Fremden zum Wohle der Hotellerie anzulocken».[18]

D) SICH ABHEBEN VOM GEWÖHNLICHEN TOURISMUS

Auch in den folgenden Jahren zeigt sich der SAC weiterhin vorsichtig und manchmal offen skeptisch gegenüber den erklärtermassen touristischen Initiativen, in die man sie einzubinden versucht. Gleichzeitig bekräftigt er seine Rolle zugunsten eines Tourismus, der mit seinen Zielen und seiner eigenen Unterstützung eines wichtigen Wirtschaftszweiges kompatibel ist, mehr aus Verantwortungsgefühl dem Land gegenüber denn aus innerer Überzeugung.

1933 hält der SAC-Zentralpräsident Felix Gugler ein Referat anlässlich des ersten «Schweizer Kongresses für Turistik und Verkehr», der unter der Ägide des 1932 gegründeten Schweizer Tourismus-Verbands in Zürich vom 30. März bis 2. April stattfand, während der Binnentourismus in einer schweren Krise war. Felix Gugler fasst in seiner Rede die Geschichte und die Ziele des SAC zusammen und unterstreicht den Beitrag, den der SAC im Tourismussektor geleistet hat: mehr als 120 Hütten, die Ausbildung von Bergführern, die Organisation der Bergrettung, die Publikation von Karten, Führern und Routenbeschreibungen in den Schweizer Alpen, die Herausgabe von Zeitschriften und Jahrbüchern mit vielen Touren- und Kletterberichten. Dennoch, der Redner verhehlt seine Besorgnis angesichts der herrschenden Trends – Rekordjagd und ein gewisser «Snobismus» – nicht. Er schliesst seine Ausführungen mit der Bekräftigung: «Aber als letztes, höchstes Ziel muss immer die Liebe zur Heimat bleiben, die Pflege einer stillen, ruhigen Verehrung der hehren Alpenwelt.»[19]

Bezeichnend auch der Standpunkt, den darzulegen der Clubvertreter anlässlich des zweiten, vom 25. bis 27. Mai 1934 in Bern stattfindenden Schweizer Tourismus-Kongresses, eingeladen wird. Der SAC erklärt sich bereit, im Interesse der Schweizer Wirtschaft mitzuarbeiten, unter zwei Bedingungen: dass bei Initiativen, an denen der Club eine aktive Rolle spielt, «ein echter alpiner Geist» herrscht und dass die innere Ordnung des SAC respektiert wird. Er befürwortet, dass in der Werbung Botschaften der «reinen Sensation» vermieden werden und die Touristen vor den Gefahren des Hochgebirges zu warnen sind.[20] 1934 verweigert der SAC den Beitritt zu einem Zusammenschluss, der in den Tourismusorten das Bergsteigen propagieren wollte.[21] Auch in anderen Fällen distanziert sich der Club von Werbekampagnen, die mit seinen ideologischen Konzeptionen in Konflikt geraten: Er verwirft aus Prinzip jede Form von Wettbewerb, Preisen und Medaillen beim Bergsteigen.[22] Die Idee für solche Auszeichnungen war von Tourismusorganisationen eingebracht worden, um die Attraktivität der Schweiz bei den Liebhabern des Bergsteigens zu steigern.

Vom «ästhetischen» Ansatz von Anfang des 20. Jahrhunderts, geprägt von einer gewissen Furcht vor zu vielen (und auch falschen) Leuten in den Bergen, ist der SAC zu der Besorgnis über die Umwelt und die nachhaltige Entwicklung gelangt. In den heute geltenden Statuten heisst es: «Er setzt sich für die nachhaltige Entwicklung und Erhaltung der Bergwelt ein sowie für Kultur, die im Zusammenhang mit den Bergen steht», und im Leitbild: «Er setzt sich für die nachhaltige Entwicklung der Alpen ein und respektiert den Wert der letzten unerschlossenen Gebirgslandschaften. Er ist sich seiner Doppelrolle als Fürsprecher eines angemessenen Schutzes und als respektvoller Nutzer der Gebirgswelt bewusst.»[23]

3. DAS TOURISTISCHE ANGEBOT DES SAC
A) DIE HÜTTEN UND BIWAKS

Wenn man durch die Websites von einigen SAC-Hütten surft, könnte man meinen, es handle sich um Feinschmeckerrestaurants: mit verführerischen Bildern illustrierte Präsentationen von kulinarischen Spezialitäten inklusive Weinkarte, von Events und Themenabenden; man kann online reservieren und mit Kreditkarte zahlen. Natürlich gilt das nicht für alle Hütten. Viele setzen immer noch auf eine gewisse einheimische Authentizität, im Allgemeinen jedoch müssen sie heute ihr Angebot demjenigen von Berghotels und -restaurants anpassen. Auch der SAC als Ganzes ist dabei, sein Angebot auf die Bedürfnisse der Kunden auszurichten, und nicht allein auf diejenigen der Bergsteiger und Clubmitglieder: mehr Komfort und Privatsphäre, Informationen und Reservationen online sowie die Möglichkeit, elektronisch zu bezahlen.[24]

So gesehen hat sich in 150 Jahren viel verändert. Seit seiner Gründung verschrieb sich der SAC dem Bau von Schutzhütten in den Bergen für die Bergsteiger, damit sie vor einer Gipfelbesteigung oder auf mehrtägigen Touren übernachten können, oder für einen Aufenthalt für wissenschaftliche Untersuchungen und Studien. Bereits 1863 baute der Club eine einfache Hütte am Grünhorn in den Glarner Alpen. Ab 1867 beschliesst er, mindestens eine Hütte pro Jahr zu bauen. Der Club gibt sich auch Regeln und Empfehlungen in Bezug auf den Standort der Hütten, ihre Einrichtung und die Kriterien für den Betrieb.

---

12 / Der Dachbalken für die Erweiterung der ersten typischen SAC-Hütte aus Bruchstein-Mauerwerk: Capanna Campo Tencia, 1933. — Quelle: Archivio CAS Sezione Ticino.

13 / Herberge für Alpinisten und Touristen: Einweihung der Cabane du Mountet, 22. Juli 1872. — Quelle: L'Écho des Alpes, 1872.

14 / Der erste Bau genügte den Bedürfnissen und dem Ansturm oft nicht: Tafel an der Aussenwand der Sustlihütte. Für einmal tritt auch der Schweizerische Frauen-Alpen-Club als Bauherrin auf. — Foto: Marco Volken.

15 / Das Fundament der modernsten SAC-Hütte: Monte-Rosa-Hütte, 2008. — Foto: Marco Volken.

12 /

13 /

14 /

15 /

Das Ziel, eine Hütte pro Jahr zu bauen, wird weit übertroffen: 1912 verfügt der SAC über mehr als 70 Hütten oder Biwaks mit total 2 000 Schlafplätzen, und die Zahl der Übernachtungen ist auf 30 000 gestiegen.[25] Die Bedürfnisse der Mitglieder werden nicht ignoriert, aber der SAC tendiert dazu, sich von der übrigen Hotellerie und der Tourismusindustrie abzuheben und achtet darauf, dass sich die Hütten nicht in Berghotels oder Bergrestaurants verwandeln.

Deshalb wird es in der ersten Hälfte des 20. Jahrhunderts nötig, die touristischen Ziele den Eckwerten des Clubs unterzuordnen. Die Hütten und Biwaks müssen den Liebhabern und Kennern der Berge dienen, und nicht einfachen Touristen auf der Suche nach starken Emotionen und Abenteuer. Trotzdem muss sich der Alpenclub anpassen, zumindest in drei Punkten: grössere Hütten bauen, um der Nachfrage zu genügen, ein Minimum an Komfort für die Gäste bieten, die Infrastruktur an die Benutzung im Winter fürs Skitourenfahren anpassen.

Mit der Festlegung von neuen Kriterien verbessert sich der Komfort der Hütten: Bauten aus Stein mit Innenverkleidung aus Holz, rationelle Nutzung der Räume und eine Aussichtsterrasse. Dennoch, auch in den folgenden Jahren bleiben Luxus und kulinarische Genüsse aus den Hütten verbannt; so ist der Konsum von Alkohol verboten, die Abgabe von Mahlzeiten und Getränken ist auf ein striktes Minimum beschränkt, und es hat weder Telefon noch Radio.

Die Zahl der Besucher steigt beträchtlich: von rund 30 000 im Jahre 1912 auf 75 000 im Jahre 1936. Der Anteil der Besucher, die nicht Mitglieder des SAC sind, sinkt in der gleichen Zeitspanne von 80% auf 63%.[26] Die steigenden Belegungszahlen führen immer mehr dazu, dass bezahlte Hüttenwarte mit dem Betrieb beauftragt werden. Der grosse Zustrom, den einige Hütten zu bestimmten Zeiten, zum Beispiel über Ostern, erfahren, und die Ankunft von Gruppen mit Gästen, die nicht Clubmitglied sind, sorgen für logistische Probleme und Überbelegung. Der SAC anerkennt in den 1930er-Jahren, dass seine Hütten den von österreichischen Clubhütten gebotenen Komfort nicht erreichen, aber er bekräftigt seinen Willen, diese in erster Linie Bergsteigern und Bergwanderern zur Verfügung zu stellen, und nicht den Touristen auf der Suche nach Ferienkomfort.[27]

Mit dem Aufkommen der Ski ab 1891 wird der alpine Skilauf in unserem Land zu einem veritablen Nationalsport. Zuerst nur vorsichtig öffnet sich der SAC unter dem Druck der Basis dem alpinen Skifahren. In verschiedenen Sektionen hatten sich bereits Skigruppen gebildet. Die Sektion Piz Sol baute eine erste SAC-Hütte speziell für Skifahrer: Die Spitzmeilenhütte (24 Schlafplätze) in der Gemeinde Flums-Grossberg wurde im Dezember 1903 eröffnet.[28] 1905 entscheidet die Abgeordnetenversammlung, die Miete von Hütten in fürs Skifahren geeigneten Gegenden zu subventionieren. Aus eigener Initiative bauten oder mieteten SAC-Sektionen in den Jahren 1920 bis 1932 rund 100 Hütten und Chalets fürs Skifahren, insbesondere in den Voralpen und im Jura.[29]

Der Club kümmert sich ausserdem um den Unterhalt und die Sicherheit der Hüttenwege, ohne allerdings daraus Strassen oder bequeme Fusswege zu machen. Im Unterschied zu früher verzichtet man auf die Montage von Wegweisern zu den Hüttenzustiegen.

Die Zahl der Hütten erreicht eine gewisse Sättigung Mitte des vergangenen Jahrhunderts: Zu den 131 bestehenden Hütten sind in den 60 Jahren seit 1951 nur noch rund 20 weitere dazugekommen, sodass Ende 2012 152 Hütten mit rund 9000 Schlafplätzen zur Verfügung stehen. Die grössten Investitionen in letzter Zeit stehen im Zusammenhang mit Umweltfragen, wie der Behandlung des Abwassers und der Versorgung mit erneuerbaren Energien. Seit einigen Jahren wird manchmal durch eine Renovation die Zahl der Schlafplätze zugunsten von mehr Komfort für die Gäste reduziert; es gibt Platz für moderne Sanitäranlagen und kleinere Schlafräume anstelle der grossen Massenlager.

Die Zahl der Übernachtungen ist allerdings weiter gestiegen; sie liegt gegenwärtig bei rund 350 000 jährlich. Der Umfang des touristischen Angebots, das die Hütten darstellen, hat also zugenommen; es macht jedoch nur etwas mehr als 1% der Übernachtungen in der Parahotellerie und 5% in der Kategorie der Gruppenunterkünfte aus. Es handelt sich daher um einen Nischenmarkt, der nicht unter der Krise im Tourismus zu leiden scheint.

B) DIE ORGANISATION DES BERGFÜHRERBERUFS

Seit seiner Gründung hat sich der SAC mit der Reglementierung des Bergführerberufs beschäftigt. Über ausgebildete und zuverlässige Bergführer mit transparenten Anstellungsbedingungen zu verfügen, wurde als eine Grundbedingung für die Förderung der touristischen Erschliessung der Alpen angesehen. Die ersten Bergführervereinigungen entstanden in Grindelwald (1857), Zermatt (1858) und Pontresina (1871). In der Folge wurde die Organisation des Berufs weitgehend vom SAC bestimmt und kontrolliert, ein deutliches Zeichen für die Vertrauenswürdigkeit, die der Club im Bereich Bergsteigen geniesst. Die Absicht des Clubs war es, wenn möglich für die ganze Schweiz ein-

---

16 / «1910 – Au sommet du Niremont». Mit Blick auf Moléson (links) und Teysachaux. — Quelle: Cinquantenaire du groupe de skieurs de la Section des Diablerets du Club Alpin Suisse 1904–1954.

17 / Ralph Schnegg (1956–2011) am 9. März 2007 kurz unterhalb der Corne Aubert (2038 m) in den Gastlosen. Zusammen mit dem Herausgeber dieser Jubiläumsschrift verfasste er von 1993 bis 2011 rund 4000 Seiten, gesetzt in sechs SAC-Skitourenführern und einem Wanderführer; zuletzt erschien die zweite Auflage von «Ski de randonnée. Alpes fribourgeoises et vaudoises». — Foto: Daniel Anker.

18 / Skifahrer statt Kühe: Die Winternutzung von Alphütten begann in der Zwischenkriegszeit so richtig. 1933 mietete die Sektion Bern erstmals die Niederhornhütte. — Foto: Marco Volken.

19 / Einweihung der Spitzmeilenhütte in den Glarner Alpen, der ersten speziell für den Skilauf erbauten SAC-Hütte; 26. Dezember 1903. Der Bau hatte am 5. Oktober begonnen. — Quelle: Joachim Mercier: Aus der Urgeschichte des Schweiz. Skilaufs. Jubiläums-Schrift des Ski-Clubs Glarus 1893–1928.

16 /

17 /

18 /

19 /

heitliche Normen festzulegen, die für Reglemente, Tarife und berufliche Anforderungen anzuwenden waren.[30] Beauftragt mit der Bildung eines Corps von Bergführern, organisierte der SAC ab 1874 in fast allen Alpenkantonen theoretische und praktische Kurse, die mit einem Brevet abgeschlossen wurden. Mit Beginn des 20. Jahrhunderts wurden die Kurse auf die Ausbildung von Skitourenführern ausgeweitet.

In einigen Fällen war die Kontrolle durch den SAC entscheidend, wenn nämlich die Behörden Schwierigkeiten hatten, Gesetze und Reglemente für Bergführer zu erlassen.[31] Der Club kümmerte sich auch darum, dass sich die Führer ab 1881 gegen Unfall und Haftpflicht versichern konnten, dank einem Vertrag, den der SAC mit einer Versicherungsgesellschaft schloss.

Somit hat der Schweizer Alpen-Club mit seinen pionierhaften Initiativen bei der Organisation des Bergführerberufs zur Entwicklung des Tourismus in der Schweiz beigetragen, vor allem während des 19. Jahrhunderts, als auch Touren, die heute als «wenig schwierig» gelten würden, mit der Hilfe eines Führers angegangen wurden.

Im 20. Jahrhundert hat sich die Rolle des Bergführers weiter verändert: Mit der Verbesserung der Infrastrukturen und der Routenbeschreibungen und der Verwendung von Karten und Führerliteratur ist für leichte Touren und Klettereien ein Führer entbehrlich. Dafür eröffneten sich ihm neue Berufsaussichten wie zum Beispiel Trekking, Skitouren und Variantenfahren, Canyoning, Sportklettern und Eisfallklettern.

C) ROUTEN, KARTEN UND TOURENFÜHRER

1864 begann der Club, Routensammlungen für die alljährlich zu erkundenden Exkursionsgebiete zu veröffentlichen; insgesamt waren es 22 solche Itinerarien, die letzte 1900. Die erste dieser Publikationen betraf die Regionen Tödi-Clariden und Trift und präsentierte sich in Form eines Büchleins von zehn Seiten; die letzte, die der «partie suisse de la chaîne du Mont-Blanc» gewidmet war, wurde ein Taschenbuch mit 232 Seiten.[32]

Die Entscheidung, welche Gebiete abgedeckt wurden, versuchte, die systematische Erforschung der Schweizer Alpen mit der Verbreitung von Karten im Massstab 1:50 000 zu kombinieren. Zwischen 1866 und 1870 wurde beispielsweise der Südteil der Walliser Alpen vom Col de la Fenêtre bis zum Binntal erkundet, dann war die Reihe am Gotthardmassiv, an der Adula und den Tessiner Alpen (Verzascatal und Vallemaggia). Ab 1876 wurden die Exkursionsgebiete nur noch alle zwei Jahre gewechselt.

Die Itinerarien enthielten touristische Informationen über Unterkünfte und Hotels, über Personen, die bereit waren, Auskünfte zu erteilen und als Führer zu dienen, praktische Informationen über Wege, Touren, Gipfel und Sehenswürdigkeiten sowie technische und wissenschaftliche Abhandlungen zu Geologie und Orografie.

Ende des 19. Jahrhunderts war die Schweizer Alpenwelt recht gut erforscht, und die Notwendigkeit von systematischen Exkursionen nahm ab. 1901 verzichtet der Club auf die Exkursionsgebiete und die Itinerarien. Die verlegerische Aktivität des Clubs konzentriert sich auf die Erarbeitung und Publikation von Führerliteratur (Clubführer) mit touristischem oder naturkundlichem Inhalt, nach dem Muster der englischen Climber's Guide.[33] Die Serie wird 1902 mit einem ersten Führer der Glarner Alpen[34] eröffnet, gefolgt 1905 von einem Führer der Urner Alpen in zwei Bänden, dann 1909 von einem Führer der Tessiner Alpen, ebenfalls in zwei Bänden und in deutscher Sprache. Einige dieser Werke sind ein grosser Erfolg, obschon sie für ein kleines Fachpublikum bestimmt sind: Der Führer der Glarner Alpen erfährt 1912 eine zweite, erweiterte Auflage, da die 2000 gedruckten Exemplare in wenigen Monaten verkauft sind. Der Club legt das Buch mit wenigen Änderungen ein drittes Mal auf, und 1920 ein viertes Mal. Zum Vergleich: Zwei der drei Bände «Geologische Wanderungen durch die Schweiz», herausgegeben 1913, wurden 120 bzw. 200 Mal verkauft.[35] Der Ausflugstourismus scheint den wissenschaftlichen und naturkundlichen Tourismus zu überflügeln.

Während des Ersten Weltkriegs wurden zwei umfangreiche Werke über die Walliser Alpen herausgebracht (vier Bände zwischen 1916 und 1923, insgesamt rund 1800 Seiten), und über die Rätischen Alpen (zehn Bände auf Deutsch, herausgegeben zwischen 1916 und 1947 mit einem Total von 3700 Seiten). Über die Walliser Alpen publizierte der SAC zwischen 1924 und 1930 auch drei Skiführer, mit Zusammensetzungen der Siegfriedkarte und darin eingezeichneten Routen als Anhang.

Weitere Führer werden auf Initiative von Ortssektionen herausgegeben. Ab 1931 gibt die Sektion Bern eine aktualisierte Version des «Hochgebirgsführer durch die Berner Alpen» heraus, dessen erste Auflage in vier Bänden (1907–1910) eine autorisierte und erweiterte Übersetzung des Climber's Guide war. Die Section genevoise publiziert einen Führer in zwei Bänden über die Bergkette, welche die Grenze zwischen der Schweiz und Hochsavoyen bildet (1928 und 1930), während die Sektion Pilatus (Luzern) das dreibändige Werk «Tourenführer durch die Zentralschweizerischen Voralpen 1929–1932» vorlegt.

---

20 / Gipfelbücher und -behälter sowie Visitenkarten, die auf dem Gipfel deponiert wurden. Links, von oben: Windgällen, Gipfelzettel, 1906–1908; Stammerspitze, Rest des Gipfelbuchbehälters nach Blitzeinschlag; Ruchi, 1902–1906. Mitte: Gipfelbüchse des Gross Lohborn mit zwei Röllchen Visitenkarten und Büchsendeckel, 1895–1900. Rechts, von oben: Piz Buin, 1929–1930; Sächsmoor, 1907–1915; Gross Windgällen, 1899–1906. — Quelle: Alpines Museum der Schweiz, Bern.

21 / Hüttenbuch der Bétempshütte, 1914–1921. Bis 1940 hiess die Monte-Rosa-Hütte offiziell Bétempshütte. — Quelle: Alpines Museum der Schweiz, Bern.

22 / Der erste Clubführer für die Walliser Alpen zwischen Col Ferret und Col de Collon, verfasst von Marcel Kurz, 1923 erschienen – und hoffentlich nie auf den Grand Combin mitgenommen worden. — Quelle: Zentralbibliothek des SAC, Zürich.

23 / Umschlag eines der Zeigebücher von Jules Beck, dem ersten Schweizer Hochgebirgsfotografen. Diese auch «Verkaufsalben» genannten Bücher konnten bei der Buchhandlung Dalp in Bern eingesehen werden. Mit den Fotos von SAC-Mitglied Beck liessen sich die Alpengipfel besser erkennen, bereisen – oder auch nur erträumen. — Quelle: Alpines Museum der Schweiz, Bern.

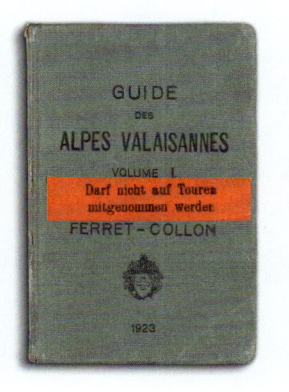

20 /

21 /

22 /

23 /

Geschichte 2

Diese Werke werden laufend den besonderen Bedürfnissen der Bergsteiger angepasst: «dünnes und widerstandfähiges Papier, um Gewicht zu sparen, solider Einband, der nicht verschmutzt, in die Tasche passendes Format und andere Besonderheiten charakterisieren die neuesten Führer».[36] In der Folge erweitert sich die Palette: Zusätzlich zu den aktualisierten Versionen, welche methodisch die verschiedenen Alpenketten beschreiben, gibt der Club thematische Publikationen für verschiedene Bergsportarten heraus.

Mit der Edition von Führern und Routensammlungen ist die Erarbeitung und Publikation von geografischen Karten verbunden. Schon das erste Jahrbuch des SAC enthält als «künstlerischen» Anhang eine Karte der Gegend rund um den Tödi, hergestellt nach modernen Verfahren, insbesondere mit dem natürlichen Licht von Süden.[37] Rund 40 weitere solche, für die Clubisten bestimmte Karten wurden als Anhang der Jahrbücher bis 1922 publiziert. Die Publikation von Karten mit hauptsächlich touristischem Zweck, namentlich mit eingezeichneten Routen für Tourenskifahrer, geht in den folgenden Jahren weiter.

Diese Entwicklung führt dazu, dass der wissenschaftliche Vorwand für die Erforschung der Alpen allmählich aufgegeben wird und Platz macht für eine mehr ästhetische, sportliche und touristische Nutzung der Berge, wie mit einem gewissen lyrischen Duktus der Autor eines Beitrags zum 75. Geburtstag des Clubs schreibt: «Die Zeit der grossen Expeditionen und Entdeckungen in unserem Land ist vorbei für immer. (...) Und wenn, anstelle von wenigen Pionieren, Tausende von Leuten dank den Führern und Karten des S.A.C. in ihrer knapp bemessenen Freizeit ihren Körper stählen und ihre Seele aufbauen können in der hehren Welt der Gipfel, dann dürfen wir uns darüber wirklich freuen.»[38]

Obschon im Wesentlichen für touristische Zwecke herausgegeben, sind die Wanderkarten des SAC die Frucht eines konsequenten Engagements des Clubs in der Entwicklung der modernen Kartografie und der Zusammenarbeit der ersten Stunde mit dem Bundesamt für Landestopografie. Eines der Ergebnisse war die Publikation der Blätter des «Topographischen Atlas der Schweiz», auch bekannt unter dem Namen Siegfriedkarte, zwischen 1870 und 1949, und dann ab 1952 die Herausgabe der neuen Landeskarte im Massstab 1:25 000.[39]

SCHLUSSFOLGERUNG

In der Vergangenheit legte der Schweizer Alpen-Club, auch in Fragen des Tourismus, seine Absichten offen, eine gleichsam institutionelle Funktion zu übernehmen und «hegemonial» zu wirken bei der Erarbeitung und Verbreitung von ideologischen Repräsentationen der Landschaft und der Bergwelt und beim Festschreiben, wie dieses Erbe zu verwalten und zu nutzen sei.[40] Heute hat der SAC diesen Anspruch aufgegeben, bleibt aber gleichzeitig Akteur und Nutzer der Tourismusbranche in der Schweiz. Akteur, weil die Hütten ein bedeutendes Element der touristischen Infrastruktur in den Bergen darstellen, während die Führer und Bücher, die der SAC herausgibt (rund 140 Titel im Katalog) ein wirksames Mittel darstellen, um das Wandern und Bergsteigen in der Schweiz zu fördern. Nutzer, denn mit seinen 140 000 Mitgliedern verfügt er über eine kritische Masse, die genügt, um zur Schaffung von Nachfrage im Hochgebirgstourismus beizutragen. Gleichzeitig will der SAC mit seinem Engagement zugunsten der nachhaltigen Entwicklung und seinem Interesse an den kulturellen und naturkundlichen Aspekten der Bergwelt den Aufschwung des Tourismus mit dem Schutz der alpinen Ökosysteme in Einklang bringen.[41]

---

24 / Mitglieder der Sektion Bachtel auf ihrem Hausberg (1115 m), um 1900. Die Sektion liess 1893 einen Turm aus Stahl nach dem Vorbild des Eschenbergturms erbauen, mit Alpenzeiger auf der Aussichtsplattform. 1921 ging das Gasthaus Bachtel-Kulm in den Besitz der Sektion über. Auf dem Bachtel findet alljährlich die Neujahrsréunion benachbarter Sektionen statt. — Quelle: 125 Jahre SAC Bachtel 1871–1996.

25 / Der Vorstand der Sektion Pilaus 1891 auf dem Findling von Roggliswil, auch bekannt als Honigstein. Seit 4. August 1872 steht der erratische Block unter alpenclubistischem Schutz. Am 21. April 1934, dem Tag der 70-Jahr-Feier der Sektion, erhielt das Naturdenkmal und Ausflugsziel folgende bronzene Inschrifttafel: «Vom fernen Wallis kam einst ich her / Auf des Rhonegletschers eis'gem Rücken; / Und jetzt, gestrandet, verlassen und bedroht / Von Geldes und arger Menschen Tücken / Steht mir der SAC zu treuer Wehr.» — Quelle: Oscar Allgäuer: 80 Jahre Sektion Pilatus SAC. 1864–1944.

26 / Bis heute greifbar: Tourismusförderung durch den SAC, hier durch die Sektion Winterthur mit dem Eschenbergturm. — Foto: Marco Volken.

27 / Eschenbergturm bei Winterthur, 30 Meter hoch. SAC-Jahrbuch von 1889: «Der Aufstieg ist weder schwindlig noch beschwerlich. Eine weite Rundsicht belohnt den Ersteiger; die Alpenkette ist vom Säntis bis zur Jungfrau sichtbar.» — Foto: Marco Volken.

24 /

25 /

26 /

27 /

VOM «IGNORANTEN» ZUM IDEALSCHWEIZER
BERGFÜHRER UND SAC

ANDREA HUNGERBÜHLER

In Berlepschs «Reisehandbuch für die Schweiz» aus dem Jahr 1862 steht zu lesen, es gebe in diesem Land zwar Führer, «welche in ihrer Gegend ziemlich gut instruirt sind, einige Kenntnisse in der Mineralogie und Botanik haben, auch die Gipfel der Berge richtig zu benennen verstehen; die grössere Mehrzahl aber sind Ignoranten, lediglich Taglöhner, die ein paar hundert Brocken französisch oder englisch zu radebrechen verstehen und wo sie auf Fragen keine bestimmte Auskunft geben können, frech drauf und drein lügen»[1]. Zudem würden sie die Touristen belästigen, sodass man sich kaum vor deren «Zudringlichkeit»[2] retten könne. Berlepschs Schilderung deutet darauf hin, dass damals – trotz bereits existierenden ersten kantonalen Bergführerreglementen – einiges im Argen stand, was das Verhalten der Männer betrifft, die sich als Führer anboten, wie auch das Fremdbild, das von ihnen kursierte. In den darauffolgenden rund hundert Jahren sollte sich dies ändern: Nicht nur wurde aus der «wilden» Führerei ein Beruf, der in allen Gebirgskantonen rechtlichen Regelungen untersteht, dessen Ausübung an eine obligatorische Ausbildung gekoppelt ist und in dem Berufsverbände eine zentrale Rolle spielen, auch wandelte sich das vorherrschende Fremdbild: Einst als «Taugenichts»[3] wahrgenommen, wurde der Bergführer zu Beginn des 20. Jahrhunderts zum idealtypischen Schweizer Mann stilisiert.

Der Schweizer Alpen-Club spielte sowohl auf der Ebene der Schaffung von Berufsstrukturen sowie auf der Ebene der Idealisierung des Bergführers eine zentrale Rolle. Die «Förderung und Verbesserung des Führerwesens»[4] war von Beginn weg eines der zentralen Anliegen, für das sich die Central-Comités (CC) des SAC und die Sektionen einsetzten. In den 1870er-Jahren – damals existierten erst in den Kantonen Bern und Wallis kantonale Bergführerreglemente – regten SAC-Mitglieder an, eine Bergführerkommission zur Ausarbeitung eines Führerreglements einzusetzen.[5] Die Kommission wurde daraufhin ins Leben gerufen und arbeitete die «Grundzüge zu einem Reglement für Bergführer und Träger» aus, die 1874 zusammen mit der Schrift «Einige Regeln und Winke über die Aufgabe und das Verhalten der Bergführer» an die Sektionen des SAC sowie an die Regierungen der Gebirgskantone verschickt wurden.[6] Damit verfolgte das Central-Comité Pilatus (Luzern) die Absicht, das Bergführerwesen zu fördern und zu verbessern und es kantonsübergreifend zu regeln.[7] Eine Organisation des Führerwesens würde es ermöglichen, «das schweizerische Hochgebirgsland allseitig genau zu erforschen, näher bekannt zu machen und den Besuch desselben zu erleichtern».[8] Die Bemühungen des SAC blieben zunächst erfolglos, sodass der Club sich fortan für eine Vereinheitlichung der kantonalen Gesetze einsetzte sowie für die Freizügigkeit der Führer zwischen den Kantonen. Es sollte bis 1899 dauern, bis das erste SAC-Führerreglement, das «Reglement über die Führerkurse und die Erteilung der Führerdiplome des S.A.C.»,[9] in Kraft gesetzt wurde.

Etwa zeitgleich mit der Verabschiedung der kantonalen Bergführerreglemente begannen sich die Bergführer in den Gebirgskantonen zu organisieren. Sie gründeten zuerst lokale Vereine und ab 1904 kantonale Bergführerverbände. Mit der Einführung des erwähnten «Reglements über die Führerkurse und die Erteilung der Führerdiplome des S.A.C.»[10] im Jahr 1899 gab es neu «zwei Kategorien»[11] von Bergführern: Die einen unterstanden den Kantonsregierungen, die anderen dem SAC. Nachdem bis Mitte des 20. Jahrhunderts alle Bergkantone eigene Bergführerverbände

Fünf Bergführer der Sektion Tödi; bereits 1864 stellte die Sektion ein Reglement zum Führerwesen auf.
Quelle: Geschichte der Sektion Tödi S.A.C. 1863–1913.

Jan Colani (rechts) aus Pontresina mit zwei Touristen, um 1850: laut Mitgliederliste von 1865 damals der einzige Bergführer im SAC.
Quelle: Philipp / Matossi, Bündner Bergführer, 1996.

hatten, handelte es sich bei den SAC-Führern um «Unterländer-Bergführer».[12] Es sollte noch bis ins Jahr 1970 dauern, bis die SAC-Bergführer in den 1942 gegründeten Schweizer Bergführerverband (SBV) aufgenommen wurden. Daraufhin schlossen sich die «Flachlandführer»[13] im Jahr 1971 zu einem eigenen Verband, dem SAC-Bergführerverband zusammen, der heute offiziell Interkantonaler Bergführerverband (IKBV) heisst und im Jahr 2012 195 Mitglieder zählte.[14]

Seine Ziele versuchte der SAC vor allem auch über die Einführung und Verbesserung der Ausbildung von Bergführern zu erreichen. Schon kurz nach der Gründung des SAC beauftragten die CCs die kantonalen Sektionen damit, diese an die Hand zu nehmen.[15] Daraufhin wurden in verschiedenen Kantonen Führerkurse abgehalten. 1899 erliess der SAC das erwähnte Reglement, in dem Kurs- und Diplomierungsmodalitäten geregelt waren. Der SAC formulierte darin die Absicht, «die Bildung und Entwicklung eines Führercorps zu fördern, das in jeder Beziehung auf der Höhe seiner Aufgabe steht»,[16] und verpflichtete sich, Führerkurse durch Subventionen zu unterstützen. Die Ausbildung wuchs in der Folge stetig von den anfänglichen rund einwöchigen Kursen bis zur heute dreijährigen, vom Staatssekretariat für Bildung, Forschung und Innovation SBFI (ehemals BTT) anerkannten Ausbildung auf Niveau «Höhere Berufsbildung».

Der SAC spielte also bei der Förderung, Organisation und Reglementierung des Bergführerwesens von Beginn weg eine zentrale Rolle. Die historisch gewachsene Beziehung zwischen dem SAC und den Bergführern ist durch eine gegenseitige Abhängigkeit geprägt, die sich sowohl am Berg wie auch auf der Ebene der Organisationen zeigt. Charakteristisch für die Beziehung ist auch eine gewisse Ambivalenz. Dabei spielen zwei Kategorien eine zentrale Rolle: Klasse und geografische Herkunft. Den häufig akademisch gebildeten, bürgerlichen, in Städten ansässigen «Herren» des SAC standen – zumindest bis zum Zweiten Weltkrieg – die meist aus bäuerlichem oder handwerklichem Milieu und aus Berggebieten stammenden Bergführer gegenüber. Die soziale Hierarchie schlug sich auf Seite der «Herren» in einer Haltung der Überlegenheit nieder, die sowohl belehrende wie fürsorgliche Züge annehmen konnte.

Um ihre alpinistischen Unternehmungen nachgehen zu können, waren die Clubisten teilweise auf zuverlässige und kompetente und «anständig[e]»[17] Führer angewiesen, die ihre Dienste zu erschwinglichen Preisen anboten. Am 1874 vom SAC verschickten Dokument «Regeln und Winke» wird deutlich, dass die Bestrebungen des SAC in den Anfängen nicht zuletzt auch auf eine Disziplinierung der Bergführer zielten. Ihnen sollten Verhaltens- und Anstandsregeln für den Umgang mit den «Herren» etwa des SAC beigebracht werden. So wird der Bergführer in der besagten Schrift beispielsweise ermahnt, «sich im Genusse geistiger Getränke der Mässigkeit [zu] befleissen», «unnötige Zudringlichkeit» zu unterlassen, sowie sich in «Gewissenhaftigkeit» und «Bescheidenheit» zu üben.[18] Die in der Geschichte des SAC lange Zeit äusserst präsente Frage der «Tarife» zeugt einerseits von den Eigeninteressen der Clubisten; sie setzten immer wieder verbindliche Tariflisten durch, was die Bergführer manchmal als «Drücken» der Tarife empfunden haben sollen.[19] Andererseits setzten sich SAC-Mitglieder etwa in Krisenzeiten auch dafür ein, dass die Tarife nicht allzu sehr gesenkt wurden, um das Auskommen der Führer nicht zu gefährden. Die fürsorgliche Haltung wird etwa im Zusammenhang mit den Bemühungen des SAC deutlich, Bergführerfamilien, die in Not geraten sind, zu unterstützen. Nach der Wende

Louis Theytaz (1867–1911) aus dem Val d'Anniviers erhielt 1892 das Bergführerpatent, beging 1900 erstmals den Younggrat am Weisshorn und starb in einer Gletscherspalte an der Pigne d'Arolla.
Quelle: L'Écho des Alpes, 1911.

Die Grindelwalder Bergführer im Jahre 1880; der Führerverein wurde 1898 gegründet.
Quelle: Samuel Brawand, Grindelwalder Bergführer, 1973.

zum 20. Jahrhundert wurden die Huber-Stiftung sowie ein Führerunterstützungsfonds ins Leben gerufen, die von den Central-Comités des SAC verwaltet und aus deren Erträgen hilfsbedürftig gewordene Bergführer oder Hinterbliebene unterstützt wurden.[20]

Auch die Haltung der Bergführer gegenüber dem SAC zeichnete sich lange Zeit durch eine gewisse Ambivalenz aus. Zum einen gab es bereits früh Bergführer, die den SAC und sein Engagement in Sachen Bergführerwesen schätzten und selbst Mitglieder des Clubs waren. Anderen wiederum war das Engagement des Clubs ein Dorn im Auge, wie etwa den Führern von Engelberg, die sich im Jahr 1900 weigerten, einen von den Kantonen Ob- und Nidwalden für obligatorisch erklärten und von der SAC-Sektion Titlis angebotenen Kurs zu besuchen, dies – wie in der Zeitschrift «Alpina» des SAC vermerkt wurde – «unter der frivolen Vorgabe, dass sie sich in der Sache keinen Zwang anthun lassen und sie eine weitere Instruktion nicht bedürfen, da sie ohnehin auf dem Gebiete des Führerwesens in der Schweiz ihresgleichen nicht finden […]».[21] Der geplante Kurs musste mangels Interesse abgesagt werden. Kritisiert wurde besonders in den Anfängen des SAC, dass sich dieser in Bergführerangelegenheiten einmischte. Spätere Klagen bezogen sich auf ein zu dominantes und «eigenmächtig[es]»[22] Auftreten des Schweizer Alpen-Clubs sowie auf die Tatsache, dass der Club selbst Alpinisten ausbildete und damit – so die Befürchtung – den Führern Arbeit und Verdienst strittig machte.

So stiessen auch die SAC-Führer beim SBV zunächst auf eine gewisse Skepsis, die bis in die 1970er-Jahre anhielt. Einerseits lastete man ihnen einen Mangel an Erfahrung an, andererseits befürchteten etwa Delegierte des SBV das «Ueberhandnehmen von Unterland-Bergführern»[23] und die «Verdrängung der Führer aus den Bergkantonen».[24] Sogar der SAC selbst stand der Frage der Führer aus dem Unterland ambivalent gegenüber. Einerseits war er selbst zuständig für sie, andererseits wollte er es sich mit den Bergführern aus den Bergregionen nicht verscherzen. Nur so jedenfalls ist zu erklären, dass das CC Basel 1957 den Standpunkt vertrat, «dass der Führerberuf prinzipiell der Bergbevölkerung vorbehalten bleiben soll, soweit nicht ganz besondere Gründe in Ausnahmefällen eine Abweichung von diesem Prinzip notwendig machen»[25], eine Haltung, die sich spätestens ab den 1970er-Jahren zu ändern begann.

Heute haben sich die Bergführer und Bergführerinnen und ihre Verbände zu einem grossen Teil vom SAC emanzipiert. Dessen Einfluss auf das Bergführerwesen ist zurückgebunden, und Konflikte zwischen den beiden Parteien scheinen seltener geworden zu sein. Die Mehrheit der Bergführer und Bergführerinnen sind heute selbst Mitglieder des Alpen-Clubs. Ganz verschwunden sind die Konflikte aber nicht. So wird der Club in Berggebieten bisweilen nach wie vor als «Club der Unterländer» wahrgenommen, der mit seinen Touren und Kursen den Bergführern und Bergführerinnen Arbeit wegnimmt. Auch im Zusammenhang mit dem Dilemma zwischen Schutz und Nutzung der Natur – besonders etwa beim Thema Heliskiing – geraten der SAC beziehungsweise einzelne SAC-Sektionen und manche Bergführerverbände seit den 1970er-Jahren immer wieder aneinander.

Jenseits des unermüdlichen konkreten rechtlich-organisatorischen Engagements waren Mitglieder des SAC aber auch auf einer ganz anderen Ebene betreffend Bergführer aktiv: Sie trugen massgeblich dazu bei, dass das einst negative Bild des Bergführers nach der Wende zum 20. Jahrhundert in ein äusserst positives, geradezu idealisiertes Bild kippte, das bis heute ausstrahlt. In Bergführerbiografien, die in den 1930er- bis 1960er-Jahren gehäuft erschienen und hinter denen in der einen oder anderen Form häufig Mitglieder des SAC standen, wird der Schweizer Bergführer als vorbildlicher Bergsteiger und Führer, besonders maskuliner Mann und als Verkörperung des idealen Urschweizers gezeichnet. Damit fügt sich dieser Bergführer perfekt in

Seil, Pickel und passende Kleidung werden noch heute bei den Bergführerzusammenkünften getragen.

Wer Bergführer werden will, muss sehr viel lernen und können – natürlich auch Knoten.

Fotos: Caroline Fink.

jene Ideologie ein, die der SAC während der Zeit der Geistigen Landesverteidigung vertrat: Sie verkörpern das positiv besetzte «Oben», das für das «Gute» und «Gesunde» sowie für die traditionelle Schweiz, das Vaterland, die nationale Einheit und die nationale Freiheit stand.²⁶ Pathetisch schreibt Carl Egger, seines Zeichens SAC-Mitglied, im 1946 erschienenen Band «Pioniere der Alpen», die von ihm porträtierten, zum damaligen Zeitpunkt bereits verstorbenen Bergführer hätten sich «um die Schweiz verdient gemacht […], nicht nur, indem sie mutig und unerschrocken Naturfreunden und Bergbegeisterten neue Wege in unserem köstlichsten Gut, der Alpenwelt, gewiesen, sondern auch durch ihre Ehrlichkeit und Treue ein Beispiel wahrer Schweizerart gegeben haben».²⁷ Carl Egger bezeichnet die Schweizer Bergführer im gleichen Band als «Elite von Männern», die «hervorragende ‹männliche Eigenschaften› im besten Sinne des Wortes […] ihr eigen nannten».²⁸

Zur Zeit Eggers waren das Bergsteigen und besonders auch das Bergführen nicht nur maskulin codiert, der Beruf des Bergführers war auch Männern vorbehalten. Dies sollte bis 1983 so bleiben, als mit Nicole Niquille die erste Frau die Bergführerausbildung begann, die sie 1986 erfolgreich abschloss. Versuche von Frauen, zur Bergführerausbildung zugelassen zu werden, gab es jedoch schon früher. Die 1934 geborene Alpinistin Heidi Schelbert etwa wandte sich – wie sie sich erinnert – Ende der 1950er-Jahre mit der Bitte an den Schweizer Alpen-Club, zum Bergführerkurs zugelassen zu werden. Als ihr gesagt wurde, die Aufnahme bleibe militärdiensttauglichen Personen vorbehalten, trat sie in den Frauenhilfsdienst der Armee (FHD) ein, um bei einer weiteren Anfrage beim SAC zu erfahren, dass die Mitgliedschaft in diesem Hilfsdienst für die Aufnahme in die Bergführerausbildung nicht reiche.²⁹ Noch im Jahr 1974 vermeldeten «Die Alpen», zum angekündeten Bergführerkurs würden «nur Schweizer Bürger männlichen Geschlechts»³⁰ zugelassen.

Den Gast sicher durch die Berge zu führen, ist das Hauptziel des Führerberufes. Wichtig ist aber auch die Arbeit im Verband.

Schöner kann das Zusammengehen von SAC und Bergführerverband nicht gezeigt werden.
Fotos: Caroline Fink.

Dass Nicole Niquille im Jahr 1983 scheinbar ohne formelle Widerstände zur Bergführerausbildung zugelassen wurde, dürfte einerseits der Verbreitung der Anliegen der Gleichstellung von Frau und Mann in der Folge der zweiten Frauenbewegung Ende der 1960er-Jahre zu verdanken sein. Andererseits dürfte auch der Bundesgerichtsentscheid von 1977 zum Fall Aldo Caminada die Entscheidung begünstigt haben. 1975 hatte das CC des SAC, gestellt durch die Sektion Pilatus, Caminada den Zutritt zum Bergführerkurs wegen seiner Militärdienstverweigerung verwehrt. Die von ihm daraufhin eingereichte staatsrechtliche Beschwerde hiess das Bundesgericht gut, worauf die Militärdiensttauglichkeit als Zulassungskriterium für die Bergführerausbildung aufgegeben wurde.

Seit dem Abschluss Nicole Niquilles haben bis 2012 28 Frauen in der Schweiz das Bergführerdiplom erhalten, womit der Frauenanteil bei den Mitgliedern des Schweizer Bergführerverbands heute bei rund 1,8 Prozent liegt – ein Anteil, der auf die Bedeutung von Maskulinität in diesem Feld bis heute hindeutet. Auch das im obigen Zitat von Carl Egger zutagetretende Charisma des Bergführers als idealer und gewissermassen vorbildlicher Schweizer strahlt bis heute in transformierter Form aus und wird – gerade auch von manchen Politikern und Verbandsvertretern – gerne reproduziert. Aus den von Berlepsch beschriebenen lästigen, frechen und lügenden «Ignoranten» sind Vorzeigeschweizer (und -schweizerinnen) geworden. Herbert Volken etwa, damaliger Präsident der kantonalen Bergführer- und Skilehrerkommission des Kantons Wallis und Kantonalpräsident der Walliser Bergführer, bezeichnete die Berufsvertreter und -vertreterinnen in seiner Rede an der Brevetierungsfeier der Bergführerausbildung im Jahr 2005 als «Botschafter des Tourismus» und «Aushängeschilder der touristischen Regionen»³¹ und somit wohl auch der Schweiz.

MARTIN RICKENBACHER
EINE STARKE SEILSCHAFT
DER SCHWEIZER ALPEN-CLUB UND
DIE LANDESTOPOGRAFIE

2013 jubiliert auch eine andere nationale Institution, mit welcher der SAC seit seiner Gründung eng zusammenarbeitet: Das Bundesamt für Landestopografie swisstopo. General Guillaume-Henri Dufour richtete 1838 das Bureau topographique fédéral in Carouge bei Genf ein. In den ersten beiden Jahren des 1863 gegründeten SAC wurden die Arbeiten an der Dufourkarte abgeschlossen, die Clubisten spielten bei der Konzipierung der Folgearbeiten eine wichtige Rolle. Eduard Imhof brachte den Zusammenhang der beiden Sachgebiete auf den Punkt: «Alpinist und Topograph – ein Herz und eine Seele».

EIN VERHEISSUNGSVOLLER AUFTAKT – DIE DUFOURSPITZE

Die tollen 1860er-Jahre waren für die Vermessung der Schweiz eine bedeutende Zeit: 1861 entstand nach dem Beitritt der Schweiz zur Mitteleuropäischen Gradmessung im Schosse der Schweizerischen Naturforschenden Gesellschaft die Schweizerische Geodätische Kommission; ab 1863 wurde das Geometerkonkordat zur Vereinheitlichung der Katastervermessungen vorbereitet, das vom Bundesrat 1868 in Kraft gesetzt wurde; Ende 1864 unterbreitete Dufour dem Bundesrat den Schlussbericht zur Erstellung der Topographischen Karte der Schweiz im Massstab 1:100 000 (Dufourkarte), deren letztes Blatt 1865 publiziert wurde. Damit war der junge Nationalstaat ein erstes Mal flächendeckend kartiert, und zwar in einer Art, die international hoch beachtet wurde – der Weltruf der schweizerischen Kartografie war begründet.

Dass der Schweizer Alpen-Club bei der Fortsetzung der nationalen Kartengeschichte nach Dufour eine bedeutende Rolle zu spielen gedachte,[1] zeichnete sich schon vor dessen Gründung ab, und dieses «Anseilen» hatte denn schon einen publikumswirksamen symbolischen Charakter: Am 24. Januar 1863 wandte sich Hans Heinrich Denzler, damals Chef des bernischen topografischen Büros, an einige bekannte Bergsteiger, die gleichentags folgende Eingabe an Bundesrat Jakob Stämpfli, den Vorsteher des Militärdepartements, richteten: «Indem die Unterzeichneten, einem herrschenden Gebrauche folgend, sich die Freiheit genommen haben, der noch namenlosen höchsten Spitze der Schweiz den Namen ihres höchstverdienten Generals – Dufourspitze – beizulegen, geschah es in der bestimmten Absicht, diesem neuen Namen sowohl bei den Touristen und Führern Geltung zu verschaffen, als ihn selbst bei gebotener Gelegenheit zu gebrauchen.»[2]

Diese Eingabe war von dem liberalen Nationalrat Johann Jakob Bucher aus Regensberg, von Denzler sowie von den späteren Mitbegründern des SAC, Gottlieb Studer, Abraham Roth, Edmund von Fellenberg und Rudolf Theodor Simler, unterzeichnet. Dass es den Bergsteigern mit dieser Ehrung Ernst war, beweist der handschriftliche Zusatzvermerk des Bürochefs des Militärdepartements: «Nach einer Mittheilung von H. Nationalrath Bucher ist Herr Weilemann in St. Gallen mit obigem Gesuche einverstanden u. wünschte, dass sein Name der Petition beigesetzt werde.»[3] Zwar war Johann Jakob Weilenmann an der SAC-Gründungsversammlung vom 19. April 1863 in Olten nicht anwesend, gehörte aber zu den damals führenden Alpinisten und dann angehenden Clubisten, und seine Bemühung, bei einem solchen Akt mit dabei zu sein, zeigt, dass das Ansinnen regional breit abgestützt war. In seiner 11. Sitzung vom 28. Januar 1863 ermächtigte der Bundesrat das Militärdepartement, bezüglich der «Dufourspize» «an das eidgenössische topographische Bureau die hiefür nothwendigen entsprechenden Weisungen zu erlassen».[4] Noch im gleichen Jahr wurde die «Dufourspitze» – gegenüber dem Bundesratsbeschluss in leicht abgeänderter, heute gebräuchlicher Form mit «tz» – in der zweiten Ausgabe von Blatt XXIII «Domo d'Ossola Arona» der Dufourkarte publiziert, ein Jahr nach der Erstausgabe mit der «Höchsten Spitze».

DER SAC UND DIE EXKURSIONSKARTEN

Die Dufourkarte, die eine kulturhistorisch bedeutsame Leistung des jungen Nationalstaates darstellt,[5] legte zwar die Nomenklatur der Gipfelflur fürs Erste fest, aber ihr Massstab 1:100 000 war noch zu klein, um damit zuverlässig Exkursionen in höher gelegene Gebiete durchführen

---

1 / Ausschnitt aus der 1862 erschienenen Erstausgabe von Blatt 23 der Topographischen Karte der Schweiz 1:100 000: Die «Höchste Spitze» ist immer noch so bezeichnet wie in der 1824 erschienenen topografischen und naturhistorischen Skizze «Der Monte Rosa» des österreichischen Generals Ludwig Freiherr von Welden. — Quelle: swisstopo, Kartensammlung, TK 23, 1862.
2 / Der kleine Unterschied: Dank der «Anseilübung» der künftigen «Clubisten» beschloss der Bundesrat am 28. Januar 1863 die Umbenennung des höchstgelegenen Schweizer Gipfels in «Dufourspitze», was bereits ein Jahr nach der Erstausgabe eine Nachführung nach sich zog. «Höchste Spitze» blieb die Dufourkarte allerdings weiterhin, indem sie mehrere internationale Auszeichnungen errang und den Weltruf der Schweizer Kartografie begründete. — Quelle: swisstopo, Kartensammlung, TK 23, 1863.

1/

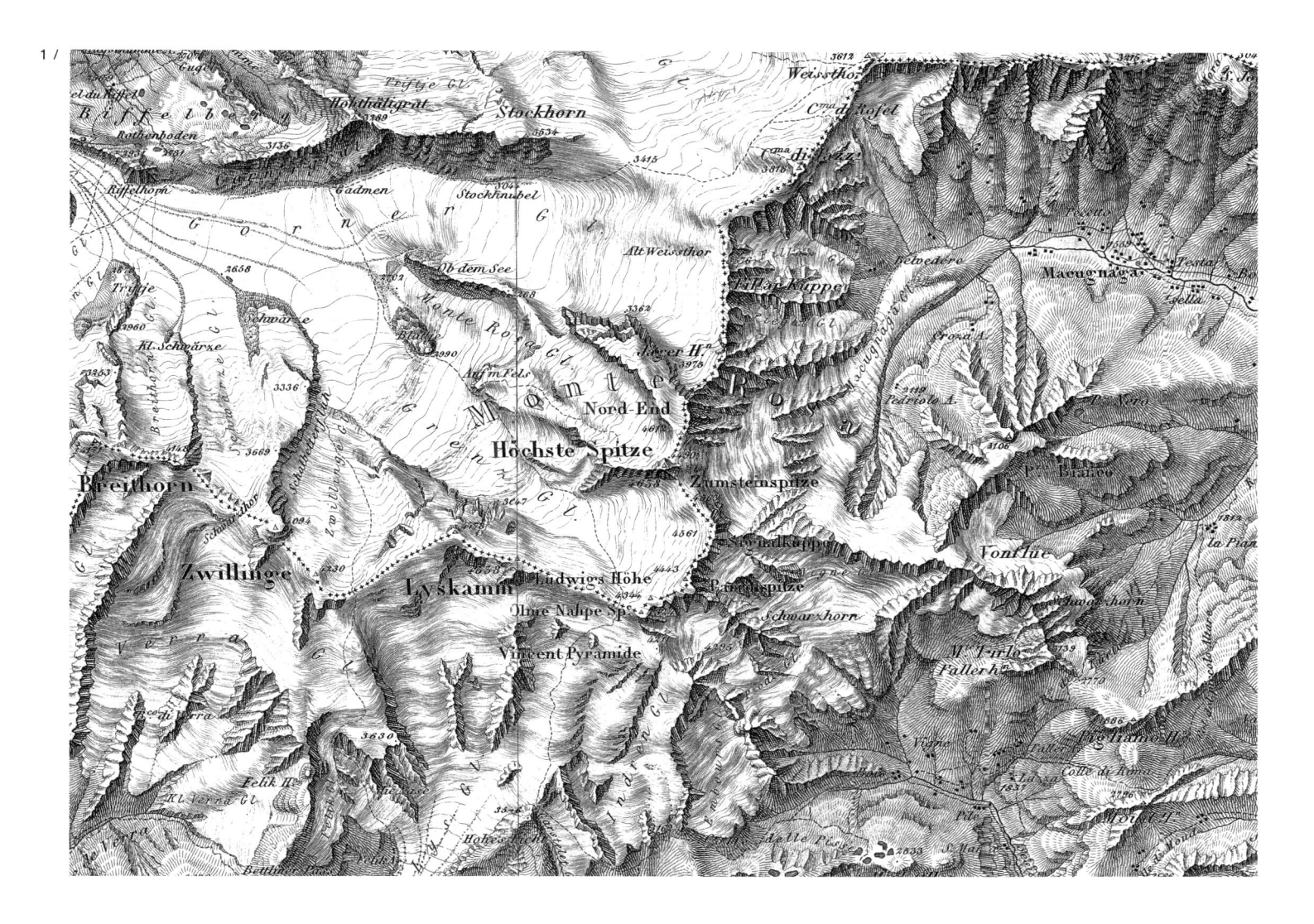

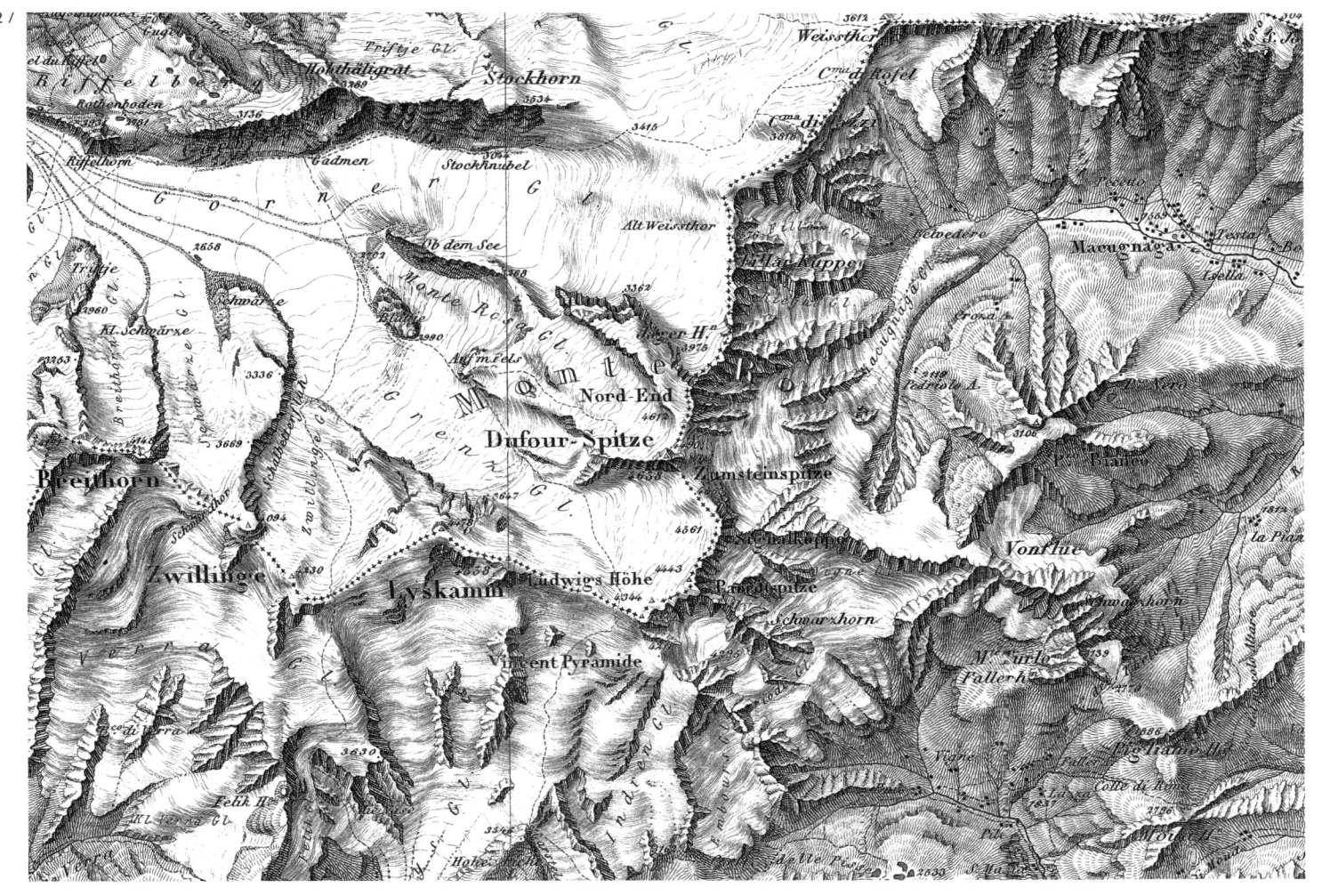

2/

zu können: Ein Kilometer in der Natur wurde in der Karte auf einen Zentimeter reduziert, hundert Meter folglich auf einen Millimeter. Zu klein für alpinistische Zwecke.

Noch vor den Alpinisten hatten sich andere dafür eingesetzt, dass es nicht bei diesem Kartenwerk bleiben würde. So stellten der Zürcher Geologe Arnold Escher von der Linth und der Winterthurer Naturwissenschafter und Kartenverleger Jakob Melchior Ziegler bereits am 3. August 1858 an den Bundesrat das Gesuch, aufgrund der Aufnahmen zur Dufourkarte eine Karte der Schweiz 1:50 000 erstellen zu dürfen.[6] Am 5. Mai 1862 richtete die Geologische Kommission der Schweizerischen Naturforschenden Gesellschaft an den Bundesrat «verschiedene auf die Benuzung der Minuten der eidgenöss. topographischen Karte, auf die Erstellung und Herausgabe der Karte von Bundeswegen etc. bezügliche Begehren»,[7] doch der Bundesrat beschloss am 8. Oktober 1862, auf das Gesuch «um Eröffnung eines Kredites von 200 000 fr. für einen Atlas der Schweiz im Massstab von 1:50 000 zur Zeit nicht einzutreten», gestattete aber immerhin «die Anfertigung und Verabfolgung einiger Kopien von Originalarbeiten des eidgenöss. topographischen Bureau in Genf, unter den vom Direktor desselben gestellten Bedingungen»[8].

Die Zeit war also reif für neue Lösungen, als sich auch die neu formierten Clubisten mit diesem Sachgebiet zu befassen begannen. Schon an der Gründungsversammlung in Olten wurden die nötigen Kredite unter anderem für den Druck von 500 Exemplaren der Originalaufnahmen 1:50 000 des offiziellen Exkursionsgebietes bewilligt und als solches die Gletschergruppe von Tödi und Clariden bestimmt.[9] In den ersten Statuten des SAC, die am 22. Juli 1863 zunächst vom Central-Comité Bern und am 5. September auch von der Jahresversammlung in Glarus verabschiedet wurden, enthält der erste Artikel ein klares Bekenntnis zur Erschliessung des schweizerischen Alpenraums: «Der Verein macht es sich zur Aufgabe, durch Exkursionen unsere Alpen nach allen Richtungen, namentlich in topographischer, naturhistorischer und landschaftlicher Beziehung genauer kennen zu lernen und die gewonnenen Resultate durch gedruckte Berichte zur Kenntnis des Publikums zu bringen.»[10] Letzteres vor allem durch die ab 1864 jährlich erscheinenden Jahrbücher mit ihren Exkursionskarten und Panoramen.

Dem ersten Jahrbuch lag die «Excursions-Karte des Schweizer-Alpen-Club für 1863 und 1864» bei,[11] die «Eidgenöss. Originalaufnahmen» im Massstab 1:50 000 wiedergibt. Aufschlussreich ist der Zusatz «Unter der Direction des Central-Comité gestochen von R. Leuzinger (M. d. S.A.C.)» bezüglich der Abkürzung: Der Glarner Kartograf Rudolf Leuzinger,[12] ab 1868 als Stecher sämtlicher Hochgebirgsblätter der Siegfriedkarte im Eidgenössischen Topographischen Bureau massgeblich am ausgezeichneten Ruf dieses Kartenwerks beteiligt, gab sich hier klar als «Mitglied des Schweizer Alpen-Club» zu erkennen und drückte damit aus, worum es künftig gehen sollte: um Karten für Alpinisten, von Alpinisten erstellt.

In dieser Hinsicht konnten die ersten beiden Exkursionskarten[13] trotz ihrem geeigneten Massstab aus alpinistischer Sicht nicht vollauf genügen: Die von der Dufourkarte her vertraute Darstellungsart mit sogenannten «Schattenschraffen» gab die Geländeformen wohl auf eine eindrücklich plastische Weise wieder, bot aber keine zuverlässige Grundlage zur Ermittlung von Höhenprofilen längs von Routen.

Dies änderte sich mit dem dritten Jahrbuch von 1866, dem gleich zwei Exkursionskarten beilagen:[14] Die «Karte der Gebirgsgruppe zwischen Lukmanier und La Greina»[15] wurde wiederum von Leuzinger gestochen, und zwar auf der Grundlage einer Zeichnung von Johann Georg Steinmann, Mitglied des SAC.[16] Das klare Erscheinungsbild dieser Exkursionskarte wies neben Schwarz (Strassen, Wege, Häuser, Fels und Schrift), Braun (Höhenkurven mit 30 Metern Äquidistanz, was 100 Schweizer Fuss entspricht), Blau (Gewässer und Gletscher) und Grün (Wald bzw. Vegetation) mit Grau für den Reliefton eine fünfte Farbe auf, was sie zu einem Vorbild für das heutige Landeskartenwerk machte. Sie gefiel Dufour derart, dass er sich am 23. September 1865 beim Central-Comité mit folgenden Worten für die Zusendung je eines Exemplars der Karten vom Silvretta- und Medelsgebiet bedankte: «Diese Blätter sind ausserordentlich gut ausgeführt, und es wäre zu wünschen, daß der Bundesrath [...] sie als Modell nehmen würde und nach der nämlichen Art [...] und durch den gleichen Künstler die Minuten[17] aller interessanten Theile unserer Alpen ausführen liesse [...]. Das wäre allerdings ein grosses Unternehmen, allein es wäre sehr nützlich und würde der Schweiz grosse Ehre eintragen. Durch Veröffentlichung in der Art der Ihrigen kann man diesen grossen Massstab einführen [...].»[18] Der «grosse Massstab» – gemeint ist 1:50 000 – wurde kurz darauf in der amtlichen Kartografie eingeführt, der Reliefton wurde allerdings erst sieben Jahrzehnte später im Rahmen des Landeskartenwerks ins Erscheinungsbild der amtlichen Karten angewendet.

Die andere «Exkursionskarte des Schweiz. Alpenklub für das Jahr 1865» über die Silvretta-Gebirgsgruppe wurde ohne Reliefton gedruckt. Sie stammt vom Mathematiker und Geografen Jakob Melchior Ziegler, der 1842 in Winterthur eine lithografische Anstalt gegründet hatte, die ab 1863 unter dem Namen «Wurster, Randegger & Cie.» bekannt war.[19] Zieglers Silvretta-Karte fällt schon bei einem flüchtigen Vergleich mit Leuzingers Lukmanier-Greina-Karte deutlich ab, was auch am fehlenden Reliefton lag.[20]

---

3 / Noch wie eine Schattenschraffendarstellung der Dufourkarte, aber bereits im grösseren Massstab 1:50 000: Auf 75 % verkleinerter Ausschnitt aus der ersten «Excursions-Karte des Schweizer-Alpen-Club für 1863 und 1864» über das Tödigebiet, gestochen von SAC-Mitglied Rudolf Leuzinger und gedruckt bei Kümmerly und Lamarche in Bern. — Quelle: swisstopo, Kartensammlung, K 70, 1864.

EXCURSIONS-KARTE
DES SCHWEIZER-ALPEN-CLUB
für 1863 & 1864.

Unter der Direction des Central-Comités
gestochen v. R. Lenzinger (M. d. S. A. C.)

NB. Der senkrechte Abstand der Horizontallinien ist 30 Meter oder 100 schw. Fuss.

1870 endete jene Phase der schweizerischen Kartengeschichte, in welcher der SAC als Verein die von der Eidgenossenschaft durchgeführten Aufnahmen zur Dufourkarte auf seine eigenen Kosten in ihrem Originalmassstab 1:50000 publizierte. Diese Partnerschaft stellt eine frühe Form des heutigen Service public dar, in der mit öffentlichen Mitteln erstellte Grundlagen auf privater, aber nicht gewinnorientierter Basis der Öffentlichkeit zur Verfügung gestellt wurden. Zwischen 1863 bis 1870 beträgt der Anteil der Exkursionskarten knappe 42% der Gesamtkosten des SAC, was den hohen Stellenwert der Kartierungsaktivitäten des SAC in den ersten acht Jahren seiner Existenz eindrücklich beweist.[21] Die dabei publizierte Fläche beträgt mit 5905 km² rund 14,3% der Fläche der ganzen Schweiz, mehr als die Fläche des Kantons Wallis, der allein mit den acht Blättern «Süd-Wallis» über 4322 km² kartiert wurde.

Als 1903 die gemeinsam zu begehenden Exkursionsgebiete aufgegeben wurden, waren seit 1863 für diesen Zweck insgesamt 36 Karten erschienen,[22] für die der SAC in diesem Zeitraum mit über 90000 Franken knappe 12% seiner Gesamtkosten ausgegeben hatte. Dass dieser Prozentsatz damit gegenüber den ersten sieben Vereinsjahren auf beinahe einen Viertel geschrumpft war, hängt damit zusammen, dass das Eidgenössische Stabsbüro nach 1870 im Sinne der Clubisten zu funktionieren begann: Die Exkursionskarten wurden ab jenem Zeitpunkt vorwiegend direkt von der staatlichen Kartenproduktionsstätte gedruckt, wobei sich der SAC verpflichtete, die Hälfte der Publikationskosten zu übernehmen.

EINSATZ FÜR DIE SIEGFRIEDKARTE

Wie haben nun aber die Exkursionskarten die Entwicklung der amtlichen Kartografie beeinflusst? Am 24. August 1863 beschloss der Bundesrat, den aus Zofingen stammenden Oberstleutnant Hermann Siegfried nach Paris zu entsenden, um die Einrichtung des französischen «Dépôt de la guerre» zu studieren.[23] Siegfried verfasste nach seiner Rückkehr einen umfangreichen Bericht sowie den «Entwurf einer Organisation eines eidg. Kriegs-Dépôt»,[24] worauf am 9. November 1864 die «Botschaft des Bundesrathes an die hohe Bundesversammlung, betreffend Errichtung eines eidgenössischen Kriegsdepot» erging.[25] Darin heisst es: «Die Aufgabe des topographischen Büreau ist im Besonderen die Vervollständigung der Sammlung der Aufnahmsblätter, die Produktion des nöthigen Bedarfs an gedruckten Karten, sowie die Fortführung des topographischen Atlas [gemeint ist die Dufourkarte] nach den seit der Aufnahme erfolgten Veränderungen.»[26] In der ganzen Botschaft ist von einer Publikation der topografischen Aufnahmen in ihren Originalmassstäben 1:25000 (Mittelland/Jura) bzw. 1:50000 (Alpengebiet) noch nicht die Rede. Man scheint angenommen zu haben, mit der Publikation und der Nachführung der Dufourkarte 1:100000 und der Generalkarte 1:250000 «den Bedürfnissen des Militärs und eines weiteren Publicums zu genügen. Niemand dachte daran, [...] dass unsere Topographie in wenig Jahren einen höheren Aufschwung, als sie jemals hatte, nehmen werde.»[27] Allerdings hatten damals einzelne Kantone die Grundlagen zur Dufourkarte bereits in eigener Regie publiziert,[28] aber in föderalistischer Vielfalt, das heisst in verschiedenen Massstäben und Darstellungsarten.

Dazu kamen ab 1864 die bereits beschriebenen Exkursionskarten des SAC als weiteres Muster für eine zukünftige Kartenserie des Bundes. Gemäss der vom Zentralpräsidenten von 1865, dem Bündner Oberforstinspektor Johann Wilhelm Fortunat Coaz, verfassten «Chronik des Club» wurde damals das Central-Comité beauftragt, «im Einverständniss mit anderen Vereinen, die ähnliche Zwecke verfolgen wie der Schweizer Alpen-Club, bei den betreffenden Bundesbehörden dahin zu wirken, dass die eidgenössische topographische Karte im Massstab und in der Manier der Originalaufnahmen veröffentlicht werde».[29]

Zu diesem Zweck wurde am 8. Juli 1868 vom Militärdepartement eine Kommission eingesetzt, der auch Coaz angehörte. Ihr Bericht an den Departementschef datiert vom 28. August 1868, vier Tage vor der Abgeordnetenversammlung des SAC in Bern.[30] Besser hätten die Clubisten ihre Interessen wohl kaum zur Geltung bringen können, denn die Vorschläge dieser Kommission flossen bis auf wenige Details direkt in die am 27. November 1868 erlassene «Botschaft des Bundesrathes an die h. Bundesversammlung betreffend Fortsezung der topographischen Aufnahmen und Publikation der topographischen Aufnahmsblätter»[31] ein. Darin findet sich ein klares Bekenntnis zu grösseren Massstäben: «Der Massstab des topographischen Atlases (1:100000) reicht für technische Zweke nicht aus. Derselbe ist zu klein und macht es nothwendig, viele Details bei der Reduktion zu unterdrüken. Zudem wird bei der Darstellung des Terrains mit Schraffirungen die präzise geometrische Bestimmung der Oberfläche aufgegeben und durch eine Vertheilung von Licht und Schatten ersetzt, um lediglich die Neigung der Oberfläche und die allgemeine Gliederung des Reliefs auszudrüken. Die Darstellung des Terrains mit Niveaukurven, wie sie in den Aufnahmeblättern angewendet sind, ist das einzig praktische Mittel, um unregelmässige Flächen geometrisch genau in allen Theilen aufzunehmen; der zu diesem Zwecke

---

4 / Früher Prototyp für eine Reliefkarte, dem Markenzeichen der schweizerischen Kartografie: Ausschnitt aus der «Karte der Gebirgsgruppe zwischen Lukmanier und La Greina» für die Exkursion von 1865. Zeichnung von Johann Georg Steinmann, Stich von Rudolf Leuzinger in Bern. — Quelle: swisstopo, Kartensammlung, K 70, 1865,3.

5 / In diesen Zonen war der SAC schneller als das Eidgenössische topographische Bureau: Übersicht über die bis 1870 im Auftrag des Central-Comités erschienenen SAC-Exkursionskarten, mit welchen das topografische Grundlagenmaterial im Aufnahmemassstab 1:50000 publiziert wurde, bevor die staatliche Kartenproduktion in diesem Massstab einsetzte. Die schwarze obere Zahl gibt jeweils den Jahrgang des Jahrbuches an, dem die Exkursionskarten beilagen, die untere rote dessen Erscheinungsjahr. — Quelle: GIS-Auswertung: Martin Rickenbacher; grafische Bearbeitung: Michael Pfanner, swisstopo.

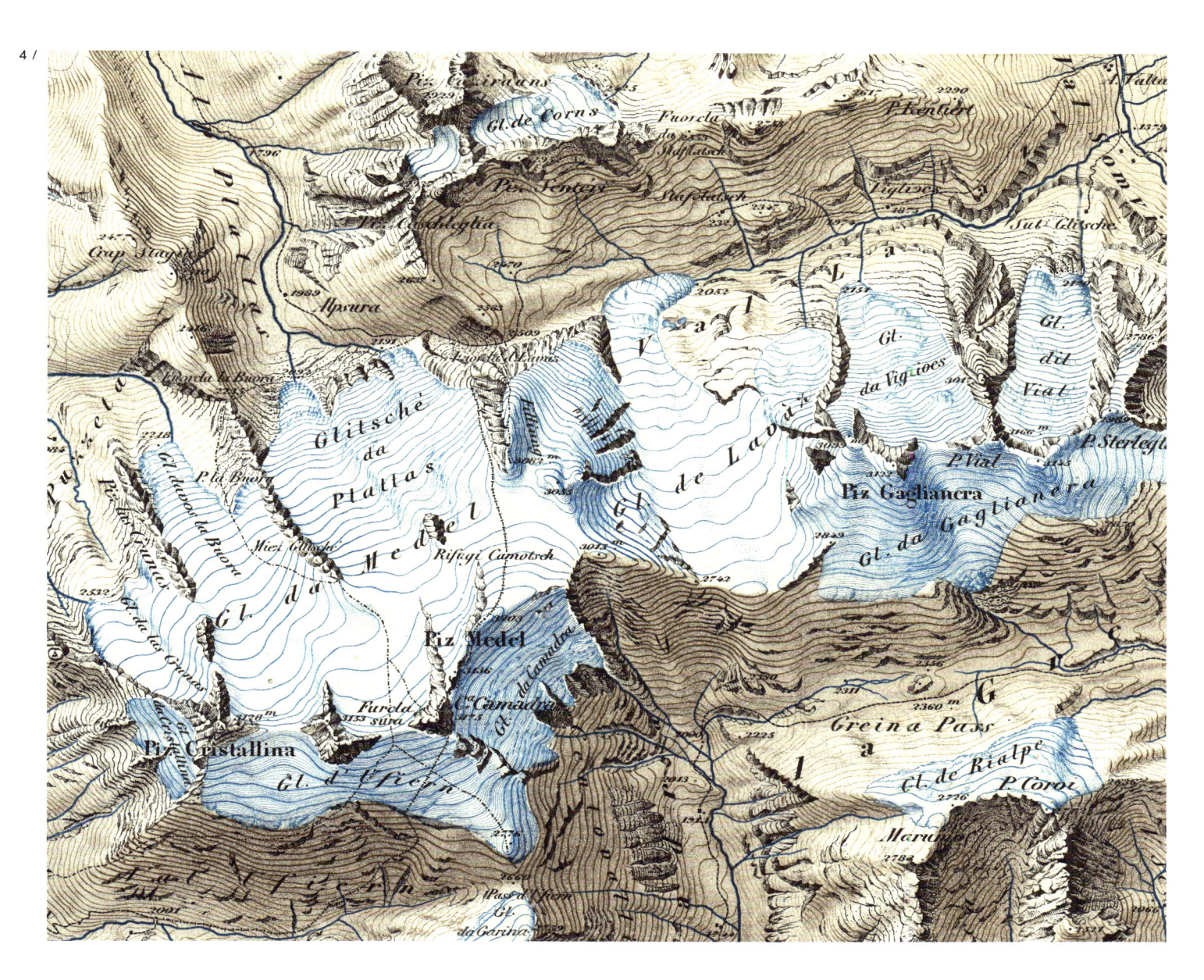

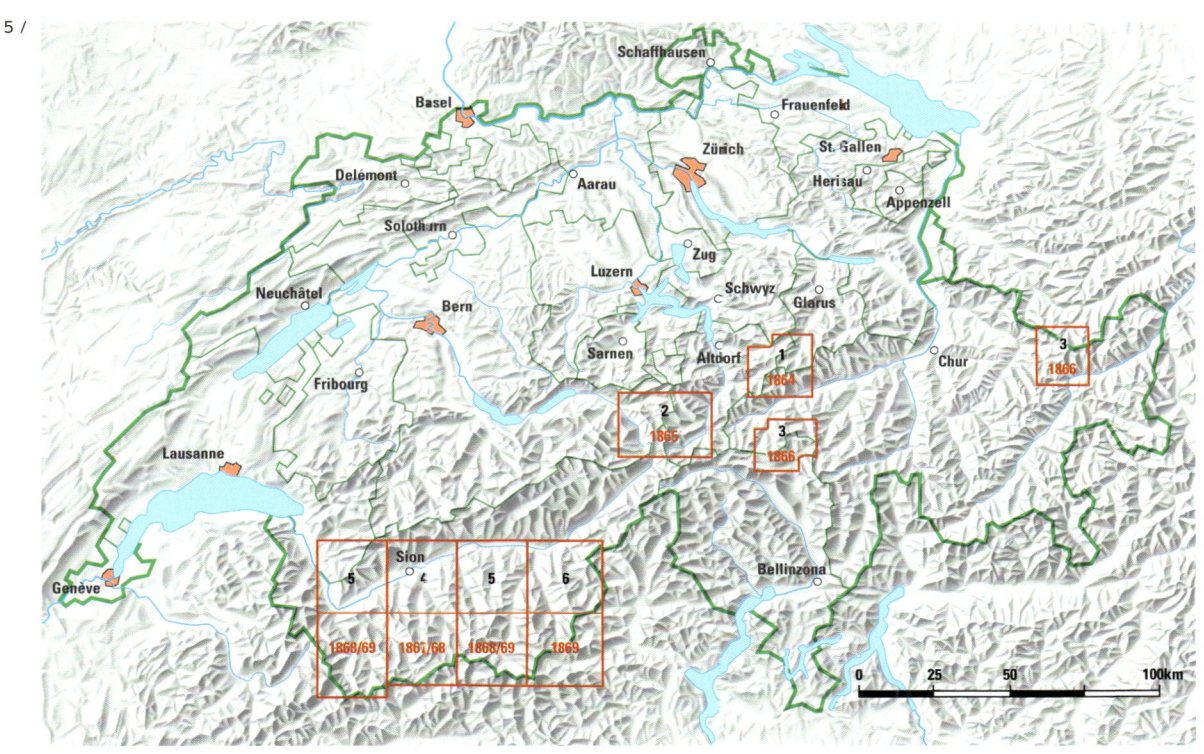

4 /

5 /

brauchbare Massstab beginnt im Gebirg mit 1 : 50 000 und im ebeneren Land mit 1 : 25 000. Mit Hilfe solcher Karten ist es möglich, den Böschungsgrad jeder einzelnen Stelle zu bestimmen, Profile in jeder beliebigen Richtung zu erstellen, jeden Punkt in seiner Lage und in seiner Höhe geometrisch zu bezeichnen und überhaupt das Terrain in allen seinen Raumverhältnissen mathematisch genau darzustellen.»[32] Auch wenn man die Begriffe «Alpenclub» und «Alpinist» in dieser Botschaft nirgends findet, so ist doch klar, dass diese Botschaft und die damit verbundenen beiden Gesetzesentwürfe «betreffend die Fortsetzung der topographischen Aufnahmen» und «betreffend die Publikation der topographischen Aufnahmen» vollumfänglich die Interessen des SAC wiedergeben. Die Vorlage war gut vorbereitet, am 18. Dezember 1868 waren die beiden Bundesgesetze eine beschlossene Sache. In den kommenden Jahrzehnten sollte die Dufourkarte mit der Siegfriedkarte ergänzt werden.[33] Wie schon damals arbeiteten an diesem Kartenwerk bedeutende Topografen wie der Obwaldner Xaver Imfeld[34] oder der Glarner Fridolin Becker[35] mit, die von der Bergwelt tief geprägt waren. Auch bei der amtlichen Kartografie ging es also darum, Karten für Alpinisten von Alpinisten zu erstellen.

ÄRGER IM SAC WEGEN DER VERMESSUNG DES RHONEGLETSCHERS

1868 wurde im Central-Comité angeregt, einen Gletscher systematisch zu beobachten, wofür im August 1873 von der Abgeordnetenversammlung in Herisau ein Kredit zur Verfügung gestellt wurde.[36] Ein Jahr später, als die Vermessungen des Rhonegletschers bereits angelaufen waren, wurde dieser Kredit auf 6000 Franken festgesetzt.[37] Auch bei diesem Werk konnten die Clubisten auf das Fachwissen des Eidgenössischen Stabsbureaus zählen: Oberst Hermann Siegfried stützte das Unternehmen und betraute Ingenieur Philipp Charles Gosset, seit 1863 Mitglied der SAC-Sektion Bern, mit der Leitung der Arbeiten. Gosset nahm seine Arbeiten Ende Juli 1874 auf. Zunächst musste er den Rhonegletscher grafisch triangulieren und eine Anzahl von Fixpunkten zur Beobachtung der Eisbewegungen einmessen, bevor die Detailvermessung mit Niveaukurven und die topografische Zeichnung erfolgten. Der Ingenieur-Topograf legte sich mächtig ins Zeug: Schon im Dezember legte er umfangreiche erste Resultate vor,[38] die bei den Experten grossen Anklang fanden, besonders an der internationalen geografischen Ausstellung in Paris 1875, wo das Werk ausgezeichnet wurde.[39]

Was den Wissenschaftern gefiel, ärgerte den SAC als Geldgeber: Gosset hatte nämlich die Kosten nicht im Griff. Schon 1875 betrugen sie mehr als das Doppelte des bewilligten Kredits, sodass die Abgeordneten mit dem eidgenössischen Militärdepartement eine Kostenbremse vereinbarten, «wonach in Zukunft die S. A. C. die Hälfte der Auslagen, die 2500 Fr. jährlich nicht überschreiten sollen, zu decken hätte».[40] Doch dies brachte keine Entspannung, im Gegenteil: In den Protokollen des Central-Comité finden sich Randbemerkungen wie «question Gosset» oder «Gossetaffaire»,[41] die darauf hindeuten, dass es immer mehr um dessen Person und immer weniger um sein Werk ging. Das Stabsbureau führte wegen dieser Sache gegen den Ingenieur Beschwerde, auch wegen Seetiefenmessungen und Insubordination.[42] Es kam zum Eklat: Am 7. November 1879 reichte Gosset beim Bundesrat seinen Rücktritt ein, der eine Woche später nach «Anhörung des Berichtes des Departements über die Vorgänge, welche diese Demission veranlasst haben» beschloss, die Entlassung bereits auf den folgenden Tag zu gewähren.[43] Welch ein dramatischer Verlauf eines hoffnungsvoll begonnenen Projekts, dem wenige Tage später ein weiteres tragisches Ereignis folgen sollte: Am 5. Dezember 1879 verstarb Oberst Siegfried im Alter von 60 Jahren nach längerer Krankheit.[44] Das Central-Comité konnte mit Oberst Jules Dumur, Siegfrieds Nachfolger, im folgenden Jahr einen Projektvertrag aushandeln, der für die kommenden sechs Jahre ein Kostendach von 2000 Franken für den SAC festsetzte. An der ausserordentlichen Abgeordnetenversammlung vom 11. Dezember 1880 in Bern entschlossen sich die Clubisten allerdings erst nach 5¾-stündiger hitziger Diskussion, das Unternehmen fortzusetzen.[45]

Die nun einsetzende, zweite Phase der Vermessungen am Rhonegletscher wurde Leonz Held übertragen, einem Geometer aus Chur, der seit 1872 für das Eidgenössische topographische Bureau arbeitete. Diesem erfolgreichen Gebirgstopografen gelang es, die Arbeiten in wesentlich ruhigerem Rahmen abzuwickeln. Der SAC zog sich erst 1892, also nochmals sechs Jahre später als 1880 beschlossen, völlig aus der Verantwortung zurück und überliess die Fortsetzung des Unternehmens der Gletscherkommission der Schweizerischen Naturforschenden Gesellschaft.[46] Hoch und Tief – Grunderfahrungen aller Alpinisten – liegen auch bei den beiden beteiligten Vermessern nahe beisammen: Während Gosset 1876 für acht Jahre gar aus dem SAC austrat,[47] wurde Held, ab 1902 Direktor der Abteilung für Landestopografie, im Jubiläumsjahr 1913 eines der vier Ehrenmitglieder des SAC.

---

6 / Ein wissenschaftliches Engagement des SAC: die im Sommer 1874 einsetzende Vermessung des Rhonegletschers unter der Leitung von Philipp Charles Gosset, Ingenieur des Eidgenössischen Stabsbureaus. In dieser Aufnahme des Berner Fotografen Emil Nicola-Karlen wird im oberen Gletscherteil die «Gelbe Steinreihe» abgesteckt und errichtet. Sie wird in den folgenden Sommern jeweils erneut eingemessen, um aus der dazwischen erfolgten Lageverschiebung der einzelnen Steine die Fliessgeschwindigkeit des Gletschereises zu berechnen. — Quelle: Alpines Museum der Schweiz, Bern, Fotosammlung, Bild 102317.

7 / Die Resultate der Vermessung des Rhonegletschers wurden erst 1916, also 42 Jahre nach deren Beginn und 24 Jahre nachdem sich der SAC aus diesem kostspieligen wissenschaftlichen Unternehmen zurückgezogen hatte, in den Neuen Denkschriften der Schweizerischen Naturforschenden Gesellschaft umfassend publiziert. Im hier wiedergegebenen Ausschnitt aus Plan 3 im Originalmassstab 1 : 5000 (hier auf einen Drittel verkleinert) sind im Zungenbereich die Bewegungen der schwarzen und der grünen sowie der Ablagerungsbereich der roten und braunen Steinreihe ersichtlich. — Quelle: swisstopo, Kartensammlung, LT K CH 1916.

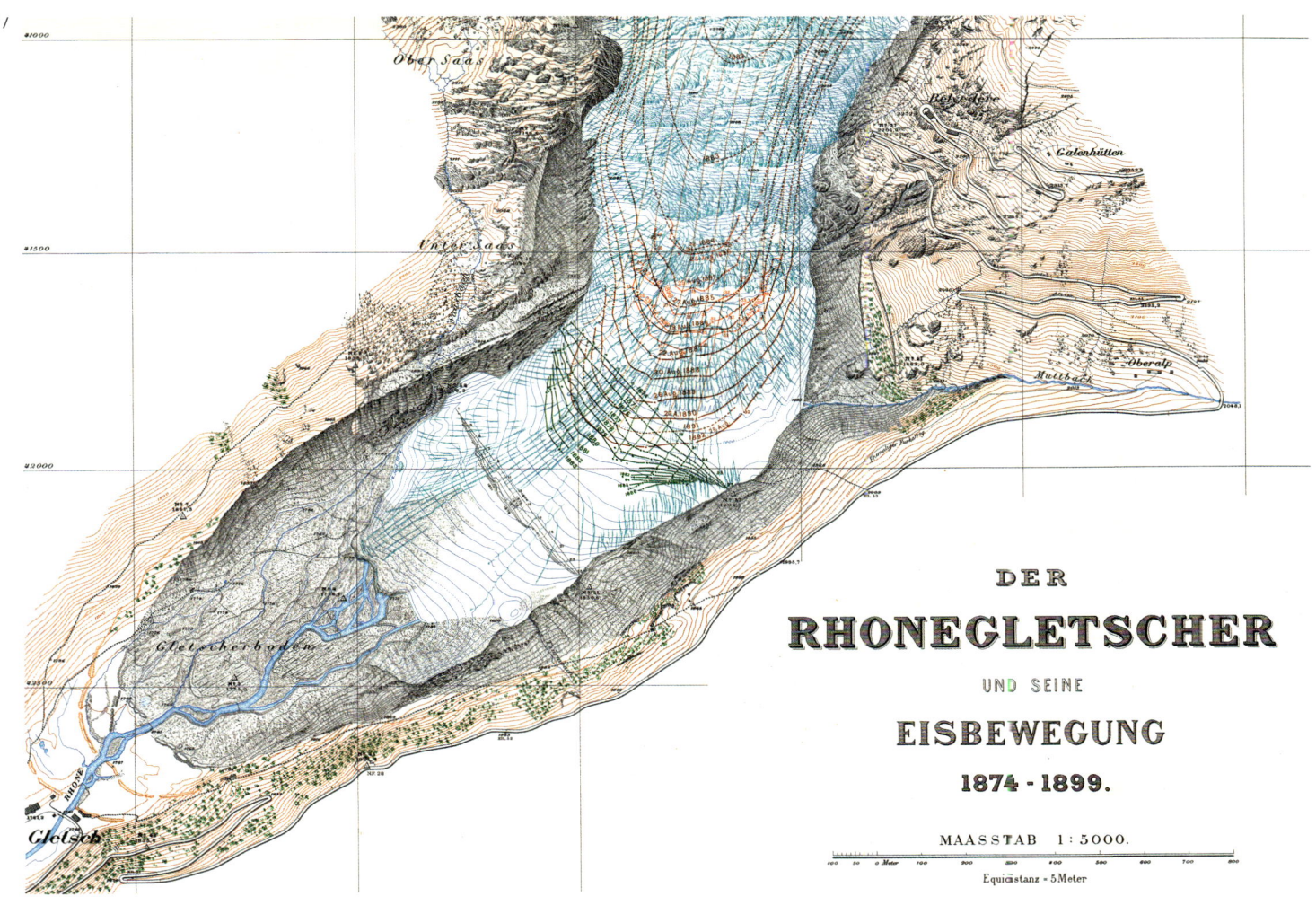

6 /

7 /

DER
RHONEGLETSCHER
UND SEINE
EISBEWEGUNG
1874 – 1899.

MAASSTAB 1 : 5000.

Equidistanz = 5 Meter

DER KAMPF DES SAC FÜR DIE LANDESKARTE 1:25 000

Nach 1870 verliefen die Beziehungen zwischen dem SAC und den Landestopografen im normalen Rahmen, obwohl sich beispielsweise bei Fragen zur Benennung von Klubhütten,[48] zur Bergnomenklatur[49] oder zu einem Relief der Schweiz[50] immer wieder Berührungspunkte ergaben, die zu Diskussionen führten. Die gegenseitige Achtung der beiden Partner lässt sich am respektvollen Umgangston erkennen, der aus den Dokumenten hervorgeht.

1913, beim 50-Jahr-Jubiläum des SAC, war die Siegfriedkarte schon ziemlich in die Jahre gekommen. Nachdem zwischen 1903 und 1925 insgesamt 35 Probeblätter für neue topografische Karten in verschiedenen Massstäben entstanden waren, wobei es aber noch zu keinen Entscheiden gekommen war, wurde Eduard Imhof, damals seit zwei Jahren ausserordentlicher Professor für Plan- und Kartenzeichnen an der ETH Zürich und Gründer und Vorsteher des dortigen Instituts für Kartografie, zu Beginn des Jahres 1927 von der Sektion Bern des Schweizerischen Ingenieur- und Architektenvereins SIA eingeladen, in zwei öffentlichen Vorträgen zu den Problemen einer Erneuerung der Kartenwerke des Bundes Stellung zu nehmen.[51]

Mit diesen Vorträgen begann nach Imhofs Worten der «siebenjährige Landeskartenkrieg», in dessen Verlauf der engagierte Professor in über 70 Vorträgen für die Erneuerung des Landeskartenwerks kämpfte. Zur Diskussion standen im Wesentlichen drei Vorschläge: Die Einheitskarte 1:50 000 für die ganze Schweiz sollte gleichzeitig die Dufour- und die Siegfriedkarte ablösen; diese Lösung wurde vor allem von militärischen Kreisen und von der Landestopografie verfochten. Sodann sollte nach den Vorstellungen vor allem wissenschaftlich-technischer Kreise und jener der Alpinisten neue Kartenserien 1:25 000, 1:50 000 und 1:100 000 erstellt werden, welche aber im Gegensatz zur bestehenden Siegfriedkarte mit jedem Massstab die ganze Schweiz bedecken sollten. Nach einem dritten Vorschlag sollte eine Massstabsreihe 1:10 000 (abgeleitet aus dem Übersichtsplan der Eidgenössischen Grundbuchvermessung), 1:33 333 und 1:100 000 angelegt werden, wofür neben Ingenieur Werner Lang von der Landestopografie sich auch in Kreisen des SAC Unterstützung fand, so beim Zürcher Central-Comité 1929–1931 und bei der Sektion Uto.[52]

Der SAC widmete sich dieser auch für ihn sehr wichtigen Angelegenheit mit entsprechender Aufmerksamkeit, indem er in der gesamten Julinummer 1932 von «Die Alpen» sowohl in Deutsch als auch in Französisch die verschiedenen Ansichten zur Frage einer neuen topografischen Karte der Schweiz ausführlich zu Wort kommen liess. Karl Schneider, seit 1929 Direktor der Abteilung für Landestopographie, berichtete darin über «Militärische Vorarbeiten und Vorschläge für neue Landeskarten der Schweiz»,[53] und Eduard Imhof kämpfte im Sinne des SAC für «Grössere Massstäbe!».[54] Beiden Artikeln waren je ein Studienblatt mit je acht Kartenproben beigegeben. SAC-Publikationschef Hans Raschle drückte in seinem Vorwort die Hoffnung des Central-Comité aus, «dass Mitglieder und Sektionen des Schweizer Alpenclubs im Bewusstsein dieser gegebenen Umstände zu den aufgeworfenen Fragen Stellung nehmen. Nach solch sachlicher Klärung wird dann die Abgeordnetenversammlung den endgültigen Standpunkt des Schweizer Alpenclubs in der Kartenfrage zu umschreiben haben».[55] Am 12. November 1932 stimmte die Abgeordnetenversammlung des SAC in La Chaux-de-Fonds dem Vorschlag 1:25 000 zu.[56]

Die Auflistung der Verbände in der von Imhof verfassten «Denkschrift zur Frage der Neuerstellung der offiziellen Landeskarten der Schweiz, dem Eidgenössischen Militärdepartement im Frühjahr 1934 überreicht vom Schweizer Alpenclub, von der Schweizerischen Naturforschenden Gesellschaft, vom Verband der Geographischen Gesellschaften der Schweiz, von der Schweizerischen Gesellschaft für Photogrammetrie, von der Schweizerischen Gesellschaft für Kulturtechnik und vom Schweizerischen Forstverein» zeigt einen Mechanismus, den der SAC seit seiner Gründerzeit mit Erfolg ausübte: Die Schaffung von Seilschaften, mit denen man bisher nicht bestiegene Gipfel in Angriff nehmen will, um mit der argumentativen Kraft im Verbund seiner Mitstreiter ein gemeinsames Ziel zu erreichen. Was – auch in diesem Fall – zum Erfolg führte: Am 21. Juni 1935 stimmten die eidgenössischen Räte dem «Bundesgesetz für die Erstellung neuer Landeskarten» einstimmig zu. Der Gesetzgeber hatte dem Vorschlag des SAC gegenüber jenem der Landestopografie den Vorzug gegeben. Doch sollten nochmals 44 Jahre vergehen, bis 1979 das letzte Blatt der Landeskarte 1:25 000 erschien …

MITARBEIT BEI DEN CLUBFÜHRERN

Neben diesen institutionellen Seilschaften sind auch eine grosse Zahl privater Seilschaften zu erwähnen, in denen Topografen und Kartografen, die ihr Brot als Angestellte der amtlichen oder privaten Kartenproduktionsstätten verdienten, ihr Fachwissen und Können in den Dienst des Alpinismus stellten. Viele waren selbst Mitglied einer Sektion; von den 102 Ehrenmitgliedern des SAC waren neun

---

8 / Grössere Massstäbe: So sollte nach dem «Studienblatt des Schweizer Alpen-Club», das der Julinummer 1932 von «Die Alpen» beilag, die zukünftige Landeskarte im Gebirge aussehen: mit schöner Felszeichnung und mit plastisch wirkendem Relieffton, ähnlich wie schon in der Exkursionskarte von 1865 (Abb. 4), aber neu im doppelt so grossen Massstab 1:25 000. — Quelle: swisstopo, Kartensammlung, LK P 11, 193, Ausschnitt aus der Kartenprobe 4b.

9 / Endlich so weit: 1953 – 21 Jahre nach dem Studienblatt und 18 Jahre nach dem Erlass des Bundesgesetzes über die Erstellung neuer Landeskarten – erschien mit Blatt 1190 Melchtal das erste Gebirgsblatt der Landeskarte 1:25 000 in einem Gebiet, das bis anhin mit der Siegfriedkarte nur in 1:50 000 kartiert war. Ein Jahr zuvor war das erste Blatt dieser neuen Kartenserie, 1125 Chasseral, erschienen. Es sollte bis 1979 mehr als ein Vierteljahrhundert verstreichen, bis Blatt 1292 Maggia die Forderung nach grösseren Massstäben für die ganze Schweiz erfüllt war – 47 Jahre nach der intensiven Diskussion, bei der der Schweizer Alpen-Club ein gewichtiges Wort mitgeredet hatte. — Quelle: swisstopo, Kartensammlung, LT LK 1190, 1953.

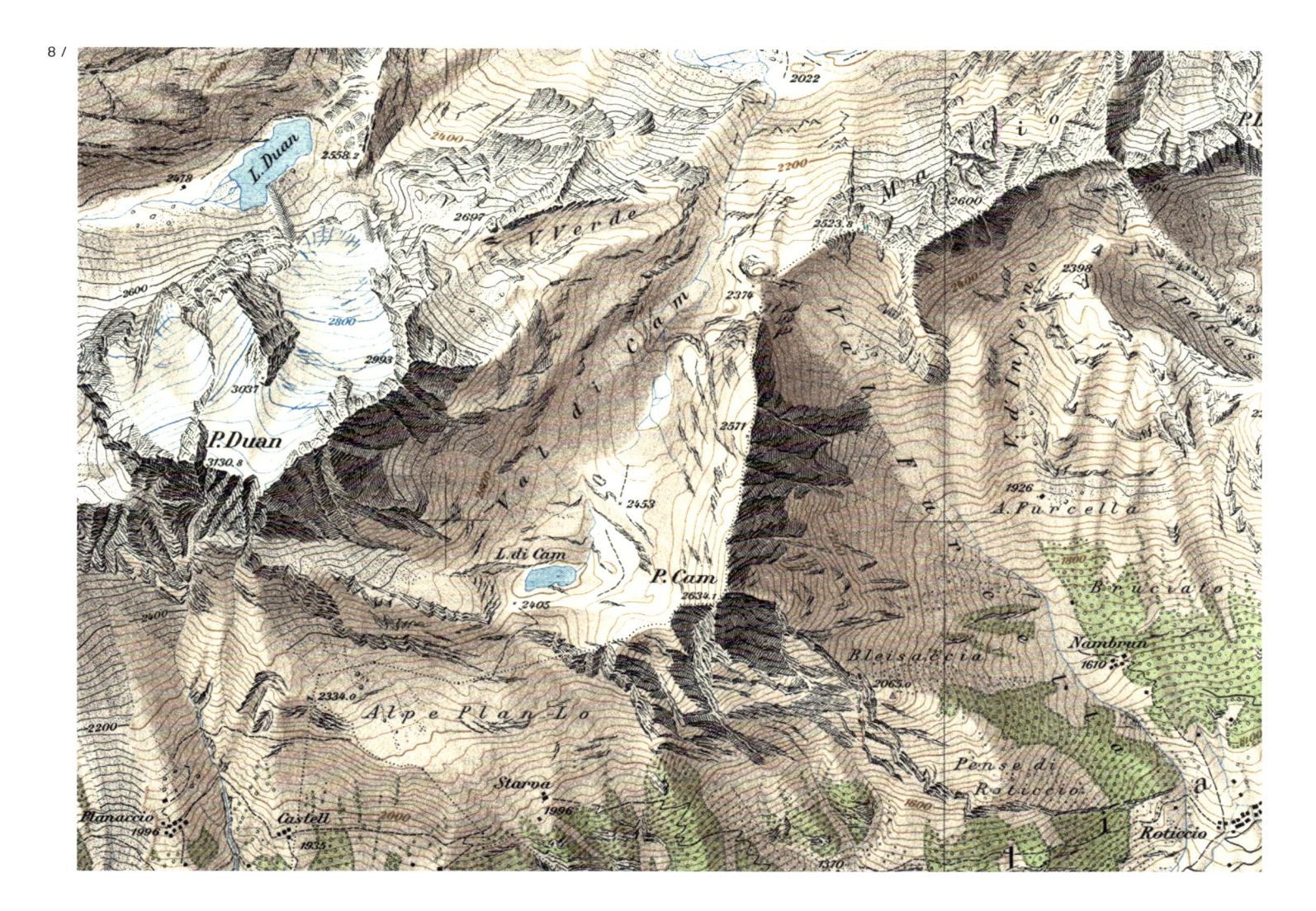

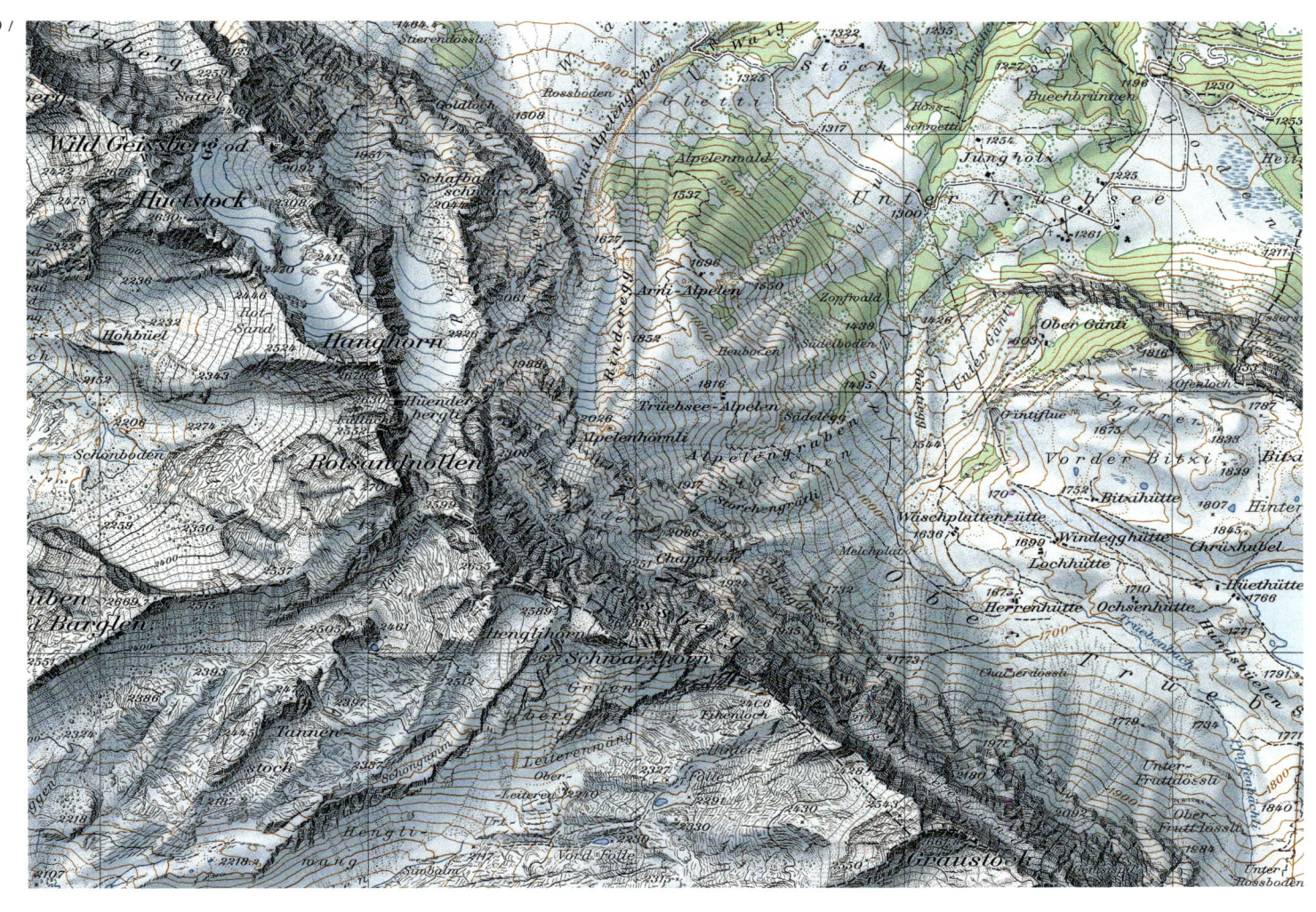

8 /

9 /

in der amtlichen Kartografie des Bundes tätig, allen voran Dufour. Die gleiche Ehre fiel 1999 auch Alfred Oberli zu, dem Kupferstecher und Kartografen aus Wabern. Von 1949 an zeichnete er Routenskizzen für die Clubführer des SAC. In 40 Jahren entstanden so rund 500 dieser kleinen Kunstwerke aus seiner kundigen Hand.[57] Was er während seines Berufsalltags mit dem Stichel auf Glas gravierte, nämlich Felsoriginale für die Landeskarte 1:25000 im Grundriss, das ergänzte er in seiner Freizeit mit Bergskizzen im Aufriss, sei es mit Bleistift oder mit Tusche auf Papier oder Folie, sei es mit dem Stichel auf Kupfer. Als Grundlagen dienten ihm meistens die terrestrischen Aufnahmen der Landestopografie, die zwischen 1915 und 1950 erstellt worden waren. Diese mit viel Liebe und Hingabe gezeichneten Routenskizzen wiesen vielen Bergsteigern den Weg zum Gipfel.

Oberli hatte viele Vorgänger, deren hier angegebene Liste keinen Anspruch auf Vollständigkeit erhebt: Carl Meili illustrierte, zusammen mit dem jungen Eduard Imhof, dem Kunstmaler Johann Jakob Wyss, Mitglied der Sektion Zofingen, und den Ingenieur-Topografen Paul Simon, Leo Aegerter und Marcel Kurz, die Clubführer für die Bündner Alpen, Charles Jacot-Guillarmod zusammen mit einem anonymen Angestellten der Firma Kümmerly & Frey, mit Marcel Kurz und mit Paul Simon diejenigen für die Walliser Alpen. Diese stillen Helfer im Hintergrund verkörpern ebenfalls die Aussage Eduard Imhofs von 1979: «Alpinist und Topograph – ein Herz und eine Seele».[58]

UND HEUTE DIE SCHNEESCHUH- UND SKITOURENKARTE DER SCHWEIZ

Der SAC und swisstopo bilden auch heute noch eine wichtige Seilschaft, aber der Charakter ihrer Partnerschaft hat sich in den letzten Jahrzehnten gewandelt: Der SAC wirkt nicht mehr als Motor für die staatliche Kartenproduktionsstätte, wie er es in seinen Gründungsjahren für die Siegfriedkarte und noch in den 1930er-Jahren bei der Konzipierung des heutigen Landeskartenwerks tat. Partner ist der SAC bei der Herstellung der Schneeschuh- und Skitourenkarte der Schweiz 1:50000.[59] Nachdem 1950 die ersten beiden Blätter auf der Grundlage des Landeskartenwerks erschienen waren, wurde die Herausgabe dieser Kartenserie in der heute bekannten Form am 8. Januar 1951 zwischen dem damaligen Ski-Verband (heute Swiss-Ski) und der Landestopografie vertraglich geregelt; der SAC ist hier erst seit der Vereinbarung vom 2. November 2005 dabei. Dass auf diesem thematischen Kartenwerk seit Neuestem auch Schneeschuhrouten enthalten sind, mag mit ein Sinnbild für den Wandel sein, der die Zusammenarbeit von SAC und swisstopo in den vergangenen anderthalb Jahrhunderten prägte: Ging es früher um die gemeinsame wissenschaftliche und topografisch-kartografische Erschliessung des Alpenraums an sich, ist heute die touristisch-sportliche Betätigung der modernen Individualtouristen von zentraler Bedeutung. Dass diese auch vom Bundesamt für Umwelt BAFU unterstützte Partnerschaft dadurch einen naturverträglichen Wintertourismus fördert, lässt sich unter anderem daran ablesen, dass Schutzgebiete in den Skitourenkarten wiedergegeben werden.

Fazit: Wohl keine andere grosse Institution der Schweiz hat die Entwicklung der staatlichen Kartografie nachhaltiger beeinflusst als der Schweizer Alpen-Club. Und dass dieser auf seine Leistungen auf diesem Gebiet zu Recht stolz ist, lässt sich aus dem Titel jener Denkschrift ersehen, die 1979 aus Anlass des Erscheinens des letzten Blattes der Landeskarte 1:25000 von beiden Institutionen im Verlag des SAC herausgegeben wurde. Er lautet «Unsere Landeskarten». Was – mit der Betonung auf dem ersten Wort – auch durchaus so gemeint sein könnte.

---

10 / Terrestrische Aufnahme vom 9. September 1919 mit einem Zeiss-Fototheodolit vom «Stock» südöstlich des Löffelhorns mit Blick über den Minstigergletscher auf die Galmihörner und das Oberaarrothorn. Die topografische Vermessung des Alpenraums mit terrestrischer Photogrammetrie (Bildmessung vom Boden aus) bildete eine wichtige Grundlage für das neue Landeskartenwerk. — Quelle: swisstopo, Bildsammlung, Glasplatte Station 285 links, rechts 30, geneigt 10, verkleinert auf 45%.

11 / Entwurf der Routenskizze für den «Hochgebirgsführer durch die Berner Alpen» von 1955, gezeichnet vom Kupferstecher, Kartografen und SAC-Ehrenmitglied Alfred Oberli. Das Transparentpapier wurde über die in Abb. 10 wiedergegebene terrestrische Aufnahme gelegt, welche die geometrische Grundlage für die Routenskizze bildete. Bemerkenswert ist, dass im rechten Teil der Skizze das Finsteraar- und das Oberaarhorn weggelassen wurden, die in der Foto den Punkt 3130 und das Rossenjoch markant überragen. Hier zeigt sich Oberlis kartografische Denkweise: Es geht nicht um ein Panorama, das alles enthalten muss, sondern um eine Routenskizze, welche sich auf die Vermittlung von Information für den alpinen Touristen konzentrieren muss. Eduard Imhofs Zitat «Alpinist und Topograph – ein Herz und eine Seele» kommt bei diesem Erzeugnis, bei dem es sich überdies nicht «nur» um eine Karte handelt, sehr schön zum Ausdruck. — Quelle: Sammlung Klaus Oberli, Wabern, verkleinert auf 45%; gedruckte Version im Hochgebirgsführer durch die Berner Alpen, Bd. 5, Bern, 1955, S. 215.

12 / Resultat der heutigen Seilschaft zwischen SAC und swisstopo: Ausschnitt aus der Zusammensetzung 469S Val Poschiavo der Carta scialpinistica e per racchette da neve 1:50000, Ausgabe 2012. Dank enger Zusammenarbeit mit dem Bundesamt für Umwelt BAFU sind hier auch die Schutzgebiete wiedergegeben, die auf speziell markierten Routen durchquert werden dürfen. — Quelle: swisstopo, Kartensammlung, 469S, 2012.

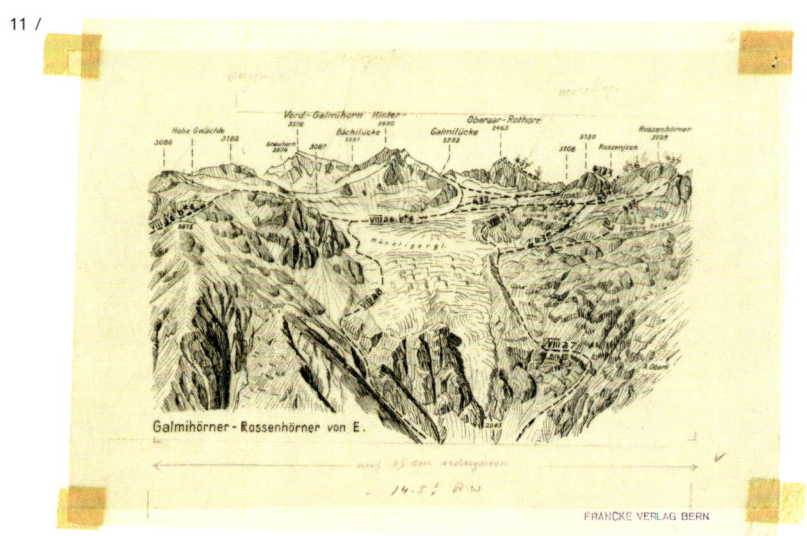

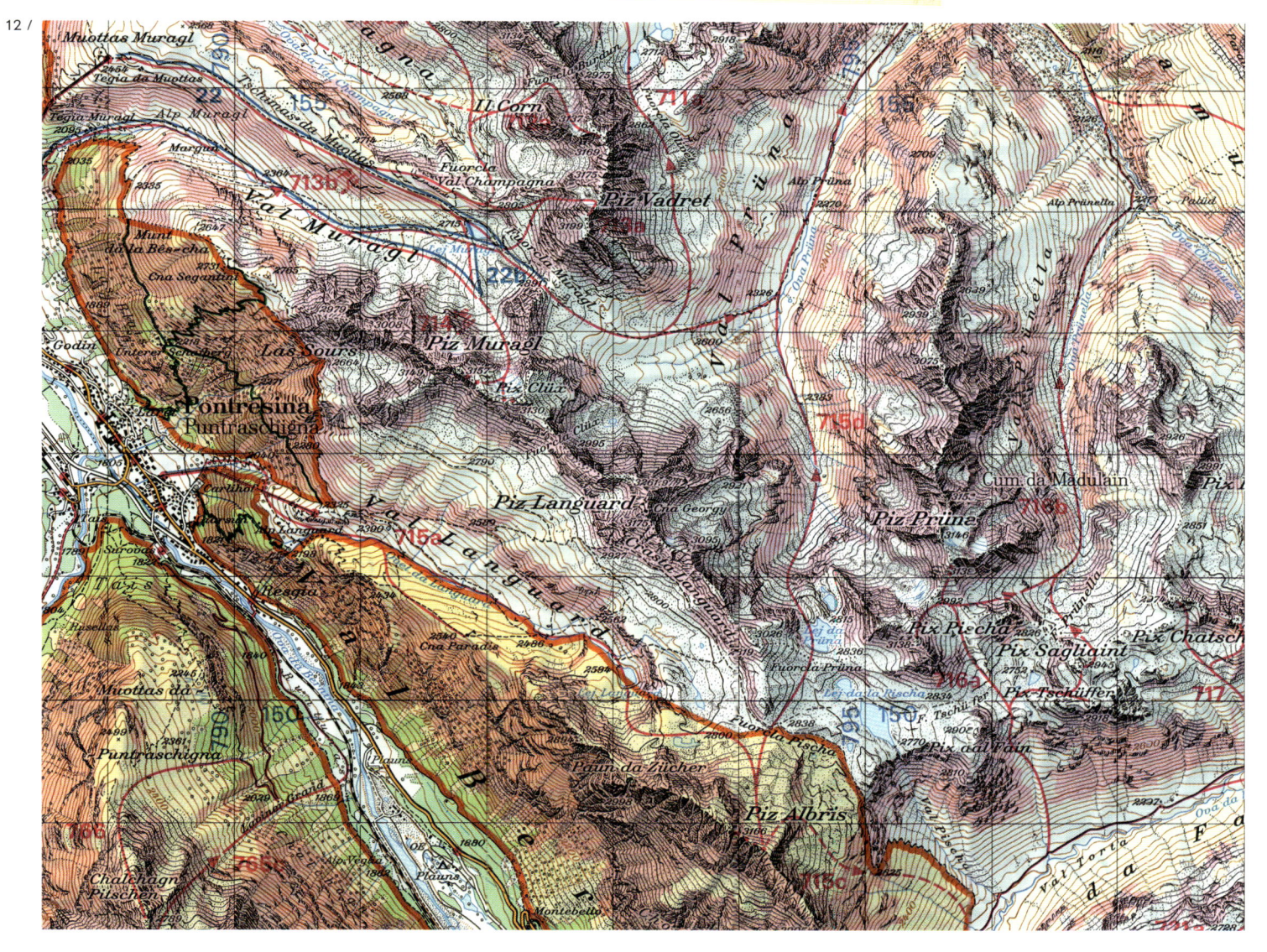

10 /

11 /

12 /

DER BÜCHERBERG
DIE PUBLIKATIONEN DES SAC

DANIEL ANKER

Hoch ist der Berg. Ziemlich schwer und unstabil: die Publikationen des Schweizer Alpen-Clubs. Sichten wir zusammen zuerst die Zeitschriften: 58 Bände «Jahrbuch des Schweizer Alpenclub» (1864–1923; 1870 und 1914 erschien je kein Band), 55 Bände «L'Écho des Alpes», 10 Bände «Schweizer Alpen-Zeitung» (1882–1893) und 32 Jahrgänge «Alpina» (1893–1924), 58 Ausgaben von «Nos Montagnes», der Zeitschrift des Schweizerischen Frauen-Alpen-Clubs (1920/21–1979/80), zuletzt noch 88 Bände «Die Alpen – Les Alpes – Le Alpi» (bis 2012). Es gibt noch mehr: 1868 und 1869 erschien das Jahrbuch auch als «Annuaire du Club Alpin Suisse». «L'Écho des Alpes», das im März 1865 von der Section genevoise als sektionseigenes Blatt lanciert worden war, fungierte ab Januar 1870 bis Ende 1924 offiziell als Sprachrohr aller welschen Sektionen.

Die 1925 erstmals publizierte SAC-Zeitschrift «Die Alpen – Les Alpes – Le Alpi» bestand aus zwei Teilen, einem literarischen und einem geschäftlichen, die fortlaufend, aber jeder für sich, paginiert wurden. Und dann auch separat gebunden, wobei dies meistens nur beim literarischen Teil der Fall war – die braunen, oft bis sechs Zentimeter dicken «Die Alpen»-Bände sind gut bekannt. Die dünnen mit der Clubchronik und den kleinen Mitteilungen stehen selten im Büchergestell. Von 1925 bis 1995 müssen «Die Alpen» doppelt gezählt werden, also zwei Mal 71 Nummern. Es wird noch komplizierter: Bis 1956 kamen «Die Alpen» in einer gemeinsamen deutsch-französischen Ausgabe heraus, seither gibt es deutsche und französische und seit Januar 2012 auch noch italienische Ausgaben, die nicht ganz deckungsgleich sind. Dafür erscheint seit 1996 pro Monat nur mehr ein Heft.

Stapeln wir die Zeitschriften des Gesamtclubs zusammen. 470 Bände, unterschiedlich dick, wie gesagt: «Die Alpen Chronik» von 1950 knapp ein Zentimeter, «L'Écho des Alpes» von 1914 rund sechs Zentimeter. Bei einer angenommenen Dicke von drei Zentimetern pro Jahresband ergibt das einen rund 14 Meter hohen Block – zu hoch zum Bouldern, oder dann nur mit doppeltem Crashpad. Aber wer stürzt schon vom Bücherberg?

Selten: das «Jahrbuch des Schweizer Alpenclub» in französischer Übersetzung. Gibt es nur für die Jahrgänge V (1868) und VI (1869).
Quelle: Alpines Museum der Schweiz, Bern.

Und er wird noch höher, viel höher. Halten wir uns in der nächsten Seillänge an die alpintouristischen Führer. Also an die Werke, die Routen vorstellen: zu Gipfeln, Pässen, Hütten, Hügeln, Felsen, Wasserläufen. Die bekanntesten sind die Clubführer. Der erste war der «Clubführer durch die Glarner-Alpen. Im Auftrag des Centralcomités des S.A.C. verfasst von Dr. Ed. Naef-Blumer Section Winterthur», 1902 in der Buchdruckerei Schwanden in einer Auflage von 7000 erschienen. Broschiert wurde er an alle SAC-Mitglieder gratis abgegeben. Worauf, wie Pierre Munck im Artikel «Der S.A.C. und seine Clubführer» aus «Die Alpen» von 1933 schreibt, eine «besonders geschäftstüchtige Buchhandlung» bei Mitgliedern romanischer Sektionen «eine grössere Anzahl Exemplare zu 50 Rappen zurückgekauft und sie zum Preise von 2 Franken in den öffentlichen Handel gebracht» habe. Seither kosten die Clubführer.

Stapeln wir auch sie auf. Was allerdings mit einigen Schwierigkeiten verbunden ist. Allein die Anzahl «Clubführer durch die Walliser Alpen», die seit 1916 publiziert werden, in Deutsch und Französisch bzw. in deutscher und französischer Übersetzung; nummeriert von I bis IIIb, dann von 1 bis 5, später bis 6, heute ohne Nummern, dafür mit Namen; Einzelbände und Auswahlführer – ob sich da noch jemand orientieren kann? 53 verschiedene Ausgaben dieses Clubführers habe ich bis 2012 gezählt, macht alle 21 Monate eine neue oder übersetzte Ausgabe. Damit erreichten die Walliser Alpen clubführermässig die Spitze, was nicht erstaunlich ist, da dort ganz berühmte, hohe Berge stehen, und das erst noch mitten auf der Sprachgrenze, sodass fast von allen Führern immer eine Übersetzung gemacht wurde. Auf Platz zwei der Clubführer liegen die Berner Alpen mit 42 Ausgaben, knapp vor den Bündner Alpen mit 38. Insgesamt publizierte der Schweizer Alpen-Club 193 Clubführer; heute tragen sie den Beinamen «Alpine Touren».

1924 startete der Verein mit Skitourenführern; der «Walliser Skiführer» von Marcel Kurz eröffnete diesen Buchslalom. Voll am Tor vorbei fuhr Zentralpräsident Georg Calonder, als er im Vorwort zu «Alpine Skitouren Zentralschweiz» (1962), dem ersten Band der auflagestarken neuen SAC-Skitourenführer, die Skitourenfahrer den «oft geistig recht armen Pistenrutschern» gegenüberstellte. 52 Skiwerke konnte ich finden, inklusive die beiden Bände «Skiwandern im Jura» von Maurice Brandt. Da können die 15 Schneeschuh-Tourenführer noch nicht ganz mithalten; allerdings nahmen sie auch erst im Jahre 2005 den Lauf auf.

Die zweitgrösste Gruppe unter den alpintouristischen Führern des SAC bilden die erfolgreichen Alpinwanderführer: 59 Bände seit 1986, als Philippe Metzkers Bestseller «Randonnées en altitude. D'une cabane du CAS à l'autre» auf den Markt kam und mittlerweile bei neun französischen und acht deutschen Ausgaben angekommen ist. Hüttenwandern gehört zu den beliebtesten bergsportlichen Tätigkeiten in der Schweiz. Eine Untergruppe der Alpinwanderführer stellen die «Gipfelziele» dar; sechs Titel sind seit 2008 erschienen, weitere sind in Arbeit. In der Schweiz gibt es übrigens genügend Gipfel: Das 1979 im SAC-Verlag herausgekommene «Verzeichnis der Schweizer Gipfel über 2000 m» von Albert Siegenthaler und Hermann Vögeli umfasst gegen 6000 Gipfel – da gibt es also noch viel zu besteigen und zu beschreiben. Doch zurück zu den Führern. Da warten nämlich noch die Kletterführer darauf, in die Hand genommen zu werden. Der «Guide d'escalades dans le Jura» von Maurice Brandt machte 1966 den Anfang dieser 25 Ausgaben umfassenden Reihe, die seit dem «Sportkletterführer Jura» durch ein grosses Format auffällt. Genauso wie der Titel «Die Klettersteige der Schweiz». Fehlt noch ein ganz besonderer Führer: «Canyoning-Touren in der Schweiz».

Zählen wir nun zusammen: 347 Führer. Dazu noch der grossformatige Bildbandführer «Hoch hinaus. 50 ausgewählte Hochtouren der Schweizer Alpen» (2006), der Kunst- und Wanderführer «Wanderziel Kunst: Ein- und Aussichten» sowie eine möglicherweise bei den Walliser oder Berner Alpen übersehene Ausgabe. Gibt 350 Club- und andere Führer, die der SAC seit 1902 publiziert hat, die drei Bände «Geologische Wanderungen durch die Schweiz» nicht mal mitgezählt, da nicht «zur rein turistischen Klasse» (Munck) gehörend. Bei einer Dicke von 2 Zentimetern pro Band ergibt das 7 Meter mehr beim Bücherberg des SAC. Dazu zählen wir auch noch gleich die 22 sogenannten Itinerarien, die zwischen 1864 und 1900 den Clubisten die richtigen Routen wiesen: Wegleitungen zu den Exkursionsgebieten, worin sich naturwissenschaftliche, literarische, allgemeine und bergsportlich touristische Informationen finden. Das erste Itinerarium war grad mal 10 Seiten dünn, 232 Seiten dick das letzte.

Häufig: der erste SAC-Clubführer. 2013 erscheint die 11. Auflage.
Quelle: Archiv Daniel Anker.

Wir stapeln weiter hoch, mit Werken, die durchaus einen touristischen Mehrwert aufweisen: mit den Publikationen des SAC zu seinen Hütten. Die beiden ersten Alben zu den Clubhütten, 1897 und 1899 dem Jahrbuch beigelegt, hatten noch keinen grossen praktischen Nutzen, im Gegensatz zum «Klubhütten-Album des Schweizer Alpen-Club», das dem Jahrbuch von 1910 beilag; Kartenausschnitte und Angaben zu Hüttenwegen und Besteigungsmöglichkeiten machen das Album zum Führer, wenn auch nicht ganz rucksacktauglich. Das gilt auch für den Nachfolgeband «Die Clubhütten des Schweizer Alpen-Club im Jahre 1927» mit seinen prächtigen Schwarz-Weissen-Fotos; dazu gab es vier Serien mit Ergänzungsblättern. Welch ein Kontrast zum dünnen, knapp postkartengrossen «Verzeichnis der Clubhütten des S.A.C.» von 1952. Dasjenige von 1967 hatte wenigstens das Format der Clubführer, diejenigen von 1987 und 1996 die Grösse der Skitourenführer. Aber nur zwei Jahre später lancierte der Club die hochformatige Publikation «Hütten der Schweizer Alpen» von Remo Kundert und Marco Volken, mittlerweile bei einer Gesamtauflage von 59 000 Exemplaren angelangt; die zehnte Edition ist schon in Arbeit. Dieses Dream-Team hat auch das neue grosse Hüttenbuch gemacht, das die aktuell 152 SAC-Hütten so zeigt, wie man sie noch nie gesehen hat.

Haben wir den Gipfel schon erreicht? Mitnichten! Nehmen wir uns als Nächstes die Lehrschriften vor. Das «SAC Verlagsverzeichnis» von 2013 listet je neun deutsche und französische sowie drei italienische Titel auf, die teilweise in mehreren Auflagen gedruckt wurden, wie beispielsweise «Bergsport Sommer» in der bald vierten und «Sport de montagne d'été» in der zweiten. Und: «Bergsteigen mit

Kindern» besteht in der deutschen Version aus zwei Bänden, in der französischen aus einem Band. Zählen wir auch hier kurz zusammen: 46 Werke.

Die Geschichte der Lehrschriften beginnt 1883, als die 17. Abgeordnetenversammlung einer Preisausschreibung für eine Broschüre «über die Gefahren der Bergbesteigungen und die geeignetsten Mittel zur Vermeidung derselben» zustimmte. Der Club wollte gegen die Zunahme von Bergunfällen vorgehen. Das Motto der erstprämierten Lehrschrift «Die Gefahren des Bergsteigens» von Heinrich Baumgartner, Pfarrer in Brienz und später Zentralpräsident, passt denn auch perfekt zur Aufgabe, der sich der SAC verschrieb: «Wahr isch, mänge fallt da abe.» Der Autor erhielt 300 Franken für seine Arbeit; sie erschien 1886 auf Deutsch, 1888 auf Französisch und umfasste 64 Seiten. Da war der von der Sektion Uto herausgegebene «Ratgeber für Bergsteiger» von 1916 schon dicker: zwei Bände mit zusammen 415 Seiten, wobei der erste Band mit Beiträgen zu Alpinismusgeschichte, Geologie, Botanik, Fotografie und Alpinliteratur etwas gar weit ausholte; der zweite Band behandelte «die Technik des Bergsteigens unter Berücksichtigung der Erfahrungen aus Unglücksfällen». 1920 erlebte der «Ratgeber» eine zweite Auflage, nun in einem Band, ergänzt um die Kapitel «Die Hygiene des Bergsteigers» und «Alpiner Anstand». Das zweite schrieb Geologieprofessor Leo Wehrli, der 1940 zum Ehrenmitglied des SAC gewählt wurde. Einen kleinen Ausschnitt möchte ich vorlesen: «Vielleicht bist du tropfnass, aussen und innen. Dann darfst du den rinnenden Rucksack nicht andern Berggenossen über den Kopf hängen und noch weniger deine Nässe dem Lagerheu mitteilen; es wird nämlich feucht davon, und der Krach mit dem neuen Gast ist da. Scheu dich aber nicht, dein Hemd zu wechseln, denn jetzt ist grosse Erkältungsgefahr. Die anwesenden Herren haben doch alle schon eine Männerbrust gesehen; wer von der holden Weiblichkeit ernste Freude am Bergsteigen hat, muss auch zu diesem alpinen Anblick den Mut aufbringen. Möchte sie selbst die Kleider wechseln, so wird ein improvisierter Vorhang die Schicklichkeit wahren, wenn kein Damenraum vorhanden oder dieser schon besetzt ist.» Wie brav sind die heutigen Ratgeber für Bergsteiger geworden!

Auftakt: Lehrschrift für den Nachwuchs, 1995 aufgelegt.
Quelle: Geschäftsstelle des SAC, Bern.

Ob übrigens auch die welschen Clubisten Wehrlis alpinem Stilratgeber folgen durften und mussten, kann ich nicht beurteilen. Sowohl der Katalog der Schweizerischen Nationalbibliothek wie derjenige der Zentralbibliothek des SAC schweigen sich dazu aus. Band 2 des Ratgebers wurde aber übersetzt: «Le conseiller de l'ascensionniste», 1918 publiziert vom Comité central du Club Alpin Suisse.

Dehnen wir die Rast an diesem vor Steinschlag und Windböen sicheren Platz noch kurz aus: Die «Technik des Bergsteigens» von Emil Kern lag 1929 vor; die französische Übersetzung betreuten die Section genevoise und Albert Roussy. Kerns Nachfolger hiess schlicht «Bergsteigen» und kam 1943 heraus, nicht mehr unter der Ägide der Sektion Uto, sondern des Gesamtclubs, auch als «Manuel d'alpinisme» und «Manuale dell'alpinista». Diese Lehrschriften wurden abgelöst durch «Bergsteigen – Technik in Fels und Eis» (1967, 1969) bzw. «Rocher et glace. Technique alpine» (1970) von Ruedi Schatz und Ernst Reiss. 1979 kam «Bergsteigen 80» von Walter Müller heraus, der auch für «Bergsteigen 82» verantwortlich zeichnete – und 1988 für die beiden Bänden der neuen Lehrreihe des SAC, «Skibergsteigen, Steileisklettern» und «Sommerbergsteigen, Sportklettern». Damit sollten wir nun alle Mittel kennen, um uns möglichst gefahrlos und stilsicher in den Bergen zu bewegen. Und am Berg, der um 20 weitere Publikationen höher geworden ist und nun mit insgesamt 914 Bänden schon beängstigend schwankt. Davon lassen wir uns aber nicht beirren und klettern weiter.

Da, auf dem nächsten Absatz, dieses schöne Edelweiss! Die Hand streckt sich, da haut mir Anstandsonkel Leo Wehrli auf die Finger: «Lass die Glöcklein im Winde schwingen; abgerissen verdorren sie!» Recht hat er, und Elias Landolt pflichtete ihm bei. Wer kennt nicht dessen SAC-Blumenfibel «Unsere Alpenflora», 1960 erstmals erschienen, nun in der achten Auflage vorliegend, auf Französisch in der vierten, auf Englisch in der zweiten. Gesamtauflage über 100 000 – der grösste Erfolgstitel des SAC. Von den Blumen zu den Tieren, zur Natur überhaupt: Drei Titel hat der SAC 2013 im Programm, je deutsch und französisch. Überhaupt naturkundliche

Werke. 1874 erschien eine einzigartige, zweisprachige Publikation: «Die Gletscher der Schweiz nach Gebieten und Gruppen geordnet. Für die Mitglieder des S.A.C. als Manuscript gedruckt». Das Besondere daran: Die Blätter auf der einen Seite sind weiss gelassen und sollten von den Clubisten an Ort und Stelle mit ihren Notizen beschrieben werden – Bergsteigen als publizistisch-naturwissenschaftlicher Leistungsauftrag. Wie weit die Clubisten ihn befolgten, ja das Manuskript überhaupt in den Tornister steckten, sei dahingestellt. Vielleicht nahmen sie auch nur die «Beobachtungsnotizen für die Mitglieder des Schweizer Alpen-Club» von 1866 mit – das 16-seitige Heftchen wog ja nichts. Die «Instruktion für die Gletscherreisenden des schweizerischen Alpenclubs» von 1871 war hingegen schon 40 Seiten schwer. Und wenn wir auf dem Gletscher stehen: Zur 21. Schweizerischen Ausstellung Alpiner Kunst des SAC von 1999 führte der Katalog «Gletscherblick 99: ein Kunstsommer im Gebirge». Zum 100. Geburtstag hatte der Club seinen Mitgliedern «Der Berg in der Malerei» von Ulrich Christoffel geschenkt.

Im Takt: Liederbuch, 1902 von der Section des Diablerets herausgegeben.
Quelle: Zentralbibliothek des SAC, Zürich.

Folgt Ihr mir noch, liebe Bücherkraxler? Sehr gut, danke: Fahren wir noch fort mit dem Sichten und Schichten. Den grossen Katalog der Zentralbibliothek aus dem Jahre 1990 habe ich schon erwähnt; ihm vorausgegangen sind mindestens fünf andere Kataloge bzw. Zuwachsverzeichnisse. Auch beim «Katalog der Zentralstelle für alpine Projektionsbilder in Bern» blieb es wohl nicht bei einem Heft. Genauso wenig wie bei den Repertorien, welche die SAC-Zeitschriften erschliessen; fünf gibt es. Roger Hauris Katalog zu den «Panoramen und Karten des Schweizer Alpen-Club» von 1864 bis 1923 ist indes ein Einzelstück. Apropos Verzeichnisse: Die Mitgliederverzeichnisse wurden im 19. Jahrhundert häufig gedruckt; manchmal gab es ein Supplement, wie 1872; da hatte man sogar Ehrenmitglied «Monsieur Adams-Reilly, à Genève» vergessen. Die Reglemente für die Bergführer, wie «Einige Regeln und Winke über die Aufgabe und das Verhalten der Bergführer» (1874), müssten auch noch alle beigezogen werden. Kurz: Das Aufschichten nimmt kein Ende.

Was kriege ich da Spannendes in die Hände? «Zur Erinnerung an die fünfte Jahresversammlung des SAC in Luzern. 21., 22. und 23. September 1867». Eine 52-seitige, zweisprachige Sonderpublikation des «Pilatus», der Clubzeitschrift der Sektion Pilatus des SAC. Einerseits gab es zahlreiche solche Erinnerungsschriften an die Jahresfeste des SAC. Und andererseits warten da noch all die Publikationen der einzelnen Sektionen, ihre Zeitschriften und vor allem auch ihre Jubiläumsbücher. Diese Bücherbergtour können wir nicht auch noch unternehmen, bereits jetzt ist die «unendliche Fülle von Schriften» («Die Alpen» zum 100. Geburtstag des SAC 1963) nur noch knapp überblickbar. Aber acht Publikationen von den rund 1000 hier zusammengezählten seien noch erwähnt: die Denkschrift von Ernst Buss zum 25-Jahr- und diejenige von Heinrich Dübi zum 50-Jahr-Jubiläum des SAC, je deutsch und französisch vorliegend, die zweisprachige Broschüre zum 125. Geburtstag und das in drei Sprachen vorliegende Buch zum 150.

Jubelstimmung also. Und so stimmen wir oben auf dem rund 25 Meter hohen Bücherberg ein Lied an. Fünf Liederbücher habe ich vorliegen: «Liedersammlung für den S.A.C.» (1873); «Das fröhliche Murmelthier. Allerlei Sing-Sang für Schweizer Alpenclubisten und zugewandte Orte» (1899), zusammengestellt und herausgegeben vom Grindelwalder Gletscherpfarrer Gottlieb Strasser; «Chansonnier des Sections romandes du Club Alpin Suisse» (1902), herausgegeben von der Section des Diablerets; «Liederbuch für Schweizer Alpenclubisten / Chansonnier du Club Alpin Suisse» (1921); «Was mir nötig heige im Club. Es Liederbuech für jungi und alti Bärgfahrer, usegä vo der Sektion Bern S.A.C. uf ds Clubfäscht 1907». In der 14. und zweitletzten Strophe des titelgebenden Liedes heisst es auf die sich wiederholende Frage, was im Club benötigt werde: «As Schöppli für a Durst / Derzue a längi Wurst».

Genau. Bergsteigen, ob draussen oder drinnen, gibt Hunger und Durst. Auch da hat der Club vorgesorgt, mit Hüttenrezepten zum Nachkochen. Titel der 2012 aufgelegten Broschüre: «Einfach gut».

MARCO VOLKEN

«FÜR EIN GLETSCHER-NACHTLAGER LOGIRT MAN AUSGEZEICHNET.»

150 JAHRE SAC-HÜTTEN – EINE KLEINE KULTURGESCHICHTE

Die Hütten im alpinen Gelände gehören zweifellos zu den Aushängeschildern des SAC. So unumstritten sie heute grundsätzlich sind, so leidenschaftlich stritt man sich im Lauf der Jahrzehnte um deren Grösse und Komfort, um deren Bestimmung und Ausgestaltung. Wie, wann und wo baute der SAC seine Hütten? Und vor allem: für wen?

WELCHE CLUBHÜTTE?

«Die allgemein anerkannte Wünschbarkeit der Erichtung einer neuen Glärnischhütte gab zu längeren Verhandlungen Anlaß. Während aber die Section Tödi ein zur Unterbringung von 50 Mann berechnetes Holzgebäude anstrebte, hielt das Central-Comité an der Anschauung fest, daß es nicht Aufgabe des S.A.C. sei, Unterkunftshäuser für Sonntags-Caravnen und Gesellschaftsausflüge der verschiedensten Art zur Verfügung zu stellen, sondern daß es vielmehr Sache der Privatspeculation sei, für solche Bedürfnisse zu sorgen.»[1]

Die Zeilen entstammen dem Geschäftsbericht des Central-Comité für das Jahr 1880. Gerade mal siebzehn Jahre jung ist der Club, und doch muss er sich bereits einer grundsätzlichen Frage stellen. Einer Frage, die bis heute für Gesprächsstoff sorgt, unter Hüttenbesuchern ebenso wie in den zuständigen Gremien: Welche Hütten wollen wir? Und auf welche (und wessen) Bedürfnisse sollen sie ausgerichtet sein?

VOM BIWAK ZUM PAVILLON

Lange vor den ersten Clubhütten sind die Bergsteiger da. In den Anfängen des modernen Alpinismus – im ausgehenden 18. Jahrhundert – übernachten die Pioniere meist in Talortschaften, in Hospizen, in Sennhütten, an der frischen Luft oder in einem selbst errichteten Biwak. Als die Aargauer Gebrüder Meyer und ihre Walliser Führer Volken und Bortis im August 1811 auf die Jungfrau klettern – es ist die erste Besteigung eines Viertausenders in der Schweiz –, verbringen sie die Nacht am Gletscherrand in einem improvisierten Lager: ein paar aufgetürmte Steine als Seitenwände, darüber die Alpenstöcke als Gebälk, ein Leintuch und die ausgefalteten Mäntel als Dach. «Der Abend und die Nacht waren kühl, aber nicht so kalt, als wir besorgten. Wir schichteten uns, so gut es ging, neben und über einander, um uns gegenseitig zu erwärmen.»[2]

Später kommen etwas aufwendigere Schutzbauten hinzu: Biwakplätze, die sich unter Steinblöcken ducken oder an Wandnischen lehnen und mit mehr oder minder stabilen Schutzmäuerchen versehen sind. Auf diese Weise verbringen der Solothurner Franz Josef Hugi 1829 oder die Neuenburger Glaziologen um Louis Agassiz ab 1840 ihre Nächte in den Berner Hochalpen.

Eine wichtige Zäsur – weg vom Provisorischen, hin zur dauerhaften alpinen Unterkunft – markiert hierzulande der vom Elsässer Daniel Dollfus-Ausset 1843–1844 erbaute Pavillon am Unteraargletscher, die vielleicht erste Schweizer Berghütte im «heutigen» Sinn: ein Haus mit Mauerwerk, Fenster und Türen. Dollfus-Ausset wird in der Folge zwanzig Sommer lang einen bis zwei Monate im Pavillon verbringen. Seine Familie vermachte ihn 1872 dem SAC – als Vorläufer der späteren Lauteraarhütte.[3]

Als der Alpinismus um 1850 dann zu seinem Sturm auf die grossen Gipfel ansetzt, erweist sich die Logistik als ernsthaftes Problem. Nicht alle Berge, zumal die abgelegenen, lassen sich als Tagestouren erreichen – Erstbesteigungen wie jene des Doms, dessen über 3100 Höhenmeter ab Randa 1858 in einem Zug bewältigt wurden, bilden denn auch eher die Ausnahme.

ERSTE SCHIRMHÜTTEN – UND RUINEN

Zur Zeit der Gründung des SAC ist die Hüttenfrage also hochaktuell. Und findet bereits in den provisorischen Gründungsstatuten vom 19. April 1863 Erwähnung: «Um dem Publikum den mehr und mehr gesuchten Genuß der Hochgebirgswelt und Gletscherregion zu erleichtern, wird der Verein, sei es aus eigenen Mitteln, sei es durch Unterstützung und Anregung zunächst Interessierter, an geeigneten Punkten der Hochalpen Nachtstationen errichten, von denen aus dann ohne übermäßige Tagmärsche Berggipfel oder Gletscherpässe beschritten werden können.»[4] Anlässlich der Abgeordnetenversammlung vom 21. September 1867 stellt die Sektion Basel den Antrag, es sollen nach

---

1 / «Älteste hochalpine Unterkunft auf dem Unteraargletscher – Von Franz Jos. Hugi 1829 errichtet». — Quelle: Die Alpen, 1938.
2 / «Pavillon Dollfus-Ausset Alt.de 2404 – Glacier de l'Aar». — Quelle: Daniel Dollfus-Ausset, Atlas de 40 Planches, 1872.
3 / «Die Grünhornhütte». — Quelle: Jahrbuch des SAC, 1865.

1/

2/

3/

Möglichkeit «jährlich neue Schirmhütten errichtet» werden. Das Protokoll vermerkt zum Antrag: «Wird angenommen.»[5]

Nach acht Jahren kann der Club bereits auf zehn Hüttenbauten zurückblicken:

1863   Grünhornhütte (2448 m) am Tödi
1864   Trifthütte (2510 m) im Oberhasli
1865   Silvrettahütte (damals auf 2280 m)
1865   Platta-Sura-Hütte (1982 m) im Medelgebiet
1867   Glärnischhütte (2015 m)
1868   Obere Matterhornhütte (3883 m)
1868   Cabane des Maisons Blanches (ca. 3420 m) am Grand Combin
1869   Berglihütte (3284 m) am Mönch
1870   Gleicksteinhütte (2345 m) am Wetterhorn
1871   Cabane des Diablerets am Pas du Lustre (3040 m)

Dabei fällt auf, dass die ersten fünf Hütten an alpinistisch eher untergeordneten Bergzielen liegen; erst mit der Matterhornhütte – eigentlich eher ein Notbiwak –, von einheimischen Führern in Eigeninitiative erbaut und dem SAC anvertraut, wagt sich der Club an einen grossen, touristisch vorrangigen Berg.

Das weitere Schicksal dieser zehn Hütten zeigt jedoch deutlich, wie der Hüttenbau – besonders in höheren Lagen – noch viel Lehrgeld verschlingt. Die Grünhornhütte benötigt bereits 1864 grössere Anpassungen (darunter ein fixes Dach). Aufgegeben werden: wegen beweglichen Untergrunds 1889 die Silvrettahütte; wegen mangelnden Interesses 1865, nach nur einer Sommersaison, die Platta-Sura-Hütte; wegen starker Vereisung 1874 die Cabane des Diablerets und 1879 die Matterhornhütte; und wegen Lawinen 1874 die Cabane des Maisons Blanches. Die übrigen vier Hütten verschwinden spätestens 14 Jahre nach ihrer Errichtung, ersetzt durch Neubauten an teilweise neuer Lage.

Trotz solchen Rückschlägen lässt sich der Club nicht entmutigen und setzt sein Vorhaben fort, die Alpen nach und nach mit eigenen Hütten zu bestücken. Und sieht darin eine seiner Hauptaufgaben, wie es 1878 der Genfer Jean-Louis Binet-Hentsch, Vizepräsident des SAC, formuliert: «Une des questions les plus vitales pour l'avenir de l'Alpinisme en Europe est sans contredit celle qui se rattache au choix des stations et aux conditions les meilleures d'établissement de refuges dans les Hautes-Alpes […]. Tout le secret de populariser les grandes ascensions est là.»[6]

In der Regel entstehen die Hütten als Antwort auf ein bestehendes alpinistisches Bedürfnis: Sie liegen an beliebten Bergen und sollen deren Besteigung erleichtern. In einzelnen Fällen werden sie von Privaten erstellt, oder von Bergführern, die ein konkretes Interesse haben, ihre Gipfelregionen zu erschliessen, und gelangen erst nachträglich ins Portefeuille des Clubs. Doch meist geht der Anstoss vom SAC aus.

EINE INTENSIVE BAUTÄTIGKEIT

Was die Aufgabenteilung zwischen Sektionen und Dachverband angeht, pendelt sich nach anfänglichen Diskussionen eine pragmatische Lösung ein. Die Sektionen sind zuständig für die Standortwahl, die Planung, die Finanzierung, die Bauausführung, den Betrieb und Unterhalt, und behalten die Eigentumsrechte an den Bauten. Die Rolle des Dachverbands besteht hingegen vor allem darin, den Sektionen fachliche Unterstützung zu bieten und einen namhaften Teil der Kosten in Form von Subventionen zu übernehmen; im Gegenzug haben sich die Sektionen an ein landesweit gültiges Hüttenreglement zu halten, das gewisse Anforderungen festlegt – etwa in Bezug auf Standort, Bau, Unterhalt, Ausstattung, Ordnung und freie Benutzung.

Das System scheint sich zu bewähren: Im Schnitt erweitert der Club sein Angebot um mehr als eine neue Hütte pro Jahr. Doch auch die umliegenden Alpenvereine intensivieren ihre Bautätigkeit, weshalb der SAC seine frühe Pionierstellung bald einbüsst, wie der Vergleich zeigt:

ANZAHL CLUBHÜTTEN	1878[7]	1904[8]
Schweizer Alpen-Club	23	64
Deutscher und Österreichischer Alpenverein	25	224
Club Alpin Français	7–8	46
Club Alpino Italiano	10–12	98

Zum Aufgabenspektrum des Central-Comité gehört auch die überregionale Koordination – im Bestreben, den Alpinisten in möglichst allen (damals) interessanten Tourenregionen geeignete Unterkünfte zu bieten. Besonders deutlich zeigt sich dieses Bestreben mit dem 1912 verfassten «Klubhütten-Bebauungsplan», der 65 Projekte für Neubauten umfasst, eingeteilt in drei Prioritätsklassen. Darunter befinden sich viele nie verwirklichte Vorhaben – nebst Hütten am Lauteraarsattel oder am Surettahorn beispielsweise auch eine Notunterkunft am Rottalsattel, knapp unter dem Jungfraugipfel. Andere Projekte werden tatsächlich umgesetzt, wenn auch manchmal erst Generationen später, wie am Grassen (1970) oder im Mittelaletsch (1977). Klar ersichtlich aus dem Plan ist ebenfalls der Vorrang, den die Berner, Glarner und Bündner Alpen in den ersten 40 Jahren der Clubgeschichte geniessen, während die Zentralschweiz leicht, die Walliser Alpen deutlich und das Tessin massiv untervertreten sind. Ein Missverhältnis, das in den folgenden drei Jahrzehnten weitgehend ausgeglichen wird.

---

4 / 5 / Cabane de Panossière, Front und Schnitt rechtwinklig zur Frontwand.
6 / 7 / Cabane du Mountet, Längenansicht und Querschnitt.
8 / 9 / Berglihütte, Ansicht und Grundriss. — Quelle: Julius Becker-Becker, Die Schirmhäuser des Schweizerischen Alpenclubs, Glarus 1892.

4 /

5 /

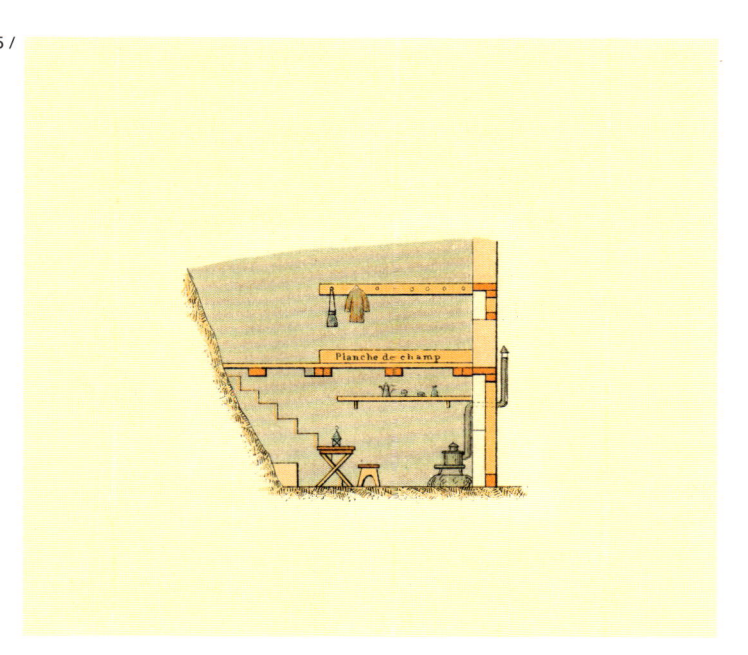

6 /

7 /

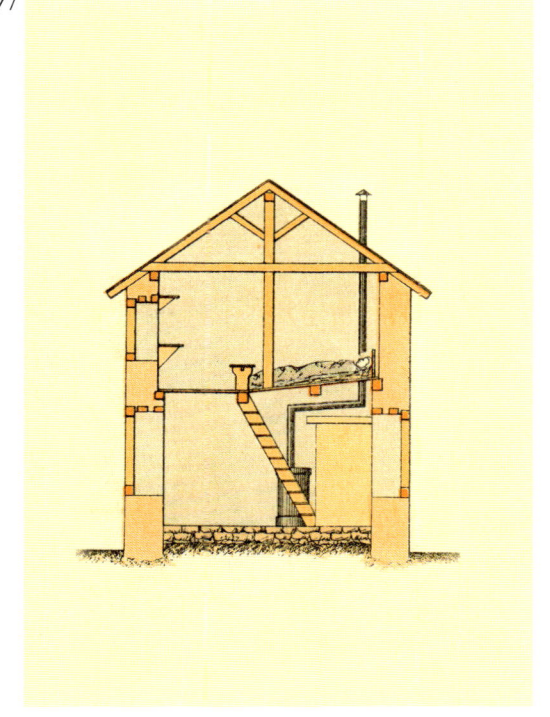

8 /

9 /

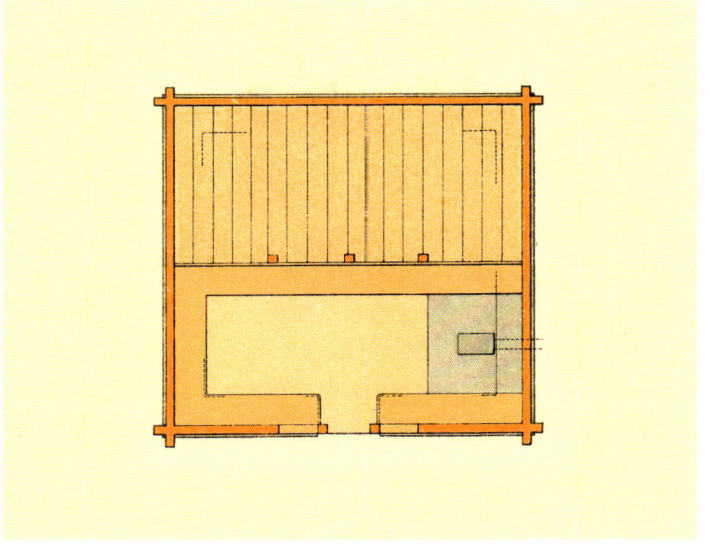

0 1 2 3 4 5 6 7 8 9 10 Meter

«SAC-HÜTTE» WIRD ZUM BEGRIFF

Für den Club erweisen sich die Hütten sehr bald als identitätsstiftend, nach innen wie nach aussen. Den jeweiligen Sektionsmitgliedern dienen «ihre» Hütten als eigentliche Angelpunkte des Vereinslebens, den übrigen Clubisten als willkommene Stützpunkte und als Begegnungsorte mit Kollegen anderer Sektionen und Landesteile. Und die Allgemeinheit nimmt den Begriff «Clubhütte», später durch «SAC-Hütte» ersetzt, in ihren Sprachgebrauch auf – so sehr, dass die «SAC-Hütte» bis heute oft als Synonym für jede Berghütte dient, obwohl nicht einmal die Hälfte der öffentlichen Hütten in den Schweizer Alpen tatsächlich dem SAC gehören. Mitverantwortlich für die starke Verankerung in der Öffentlichkeit sind wohl auch die ersten vier Landesausstellungen – Zürich 1883, Genf 1896, Bern 1914 und Zürich 1939 –, wo der Club jeweils ein naturgetreues Clubhaus präsentiert, um es anschliessend zu zerlegen und im Gebirge aufzurichten: Daraus entstehen die Rugghubelhütte (1884), die Cabane de Bertol (1898), die Dammahütte (1915) und die Leutschachhütte (1940).

DIE KOMFORTFRAGE

Kein festes Dach, keine Türe und bloss vier Blechkisten als Mobiliar – die erste Hütte der Clubgeschichte, jene am Tödi-Grünhorn, erinnert mehr an eine Notunterkunft denn an ein behagliches Refugium. Wer im Trockenen liegen will, muss gemäss dem Glarner Hüttenpionier Julius Becker «zuerst eine Wagendecke über den Lotterbau ausspannen und mit Steinen beschweren […], um sich nachher in dem unwirthschaftlichen Raume gründlich zu erkälten und während der Nacht anstatt die so nöthige Ruhe zu geniessen, mehrere Stunden gründlich zu frieren, und Morgens mit maroden Gliedern dem Hôtel Grünhorn gerne den Rücken zu kehren.»[9]

Bereits ganz anders tönt es bei der ein Jahr später, 1864, eingeweihten Trifthütte: Gemäss Rudolf Lindt umfasst der kleine Holzbau «neben der mit duftendem Bergheu versehenen Schlafstelle einen schmalen wackelnden Tisch und ditto Bank nebst eisernem Oefchen. Der schwierige Transport des Holzwerks die Thälti-Platten hinauf und der bescheidene Preis mögen die leichte Bauart und nicht zu übertreffende Einfachheit entschuldigen. Für ein Gletscher-Nachtlager logirt man ausgezeichnet.»[10] Es ist deshalb wohl nicht abwegig, die Grünhornhütte als Vorgängerin der SAC-Biwaks, die Trifthütte hingegen als erste SAC-Hütte im modernen Sinn zu bezeichnen.

Von da an gehts aufwärts – auch in Sachen Komfort. Um 1880 verfügt der Club über knapp 30 eigene Unterkünfte. Die typische Hütte ist nun schon etwas grosszügiger eingerichtet: Schlaflager, Esstisch und Kochherd in einem Raum, dazu ein Grundstock an Mobiliar und Inventar, gemäss Reglement beispielsweise «genügend und trockenes Heu oder Stroh auf der Pritsche», dazu «Decken, je 1 für jede Person, die auf der Pritsche Raum findet» sowie «1 Löffel pro Person», «einige Gabeln» und «einige Messer».[11] Auf der Pritsche finden durchschnittlich zehn Personen Raum; die zu dieser Zeit mit Abstand grösste Hütte, die später von Privaten übernommene Alvierhütte, umfasst 30 Schlafplätze.

Schmutz und Unordnung sind weit verbreitet, Flöhe und Wanzen schlafen mit. Vandalismus und Diebstahl am Inventar und Mobiliar gehören zum Alltag. So vermeldet die Sektion Bernina 1901 in Sachen Mortelhütte: «Die Herbstinspektion hat nicht stattgefunden. Hoffen wir, dass die Hütte dieses Jahr ausnahmsweise nicht geplündert worden sei.»[12] Um im darauffolgenden Berichtsjahr festzuhalten: «Die Mortelhütte wurde im Frühling wieder puncto Inventar vervollständigt, um – im Spätherbst wieder geplündert zu werden. Traktandum für das neue Vereinsjahr: ‹Wie erwischen wir die Diebe?›»[13] Wie aus den Sektionsberichten zuhanden des Zentralverbands hervorgeht, verschlingen sogenannte Inventarergänzungen denn auch Jahr für Jahr bedeutende Summen. Am Prinzip der offenen Hütte wird deswegen aber nicht gerüttelt.

Die Übernachtung in einer Hütte ist – im Gegensatz zur heutigen Zeit – kostenlos. Die Sektionen dürfen lediglich für bereitgestelltes Brennholz eine Abgeltung verlangen, und zwar nur bei tatsächlichem Verbrauch: «Jedem Reisenden steht es frei, sich selbst mit Holz zu verproviantieren. Er darf nur dann zur Erlegung der Taxe angehalten werden, wenn er den von der Sektion angelegten Holzvorrat angreift.»[14] Dies ändert sich erst 1894, und auch nur im seltenen Fall einer bewarteten Hütte, wie das inzwischen überarbeitete Reglement festschreibt: «Für die Benutzung einer Hütte mit ständigem Hüttenwart darf von der betreffenden Sektion im Einverständnis mit dem Centralcomitee eine Taxe erhoben werden. Dieselbe beträgt für die Mitglieder des S.A.C. und anderer alpinen Vereine 50 Rp., für Nichtvereinsclubisten Fr. 1.»[15]

Womit also die Hüttenwarte auf den Plan treten. Schon in der Anfangszeit erkennt der Club, dass jede Hütte einen Hauswart braucht. Meist handelt es sich um einen ansässigen Bergführer, der regelmässig vorbeikommt, nach dem Rechten schaut und für Nachschub, Ordnung und Unterhalt sorgt. Doch mit der Zeit stellt sich bei stark frequentierten Hütten die Frage nach einer ständig anwesenden Person, die einen möglichst reibungslosen Betrieb gewährleistet, die Hüttentaxen eintreibt, allenfalls einfache Speisen zubereitet und Getränke ausschenkt. Im Jahr 1921 weisen 17 Hütten – von insgesamt gegen 100 – eine

---

10 / Domhütte, um 1910. — Quelle: Alpines Museum der Schweiz, Bern.
11 / Trifthütte, um 1910. — Quelle: Klubhüttenalbum des SAC, Freiburg 1911.
12 / Capanna Motterascio, Datum unbekannt (vermutlich um 1950). — Quelle: Archivio CAS Sezione Ticino, Lugano.

10 /

11 /

12 /

solche Bewirtschaftung aus. (Heute sind von den 152 Hütten etwa 125 während der Hauptsaison zumindest zeitweise bewartet.)

BERGSTEIGER VS. BERGWANDERER

Zwischen 1910 und 1935 nimmt die Zahl der SAC-Mitglieder von knapp 12 000 auf gut 31 000 zu, jene der Übernachtungen von etwa 34 000 auf rund 80 000. Mehr Bergsteiger, mehr Hüttenbenutzer, mehr Schlafplätze, mehr Hüttenwarte: eine Entwicklung, die nicht allen passt. Der Widerstand gegen den Hüttenbau und die Ausweitung des Alpentourismus nimmt allmählich zu. Und zwar selbst auf höchster Vereinsebene. «Die Clubhütten des S.A.C. sollen Stützpunkte für Gebirgswanderungen sein, nicht aber Ausflugsziele oder Bergwirtshäuser», mahnt Artikel 1 des Hüttenreglements von 1907.[16]

Das Leitmotiv der «echten» Bergsteiger, die ihre Hütten nur ungerne mit übrigen Touristen teilen, wird noch lange weiterleben. So schreibt Oskar Hug 1936 in der Vereinszeitschrift «Die Alpen»: «Wenn ich eine Hütte aufsuche, so ist sie mir Mittel zum Zweck, also Ausgangspunkt für eine Bergfahrt, Nächtigungsort vor oder nach derselben. Das ist auch der ursprüngliche Sinn einer Hütte. Nun gibt es nicht nur Bergsteiger, sondern auch Bergwanderer. Diesen ist die Hütte meistens Ziel. Das ist ihr volles Recht, gibt es ihnen doch das Vergnügen und die Entspannung, die sie suchen und wünschen. Die Lebensweise der Bergsteiger und Bergwanderer in den Hütten ist aber sehr oft eine recht verschiedene, was auch begreiflich ist, da der Erstere infolge des noch nicht erreichten Zieles mit seinen Kräften und Äusserungen stark zurückhält, während der Letztere, manchmal aus lauter Freude ob des bereits erreichten Zieles, manchmal aus anderen Motiven oder Triebregungen, mehr aus sich herauszugehen pflegt, als oft wünschbar wäre [...]. In Standorten wie Hohtürlihütte, Albert-Heimhütte, Bovalhütte, Silvrettahütte, Ramberthütte usw. sind diese Zustände fast zur Regel geworden.»[17]

Jakob Eschenmoser — er wird uns noch beschäftigen — vertritt anlässlich des 100-Jahr-Jubiläums des SAC 1963 eine ähnliche Haltung: «Es ist bestimmt mehr als eine spekulative Vermutung, wenn angenommen wird, dass dem Alpinisten die grossen Hütten (darunter verstehen wir solche von mehr als etwa 60 Plätzen) nicht sympathisch sind. Er nimmt sie in gewissen Gegenden als zwangsläufiges Übel in Kauf, aber als Individualist ermisst er die Diskrepanz zwischen den Idealen, die den ursprünglichen Unterkünften zugrunde lagen, und dem Betrieb, dem er sich heute fügen muss, wenn er nicht auf bestimmte Besteigungen überhaupt verzichten will.»[18]

HEUTE: DUSCHE JA ODER NEIN?

Diese und ähnliche Äusserungen lassen sich deuten als legitime Interessenwahrung einer sportlichen Elite, als Verklärung früherer Zeiten, als Huldigung der Einfachheit oder als leidenschaftliches Bekenntnis zu einer Bergwelt, in der die Alpinisten unter ihresgleichen bleiben. Doch in erster Linie sind sie Rückzugsgefechte, denn eigentlich belegen sie indirekt die zunehmende Popularität und den Erfolg der Institution namens SAC-Hütte – auch ausserhalb der angestammten Kreise. Und so öffnet sich der Club Schritt für Schritt dem verpönten «Luxus»: Die Schlafplätze werden breiter, die Pritschen durch Matratzen ersetzt, Gas- und Strombeleuchtung halten Einzug, Telefone werden installiert, Hüttenwarte erhalten eigene Räume, die sanitären Anlagen werden ausgebaut und oft ins Gebäude integriert.

Ein grosses Getränkesortiment, aufwendige Mahlzeiten (allerdings immer noch nach dem Prinzip «Einheitsmenü») und Frühstücksbuffets gehören mittlerweile in vielen bewarteten Hütten zum Standard; ebenso Trocknungsräume, Daunendecken, kleine(re) Zimmer, Spielwaren für die Kleinen oder technische Geräte wie Beamer und Fernseher. Doch ganz ausgestorben sind sie nicht, die Bergsteigernester, die Biwakschachteln und spartanischen Hüttlein nach dem Selbstversorgerprinzip – wie unbewartete Hütten bezeichnet werden, in denen man die selbst mitgebrachten Speisen zubereiten muss bzw. darf.

«Der Charakter von einfachen Gebirgsunterkünften bleibt ihr herausragendes Merkmal»: So sieht der SAC seine Hütten im aktuellen Leitbild. Was alles darunter fällt, und wie weit sich der Begriff «einfache Gebirgsunterkunft» verstehen lässt, zeigt indes ein Blick in das aktuelle Hüttenverzeichnis.[19] Und so sind die Diskussionen um Grösse, Komfort und Angebot bis heute nicht ganz verebbt, ja sie erhalten mit jeder grösseren Renovation neue Nahrung, wenngleich mit abnehmender Tendenz. Besonders beliebt sind Grundsatzdebatten zum (Reiz-)Thema Duschen, deren Sinn und Nutzen – vorab von den Traditionalisten – energisch angezweifelt wird. Andererseits: Warum soll nicht auch heute um das richtige Mass an Komfort gestritten werden? Schliesslich hat die Diskussion innerhalb des SAC eine 150-jährige Tradition.

AUF DER SUCHE NACH DER IDEALEN BAUWEISE

Kehren wir wieder zu den Anfängen zurück.[20] In den ersten 20 Jahren der Clubgeschichte werden die Hütten meist im Stil der frühen Biwaks und Alphütten gebaut. Es gibt weder Debatten noch grosse Überlegungen. Es reicht, wenn das

---

13 / Alte und neue Bovalhütte, 1879. Foto von Jules Beck — Quelle: Alpines Museum der Schweiz, Bern.
14 / Rotondohütte, um 1920. — Quelle: Archivio CAS Sezione Ticino, Lugano.
15 / Einweihung der Capanna Campo Tencia, 1912. — Quelle: Archivio CAS Sezione Ticino, Lugano.

13 /

14 /

15 /

al Rifugio: Inaugurazione
10. Agosto 1912

Hüttlein auf festem Grund steht und dem Schnee, Regen und Wind einigermassen trotzen kann. Als Baumaterial dienen oft Bruchsteine, die nicht oder nur dürftig zementiert werden. Wo Felsüberhänge eine natürliche Nische bilden, wird gar nur «angebaut» – Dach und Rückwand bestehen dann aus kompaktem Fels. So einfach und schnell sich die Hütten bauen lassen: Sie leiden unter Feuchtigkeit. Zudem pfeift der Wind durch die Ritzen, und mit ihm weht auch Schnee hinein.

Ab Mitte der 1880er-Jahre wird der einfache Steinbau deshalb rasch aufgegeben – zugunsten einer Holzbauweise. Damit weicht der SAC erstmals von den baulichen Traditionen des Alpenraums ab: Seine Hütten werden plötzlich zu gut sichtbaren Wahrzeichen in der Landschaft. Nebst der guten Isolierung und einer verbesserten Wohnlichkeit weisen die Holzhütten weitere Vorteile auf. Dazu gehören die einfache Vorfertigung im Tal (etwa im Winter, wenn die Handwerker sowieso wenig Arbeit haben), die Leichtbauweise (wichtig für den Transport) und eine schnelle Montage vor Ort.

Zunehmend werden die Hütten an freien Standorten platziert, weg von den Felswänden, was sie weniger anfällig macht für Feuchtigkeit und Steinschlag. Die strukturierte Bauweise lässt auch grössere Volumina und zweigeschossige Hütten zu, mit dem Erdgeschoss als Aufenthaltsraum und dem Obergeschoss als Schlafraum. Eine Generation lang wird fast ausschliesslich mit Holz gebaut. Von einer Vielfalt an Bauformen lässt sich jedoch kaum sprechen, da sich alle Hütten aus dieser Epoche ähneln. Was aber auch einen Vorteil hat, denn die so «standardisierte» Holzhütte wird zu einem der ersten Markenzeichen des SAC.

AUSSEN STEIN UND INNEN HOLZ

Dann, 1912, die grosse Wende: Im Tessin wird plötzlich wieder eine Steinhütte eingeweiht, die Capanna Campo Tencia. Das Konzept wird nach anfänglichem Zögern rasch aufgegriffen und landesweit weiterentwickelt. «Soweit die Grundmaterialien auf der Baustelle zur Verfügung stehen, empfehle ich dringend gemauerte Umwandungen. Steine werden da wohl selten fehlen, wo Hütten zu errichten sind», fordert 1922 Gustav Kruck.[21] Der Zürcher Baumeister gehört denn auch zu den zentralen Figuren dieses Paradigmenwechsels: Seine Capanna Cadlimo aus dem Jahr 1916 avanciert rasch zum Vorbild vieler Sektionen und Architekten. Anders als bei den Steinhütten der ersten Generation werden die Ritzen zwischen den Steinen nun mit Mörtel gefüllt – zu einem sogenannten Bruchstein-Mauerwerk. Hinzu kommt eine Innerverkleidung aus Holz, was eine praxistaugliche Kombination aus äusserer Widerstandsfähigkeit und Behaglichkeit im Inneren ermöglicht.

Robustheit und Beständigkeit gegenüber der Witterung sind wesentliche Argumente für die Bruchsteinhütten, doch geht es auch um ein neues ästhetisches Empfinden. In einer Epoche, die von Heimatschutz und Heimatstil geprägt ist, suchen die Hüttenbauer vermehrt den Bezug zur Landschaft und zu traditionellen regionalen Bauformen. Oder mit den Worten von Kruck: «Die im Gestein der Baustelle selbst gemauerte Hütte allein fügt sich harmonisch in die Umgebung ein.»[22] Obwohl die Hütten konsequent an prominenten Standorten errichtet werden – an freien Lagen, auf Podesten mitten in Talkesseln mit möglichst offener Sicht –, sollen sie mit der Landschaft möglichst verschmelzen und im Idealfall gar unsichtbar sein.

Grundsätzlich erhalten die baulichen Details nun mehr Aufmerksamkeit, die Raumaufteilung geschieht aufgrund rationaler Überlegungen, und zunehmend werden Architekten mit der Planung betraut. Der Erfolg ist so eindrücklich wie nachhaltig, denn rund 70 Jahre lang bestimmt die Bruchsteinhütte das Denken und Planen beim SAC. Bis heute gilt sie als die Berghütte schlechthin: Selbst 2013 noch sind über zwei Drittel der SAC-Häuser vollständig oder teilweise aus Bruchstein gebaut.

Dabei ist Steinhütte nicht gleich Steinhütte. Der Einbezug von Fassadenelementen aus Holz oder unkonventionelle Entwürfe führen spätestens in den 1950er-Jahren zu einer gewissen Vielfalt in der Einheit. Erwähnung verdienen insbesondere die polygonalen Hütten von Jakob Eschenmoser, allesamt mit annähernd rundem Grundriss. Dahinter steckt die Absicht, den Raum so rational wie möglich auszunützen – womit die Hütten äusserlich kleiner wirken, als sie im Innern tatsächlich sind.

CLUBHÜTTE ALS LANDMARK

Zwar kommt es auch während der Zeit der Steinhütten zu Experimenten mit anderen Materialien. Wie 1971 bei der Lämmerenhütte, einem zwölfeckigen Metallbau (1990 von einer Lawine zerstört). Oder beim letzten Werk von Eschenmoser, der Bertolhütte, einer kühn aufragenden Säule aus verkleidetem Holz. Doch erst in den 1990er-Jahren beginnt der SAC, auf breiter Front nach neuen konstruktiven Lösungen zu suchen – eine Suche, die bis heute andauert und sehr unterschiedliche Hütten hervorgebracht hat. Als Vorreiterinnen dürfen zwei Werke im Unterwallis gelten: die Cabane du Vélan (1993), ein linsenförmiger, turmartiger Holzbau mit glänzender Zinkblechverkleidung, sowie die Cabane de Saleinaz (1996), ein rechteckiger, querliegender Holzbau mit schlichter, von zurückhaltenden Strukturen geprägter Fassade. Die meisten Neu- und Anbauten der letzten 20 Jahre folgen im Wesentlichen diesen beiden Konzepten, wobei Form und Ausführung stark variieren.

---

16 / Cufercalhütte, Baujahr 1937/1987.
17 / Cabane du Vélan, Baujahr 1987.
18 / Capanna Cristallina, Baujahr 2002. — Fotos: Marco Volken.

16 /

17 /

18 /

Den meisten Neubauten gemeinsam ist ihre – im Vergleich zu den Bruchsteinhütten – grössere Sichtbarkeit innerhalb der Landschaft. Es sind Hütten, die sich nicht mehr verstecken wollen, sondern ihre Präsenz mit einem gewissen Selbstbewusstsein zeigen und oft zu eigentlichen Landmarks werden – eine Tatsache, an der sich schon manche Diskussion innerhalb und ausserhalb des SAC entzündet hat. Die erhöhte Sichtbarkeit ist aber nur selten das Ergebnis einer absichtlich auffallenden Architektur, sondern ergibt sich meist auf natürliche Weise aus den klaren Formen und den verwendeten Aussenmaterialien.

Dass die Experimentierphase in den nächsten Jahren weitergehen wird, scheint innerhalb der SAC-Leitung jedenfalls klar zu sein. Wie es Daniel Suter, damaliger Ressortleiter Hütten im Zentralverband, 2009 in einem Interview ausdrückte: «Grundsätzlich wollen wir keine banale Architektur.»[23]

Etwas im Schatten der eigentlichen Hütten bewegen sich dagegen die kleinen Biwaks. Inspiriert von den italienischen «bivacchi fissi», werden sie vor allem ab Mitte der 1960er-Jahre errichtet und machen heute etwa zehn Prozent der SAC-Hütten aus. Besonders auffallend ist ihre bunte Vielfalt – die sich auch deshalb entfalten konnte, weil es an starken architektonischen Vorbildern mangelte. Man findet fast alles: vom Kunststoffbiwak (Mont Dolent) bis zum verkleideten Holzbau (Chalin, Grassen, Stockhorn, Aar), vom Metallcontainer (Salbit, Aiguillette à la Singla) bis zum modularen Holz-Alu-System (Laggin, Schalijoch, Mischabeljoch) und gar bis zum gemauerten Bau (Col de la Dent Blanche, Arben). Und vielleicht ist es mehr als nur Zufall, wenn dort, wo die Bergsteiger noch weitgehend frei unter sich sein können, auch die Architektur mehr Freiheit geniesst.

DIE GRENZEN DES WACHSTUMS

Wie viele Hütten braucht der Schweizer Alpenraum? Wie viele verträgt er? Auch darüber wird seit den Anfängen debattiert. Bereits 1913 – bei einem Stand von 73 Hütten – äussert Heinrich Dübi die Meinung, es gebe «nun kaum einen bereisenswerten Gebirgswinkel in der Schweiz mehr, in welchem nicht wenigstens eine Clubhütte des S.A.C. als Ausgangspunkt zu Hochtouren diente».[24] Ähnliches lesen wir bei Otto Pfleghard rund 30 Jahre und 50 weitere Hütten später: «Die Clubhütten in unseren Alpen sind heute so dicht gestreut, dass Bauplätze, für die ein Bedürfnis nach Schutzhütten im Sinne des S.A.C. nachgewiesen werden kann, selten geworden sind.»[25]

Heute sind es 151 Hütten – plus ein Museum, die einstige Grünhornhütte. Das Wachstum ist indes nicht linear verlaufen, wie die Übersicht auf den Seiten 250–251 zeigt. Während in den ersten 70 Jahren im Schnitt alle sieben Monate eine neue Hütte hinzukommt, verflacht sich die Dynamik in der Folge stark. Ende der 1970er-Jahre ist der Höchststand mit 153 Hütten erreicht: Aus heutiger Sicht sind die Grenzen der Erschliessung also vor rund 30 Jahren erreicht worden. Und seit der Eröffnung der Monte-Leone-Hütte auf dem Simplon (1991) hat der SAC tatsächlich keine neuen Standorte mehr ins Portefeuille aufgenommen. Eine Tatsache, die mit der Zeit zur Maxime und 2005 im Leitbild festgeschrieben wurde: «Der SAC ist offen für innovative architektonische Lösungen im Gebirge, erstellt jedoch keine zusätzlichen Hüttenbauten in unerschlossenen Gebieten.» Was aber nicht heisst, dass weitere Standorte nun ausgeschlossen wären. Derzeit wird denn auch über eine neue Hütte im Münstertal diskutiert – im Gebiet der Alp Sprella.

Beim Platzangebot hat sich der SAC in den letzten Jahren ebenfalls in Zurückhaltung geübt, die durchschnittliche Anzahl Schlafplätze ist seit rund 30 Jahren gar leicht rückläufig. Derzeit beträgt sie knapp 60 Plätze. Darin spiegelt sich die Tendenz, bei Um- und Ausbauten kleinere Zimmer zu schaffen, die Matratzen zu verbreitern sowie den Aufenthaltsbereich, die sanitären Anlagen, die Küche und den Hüttenwartsbereich zu vergrössern – und im Gegenzug eine Verringerung der Schlafplätze in Kauf zu nehmen. Das Wachstum ist mittlerweile also eher qualitativer denn quantitativer Art.

Denn das System Clubhütte, wie wir es heute in der Schweiz verstehen, stösst an mehrere grundsätzliche Grenzen. Solche des Ausbaustandards, des Komforts, der Behaglichkeit und der Bauqualität. Solche der Finanzierung, der Wirtschaftlichkeit, des Unterhalts und der Bewartung. Aber auch die Versorgung mit Wasser und Strom, die Entsorgung der Abwasser, die Vorschriften der Lebensmittelhygiene und des Brandschutzes sprechen gegen allzu grosse Hütten.

Und vor allem unter den Gästen sind Massenschläge je länger, desto weniger gefragt. Die 1871 erbaute Cabane des Diablerets bot offiziell Platz für sechs Personen, doch bei einem Augenschein im gleichen Jahr zeigte sich: «En fait, il y avait bien place pour six paires de pieds sur le plancher, mais la voûte cintrée obligeait les occupants à courber la tête dans une immobilité désespérante. Couchés, cinq se firent tous petits, et le sixième entra comme un coin dans la masse.»[26] Die guten alten Zeiten sind meist dann gut, wenn sie verjährt sind.

---

19 / Refuge du Chalin, Baujahr 1957.
20 / Bivouac du Dolent, Baujahr 1973.
21 / Mischabeljochbiwak, Baujahr 1995. — Fotos: Marco Volken.

19 /

20 /

21 /

Geschichte

2

113

JEDEM SEINEN BERG
EIN BLICK AUS DEM HÜTTENFENSTER AUF KUNST UND KULTUR IM SAC

DANIEL ANKER

«Droben auf dem Grat weht vor der Hütte am Col de Tracuit die Schweizer Fahne im Himmelsblau.» Der am 27. April 2012 verstorbene Willy Furter, Mitglied der Sektion Uto und Autor des Bestsellers «Das grosse Clubhüttenbuch: die Hütten des Schweizer Alpen-Clubs», hielt in «Die Alpen» von 1944 nicht nur die Begehung des Weisshorn-Nordgrates fest, sondern auch den Blick von unten auf die Cabane de Tracuit.[1] Eine rote Fahne mit weissem Kreuz gehörte schon immer zu einer bewarteten SAC-Hütte. Fast immer.

Von Juli bis Oktober 2009 wehten andere Fahnen vor fünf ausgewählten SAC-Hütten. Fahnen, die aussahen wie die gelben Wegweiser für Bergwanderwege, also mit der weiss-rot-weissen Spitze. Gar komische Ziele waren darauf geschrieben: «Dermotropes» bei der Cabane du Mont Fort, «Wolkenfriedhof» bei der Etzlihütte oder «Il passà» bei der Chamanna d'Es-cha. Je nach Wind wies die Fahne in eine andere Richtung oder hing unleserlich am Masten. Der Schweizer Künstler Yves Netzhammer hatte die Fahnen für seinen Beitrag «Windlandschaften» entworfen, als einer von 17 Kunstschaffenden, die an der 24. SAC-Kunstausstellung teilnahmen. Ein vom Schweizerischen Kunstverein unterstütztes Unterfangen, das unter der Leitung des Kurators Andreas Fiedler neue Wege suchte: Fünf SAC-Hütten und deren Umgebung wurden mit zeitgenössischer Kunst bespielt. «Wanderziel Kunst: Ein- und Aussichten» hiess die Ausstellung und die dazugehörige Publikation.[2] «Die Kunst ist in den Bergen gelandet – aber nicht als ufoartiger Fremdkörper und ohne jegliche autoritäre Geste», schreibt Fiedler in seinem Kunst- und Wanderführer. «Die Künstlerinnen und Künstler lenken den Blick auf das Detail und nicht auf den Horizont. Sie verstehen die Berge nicht nur als physisches Territorium, sondern als kulturelles Gelände jenseits eines antiurbanen Refugiums.»[3] So hoch hinaus war der SAC mit der Kunst noch kaum gegangen, in seine Hütten schon gar nicht. Eher beschritt er den umgekehrten Weg und stieg mit seinen Refugien in die Stadt hinab.

Wie 1883 an der schweizerischen Landesausstellung in Zürich, an welcher der SAC einen grossen Auftritt hatte. Zum Beispiel mit einer hölzernen Kopie der Spannorthütte der Sektion Uto, die auf dem Hügel neben dem Ausstel-

Yves Netzhammer: Batteri, Windlandschaften 2009.
Foto: Marco Volken.

lungspavillon aufgebaut wurde. Ein «fac-simile» nennt sie Alfred Pictet in der Zeitschrift «L'Écho des Alpes» von 1883: «Rien n'y manque, ni la lanterne, ni la marmite, ni le livre des visiteurs, ni les couvertures, ni même une paire de chaussures de montagne, avec lesquelles le touriste ne doit plus courir d'autres risques, même sur les pentes les plus glacées, que celui de rester en place sans pouvoir avancer, retenu par la formidable armature de clous qu'il aura à ses pieds.»[4] F.H. Fäsy, Vorstandsmitglied der Sektion Uto, lobte in der «Schweizer Alpen-Zeitung» vom 31. Mai 1883 die künstliche Quelle, die man doch dahin mitgeben könne, «wo diese neue Utohütte dereinst zu stehen kommen soll, um Führern und Touristen das oft so lästige Wasser- und Schneeschleppen zu ersparen».[5] Auf dem Dach stand «eine stolze Wetterfahne, die anzeigt, woher der Wind weht», wie Dres Balmer in seinem Kulturführer zu 50 SAC-Hütten schreibt – und verrät, wohin die nachgebaute Spannorthütte schliesslich verfrachtet wurde: wie das Original ebenfalls ins Tal von Engelberg, als Rugghubelhütte.[6]

Von den Alpen zurück in die Stadt und zum Berichterstatter Fäsy, mit dem wir nun die Hauptabteilung der SAC-Präsentation an der Landi 1883 betreten: «Links anfangend werden wir überrascht durch die reiche Dekoration der Wände mit Skizzen in Oel, Kohle und Blei. Die schönsten Namen schweizerischer Landschaftsmaler sind vertreten, daneben auch Genre, aber alles rein alpin, kleine liebliche Bildchen voll Poesie, voll Bergesduft, kerngesund!» Fäsy erfreute sich nicht nur an den Werken von Alexandre Calame, François Diday, Albert Gos, Rudolf Koller, Albert de Meuron, Emil Rittmeyer oder Raphael Ritz, heute alle alpine Klassiker; Gemälde von ihnen waren übrigens gleichzeitig auch in der Zürcher Kunsthalle zu bewundern.[7] Fäsy gefielen ebenfalls die «zwei Jungfrauen, eine zackige von Fels und Eis und Schnee mit flatterndem Wolkenschleier, und eine andere runde von Fleisch und Blut und blitzendem Augenstern, eine herzige Sennerin». Zum Glück hatten da die Clubisten keine Hände frei: «In der rechten Hand die Wissenschaft, in der linken die Kunst». So soll der damalige Zentralpräsident Eugène Rambert den Auftritt in Zürich kommentiert haben, wie Ernst Jenny im Aufsatz «S.A.C. und alpine Kunst» in der 75-Jahr-Jubiläumsschrift schreibt.[8]

Die alpine Kunstausstellung des SAC an der Landesausstellung in Zürich war nicht die erste ihrer Art.[9] Für das Clubfest vom 2. bis 3. September 1871 in Zürich hatte die Sektion Uto eine Ausstellung von Panoramen, Zeichnungen, Ölgemälden, Aquarellen und Reliefs veranlasst; der Katalog umfasste 200 Nummern. Kommentar von Forstmeister Ulrich Meister, Aktuar der Festkommission, im «Jahrbuch des SAC» von 1871: «Es darf schon der Gedanke einer solchen Vereinigung künstlerischer, das Clubleben geistig durchhauchender Arbeiten an und für sich als ein glücklicher bezeichnet werden.»[10]

Spannorthütte: Vorbild für die Hütte an der Landesausstellung 1883 in Zürich.
Foto: Rudolf Ganz, Alpines Museum der Schweiz, Bern.

Die geistige Durchhauchung des SAC war freilich seit seiner Gründung zu spüren gewesen. Und nicht erst 1871, als die Abgeordnetenversammlung «behufs vollendeter und künstlerischer Ausstattung des Jahrbuchs» einen Kredit von 800 bis 1000 Franken beschloss.[11] «Artistische Beigaben» wies nämlich schon das erste Jahrbuch auf, einerseits im Text selbst, andererseits als separate Beilagen, die heute teilweise für viel Geld gehandelt werden.[12] Vier solche künstlerische Beilagen zierten das Jahrbuch von 1864, neben der Karte des Tödigebiets drei Panoramen. Der zweite SAC-Vizepräsident, der Basler Ludwig Rütimeyer, erklärte 1865, Mitglieder hätten alpine Ansichten geschaffen, die «an Treue der Zeichnung, an Grösse der Conception, an Wahrheit des Colorits manchem Künstler von Fach eine schwer erreichbare Aufgabe sein dürften; ohne diesen Letzteren zu nahe zu treten, darf man dies wohl einen Zweig schweizerischer Kunst nennen, der seine Blüthen und Früchte im Verborgenen gereift hat, und den ans Licht zu ziehen eine dankbare Aufgabe des Alpenclubs sein kann».[13]

Dichterlesung mit SAC-Kulturpreisträger Emil Zopfi vor der Grünhornhütte, 28. August 2011.
Foto: Caroline Fink.

Alpenbilder allerdings, die fast immer einen topografischen, alpin-touristischen Mehrwert hatten: Die zweifellos künstlerischen Ansichten erklärten auch die Aussicht und wiesen den Weg zum Gipfel. «Glacier de la Plaine morte, vom Rohrbachstein» aus dem Jahrbuch von 1880, gezeichnet von Ernst Buss, ist ein richtiger Wegweiser zum Wildstrubel; Netzhammers Fahne «Sprachfetzen» vor der Wildstrubelhütte war bloss ein imaginärer.

Die Sektion Uto führte 1894, 1898 und 1923 weitere alpine Kunstausstellungen durch. Ebenfalls 1923 gab sich der Gesamtclub mit Artikel 2g der Statuten einen weiteren Zweck: «Unterstützung alpin-wissenschaftlicher Fragen und der alpinen Kunst».[14] Heute heisst es bei «Artikel 2, Zweck» unter Absatz 2, Aktivitäten: Der SAC setzt sich ein «für Kultur, die im Zusammenhang mit den Bergen steht». Und Punkt 5 der «Aufgaben» in Artikel 3 lautet: «Er fördert die alpine Kultur, Kunst und Wissenschaft.»[15]

Das geschah und geschieht auf verschiedenen Routen. Publikumswirksam natürlich mit den Ausstellungen. 1926 wurde in Neuchâtel die «Exposition alpestre» abgehalten, zur 50-Jahr-Feier der dortigen SAC-Sektion; die welsche Alpenmalerei war gut vertreten. In SAC-Kreisen reifte daraufhin der Gedanke an eine gesamtschweizerische Schau zeitgenössischer Alpenmalerei. 1933 war es so weit: Die «Erste schweizerische Ausstellung alpiner Kunst, veranstaltet vom SAC in Zürich» zeigte 322 Werke, die eine Jury aus vier Kunstmalern und drei Mitgliedern der Zeitschriftenkommission aus eingesandten 516 Ölgemälden, 240 Aquarellen und 175 Grafiken von 320 Künstlern ausgewählt hatte. 8500 Personen besuchten die Ausstellung, 57 Alpenbilder wurden verkauft.[15]

Im «Reglement für die Durchführung von Ausstellungen schweizerischer Kunst» wurde bestimmt: «Die Ausstellung findet periodisch, mindestens aber alle drei Jahre statt.»[17] Nun, es wurden dann häufig vier Jahre. Doch die alpinen Kunstausstellungen fanden und finden schön regelmässig statt. Und ebenso regelmässig wurde und wird die Frage gestellt, was denn alpine Kunst überhaupt sei. Ch. A. Egli hatte 1950 in einem Artikel aus dem Chronikteil von «Die Alpen» eine Antwort: «Kann es für einen Maler etwas Verpflichtenderes geben als das Motiv des Hochgebirges, etwas Herrlicheres, als draussen zu stehen in Sonne, Wind und Wetter, um die Formenhoheit der einheimischen Berg- und Felsenwelt in ihrem linearen Gefüge, ihrem überwältigenden architektonischen Aufbau, ihren farbigen Kontrasten zu feierlichem Ausdruck zu gestalten.»[18] Als solche Kunst verstand Egli die «monumentalen Bergbilder» eines Ferdinand Hodler oder Emil Cardinaux, während er für die zeitgenössische Kunst wenig bis nichts übrig hatte: «All die fremden, allzu modernen und eigentlich unschweizerischen Kunstexperimente». Schade, dass sich Egli nie mit Andreas Fiedler unterhalten konnte, draussen auf der Terrasse der Capanna Basodino, während Netzhammers Fahne mit der Aufschrift «Batteri» («Bakterien») leise hin und her gewirbelt wäre. Die in der Hütte aufgehängten Papierbahnen, die Reto Rigassi auf die felsige Umgebung gelegt hatte und auf die er mit einem Stein hämmerte – auch die hätten beim Clubisten von einst wohl Kopfschütteln ausgelöst. Oder gar das weisse Balkongeländer von Bob Gramsma bei den Wasserfällen unterhalb der Hütte! Eine geradezu poetische Skulptur zum bodenlosen Tourismus in den Bergen – schön, vieldeutig und nutzlos zugleich. «Seit jeher wird von der Kunst auch erwartet, dass sie zu irritieren vermag, bei den Betrachtenden etwas auslöst und dadurch zu neuen Sichtweisen und Überlegungen anregt», sagt Andreas Fiedler in der Einleitung zu «Wanderziel Kunst».[19] Bis zu dieser Einsicht war es ein weiter Weg. Jedenfalls in den einflussreichen Gremien des SAC. Spätestens 1995 war sie erreicht: Die 20. SAC-Kunstausstellung hiess «A chacun sa montagne» (im Musée Jenisch in Vevey). Vier Jahre darauf ging es erstmals in die Berge: «Gletscherblick 99: ein Kunstsommer im Gebirg» entfaltete sich zwischen Rhone- und Aaregletscher und führte Land-Art und Gletscherforschung in neue Dimensionen.[20] 2009 dienten fünf Hütten als Austragungsort. Und wer weiss, vielleicht führt die 25. SAC-Kunstausstellung von 2016 bis ganz hinauf auf helvetische Höhen.

Doch zurück von oben nach unten, von draussen nach drinnen. Schaut man sich die über 110 Kunstblätter an, die der Zeitschrift «Die Alpen» von 1925 bis 1982 in unterschiedlicher Häufigkeit jährlich beilagen, so überwiegt jedenfalls die klassische Malerei in der Folge eines Hodler,

SAC-Kunstausstellung in Neuenburg 1943. Plakat von Eric de Coulon.

Quelle: Archiv Daniel Anker.

Cardinaux oder Hans Beat Wieland. Geradezu knallig modern erscheint da der «Mönch» von Hans Jegerlehner in «Die Alpen» von 1968; er hatte an der XI. Schweizerischen Ausstellung alpiner Kunst Montreux 1965 teilgenommen. Was auch auffällt an den Kunstblättern – doch das ist nicht SAC-typisch, sondern gilt für die ganze Bergmalerei: Wo sind die Bergsteiger? Wahrscheinlich noch in der Hütte – oder schon wieder weg, während der Künstler immer noch draussen vor der Staffelei stand und die Formenhoheit auf die Leinwand zu bannen suchte... Auch im Buch «Der Berg in der Malerei» von Ulrich Christoffel, die der SAC seinen Mitgliedern zur Hundertjahrfeier 1963 schenkte, sucht man die Alpinisten auf den Gemälden vergeblich.[21] Die Bergmaler schienen die Losung von Fäsy aus dem Jahre 1883 nicht direkt auf den Bildinhalt umsetzen zu wollen: «Der Maler wird zum Alpenclubisten, der Clubist zum Maler.»[22]

Einer jedoch malte die Alpinisten: ausgerechnet Ferdinand Hodler. Für die Weltausstellung in Antwerpen schuf er 1894 die beiden riesigen Dioramen «Aufstieg» und «Absturz», die an den Triumph und die Tragödie bei der Erstbesteigung des Matterhorns im Jahre 1865 erinnern. Unter Anleitung Hodlers wurden 1916 die beiden Leinwände in die sieben Ausschnitte zerlegt, 1934 bestand die Gefahr des Verkaufs ins Ausland. Auf Antrag des Central-Comité Baden beschloss die Abgeordnetenversammlung in Chur, zusammen mit der Gottfried-Keller-Stiftung die Gemälde zu kaufen.[23] Weil sie im Alpinen Museum in Bern keinen Platz hatten, hingen sie im Berner Kunstmuseum. Seit 1993 kann man sie in einem eigens dafür gebauten Saal des Alpinen Museums bewundern – auch in der Ausstellung «Helvetia Club», allerdings leicht verdeckt hinter den Modellen der 152 Hütten des SAC, die am Museumshimmel hängen.

Der SAC förderte aber nicht nur die bildende Kunst, sondern auch die Fotografie. Um «möglichst gute alpine Vorlagen für Tiefdruckreproduktionen in den ‹Alpen› zu erhalten», lancierte die Zeitschriftenkommission im April 1932 einen «Amateurphotographie-Wettbewerb».[24] Dem Preisgericht standen 500 Franken für Prämierung und Ankäufe zur

Verfügung. 185 SAC-Mitglieder sandten 853 Schwarz-Weiss-Fotografien ein. Den ersten Rang teilten sich Rudolf Just von der Sektion Monte Rosa mit «Jungfrau, Abendstimmung» und Walter Zollikofer von der Sektion Uto mit «Im Aufstieg zum Mettelhorn»; sie erhielten dafür je 50 Franken. Angekauft wurde unter anderen eine Foto von Samuel Brawand, Erstbegeher des Mittellegigrates; er bekam dafür zehn Franken.[25] Zwölf Wettbewerbsfotos beleben «Die Alpen» von 1933, darunter die beiden Siegerbilder, die aus heutiger Sicht etwas gar brav sind und stimmungsmässig nicht mit den Gemälden eines Emil Cardinaux mithalten können. Zum Glück gibt es im Band von 1933 noch dynamischere Aufnahmen: Rosa Wenzel zum Beispiel beim Skiaufstieg über den Errgletscher, fotografiert von ihrem Mann Eugen. Oder wie Hermann Hoerlin seinen Kameraden bei der Wintererstbesteigung der Aiguille Noire de Peuterey am 16. März 1929 festhält – solche Fotos liessen erahnen, wohin sich die Bergfotografie gerade mit dem Skifahren und dem extremen Klettern ab den 1930er-Jahren entwickelte – bis heute.[26]

Das kulturelle Engagement des SAC geht jedoch weit über den Bücherrand und Bilderrahmen hinaus. So unterstützt er zum Beispiel das Bergfilmfestival FIFAD (Festival International du Film Alpin) in Les Diablerets; einer der Programmschwerpunkte der 44. Ausgabe im August 2013 ist dem 150. Geburtstag des SAC gewidmet. Seit 1992 vergibt der SAC einen Kulturpreis, wobei auffällt, wie breit die alpine Kultur gefasst wird: vom Schriftsteller Emil Zopfi als erstem Preisträger über den Musiker Albin Brun und Erika Engler mit ihrem «danse verticale» bis zu Gian Rupf und René Schnoz im Jahre 2010.[27] Die beiden Schauspieler und Bergsteiger führen szenisches Theater in Hütten und an bergverbundenen Orten auf, wobei als Ausgangspunkt die Werke bekannter Dichter am Berg wie Ludwig Hohl und Hans Morgenthaler dienen. «Mit ihren alpin-literarischen Produktionen leisten sie kulturelle Pionierarbeit», lobte Catherine Borel, ehemalige Ressortleiterin Publizistik und Kultur im Zentralvorstand, das Duo in ihrer Laudatio. «Sie wecken das Bewusstsein dafür, dass Alpinismus nicht nur sportliche Aktivität bedeutet, sondern eine breite kulturelle Bewegung darstellt.»[28] Am SAC-Hüttenfestival von 2006 führte die Seilschaft Rupf-Schnoz eine «literarische Bergfahrt» in mehreren Berner und Walliser Hütten durch. Im Jahr 2005 erhielt das Alpine Museum der Schweiz den Kulturpreis, was – um im Alpinjargon zu bleiben – die Besteigung des Hausbergs war; der Schweizer Alpen-Club ist nämlich Stiftungsträger des Museums. Vom 23. November 2001 bis 1. Mai 2002 fand dort die 22. Kunstausstellung statt: «Augenreisen. Das Panorama in der Schweiz». Auf dem Umschlag des vorzüglichen Kataloges: ein Ausschnitt aus Xaver Imfelds «Panorama der Dufourspitze (Monte Rosa)», das dem SAC-Jahrbuch von 1879 beilag.[29] Im Sommer 2002 organisierte die Kulturkommission die Weitwanderung «Suiza existe» von Müstair an die Expo.02 in Neuchâtel, ein Anlass mit viel Echo – auch im örtlichen Sinn, wenn Piergiorgio Baroni den Mitwandererchor dirigierte. Und zuletzt mit einem grossformatigen, vielfarbigen und vielsprachigen Bildband – ein besonderes Kulturdokument.[30] Zu finden zum Beispiel in der Zentralbibliothek des SAC. Diese wurde 1890 gegründet und hat sich zu einer der grössten Bergbibliotheken der Welt entwickelt, mit über 30 000 Publikationen, Karten und Panoramen. Sie ist der Zentralbibliothek Zürich anvertraut worden.[31]

Der SAC vergibt seit 1979 noch einen andern Preis: den Kunstpreis Prix Meuly, jeweils in Verbindung mit der Kunstausstellung.[32] Den zweiten Preis beim «Gletscherblick» holte sich Nick Röllin mit «0,000006 km/h». Mit dieser Geschwindigkeit fuhr der Künstler «am 10. August 1999 mit einem Schlauchboot eine – gezwungenermassen – kurze Strecke des Lauteraargletschers», wie er sich im Katalog erinnert.[33] So kurz der Weg vor Ort, so weit die Gedanken: beispielsweise an die Biwakunterkunft «Hôtel des Neuchâtelois», die auf dem gleichen Eisstrom unterwegs war.

2009 erhielten Bob Gramsma fürs Balkongeländer «wandering mind» und Yves Netzhammer für «Windlandschaften» je zu gleichen Teilen den Prix Meuly. Schade, dass Roman Signer leer ausging. Aber vielleicht war sein Holzturm bei der Capanna Basodino doch ein Hauch zu provokativ: In seinem Innern stand der Mast mit der Schweizer Fahne. Sie wehte nicht.

«0,000006 km/h»: Nick Röllin als Schlauchbootfahrer auf dem Aaregletscher. SAC-Ausstellung «Gletscherblick 99».
Foto: Christof Bhend.

CAROLINE FINK
FRAUENGESCHICHTEN

WIE DIE FRAUEN IM SFAC IHRE EIGENE
CLUBGESCHICHTE SCHRIEBEN

Bei seiner Gründung hat der SAC die Frauen vergessen, dann lange über sie diskutiert und sie 1907 schliesslich aus seinen Reihen verbannt. So begannen die Frauen 1918, ihre eigene Clubgeschichte zu schreiben: im SFAC, dem Schweizerischen Frauen-Alpen-Club. Eine Epoche, die erst 1980 zu Ende ging, als SAC und SFAC fusionierten.

«FRAUENFRAGE» SEIT 1879

Einige Jahre nach der Gründung des SAC tauchte innerhalb des Clubs eine Frage auf, die bis heute gesellschaftlich aktuell ist: Sind Mieter, Leser, Patienten, Kletterer auch Frauen? Oder allgemeiner: Sind Schweizer auch Frauen? Oder sind Frauen nur Schweizerinnen? An der Abgeordnetenversammlung (AV) des SAC im Jahr 1879 in Genf sollte genau das geklärt werden: Ob in den Statuten des Clubs mit den «Schweizern» und «Bewohnern der Schweiz» auch Frauen gemeint seien. Oder eben nicht.

Anlass zur Diskussion hatte die Sektion Winterthur gegeben, die – zum Leidwesen anderer Sektionen – eine Bergsteigerin als Mitglied aufgenommen hatte. An der AV stand das Traktandum aber fast an letzter Stelle, und mancher Abgeordnete war des Debattierens müde. Deshalb wurde das Frauenthema kurzerhand aufs nächste Jahr verschoben.[1] Dennoch: Die «Frauenfrage» war lanciert. Einige Delegierte würden sich gewundert haben, hätten sie 1879 gewusst, dass der SAC sich genau hundert Jahre lang mit dem Thema befassen sollte.

Für Unruhe im Club sorgte vor allem, dass es keine gesamtschweizerische Antwort auf die «Frauenfrage» gab. Manche Sektionen schlossen Frauen aus, andere nahmen sie auf, obwohl das Central-Comité sich wiederholt weigerte, Frauen nationale Ausweise auszustellen. Wie die Sektion Winterthur hatte auch die Sektion Monte Rosa vier Frauen in ihren Reihen aufgenommen, eine davon die berühmte Lucy Walker, erste Frau auf dem Matterhorn. Und Mitglied der Sektion Rätia war Hermine Tauscher-Geduly, eine talentierte Alpinistin aus Bratislava.[2]

NEIN, NEIN UND NOCHMALS NEIN

Das Central-Comité wollte die Frage also ein Jahr später, an der AV 1880, klären und führte im Vorfeld des Anlasses in den Sektionen eine Enquête zur «Frauenfrage» durch. Die Clubmitglieder debattierten und diskutierten daraufhin in ihren Sektionslokalen über die Damen, ohne dass sich ein Konsens abgezeichnet hätte. Die damals junge Sektion Burgdorf etwa entschied sich mit acht zu sechs Stimmen dafür, «dass Frauenzimmer vom Alpenclub nicht auszuschliessen seien».[3] Die Section Diablerets und die Section genevoise waren dezidiert dagegen. Und das Resultat der AV im zürcherischen Rüti widerspiegelte diese Uneinigkeit: Die Sektionen sollten fortan selbst entscheiden, Frauen aufzunehmen oder nicht. Allerdings nur als Passivmitglieder und Ehrenmitglieder.

Mit dem Entscheid von 1880 hatten die Verantwortlichen gehofft, die «Frauenfrage» gelöst zu haben. Doch sie hatten sich getäuscht. Bereits 1895 wiederholte sich das Spiel: Diesmal war es die Sektion Tödi, die für ihr Mitglied Marie Jenny-Streiff beim Centralclub einen Ausweis angefordert hatte, was die Vereinsleitung verweigerte. Die Sektionen Tödi und Bernina verlangten daraufhin eine Statutenänderung. Künftig sollte in den SAC-Statuten stehen: «Es können auch weibliche Mitglieder in den SAC aufgenommen werden.» Die Delegierten an der AV 1895 in Schwyz waren allerdings anderer Meinung: Sie lehnten den Antrag mit 55 zu 22 Stimmen ab.[4]

Doch es kam, wie es kommen musste. Im Jahr 1907 redeten die Männer wieder über die Frauen. In diesem Jahr stand eine generelle Statutenrevision des Gesamtclubs an, und in den neuen Statuten sollte vermerkt sein: «Damen

---

1 / Aline Margot gründet 1918 mit anderen Damen in Montreux den Club Suisse de Femmes Alpinistes (CSFA) und legt damit den Grundstein für eine Erfolgsgeschichte, die gut 60 Jahre dauern wird. Dass andere Leute ihre Form der Frauenförderung kritisieren, kümmert die Alpinistin und Abenteurerin nicht. Mit ihrer zielstrebigen und beharrlichen Art wird sie zur geistigen Mutter des SFAC. Umgekehrt betrachtet sie den Frauen-Alpen-Club als ihr Lebenswerk. — Quelle: Nos Montagnes, 1944.

2 / Bei der Unterzeichnung des Fusionsvertrags zwischen SFAC und SAC im Jahr 1979 ist Antoinette Rust als Zentralpräsidentin des SFAC bereits abgetreten. Gemeinsam mit SAC-Präsident Hanspeter Wenger hat sie die Fusion zuvor jedoch massgeblich vorangetrieben und vorbereitet. — Quelle: Dossier SFAC, Alpines Museum der Schweiz, Bern.

3 / Eine der frühen Damen im SAC, bevor die Frauen 1907 explizit ausgeschlossen werden: Hermine Tauscher-Geduly aus Bratislava gehört um 1880 zu den herausragenden Bergsteigerinnen ihrer Zeit und ist Mitglied der Sektion Rätia. Im Jahrbuch des SAC publiziert sie Texte wie jene zur Besteigung der Blüemlisalp und der Dent Blanche, was für die damalige Zeit aussergewöhnlich ist, zumal sie unter eigenem Namen schreibt. — Quelle: Mitteilungen des DAV, 1951.

4 / Mit ihrer Unterschrift vertritt Zentralpräsidentin Régine Schneiter im Fusionsvertrag von 1979 den SFAC und damit den Entscheid, ab 1980 gemeinsame Wege mit dem SAC zu gehen. — Quelle: Dossier SFAC, Alpines Museum der Schweiz, Bern.

5 / Die Britin Lucy Walker hat es geschafft: Im Jahr 1871 steht die enthusiastische Alpinistin als erste Frau auf dem Matterhorn. Zusammen mit drei weiteren Frauen gehört sie zu den frühen Mitgliedern der SAC-Sektion Monte Rosa. — Quelle: Archiv Caroline Fink.

1 /

2 /

3 /

4 /

5 /

Geschichte
2

119

können die Mitgliedschaft des SAC erwerben.» Die Versammlung fand in Bern statt und wurde vom Zentralpräsidenten, dem Solothurner Advokaten Robert Schöpfer, geleitet. Alle 52 Sektionen waren vertreten, die Versammlung mit 154 Abgeordneten war gut besucht. Zu Beginn der Nachmittagssitzung war es dann so weit: Die Anwesenden stimmten über den Frauenpassus ab und sprachen sich mit grossem Mehr dagegen aus. Gut vierzig Jahre nach der Gründung des SAC waren Frauen damit offiziell vom Club ausgeschlossen worden. Bisherige weibliche Mitglieder durften im Club bleiben, so der Entscheid der Mehrheit der Männer, ihr Clubabzeichen jedoch nicht mehr tragen.[5]

Diesmal hatten die Männer die «Frauenfrage» ein für alle Mal… Nein, doch nicht, denn in den eigenen Reihen waren die Herrschaften sich alles andere als einig, und 1917 wollte die Sektion Altels es einmal mehr wissen: An der AV in Zofingen im November 1917 verlangte sie eine Debatte darüber, ob einzelne Sektionen Frauen doch aufnehmen könnten. Der Bumerang war wieder im Anflug, das Thema wieder auf dem Tisch. Und einmal mehr gefiel es manchem Abgeordneten nicht, darüber zu reden. Im «L'Écho des Alpes», der damaligen Vereinszeitschrift des Club Alpin Suisse in der Romandie, heisst es dazu: «Disons tout de suite que ce fut une belle réunion, empreinte de la plus franche cordialité, encore qu'un moment la question féminine ait failli introduire quelque trouble.»[6] Die Abgeordneten hatten voller Enthusiasmus über neue Führerliteratur und die Vergrösserung mancher Hütten diskutiert, doch nun: «Les délégués se montrèrent en grande majorité moins enthousiastes quand il s'agit de mettre en discussion la proposition de la section Altels d'examiner la question de l'admission des dames au C.A.S. ou tout au moins de donner aux sections la possibilité de les admettre comme membres.»[7]

Die Wortmeldungen mussten emotional gewesen sein und teils so heftig, dass sich manch einer fragte, ob die Redner das Gesagte ironisch meinten. Auch das Central-Comité war der Diskussion leid und liess einzig verlauten: Die Frage sei immer wieder erfolglos thematisiert worden und dürfte auch jetzt wenig Erfolg haben. Central-Comité und ein Grossteil der Abgeordneten hatten offenbar den Eindruck, die Sache würde sich irgendwann von alleine lösen. Und der Autor im «L'Écho des Alpes» verliess sich ganz auf die Flugbahn des Bumerangs: «Si les calculs du rapporteur sont exacts, nous ne reverrons pas cette question avant une douzaine d'années.»[8]

Dass manche Männer sich minder denn je mit der «Frauenfrage» auseinandersetzen wollten, war dabei auch Ausdruck genau dieser Epoche. So war das erste Viertel des 20. Jahrhunderts jene Zeit, in der die Suffragetten eine Frauenbewegung anstiessen, Frauen allgemein ihre Rechte einforderten und die bisherige Geschlechterordnung sich zu verändern begann. Tanja Wirz, Historikerin und Autorin des Standardwerkes «Gipfelstürmerinnen. Eine Geschlechtergeschichte des Alpinismus in der Schweiz 1840–1940», geht deshalb auch davon aus, dass «der Wunsch nach einem alpinen Männerréduit somit auch als verzweifeltes Rückzugsgefecht» jener betrachtet werden muss, «die angesichts von Frauenbewegung und zunehmenden weiblichen Ansprüchen eine grundlegende Veränderung der Geschlechterordnung befürchteten».[9]

Interessant ist in diesem Zusammenhang ein Sitzungsprotokoll der Section des Diablerets in Lausanne, die sich im Oktober 1917 innerhalb der Sektion mit der «Frauenfrage» beschäftigte. Offenbar fürchteten sich manche Männer dabei weniger vor den Frauen selbst als viel mehr vor neuen und fremden Einflüssen im Club. Während an dieser Sitzung gemäss Protokoll mehrere Herren der Ansicht waren, Frauen müssten gleiche Rechte haben wie Männer, zeigte sich ein Marcel Bornand skeptisch. Widerwillig sprach er sich für die Aufnahme von Frauen aus, allerdings nur unter einem Vorbehalt: «Que ce soit à la condition qu'il n'y ait que des Suissesses.» Er wolle schliesslich «pas de Brésiliennes ou de Patagones dans le CAS».[10]

EIN CLUB VON FRAUEN FÜR FRAUEN

Manche Vertreter des SAC hatten immer gedacht, vielleicht auch gehofft, die Frauen würden einen eigenen Club ins Leben rufen. Damit, so stellten sie sich vor, würde sich die «Frauenfrage» ein für alle Mal lösen. Im Jahr 1918 ist es so weit: Elf Jahre nachdem der Ladies Alpine Club in England entstanden ist, gründet ein Kreis von 15 Damen um Aline Margot aus Montreux am 27. Februar 1918 im Hôtel de Londres den Club Suisse de Femmes Alpinistes. Er wird zum Nukleus, von dem aus Aline Margot ihre Vision eines nationalen Frauenalpenclubs umsetzt. Bald entstehen weitere Sektionen in der Romandie, darunter Lausanne, Neuchâtel und Vevey sowie die Sezione Ticino, gefolgt von Deutschschweizer Sektionen, unter anderem in Bern, Zürich und Luzern. An vielen Gründungssitzungen nimmt Aline Margot persönlich teil. Dabei wiederholt sie oft den Satz, mit dem sie in Montreux das Ziel des Clubs definiert hat: «Le but du club des femmes alpinistes sera de faire connaître et aimer la montagne.»[11] Nicht mehr, nicht weniger.

---

6 / Mangels Hütten im Hochgebirge mietet der SFAC oft Chalets in tieferen Lagen als Ausgangspunkt für Touren. So auch in Villa oberhalb von Evolène. An Pfingsten 1929 steigen die Frauen der Sektion Bern von Villa hoch zum Col de Torrent. Dazu schrieben sie in Anlehnung an die Flurnamen der Gegend in das erste Hüttenbuch des SFAC: «Holla! Nüd git's us Bricolla! Mon thé! No weniger Zaté! Ran tan plan! Üsen isch der Torrent!» Einen Monat später zeichnet eine Vertreterin der Sektion Lausanne die Aussicht des Chalets: die Dents de Veisivi. — Quelle: Dossier SFAC, Alpines Museum der Schweiz, Bern.

7 / Ein Wimpel des SFAC anlässlich einer Abgeordnetenversammlung in den 1970er-Jahren. — Quelle: Dossier Hanspeter Wenger, SAC-Zentralarchiv, Burgerbibliothek, Bern.

8 / Das offizielle Emblem des SFAC — Quelle: Dossier SFAC, Alpines Museum der Schweiz, Bern.

9 / Illustration aus der Clubzeitschrift «Nos Montagnes» von 1945. — Quelle: Zentralbibliothek des SAC, Zürich.

10 / Das erste Hüttenbuch des Club Suisse de Femmes Alpinistes, 1919 bis 1929. Das Buch lag nicht in einer bestimmten Hütte auf, sondern begleitete die Frauen in ihren Clubwochen in verschiedenen Unterkünften. — Quelle: Dossier SFAC, Alpines Museum der Schweiz, Bern.

121

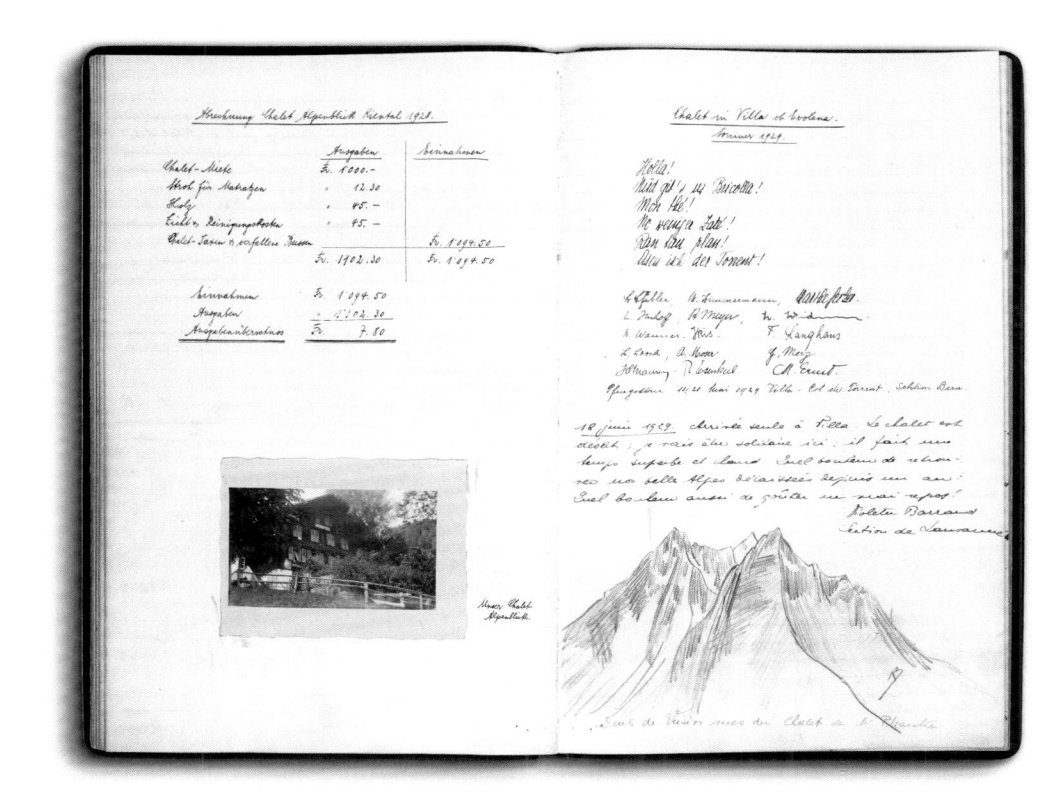

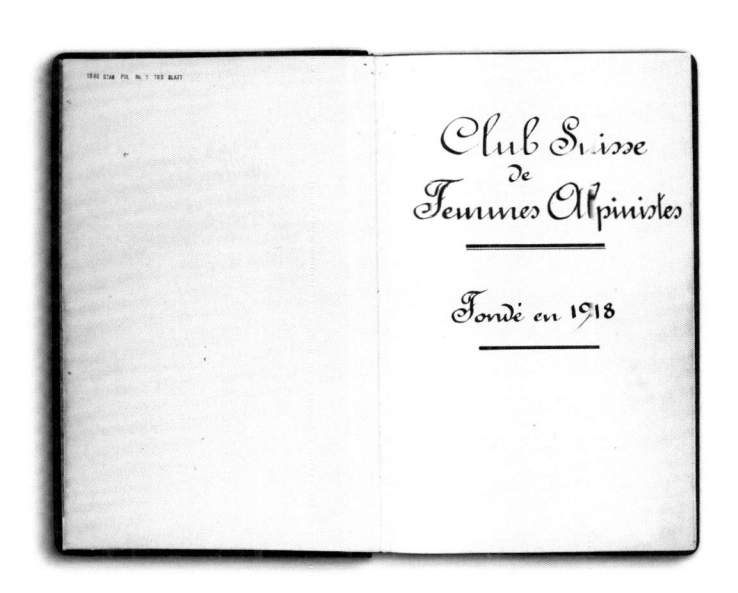

In den Jahren nach der Gründung gedeiht der Club prächtig. Im Jahr 1920 organisieren die Frauen verschiedenste Touren und Kurse. Unter anderem steigen sie auf den Gran Paradiso und überqueren die Lötschenlücke, führen Skikurse durch und gründen Gymnastikgruppen. Am 26. Juni 1920 beschliessen die Damen an ihrer DV in Lausanne zudem die Gründung der Clubzeitschrift «Nos Montagnes». Bereits im September desselben Jahres erscheint die erste Ausgabe in Französisch. Im Frühjahr 1921 enthält das zweimonatlich erscheinende Heft erstmals eine deutschsprachige Notiz, in der die Sektion Bern von ihrer Gründung berichtet: «Einer in den Tageszeitungen ergangenen Einladung Folge gebend, fanden sich im Daheim an der Zeughausgasse ca. 40 Damen ein. Die Zentralpräsidentin, Madame Margot aus Montreux, hielt das einleitende Referat und beleuchtete […] die Zwecke und Ziele des Clubs, mit dem Erfolge, dass am Schlusse der Tagung sich gleich 38 Damen in die aufliegende Liste als Mitglieder einzeichneten.»[12]

Als im Mai 1921 auch die Frauen in Zürich ihre eigene Sektion gründen, berichtet die «Neue Zürcher Zeitung» darüber. In ihrer Ausgabe vom 13. Mai 1921 heisst es: «Der französischen Schweiz folgend, gründete Anfang dieses Jahres eine Gruppe Zürcher Bergsteigerinnen die Sektion Zürich des Schweizerischen Frauen-Alpenclubs, der im ganzen 600 Mitglieder zählt. Da der Schweizerische Alpenclub Damen als Einzelmitglieder leider nicht (wir möchten sagen: ‹noch nicht›) aufnimmt, und ebensowenig selbständige Damensektionen, blieb den Bergsteigerinnen nichts anderes übrig als eine eigene Organisation zu gründen.»[13] Die ersten Tourenpläne haben die Zürcherinnen auch bereits kommuniziert. «Im Juni soll der Pizzo Centrale bestiegen werden, im Juli die grosse Windgälle, im August Piz Buin oder der Grosse Litzner.»[14]

Doch nicht alle begrüssten die Initiative des SFAC so wohlgesinnt wie die NZZ. Die bergsteigenden Damen gaben mancherorts zu reden – allem voran ihre Kleidung. In den ersten Jahren nach der Gründung des SFAC hatten manche Sektionen denn auch klare Kleiderregeln. Zur empfohlenen Ausrüstung gehörten eine langärmlige Bluse, Handschuhe und ein Rock, um die Dörfer zu passieren. Erst in unbewohntem Gebiet, so die Empfehlung, durften die Damen sich des Rocks entledigen, um in Hosen weiterzuziehen. Lange dauerte es indes nicht, bis einzelne Frauen zu ihren Skihosen standen: So schworen sich drei Luzernerinnen Anfang der 1920er-Jahre im Vorfeld einer Skitour, «mit den Skihosen aufs erste Schiff zu gehen». Worauf sie vielleicht auch etwas stolz waren: «Trotz den nicht gerade angenehmen Zurufen auf der Strasse und dem Hallo auf dem Schiff haben wir eben die Röcke zu Hause gelassen», erinnern sie sich fast fünfzig Jahre später in einer Jubiläumsschrift der Sektion.[15]

VON KLEINEN UND GROSSEN TOUREN – UND «FINE TORNSCHÜELI»

Die Frauen liessen sich von ihren Bergabenteuern nicht abbringen und verfolgten ihren Weg in den Alpen. Anhand der Tourenbücher der Sektionen Luzern und Thurberg in Frauenfeld sollen hier einige wenige Tourenberichte ans Licht geholt werden.[16] Stellvertretend für die Hunderten, ja Tausenden von Touren, die im Rahmen des SFAC stattgefunden haben.

Auffallend ist, dass bei den Tourenberichten vieler Sektionen wie auch in «Nos Montagnes» kleine Abenteuer ebenso Platz finden wie grosse Gipfeltouren. So machte die Sektion Luzern keinen Hehl daraus, dass die erste Tour ihrer Clubgeschichte von Luzern über den Dietschiberg nach Adligenswil und zurück via Götzental und Dierikon nach Luzern führte, um «geringere Kräfte nicht zu überanstrengen». Und auch die 1931 gegründete Sektion Thurberg steigt im ersten Tourenjahr vor allem auf Wandergipfel: auf den Säntis, den Altmann oder den Mythen. Daneben erwähnen die Frauen im Tourenbuch auch den «Zwischenspaziergang nach Himmelberg».

Die sorgfältigen Wanderberichte täuschen allerdings darüber hinweg, dass die Damen auch grosse Gipfelpläne umsetzten. Zwischen den Berichten zu Spaziergängen und Wanderungen finden sich in den Büchern derselben Sektionen grössere Touren sowie Vorbereitungskurse dafür. Die Luzernerinnen etwa organisieren schon früh Skikurse, machen im Titlisgebiet Abseilübungen und unternehmen Tourenwochen im Wallis und im Berner Oberland, während deren sie auf Gipfel wie den Mönch oder die Jungfrau steigen. Ihr ständiges Motto dabei: «Nit Noloo gwünnt.» Auch die Thurgauerinnen lassen «nit noo» und steigen zwischen 1933 und 1947 auf den Glärnisch, den Tödi, den Salbitschijen, das Allalinhorn und den Grand Combin – um nur einige Glanzlichter des Tourenbuchs zu nennen.

Ob kleine oder grosse Touren – oft finden in den Tourenberichten auch Anekdoten Platz, die davon berichten, worüber sich die Frauen amüsiert und woran sie sich gefreut haben. Die Luzernerinnen schreiben davon, wie «das Schmidli» während der Tourenwoche im Wallis 1940 auf dem Kocher während der Rast Kaffee brühte – für jede «ned ōbermässig vel, aber meh als e Fengerhuet voll».

---

11 / Sechs Jahre nach der Gründung: Die Abgeordneten aus den Sektionen vertreten an der Delegiertinnenversammlung in Vevey 1924 bereits über 1200 Mitglieder. — Foto: E. Greppin, Dossier SFAC, Alpines Museum der Schweiz, Bern.

12 / Im Winter 1944/45 präsentiert die Groupe Jeunesse Lausanne während einer Skitour stolz ihren neuen Wimpel. — Quelle: Nos Montagnes, 1945.

13 / Die Luzernerinnen im Jahr 1929 auf dem Gipfel des Pizzo Campo Tencia im Tessin. — Quelle: Festschrift 50 Jahre Schweizerischer Frauen-Alpen-Club Sektion Luzern, Zentralbibliothek Luzern.

14 / Kurz nach der Gründung des SFAC unternimmt die Section Montreux ihren ersten Ausflug in die Berge. Am 19. Mai 1918 posieren die Damen beim Bahnhof von Roche im Rhonetal, um danach auf die Agites oberhalb von Corbeyrier zu wandern. Stehend (v.l.n.r.): M. Villard, A. Rauert, O. Béguelin, C. Cheneval, A. Blanc (Sektretärin des Zentralkomitees und der Section Montreux), J. Villard, O. Margot (Tochter von A. Margot), A. Margot (Zentralpräsidentin und Präsidentin der Sektion); sitzend (v.l.n.r.): Frl. Guillet, Frl. Stebler, L. Bornand (Kassierin des Zentralkomitees). — Quelle: Dossier SFAC, Alpines Museum der Schweiz, Bern.

15 / Mitte der 1930er-Jahre lassen sich die Damen in schicken Nagelschuhen ablichten: eine Gruppe des SFAC Thurberg während ihrer Tourenwoche in Saas-Fee. — Quelle: Dossier SFAC Thurberg, Staatsarchiv des Kantons Thurgau, Frauenfeld.

12 /

11 /

13 /

14 /

Geschichte
2

15 /

123

Oder wie «d'Lisel» am Abend in Grimentz ihre neuen «fine Tornschüeli» nicht verschmutzen wollte, ihre Kolleginnen sie deshalb auf dem Buckel vom Restaurant ins Hotel trugen und sich vor Lachen dabei so krümmten, dass die Lisel fast ganz in den Dreck gefallen wäre. Von den Thurgauerinnen erfahren wir zudem, wie sie Mitte der 1930er-Jahre die drei Stunden Wartezeit am Bahnhof Bern – sie waren unterwegs in die Clubwoche in Saas-Fee – verbracht haben: «Den 3-stündigen Aufenthalt in Bern benützt Fräulein Stäheli, um unter Assistenz ein paar Berghosen (mit Bügelfalten) zu kaufen.» Und nach einer der grössten Sektionstouren der Sektion Thurberg auf den Grand Combin heisst es im Tourenbuch unter dem Panoramabild vom Gipfel liebevoll: «Auf dem Combinli».

Werden die Alpinistinnen auch Mitte der 1940er-Jahre von manchen Herren noch «Mannsweiber» oder «Zirkusrösser» geschimpft, erfahren sie seitens vieler Alpinisten auch immer wieder Sympathie. So äusserte sich etwa der renommierte Bergführer und Skirennläufer André Roch 1945 in «Nos Montagnes» öffentlich zum Frauenbergsteigen. Seine Meinung: Die Ablehnung des Frauenbergsteigens sei nichts als eine Ausrede egoistischer Männer, um die Frauen von den Bergen fernzuhalten. Ungeachtet dessen sollten aus seiner Sicht junge Frauen zum Alpinismus gebracht werden, um das Glück der Berge zu erfahren. Und würden diese Mädchen ihre Bergkarrieren als erwachsene Frauen weiterentwickeln, bleibe den Männern nichts «qu'à tirer notre chapeau et à admirer les exploits de celles qui ont suivi les traces de Maria Paradis et de Mlle d'Angeville».[17]

DAS GANZ NORMALE CLUBLEBEN

Offenbar ist der Wunsch der Frauen gross, in die Fussstapfen dieser Pionierinnen zu treten. In den ersten vierzig Jahren wächst ihr Club stetig an. Im Jahr 1923 zählt der SFAC bereits 19 Sektionen mit insgesamt 1200 Mitgliedern, 1928 sind es 27 Sektionen und von 1950 bis 1980 um die 50 Sektionen. Und wie der SAC auch pflegen die Frauen ihr Vereinsleben. Treffen sich in ihren Clublokalen, schauen gemeinsam Diavorträge über die Berge der Welt an, halten Sektionssitzungen und Delegiertenversammlungen ab, schreiben Protokolle, debattieren und diskutieren.[18]

Einzig bei den Hütten tritt der SFAC kürzer als der SAC. Grund dafür sind geringere finanzielle Mittel. Für ihren Eigenbedarf mieten die Frauen Chalets oder Häuser in Bergdörfern und nutzen diese für Tourenwochen. Darüber hinaus beteiligen sie sich am Hüttenbau des SAC – mit kleineren und grösseren Gesten. Anfang der 1930er-Jahre etwa steuert die Section Lausanne der Männersektion Diablerets für den Bau der Cabane du Trient 40 000 Franken bei, die Sektion Luzern stiftet der Männersektion Pilatus gleichzeitig die Vorhänge für die Stube des Brisenhauses. Wichtigster Bau in der Geschichte des SFAC ist aber das Biwak, das der Club an der SAFFA 1958 in Zürich, der Schweizerischen Ausstellung für Frauenarbeit, ausstellt. Rund 1,9 Millionen Besucher staunen über den modernen Aluminiumbau mit zwölf Schlafplätzen, bevor der SFAC diesen der SAC-Sektion Monte Rosa schenkt und der Gletscherpilot Hermann Geiger ihn ins Lagggintal fliegt. Als Lagginbiwak dient die Alukonstruktion dort 22 Jahre lang als Nachtlager, bevor eine Lawine sie zerstört und einen Neubau erforderlich macht.[19]

AUS ZWEI CLUBS MACH EINEN

Die Beziehungen zwischen SFAC und SAC sind – abgesehen von einzelnen Geplänkeln – freundschaftlich. Mit den Jahren führen Sektionen des SAC und der SFAC gemeinsame Touren durch, und Mädchen können offiziell der JO des Schweizer Alpen-Clubs beitreten. Woraus eine seltsame Situation entsteht: Während die jungen Frauen mit Bergkollegen mehrere Jahre lang Touren unternehmen, sind sie nach Erreichen des Übertrittalters von den Touren mit ihren Kollegen ausgeschlossen.

Mitunter diese Situation führt dazu, dass sie 1970 im SAC wieder auf dem Tapet steht: die «Frauenfrage». Auf Ebene des Gesamtclubs wird einmal mehr darüber abgestimmt, ob Sektionen selbst entscheiden sollen, Frauen aufzunehmen. Der Vorschlag wird abgelehnt. Bereits vier Jahre später, im Jahr 1974, findet in den SAC-Sektionen wieder eine Umfrage dazu statt. Hanspeter Wenger, Präsident der Sektion Blümlisalp, schreibt dazu in einem Brief an den SAC-Zentralpräsidenten Hans Spillmann: Seine Sektion sei der Ansicht, «dass über kurz oder lang den Frauen der Beitritt zum SAC gewährt werden muss». Allerdings würde Blümlisalp darauf verzichten, da der SFAC in Thun aktiv sei und man diesen nicht konkurrenzieren wolle. Am Schluss des Briefes fügt Wenger den Satz an: «Eventuell könnte auch eine Fusion SAC-SFAC ins Auge gefasst werden.»[20]

---

16 / An Pfingsten 1948 üben sich die Damen der Sektion Thurberg im Alpstein im Abseilen. Die Bildunterschrift dazu: «Aller Anfang ist schwer!» — Quelle: Dossier SFAC Thurberg, Staatsarchiv des Kantons Thurgau, Frauenfeld.
17 / Nicht immer nur hoch hinaus: die Sektion Thurberg auf einer ihrer – wie sie es nennen – Zwischenspaziergänge im Jahr 1931. — Quelle: Dossier SFAC Thurberg, Staatsarchiv des Kantons Thurgau, Frauenfeld.
18 / Im August 1933 steigt eine Gruppe der Sektion Thurberg auf den Ruchen. Mit dabei ist Elise Keller, die dazu im Sektionsbuch schreibt: «Wir fanden uns in dem Nebel ganz gut zurecht, lagerten ¼ Stunde unterhalb des Gipfels und warteten auf die Sonne. All unser Wünschen war umsonst. Der nasskalte Nebel und der ziemlich heftige Wind drohten zwei unserer Touristinnen zu Eis erstarren zu lassen – umkehren und absteigen war deshalb geboten. Kaum waren wir indessen im Gletscher unten angelangt, brach nach einem kurzen Regenschauer die Sonne sieghaft hervor, zerstob Nebel und Wolken und brannte ganz gewaltig auf uns kleine, verzagte Menschlein herab.» — Quelle: Dossier SFAC Thurberg, Staatsarchiv des Kantons Thurgau, Frauenfeld.
19 / Die Damen der Sektion Luzern sind 1937 in Grindelwald auf Skitour. Anders als noch zehn Jahre zuvor sind die meisten von ihnen in Hosen unterwegs. — Quelle: Festschrift 50 Jahre Schweizerischer Frauen-Alpen-Club Sektion Luzern, Zentralbibliothek Luzern.
20 / Eine Pause während einer grossen Tour der Sektion Thurberg: Im Abstieg vom Grand Combin rasten die Alpinistinnen. Danach steigen sie in die Cabane de Valsorey CAS ab, essen zu Mittag und machen ein Nickerchen, um anschliessend gut 400 Hm weiter abwärts und wieder 300 Hm bergan in die Cabane du Vélan CAS zu ziehen. Um acht Uhr abends werden sie diese erreichen. — Quelle: Dossier SFAC Thurberg, Staatsarchiv des Kantons Thurgau, Frauenfeld.

16 /

17 /

18 /

19 /

20 /

Vier Jahre später ist Hanspeter Wenger selbst Präsident des Central-Comité Thun und führt bis 1979 die Geschicke des Gesamtclubs. Die Stunde der Öffnung des SAC scheint gekommen zu sein. Am 12. Januar 1978 verschickt er ein Schreiben an alle Sektionen mit dem Titel «Frauen im SAC». Darin kündet er an, das Thema an der Konferenz der Sektionspräsidenten auf die Traktandenliste zu setzen und – sollte sich ein qualifiziertes Mehr abzeichnen – an der Abgeordnetenversammlung zu beantragen, Frauen im SAC aufzunehmen. Hanspeter Wenger ist sich des historischen Gewichts des Schreibens bewusst. Er legt das Papier zu seinen Akten und vermerkt als Randnotiz in säuberlicher Handschrift: «Dieses Zirkular dürfte einmal in die Geschichte des Schweizer Alpen-Club eingehen.»[21]

Das Schreiben provoziert gemischte Reaktionen. Befürworter sind der Ansicht, der SAC sei de facto längst ein gemischter Club mit einer offiziell gemischten JO, weshalb er sich für alle Bergfreunde öffnen müsse. Andere Befürworter finden, Auffrischung könne dem verstaubten Club nur gut tun. Die Skeptiker indes fürchten, Frauen in den Reihen des SAC würden die Eigenart des Clubs verwischen und – eine mehrmals geäusserte Befürchtung – zu ehelichen Konflikten führen. Manche wollen emotional geladene Beiträge in der Vereinszeitschrift «Die Alpen» dazu veröffentlichen, doch das Central-Comité lehnt ab. Man will weder eine angeheizte Debatte noch eine Prinzipienfrage lancieren. Nüchtern, fast kühl, wirkt das zielstrebige Vorgehen des Zentralvorstandes. Für Hanspeter Wenger ist klar: Die Ansicht, Frauen gehörten nicht in den SAC, ist «veraltet».

Im Winter 1978 werden die Verantwortlichen des SFAC vom SAC offiziell um eine Stellungnahme zum Thema gebeten. Die erste Antwort der Frauen deutet darauf hin, dass sie vom Vorschlag des SAC wenig begeistert sind. Sie fürchten durch das parallele Bestehen von SFAC und einem SAC, der Frauen offensteht, würde der SFAC in seiner Existenz bedroht. An ihrer Delegiertenversammlung von Ende Mai 1978 kommen sie deshalb mit grosser Mehrheit zum Schluss: Anstelle einer Öffnung einzelner SAC-Sektionen sollten Fusionsverhandlungen zwischen SFAC und SAC aufgenommen werden.[22] Eine Frau, die vehement gegen eine teilweise Öffnung des SAC einsteht, ist die starke Alpinistin Heidi Schelbert. In der Vereinszeitschrift «Die Alpen» veröffentlicht die Ökonomieprofessorin einen Beitrag dazu, in dem sie klare Worte findet:

«Wahrscheinlich sind viele SAC-Mitglieder der Ansicht, dass ein Ja an dieser Abgeordnetenversammlung ein Ja für eine bessere Partnerschaft und ein Ja für die Anerkennung der Frauen als gleichwertige Bergkameradinnen sei. Mit meiner Zuschrift möchte ich zeigen, dass diese Vorstellung falsch ist. Die ‹Lösung›, dass einzelne Sektionen Frauen aufnehmen dürfen, ist für den SAC am einfachsten, da dadurch der Widerstand in den eigenen Reihen kleiner wird. Diese ‹Lösung› bürdet jedoch die ganzen ‹Anpassungskosten› dem SFAC auf und bringt eine neue Diskriminierung. Eintrittswillige Frauen sind auf den grossmütigen Entscheid der ‹gnädigen Herren› ortsnaher Sektionen angewiesen, denn die Aufnahme in eine fortschrittliche Sektion am anderen Ende der Schweiz nützt einer Bergsteigerin, die sich am Tourenprogramm beteiligen möchte, herzlich wenig. [...] Ich kann mir nicht vorstellen, dass die Urenkel der SAC-Gründer genau so patriarchalisch über die Köpfe der betroffenen Frauen hinweg über den Untergang des SFAC beschliessen möchten! [...] Nur bei einem Zusammenschluss von SAC und SFAC wird die kleine Schwester als gleichberechtigte Partnerin aufgenommen. Falls sich an der nächsten Abgeordnetenversammlung noch keine 2/3 Mehrheit für eine Fusion findet, warten wir besser, bis die Zeit ganz reif ist. Wir Frauen standen während über 100 Jahren vor verschlossenen Türen, da ist eine weitere kleine Verzögerung unwesentlich.»[23]

DIE ZUKUNFT IST GEMISCHT – DAS ENDE DES SFAC

Das Anliegen der Frauen findet Gehör. Zumindest teilweise. An der 118. Abgeordnetenversammlung des SAC Ende September 1978 in Brugg stimmen die Männer einmal mehr – und diesmal sollte es tatsächlich das letzte Mal sein – über die «Frauenfrage» ab. Mehrere Optionen stehen zur Wahl: einerseits der Antrag «Diablerets/Uto», die teilweise Öffnung des Clubs zurückzuweisen und stattdessen Fusionsverhandlungen mit dem SFAC aufzunehmen; anderseits der Antrag des Central-Comités der den Sektionen überlassen will, Frauen aufzunehmen, um anschliessend Fusionsverhandlungen aufzunehmen; sowie der Antrag «Moléson», der eine generelle Öffnung des Clubs und anschliessende Fusionsverhandlungen verlangt. Der Antrag des CC wird mit grosser Mehrheit angenommen.[24]

Wenige Wochen später beginnen die Fusionsgespräche. Es folgen Vertragsentwürfe, Arbeitspapiere und intensive Korrespondenzen. Am 4. August 1979 ist es so weit: Hanspeter Wenger, Zentralpräsident des SAC, und Régine Schneiter, Zentralpräsidentin des SFAC, unterzeichnen im Rathaus Thun den Fusionsvertrag. Wenig später geben die Abgeordneten beider Clubs ihre Zustimmung zu diesem Schritt, und 1980 tritt die Fusion in Kraft.[25] Nicht ohne Melancholie mancher Frauen: Mit dem Zusammenschluss

---

21 / Kurz vor der Vertragsunterzeichnung testet SFAC-Zentralpräsidentin Régine Schneiter den Füllfeder auf einem Notizblock.
22 / SFAC-Präsidentin Régine Schneiter und SAC-Präsident Hanspeter Wenger haben am 4. August 1979 im Rathaus Thun den Vertrag unterzeichnet, der die gemeinsame Zukunft von SFAC und SAC besiegelt. Als Kehrseite der Medaille bedeutet dies das Ende des SFAC.
23 / Anstossen auf die Fusion: In der Rathaushalle Thun offerieren die Stadtbehörden Thun einen Aperitif für die Vertreterinnen und Vertreter von SFAC und SAC.
24 / Und gleich nochmals anstossen: Am Sonntagmorgen nach der Unterzeichnung des Fusionsvertrags steigen die Vertreterinnen und Vertreter der frisch vereinten Clubs gemeinsam auf das Niderhorn im Simmental. —
Quelle: Dossier Hanspeter Wenger, SAC-Zentralarchiv, Burgerbibliothek, Bern.

22 /

21 /

23 /

24 /

verschwindet der SFAC. Über 60 Jahre nachdem die beharrliche Aline Margot und ein Kreis von Bergsteigerinnen ihn gegründet haben.

Heute machen die Frauen rund ein Drittel aller SAC-Mitglieder aus, bei den Neumitgliedern sind über 40 Prozent weiblich. Untervertreten sind sie, wie in anderen gesellschaftlichen Bereichen auch, in höheren Hierarchiestufen: Nur rund 15 Prozent aller Tourenchefs sind Frauen. Der SFAC ist mittlerweile etwas in Vergessenheit geraten. Bloss einzelne Mitglieder wissen noch, dass er bis heute im SAC präsent ist: etwa in Form der Zürcher Sektion Baldern oder der Sektion Mont-Soleil im Berner Jura, die 1980 nicht mit Männersektionen fusionierten, sondern als eigenständige Sektionen in den SAC eintraten und fortan auch Männer aufnahmen. Bis heute sind in der Sektion Baldern über 70 Prozent der Mitglieder und – noch bemerkenswerter – mehr als die Hälfte der Tourenleitenden weiblich. Die Sektion Mont-Soleil hat sich hingegen Ende 2012 aufgelöst und in die Sektion Chasseral integriert.

Es ist das erste Mal, dass im Rahmen eines SAC-Jubiläums die Geschichte der Frauen in einem Kapitel Platz findet. Eine schöne Geschichte, die von den Frauen geschrieben wurde und nun innerhalb des SAC weitergeschrieben wird. Ganz mit dem Ziel vor Augen, das Aline Margot vor fast hundert Jahren formuliert hat: «de faire connaître et aimer la montagne».

ALINE MARGOT – SYMBOLFIGUR DES SFAC

Aline Margot gründete 1918 gemeinsam mit rund 15 anderen befreundeten Berggängerinnen den Club Suisse de Femmes Alpinistes (CSFA). Auf Deutsch: den Schweizerischen Frauen-Alpen-Club (SFAC). Als enthusiastische Verfechterin des Frauenbergsteigens und erste Präsidentin des Clubs wurde sie zur Symbolfigur des SFAC. Eine besondere Frau muss sie gewesen sein. Auf Bildern wirkt sie melancholisch und weich, aus verschiedenen Quellen aber geht hervor, dass sie ebenso beharrlich und zielstrebig gewesen sei. «Personnalité forte et originale, elle possédait cette foi communicative et ardente, […]. Pleine d'une flamme combative, d'un enthousiasme entreprenant et audacieux»[26], so beschrieben sie ihre Freundinnen in einem Nachruf. Dass manche ihre Form der Frauenbewegung kritisierten, war ihr egal: «Sans se soucier des sarcasmes que cette forme d'émancipation féministe lui valait, elle allait de l'avant.»[27] Über ihre Herkunft erfährt man dabei wenig, einzig das Historische Lexikon der Schweiz listet Aline Anna Margot, geborene Colas, als Ehefrau des Uhrmachers David Frédéric Margot und Mutter des 1889 geborenen Charles Margot auf, der 1918 das Familienhotel Londres in Montreux übernahm. Jenes Hotel, in dem auch der SFAC gegründet wurde. Mehr weiss man indes von Aline Margots Reisen und Klettereien: Sie bereiste Persien, Indien, Tibet, China, Japan, Tahiti, Belgisch-Kongo, Neuseeland und Australien. Und besuchte per Zufall die Krönung des letzten Kaisers von Äthiopien, Haile Selassie. Darüber hinaus war sie eine starke Bergsteigerin. Immer wieder war sie in den Alpen, den Dolomiten, der Tatra, den Anden und den Pyrenäen unterwegs, und mit über sechzig Jahren kletterte sie noch auf den Grépon. Trotz all diesen Abenteuern war es aber der Club Suisse de Femmes Alpinistes, den sie als ihr Lebenswerk, ihre Lebensaufgabe betrachtete. Zeit, Mühen, Geld – für den Club scheute sie keinen Aufwand. Selbst in den letzten Lebenstagen galten ihre Gedanken dem Club. In ihrem letzten Willen hielt sie fest: «Je désire que mon insigne en or soit remis au C.C. du C.S.F.A., afin qu'il devienne l'insigne officiel de la présidente centrale.»[28] Aline Margot, die ungefähr um 1860 geboren worden war, starb nach schwerer Krankheit 1944 in Montreux.[29]

---

25 / Marinette Kellenberger aus Yverdon-les-Bains auf dem Fluchthorn, Präsidentin CAS Yverdon.
26 / Katja Stüdi aus Ersigen auf dem Rosenlauistock, Präsidentin SAC Kirchberg.
27 / Bea Odermatt aus Hergiswil am Piz Ault, Präsidentin SAC Engelberg.
28 / Mary Monnier aus Moiry, unterwegs auf der Wanderung Tour du Mont in Vercorin, Präsidentin CAS Val-De-Joux.
29 / Susanne Schefer (rechts) aus Zürich mit Bergkameradin Marianne Winkler auf dem Hirzli, Präsidentin SAC Baldern.
30 / Elisabeth Schwegler aus Nottwil mit Hund Gian auf der Turtmannhütte SAC, Präsidentin SAC Titlis. — Fotos: Privatarchive.

25 /

26 /

27 /

28 /

29 /

30 /

VON DEN REKRUTEN ZUM KINDERBERGSTEIGEN

JUGEND IM SAC, EINST UND HEUTE

DANIEL ANKER

Er hat den Überblick über die Sektionen und die Mitglieder: Markus Aebischer, Leiter Finanzen und Dienste auf der SAC-Geschäftsstelle in Bern sowie Präsident der Sektion Kaiseregg. An Allerheiligen 2012 gab er den Zwischenstand bekannt: 139 700 SAC-Mitglieder, wovon 15 589 Jugendliche im Alter von 6 bis 22 Jahren. Diese Zahl hat Aebischer nochmals unterteilt: 8887 in der Familienmitgliedschaft, 6702 als selbstständige Jugendmitglieder. Macht gut elf Prozent jugendliche Mitglieder. Eindrückliche Zahlen.

Friedrich Michel, Vizepräsident des SAC von 1891 bis 1894 und im Jahr darauf noch Zentralpräsident, weil sein Vorgänger starb, hätte sich gefreut. Stolz vermeldete der 28. Geschäftsbericht des Central-Comité Oberland 1895 den Zuwachs von 771 Mitgliedern auf den Gesamtbestand von 4869 Clubisten. Am Schluss des Berichts richtete Michel noch diesen «eindringlichen Wunsch» an den SAC: «Das Gedeihen des Vereins auch für die Zukunft bedenkend, möchten wir sämtliche Sektionen und Mitglieder auffordern, allerorten unter der Jugend eine lebhafte Propaganda für ein frisches, fröhliches Wandern in Gottes freier Natur zu entwickeln. [...] Auf diese Weise erziehen wir auch am besten Rekruten für unsern Schweizer Alpenclub.»[1] Ähnliches Vokabular brauchte Fridolin Becker, Mitglied der Sektion Tödi und Professor für Kartografie und Topografie an der ETH in Zürich, als er vor der Sektion Piz Sol über «einige Aufgaben des S.A.C.» doziert hatte. Er sah «eine besondere patriotische Aufgabe» des SAC darin, die Jungen «im Dauermarsch ‹über Berg und Thal› zu üben», weil die zunehmende Erschliessung der Schweiz durch die Bahn «faktisch eine Schwächung der Wehrkraft»[2] bedeute.

Eine Stärkung der Schweizer Bevölkerung erfolgte in den Jahren 1850 bis 1910, als sie von 2,4 auf 3,8 Millionen Einwohner zunahm. In der gleichzeitig stattfindenden Verstädterung sah man einen weiteren Grund für den Drang nach sportlicher Betätigung, gerade eben unter jungen Leuten. «Die technische Erschliessung der Alpen hatte einen ersten Höhepunkt erreicht. Das Pendel begann zurückzuschlagen. In der Wanderbewegung suchte die Jugend ein neues Verhältnis zur Natur»:[3] so Georges Grosjean, Mitglied der Sektion Bern, Geografieprofessor und langjähriger Direktor des Alpinen Museums der Schweiz. Kam hinzu, dass mit der stark anwachsenden Begeisterung für den Skisport die Berge zum Tätigkeitsfeld für immer mehr Menschen wurden. Und: Im Schweizer Alpen-Club seinerseits waren Kapazitäten freigeworden, nachdem die organisierte wissenschaftlich-touristische Erforschung der Schweizer Alpen zu einem grossen Teil als abgeschlossen galt: 1903 gab es zum letzten Mal ein offizielles Club- oder Exkursionsgebiet, wie es seit 1863 Brauch gewesen war. 40 Jahre nach der Gründung des Clubs boten rund 60 Hütten Unterkunft in den Bergen.

Der Einstieg in die Förderung jugendlicher Alpinisten erfolgte aber erst um 1910 durch die städtischen Sektionen von Genf, Neuenburg, Lausanne, Luzern, St. Gallen sowie durch die Sektion Thurgau, die mit Erfolg Kurse und Exkursionen für Jugendliche organisierten. In Lausanne war es vor allem der Pfarrer und Bergführer Louis Spiro (1877–1963). Privat gründete er die Juralpe, eine strenge und asketische Jugendorganisation. Seiner Section des Diablerets schlug er praktische und theoretische Kurse für Jugendliche vor, um sie in den Alpinismus einzuführen. Was aber erst nach heftigen Diskussionen bewilligt wurde: Die einen Mitglieder waren dafür, junge Menschen zum Bergsteigen zu ermuntern und so dem Club neue Mitglieder zuzuführen. Die Gegner befürchteten gerade das: Dass nämlich auch Leute aus sozial anderen (sprich tieferen) Schichten in den Club aufgenommen würden. Und, schlimmer noch: Dass so Mädchen und Frauen in den SAC eindringen könnten.[4] Spiro war da ganz anderer Meinung: «Ouvrez maintenant les portes toutes grandes, mais en invitant, initiez et conduisez.» Mit dieser Forderung beendete Spiro seinen Aufruf «Le Club alpin de l'avenir» in der zweisprachigen Clubzeitschrift «Alpina» von 1910.[5] Und doppelte mit einem langen Artikel mit dem programmatischen Titel «L'œuvre éducative du Club alpin» gleich nach.[6] Das Thema war richtig lanciert.

In einem mit «Rekruten des Alpenclubs» überschriebenen «Alpina»-Artikel vom 1. Februar 1912 lobte Carl Täuber, Lehrer an der kantonalen Handelsschule Zürich und Präsident der Sektion Uto, ausdrücklich Spiro sowie die 1896 in Berlin gegründete Organisation «Wandervogel», der sich

«L'O.J. genevoise au Col des Aravis.» Eine der ersten Fotos mit JOlern. Mit dabei auch junge Frauen, die dann aber nicht dem SAC beitreten konnten.
Quelle: Die Alpen, 1934.

Jugendliche von 14 Jahren anschliessen könnten. Täuber unterstrich seinen Aufruf «mit der nachdrücklichen Frage an alle denkenden und werktätigen Mitglieder unseres grossen Clubs: Ist es nicht Zeit, dass wir uns dieser Bewegung, die der reinen, unverfälschten Natur entspringt, und ihr Recht haben will, annehmen?»[7]

1912 diskutierte das Churer Central-Comité die Jugendfrage, doch erst das nachfolgende St. Galler CC ging ab 1914 mit konkreten Schritten an die «Heranziehung der Jungmannschaft».[8] 1915 beschloss die Abgeordnetenversammlung in Basel, die Sektionen zur Gründung von Jugendgruppen zu bevollmächtigen.[9] 1916 wurde die erste Jugendorganisation (JO) in St. Gallen gegründet, doch «der Krieg und fast noch mehr die Nachkriegszeiten dämpften den Tatendrang», wie Heinrich Zogg im Rückblick auf «25 Jahre Jugendorganisation des S.A.C.» in der Jubiläumsschrift von 1938 schrieb.[10]

Kletterkurs der JO St. Gallen, 1967. Ein St. Galler war der erste JO-Verantwortliche im SAC.
Quelle: 125 Jahre SAC Sektion St. Gallen, 1988.

Erst ab 1928 setzte der Zuzug von Jugendlichen im organisierten Alpinismus so richtig ein. Grund laut Zogg: Die Schweizerischen Bundesbahnen anerkannten die JO des Schweizer Alpen-Clubs und gewährten ihr die gleichen Taxermässigungen wie den Schulen. 1932 zählte man 2400 JO-Mitglieder, vier Jahre später bildeten über 60 SAC-Sektionen rund 6400 Jugendliche aus, eine Zahl, die auch 1963 nicht übertroffen werden sollte. Bewilligte das Central-Comité beim Beginn der Jugendarbeit nur 1000 Franken, so erhöhte sich dieser Beitrag bis 1961 auf 25 000 Franken. Und heute? 2011 betrug der Gesamtaufwand für die Jugend über eine halbe Million Franken.

Der St. Galler Bankdirektor Ernst Hartmann, Berichterstatter des CC St. Gallen in Sachen Jugendorganisation, würde staunen. In seinem Grundsatzartikel «Zur Herbeiziehung der Jugend» in der «Alpina» von 1915 hatte er festgehalten: «Vollends undurchführbar erscheint uns die Bestimmung, dass die jungen Leute nach einer Anzahl von Jahren oder bei Erreichung einer gewissen Altersgrenze ohne weiteres als ordentliche Mitglieder gelten, wenn nicht eine Rücktrittserklärung gegeben wird. Wir finden, dass derartige Bestimmungen den Stempel des Mitgliederfanges zu offensichtlich auf der Stirne tragen. Vermeiden wir vor allem, die Jugendfrage zu einer reinen Geldfrage zu machen.»[11]

Es ging bei der Einbindung der Jugendlichen in die SAC-Seilschaft auch weniger um das Materielle als viel mehr um das Ideelle. «Die jungen Leute sollen erzogen werden, mit offenen Augen die Alpenwelt zu durchwandern, die Wunder der Natur kennen und verstehen zu lernen, um daraus dauernden Nutzen für Körper und Geist zu ziehen. Wir hoffen, dass sie in der Erhabenheit der Berge lernen werden, das Kleinliche des Alltags abzulegen, und dass sie zu charaktervollen Männern heranwachsen, die, felsenfest wie die Berge selbst, den mancherlei Gefahren des Lebens zu trotzen vermögen», schrieb Ernst Hartmann in seiner Rolle als erster JO-Verantwortlicher des SAC im dreiseitigen «Alpina»-Artikel. Die Erziehungsaufgabe des SAC sah er indessen noch umfassender: «Gerade in der Zusammenführung von wohlerzogenen jungen Leuten aller sozialen Schichten besitzen wir ein wertvolles Mittel, die Klassengegensätze frühzeitig auszugleichen. Nicht nur Schweizerjünglinge, sondern auch Ausländer sollen bei uns willkommen sein. Gerade durch die Begeisterung für die Berge glauben wir das Herz manches Ausländers gewinnen zu können und dadurch der spätern Einbürgerung Vorschub zu leisten.»[12] Wobei wir uns heute fragen können, wohin dann die weniger gut erzogenen Jünglinge (die jungen Frauen spielten offenbar keine Rolle) in ihrer Freizeit hätten gehen sollen. Vielleicht auf den Fussballplatz?

Doch genau dieser Platz lockte mehr als die Jugendprogramme der Sektionen, wie Leodegar Lisibach in der Gedenkschrift zum 25-Jahr-Jubiläum der Sektion Leventina (heute Bellinzona e Valli) beklagte: «Erst wenn das heute ausgeartete Fussballspiel wieder in bescheideneren Grenzen gehalten wird u. wenn die Jugend mehr zur Freude an der Natur erzogen wird, kann eine Aenderung eintreten. Es liegt mir fern, dem Fussballspiel die Berechtigung abzusprechen, jede Sportsbestätigung, wenn sie sich in vernünftigen Grenzen hält, ist wünschenswert, so wie es aber heute betrieben wird, ist es von Uebel. Gebt den Jungen Gelegenheit, Land u. Leute wenigstens des eigenen Kantons kennen zu lernen, führt sie hinein in unsere mit Naturschönheiten reichlich gesegneten Seitentäler oder hinauf auf die Berge, diese Arbeit wird dankbarer sein als sie dem Eigendünkel auszuliefern.»[13]

Diese breitensportfeindliche, elitäre und vaterländische Erziehungshaltung gerade bei der Jugendförderung behielt der SAC bis zum Zweiten Weltkrieg und darüber hinaus. So forderte beispielsweise der Geschäftsbericht des CC Bernina von 1943 «als Wunsch für die Zukunft» klipp und klar: «Unsere Jungen müssen [...] durch die Berge gestärkt und gehärtet werden, damit sie aus voller Ueberzeugung kompromisslos und überall für ein wahres Schweizertum einstehen.»[14] Von heute aus gesehen ziemlich schattig, diese Forderung aus dem sonnigen Engadin. Sie stammt vom damaligen Zentralpräsidenten Dr. med. Rudolf Campell, der mit markigen Worten nicht hinter dem Berg zurückhielt. Er stellte sich und seine CC-Leute 1941 den SAC-Mitgliedern viersprachig im Chronikteil von «Die Alpen» so vor, wobei der folgende Abschnitt allerdings nur im deutschen Text zu finden ist: «Der Alpinismus ist ein Gesundheitsbrunnen für die kommenden Geschlechter. Diese Erkenntnis braucht man nicht mehr zu propagieren. Interessant ist nur zu konstatieren, dass die Bauern das lange vor den Wissenschaftlern gewusst haben. Sie wussten, dass es sich lohne, speziell die Kälber des Tieflandes in die Alpen zu schicken, weil diese im Herbst trotz Kälte und Entbehrungen kräftiger und widerstandsfähiger ins Tal zurückkehrten. Heute wissen wir, dass Aehnliches auch für den Menschen gilt, besonders für die Jugendlichen in voller Entwicklung. Unsere J.O. hat ein dankbares volkshygienisch bedeutendes Werk zu erfüllen.»[15] Conradin Steiner, Mitglied der Sektion Pilatus, hat sich an dieser Formulierung wohl nicht gestört. Aus seiner Feder stammt eine Werbeschrift an die Jugend sowie an Eltern und Erzieher, 1961 im Auftrag des CC Rätia verfasst; darin finden sich unter einem Foto mit grosser Schweizer Fahne vor Wolken, Wänden und Wasserfall folgende Verse: «Flatternde Fahne, Blut unserer Heimat. / Sprudelnde Wasser, Blut unserer Berge. / Drängende Jugend, Blut aus unserem Blute.»[16]

Dieser alte Geist hat sich verflüchtigt. Der am 18. Oktober 2012 verstorbene André Vonder Mühll, Mitglied der Sektion Brugg, während 25 Jahren für die JO-Kaderausbildung tätig und von 1986 bis 1992 Geschäftsführer des SAC, formulierte 1963 einige Aufgaben und Ziele der JO psychologisch-individuell, nicht patriotisch-pädagogisch: «Der Unentwegte, Fortgeschrittene trägt als Seilschaftsführer vermehrte Verantwortung. Er wächst und reift. Sein Tatendrang wird gestillt. Er erprobt seinen Mut, erhält Selbstvertrauen und Sicherheit.»[17] Es könnte natürlich auch eine Seilschaftsführerin sein! Bei der JO des SAC durften die Mädchen und jungen Frauen ja voll mitmachen, konnten dann aber mit 22 Jahren nicht dem «Herrenclub» SAC beitreten. Das wurde erst 1980 möglich, nach der Fusion von SAC und Schweizerischem Frauen-Alpen-Club.

Den ideologischen Rucksack, der bei der Gründung der Jugendorganisation des SAC randvoll gepackt wurde, haben wir ausgepackt und zur Seite gelegt. Und gehen klettern, Hoch- und Skitouren machen. Wie es beispielsweise in einem Flyer des CC St. Gallen (1986–1988) heisst: «Berge und Bergsteigen: Höchstes Ziel für den SAC und seine JO».[18] Ums Bergsteigen ging es selbstverständlich auch seit Beginn der JO; nur spielte die sportliche Betätigung, wenigstens in offiziellen Verlautbarungen, jeweils nur eine Nebenrolle, führte also bloss auf den Nebengipfel.

«Hallo zäme.» So begrüsste Flaviano Medici, SAC-Jugendbeauftragter, die Leser und Leserinnen in der Januarnummer 1996 der komplett neu gestalteten Zeitschrift «Die Alpen». «Ich freue mich, Euch alle seit dem 1. Januar 1996 als offizielle Mitglieder des SAC ganz herzlich willkommen zu heissen. Mit Beginn dieses Jahres könnt Ihr ab dem 10. Altersjahr Mitglied des SAC werden und mit 16 Jahren seid Ihr stimmberechtigt. Bisher waren Kinderbergsteiger und JOler zwar dem SAC angeschlossen, aber rechtlich gesehen noch keine Mitglieder. Das ist jetzt alles ganz anders.»[19] Ein komplett neuer Ton war das, passend zum Jahr des Aufbruchs im SAC, zum Jahr der Jugend, zum Cover des ersten neuen Heftes, auf dem ein Snowboarder gefährlich nah an einer tiefen Gletscherspalte vorbeirauscht. «Wenn der SAC nicht einfach die Gegenwart überdauern, sondern neu motiviert in die Zukunft aufbrechen will, dann ist er auf die Jugend angewiesen. Die jungen Menschen haben in der Regel den unruhigen Geist, den es für alle Bewegung braucht», schrieb Hanspeter Schmid, Zentralpräsident des CC Basel, im Editorial.[20]

Ein grosser, entscheidender Schritt in der Einbindung der Jugend in den Club. Wohl war das Programm für die Jugendlichen seit der Gründung der ersten JO ständig ausgebaut worden, und das auf verschiedenen Stufen. So beschloss das CC Monte Rosa 1936, jedes Jahr (ab 1949 alle drei Jahre) eine Zusammenkunft der Junioren zu organisieren, «um die Bande zwischen den JO-Gruppen der verschiedenen Regionen der Schweiz enger zu gestalten».[21] 1936 wurde auch der erste Kurs für JO-Chefs organisiert, wie Pierre Vaney im Jubiläumsband von 1963 zurückblickt. Im gleichen Jahr begannen die JO-Chefs der Sektionen, sich zu Diskussionsrunden zu treffen. Vaney: «Von den in den letzten Jahren behandelten Themen erwähnen wir: Sollen die ‹JOler› in das technische Klettern eingeführt werden? Auf welche Art werden die jungen Leute am besten angeworben? Organisation einer JO-Woche im Hochgebirge.»²²

Ganz sicher diskutierte man auch einmal diese nicht unwichtige Frage: Mit welchem Alter kann man richtiges Mitglied des Schweizer Alpen-Clubs werden? Bis 1995 war das erst ab 22 Jahren möglich. Ein Beispiel: Der Schreibende, Jahrgang 1954, trat 1971 in die JO Bern ein und ist im Jubiläumsjahr also genaugenommen seit 42 Jahren im SAC. Tatsächlich aber heisst es in seinem Mitgliederausweis für das Jahr 2013: «Anzahl Mitgl. Jahre 34». Das, weil der Übertritt von der JO in den SAC 1979 erfolgte. Der erste Kontakt mit dem organisierten Bergsteigen hatte übrigens im August 1970 im Vorunterrichtskurs in Steingletscher am Sustenpass stattgefunden.

«Im Bergsteigen waren die ‹Steingletscher-Kurse› einfach ein Muss, wenn man ein richtiger Bergsteiger sein wollte», schreibt Hanspeter Sigrist in der Würdigung von Charly Wenger als «Mann der ersten J+S-Stunde», als dieser 1996 vom Chefposten der Sektion Jugend+Sport (J+S) beim Eidgenössischen Militärdepartement zurücktrat: «Ohne Charly Wenger, der schon früh in den Fächern Bergsteigen und Skitouren – im damaligen Vorunterricht, dem Vorläufer von J+S – als Bergführer und Kursleiter eingesetzt war, hätte das Bergsteigen nicht seine heutige ‹privilegierte Position› innerhalb von J+S.»²³ 1970 hatte sich das Schweizer Volk für die Einführung von Jugend+Sport ausgesprochen, ab 1972 begann dieses Sportförderungswerk zu wirken. 1982 übernahm der Bergführer Walter «Wale» Josi von Charly Wenger das Amt des J+S-Fachleiters Bergsport, das er dann während 22 Jahren leitete.²⁴ Als das J+S-Alter von 14 auf 10 Jahre herabgesetzt wurde, wurde auch das Kinderbergsteigen ein Thema – und zum Angebot.

«Wenn du zwischen 6 und 22 Jahre jung bist, dann ist diese Seite genau das Richtige für dich!», heisst es unter dem Stichwort «Jugend im SAC» auf www.sac-cas.ch. «Hier findest du verschiedene Angebote für Sommer und Winter, egal ob du bereits SAC-Mitglied bist oder ganz einfach eine neue Sportart kennenlernen möchtest. Ob ein Lager zusammen mit den Eltern (Familienbergsteigerlager), ein Camp mit Schneeschuhen im Winter oder ein Kletterlager – bestimmt findest auch du das Passende für dich!»²⁵ Was nichts anderes bedeutet, als dass man bereits mit sechs Jahren richtiges Mitglied des SAC werden kann. Schön, die Perspektive, fast ein ganzes Leben lang Clubist zu sein.

Kinder und Eltern im Klettergarten neben der Lidernenhütte SAC, 1996 – im Jahr der Jugend und des Aufbruchs im SAC. Fotografiert von Ruedi Meier, der sich während 30 Jahren für die SAC-Jugend einsetzte.

Quelle: Die Alpen, 10/1996

In drei Bereiche teilt sich das Jugendprogramm des SAC auf. Da ist zum einen die eigentliche Jugendorganisation JO, bei der man ab etwa 14 Jahren mitmachen kann. Sämtliche Bergsportaktivitäten werden angeboten, für Anfänger und Cracks. Ziel des JO-Leiterteams ist es, wie es auf der Website des Schweizer Alpen-Clubs heisst, dass die Jugendlichen lernen, «aufeinander Rücksicht zu nehmen und Verantwortung zu übernehmen», und dass sie «selbständige, verantwortungsbewusste Alpinisten» werden.²⁶ Beim Kinderbergsteigen, KiBe genannt, machen Kinder im Alter von 10 bis 14 Jahren mit, lernen klettern und machen einfache Touren in Fels, Firn und Schnee, vorzugsweise in einer Lagerwoche in einer SAC-Hütte. Und dann gibt es noch das Familienbergsteigen, abgekürzt FaBe: Da führen Eltern mit ihren Kindern ab sechs Jahren gemeinsam und betreut bergsportliche Aktivitäten durch. Mehr und mehr werden die Altersgruppen auch durchlässig betreut.

Louis Spiro und Carl Täuber würden sich freuen, wenn sie sähen, wie sich der Verein 100 Jahre nach ihren Vorstössen um «die Frage des geeigneten Nachwuchses»²⁷ kümmert. Und das eben mit ganz grossem und breitem Engagement. So schloss im Sommer 2012 das neunköpfige Jugendexpeditionsteam die dreijährige Ausbildung mit einer fünfwöchigen Expedition in die Cordillera Blanca in Peru ab, wobei dem Team anspruchsvolle Routen an der Granitwand der Esfinge, die Überschreitung aller Huandoy-Gipfel sowie eine Erstbegehung an den Felspfeilern des Pisco Este gelang; die neue Route wurde *Miss you girl!* getauft.²⁸ 2013 soll die nächste dreijährige Ausbildung starten.

ÉLODIE LE COMTE
VOM BERGSTEIGEN ZUM BERGSPORT
WIE DER SAC ZUM SPORT FAND

Mit der Wende zum 21. Jahrhundert findet der SAC eine neue Identität als Verein, der sich den alpinen Sportarten verschreibt, und vollzieht damit endgültig die Öffnung gegenüber dem Wettkampf- und Leistungssport. Vom wissenschaftlich-kulturell geprägten Bergsteigen der Anfangszeit ins Flutlicht der Sportarenen: ein Blick zurück auf einen sportlichen Aufstieg.

«PRIMÄR EIN BERGSPORTVERBAND»

Der SAC des Jahres 2000 profiliert sich als moderner und offener Sportverband,[1] der zum Ziel hat, mit einem flexiblen und breit gefächerten Leistungsangebot die Nachfrage seiner Mitglieder zu befriedigen, indem er dynamisch Trends und Entwicklungen in der Gesellschaft aufnimmt. «Berge bewegen» heisst das Motto, unter dem der SAC seit 2005 seine Tätigkeit subsumiert.[2] In einem Interview mit dem Zentralpräsidenten Frank-Urs Müller in «Die Alpen» im Jahre 2009 wird der Club klar positioniert: «Wir sind primär ein Bergsportverband.»[3] Wir, das ist zunächst einmal der Zentralpräsident, selber ein überzeugter Sportler und Teilnehmer an Skitourenrennen.[4]

Die Integration und Institutionalisierung der Wettkampfbereiche Sportklettern (1994), Skialpinismus (1997) und schliesslich Eisklettern (2004) zieht eine tiefgreifende Umgestaltung der Strukturen und des Leitbildes des SAC nach sich, der von nun an eine bis dahin nie gekannte Rolle bei der Organisation, der Reglementierung und der Repräsentation dieser Disziplinen auf lokaler, nationaler und internationaler Ebene übernimmt. Auch beim klassischen Bergsteigen bejaht er das Leistungsdenken: Mit dem Angebot eines Ausbildungskurses für junge Bergsteiger auf hohem Niveau (ab 2009) unterstreicht der SAC sein Interesse an der Förderung des anspruchsvollen Bergsteigens.

Parallel zu diesen Aktivitäten für die Spitze hat sich der SAC ebenfalls daran gemacht, seine Rolle als Anbieter von Leistungen für einen grösseren Kreis von Personen zu verstärken, die in unterschiedlichster Form in den Bergen aktiv sind. So übernimmt der SAC die Funktion einer Plattform, auf welcher der Spitzen- und der Breiten- und Freizeitsport zusammenfinden.

Von der Aufwertung des «Sport für alle» über die aktive Promotion des Bergsports bei der Jugend und der Erarbeitung eines Förderkonzepts für den Nachwuchs bis hin zur Ausbildung von Athleten mit internationalem Format führt das Engagement des SAC zugunsten der Bergsportdisziplinen zu einer neuen, durch verstärktes Sponsoring sichtbareren Präsenz in der breiten Öffentlichkeit und ein zunehmendes Interesse der Medien.

Ein Blick auf die Budgets der Wettkampfsportarten genügt, um den Aufschwung dieses Aktivitätsbereichs in den letzten Jahren festzustellen. Von 10 000 Franken für den Skialpinismus anlässlich seiner Integration in die Clubaktivitäten 1997 ist er seither gemäss Tätigkeitsbericht 2011 auf fast 400 000 Franken gestiegen, während die Gesamtsumme für die Wettkampfsportarten von 400 000 Franken im Jahr 2001 bis 2011 auf fast eine Million angewachsen ist.[5]

BERGSTEIGEN IST MEHR ALS SPORT

Bis zum Aufkommen des Freikletterns in den 1980er-Jahren liegt die Kompetenz des SAC beim Bergsteigen. Getragen von einer in der Führung des Landes stark involvierten Elite, ist der Verein bis in die Zeit nach dem Zweiten Weltkrieg eingebunden in eine nationale und patriotische Mission, die alle Aspekte seiner Aktivitäten durchdringt. Das Bergsteigen dient deshalb als praktischer und theoretischer Rahmen für die Darstellung eines Ideals, wie das nationale Territorium zu erleben ist.

Was ist denn eigentlich Bergsteigen? Welches sind die Ziele, die es sich setzt? Rund um welche Werte definiert sich das «richtige Bergsteigen»? Solche Fragen stellten sich schon sehr bald innerhalb des SAC. Sie sind die Frucht einer Verselbstständigung des Bergsteigens, das sich in der zweiten Hälfte des 19. Jahrhunderts langsam vom Tourismus emanzipiert. Und das gleichzeitig den Vorwand, im Dienst von Wissenschaft, Kunst oder Kultur unterwegs zu sein, nicht mehr nötig hat, der bis anhin dazu gedient hatte, alpine Expeditionen zu rechtfertigen. Bereits 1870 gesteht der Alpinist und Schriftsteller Emile Javelle, Gründer der SAC-Sektion Jaman in Vevey, er sei ein nutzloser Clubist, «un clubiste inutile». Und das gleich am Anfang seines Berichts «Souvenirs de deux étés» im neuen «L'Écho des Alpes. Publication des sections romandes du Club Alpin Suisse». Der Bewunderer von Toepffer, Tyndall, Calame und Saussure schreibt, er bringe von seinen Exkursi-

---

1 / Sportklettern-Wettkampf: Remo Sommer vom Swiss Climbing Team Elite am Bächli Swiss Climbing Cup, Schweizer Meisterschaft in der Disziplin Lead im Magnet, Niederwangen bei Bern, 20. August 2011. — Foto: David Schweizer.

1 /

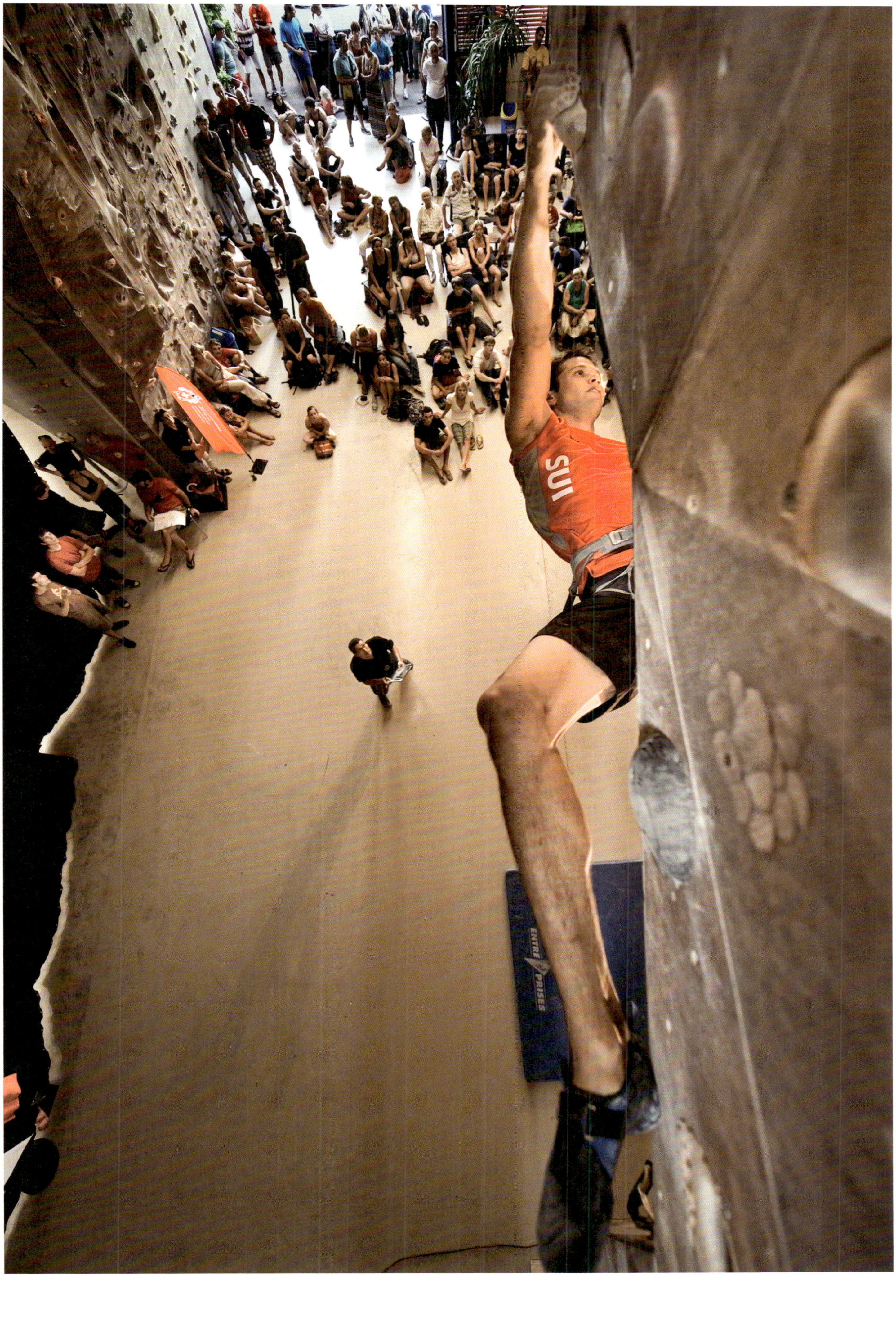

onen nichts mit, «keine wissenschaftlichen Beobachtungen, keine Gletscheruntersuchungen, keine Pflanze, keine Skizze; vielleicht knapp ein am Rand eines Schneefelds gepflücktes Blümchen oder das geliebte Profil eines geliebten Gipfels: ich komme, letztlich, zwecklos zurück, so wie ich aufgebrochen bin»[6].

Der Prozess, der das Bergsteigen zu einem selbstständigen Tätigkeitsbereich werden lässt, führt dazu, dass die Bergsteiger als Gruppe ihre Vision dessen, was sie sind und was sie tun, gegenüber den Nichtbergsteigern erklären, aber auch und vor allem den anderen Bergsteigern! Denn sie bilden keineswegs eine homogene Gruppe, sondern vertreten eine Vielfalt von Konzeptionen und Handlungsweisen. Diese widersprechen sich, stehen in Konkurrenz zueinander und geraten mitunter ziemlich heftig aneinander. Das zeigt unter anderem Olivier Hoibian in seiner Studie «Les Alpinistes en France 1870–1950. Une histoire culturelle».[7] Was sich bei der Abgrenzung und der Definition der Ziele des Bergsteigens herausschält, hat grosse Bedeutung. Es geht darum, Kriterien durchzusetzen und durch diese eine Überlegenheit über sich konkurrierende ethische Auffassungen und damit den Status einer entscheidenden Autorität in Sachen Bergsteigen zu gewinnen.

Im Gegensatz zum Alpine Club, der sich offen an eine Kletterelite richtet, betrachtet der SAC seit seiner Gründung die alpinistischen Fähigkeiten als Aufnahmekriterium für seine Mitglieder als zweitrangig. Während der englische Club im Kielwasser des aristokratischen Elitedenkens einen Alpinismus des Abenteuers und der Eroberung hervorbringt, orientiert sich sein helvetischer Bruder an den Konzeptionen des bürgerlichen Utilitarismus, der in der Umsetzung zu einem «excursionnisme cultivé» (Hoibian) führt. Seine Protagonisten reissen sich nicht unbedingt darum, «aller planter, en personne, un drapeau sur le Cervin»; so steht es im Antwortschreiben des Wissenschaftlers Louis Dufour aus Lausanne vom 1. Januar 1863 an Rudolf Theodor Simler, der in seinem «Kreisschreiben» angeregt hatte, sich dem Gründerkreis anzuschliessen.[8]

Der SAC gehört also vielmehr in die Tradition der gelehrten Gesellschaften der Aufklärung, als dass er ein Vorläufer der ersten Sportvereinigungen wäre, die seit den 1880er-Jahren in der Schweiz gegründet werden. Als Antwort auf die Verbreitung des «Phänomens Sport», das von Touristen und Studenten aus England mitgebracht wird, macht sich der SAC zum Verteidiger einer Sichtweise auf körperliche Aktivitäten in Übereinstimmung mit den bürgerlichen Werten Anstrengung und Disziplin, bei der die Arbeit des Körpers mit derjenigen des Geistes einhergeht und die sich entschieden den Prinzipien von Wettbewerb und Leistung entgegenstellt.

In einer Zeit der starken Aufwertung der Natur gegenüber einer städtischen, als verhängnisvoll wahrgenommenen Umwelt stellt der SAC zuallererst den Nutzen in Bezug auf die Volksgesundheit in den Vordergrund, um Exkursionen in die Alpen zu rechtfertigen. Das im Zweiten Weltkrieg ausführlich wieder diskutierte Argument der Volksgesundheit taucht in der Folge des Deutsch-Französischen Kriegs (1870/1871) und dessen Auswirkungen auf die geostrategische Lage der Schweiz erstmals auf. Die Bedeutung von körperlicher Ertüchtigung wird stark aufgewertet und bekommt einen ganz besonderen Beiklang im Zusammenhang mit der schweizerischen Armee, die daran ein besonderes Interesse hat.

WER IST EIN RICHTIGER ALPINIST?

Die Theorien der Volksgesundheit preisen die «Regeneration» des Schweizer Volkes durch die Berge. Sie ziehen ihre symbolische Kraft aus einer Auffassung der Alpen als Locus amoenus (lateinisch für «lieblicher Ort»), in dem der Fortbestand der Nation wurzelt. Als nationaler und patriotischer Verein integriert der SAC zu grossen Teilen die Ziele des Schweizerischen Turnverbandes für eine körperliche, geistige und nationale Erziehung der Jugend.[9]

Über die sportliche Dimension hinaus tendiert die Definition des «richtigen Bergsteigens», in Richtung eines «enormen Übergewichts des geistigen Genusses»[10], bei welcher der Sport als heilsame Ergänzung zu den Aktivitäten des Geistes betrachtet wird, denen er aber untergeordnet bleibt. «Für einige liegt die Freude an den Bergen nur in der Schwierigkeit und in der Gefahr. [...] Auf dem Gipfel angekommen, werfen sie kaum einen Blick auf das, was sie umgibt. [...] Hervorragende Kletterer, erfahrene und furchtlose Berggänger, energische Leute mit sicherem Tritt, gesundem Kopf, das sind sie alle, aber sie sind nur das. Der intime Sinn der Berge, das, was ihren Zauber ausmacht, das entgeht ihnen. Sie sind keine Bergsteiger im richtigen Wortsinn.»[11] Zur vorletzten Jahrhundertwende enthalten die Publikationen des Schweizer Alpen-Clubs zahlreiche Artikel wie die hier zitierten von Charles de la Harpe und Eugène Des Gouttes, die Bergsteigen und Sport einander gegenüberstellen.

Damals schlägt sich der SAC auf die Seite jener, welche die Auswüchse des Sports anprangern (Rekordjagd, Geltungsdrang, Rivalität, Leistungskult), und fördert so einen durchdachten und gemässigten Alpinismus. Im ersten Drittel des 20. Jahrhunderts stellt die Gründung der Jugendorganisation (JO) ein gutes Beispiel dar für die Art, wie diese pädagogischen Ziele im Rahmen eines grossen Sozialprojekts umgesetzt werden: Indem er die alpinistische Ausbildung der Heranwachsenden in die Hand nimmt, wirkt der SAC als Instrument für die Organisation von Freizeit und Musse und verbreitet auf gesamtschweizerischer Ebene das, was er als eine «gesunde» Betreuung der Bevölkerung erachtet.

---

2 / Hochtour: Aufstieg über den Täschhorn-Südgrat in den Walliser Alpen; der Alphubel liegt halb im Schatten, rechts oben der Monte Rosa mit der Dufourspitze (4634 m), dem höchsten Gipfel der Schweiz. — Foto: Marco Volken.

2 /

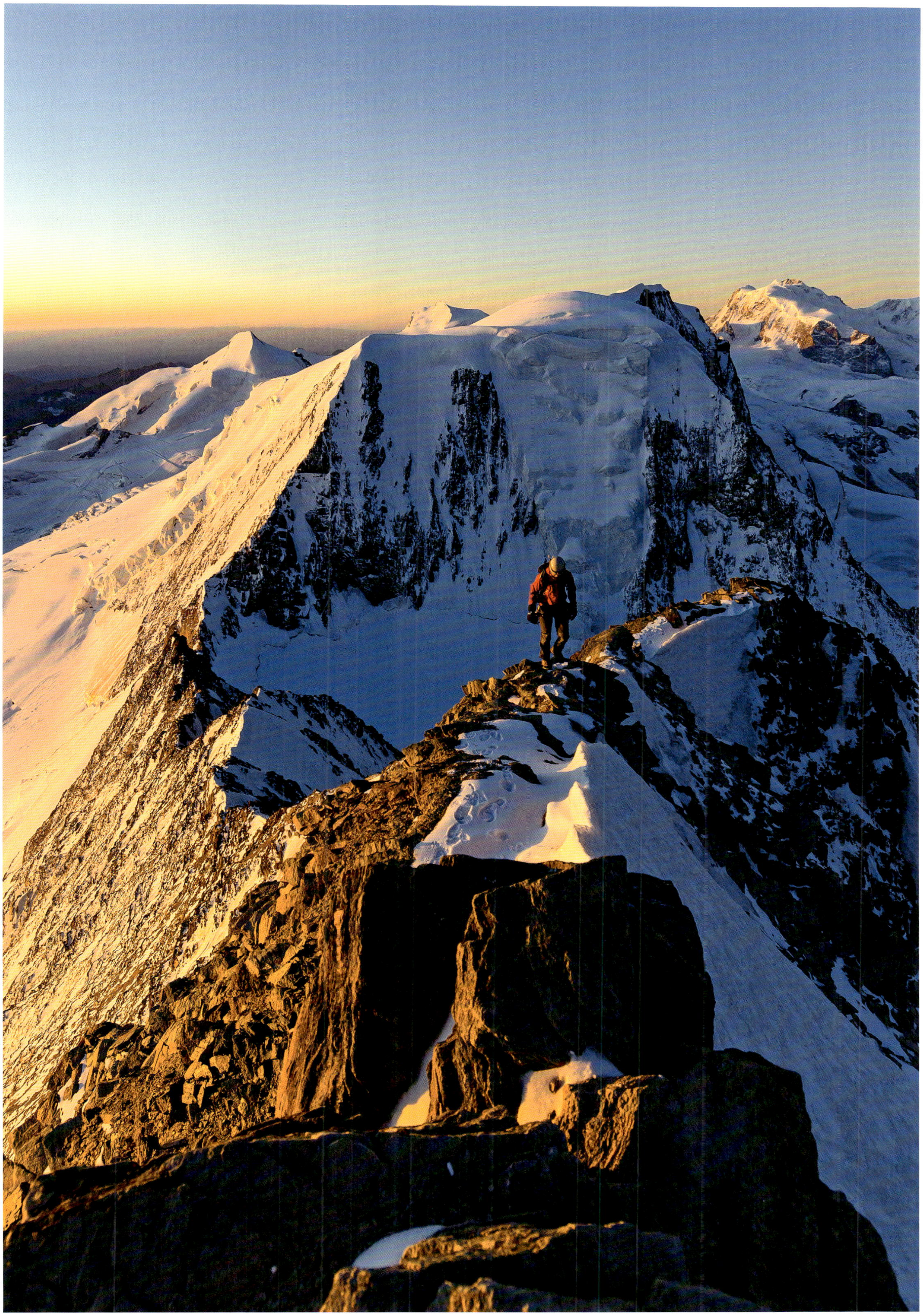

Während im Bereich des Bergsteigens eine neue Ära beginnt, die vom Drang nach der technischen Schwierigkeit und dem führerlosen Bergsteigen geprägt ist, situiert sich der SAC während langer Zeit noch als abseits stehender Betrachter dieser Versportlichung. Was die Bergsteiger betrifft, die sich dem technischen Elitismus verschrieben haben, so findet man sie in den kommenden Jahrzehnten in kleinen, vom Schweizer Alpen-Club unabhängigen Vereinsstrukturen, wie den akademischen Alpenclubs.[12]

SKIFAHREN, EIN «ENFANT TERRIBLE»

Trotz dem Erfolg, den das Skifahren seit seiner Einführung in der Schweiz in den 1890er-Jahren verzeichnen konnte, muss man bis 1923 warten, ehe der SAC die Förderung des Skifahrens in den Bergen richtig in die Hand nimmt. Bereits Ende des 19. Jahrhunderts taucht das Skifahren in der Schweiz allerdings im SAC auf und bietet sich als Mittel an, sich im Winter in den Alpen zu bewegen.[13] Aber schon rasch, während sich die ersten Skiclubs in einem Verband 1904 zusammenschliessen, wird die sportliche Entwicklung dieser Disziplin vom SAC mit einem gewissen Argwohn betrachtet.[14] Bis in die 1920er-Jahre bilden einige Sektionen und zahlreiche Clubmitglieder Skigruppen (wie die 1904 gegründete Groupe de skieurs de la Section des Diablerets). Die Meinung jedoch, wonach das Skifahren als Sportart den Wettkampfgeist fördere, lässt den SAC in einer Situation des abwartenden Beobachters verharren. Dies im Angesicht des rasanten Aufschwungs, den das Skifahren nimmt. Nach dem Ersten Weltkrieg werden immer mehr Stimmen laut, die der Meinung sind, es sei für den SAC dringend, sich für die Entwicklung der Winteraktivitäten umfassend zu interessieren. An der 62. Abgeordnetenversammlung am 24. November 1923 in Bern ist es so weit: Die neuen Zentralstatuten bezeichnen «die Pflege des alpinen Skilaufs» ausdrücklich als ein Mittel zur Erreichung der Zwecke des SAC.[15] Tatsächlich geht es darum, den ungeheuren Zulauf von Jugendlichen zur Kenntnis zu nehmen, den das Skifahren geniesst, und die potenziellen Clubmitglieder für den SAC zu gewinnen, indem man ihnen die Gelegenheit gibt, ihr Bedürfnis zu befriedigen. Andernfalls besteht die Gefahr, dass der Club untätig zusieht, wie die junge Generation sich endgültig der einen oder anderen Gruppierung zuwendet, die sich dem Skifahren verschrieben und sich unter der Ägide des Schweizerischen Ski-Verbands zusammengeschlossen haben.[16]

Skilauf und SAC: Eine aufschlussreiche Übersicht gibt Edouard Correvon im Bericht «La semaine clubistique des groupes de ski romands», abgedruckt im ersten Band von «Die Alpen», 1925. Im Februar des gleichen Jahres findet dieser Kurs statt, und sein Leiter teilt am ersten Abend in der Wildhornhütte das Skifahren in drei Kategorien ein: «1° Le ski acrobatique ou ski de plaine ou de salon qui peut se contenter d'un espace restreint et dans lequel le skieur est quelquefois sur ses pieds, mais plus généralement sur son séant. 2° Le saut ou ski de cirque, réservé aux professionnels avides de gloire: il exige des pistes spéciales et les applaudissements de la foule. 3° Le ski de montagne auquel le C.A.S. s'intéresse spécialement et dans lequel on cherche avant tout à parcourir le plus de pays avec le moins de fatigue et le moins de chutes possible.»[17] Der SAC verschreibt sich Punkt 3, also dem Ski- und Winteralpinismus, die sich beide dem direkten Wettkampf weitgehend entziehen. Dem Jahrbuch von 1922 wird die «Skikarte Berner Oberland, Ostblatt: Grimsel – Tschingelpass – Gadmen – Bietschhorn» im Massstab 1:50 000 beigelegt. 1924 publiziert der Club seine beiden ersten Skitourenführer, einen französischen und einen deutschen für die Walliser Alpen zwischen dem Col de Balme und dem Monte Moro, verfasst vom grossen Gebietskenner und Skialpinisten Marcel Kurz. Im Jahr drauf bringt Kurz bei Payot in Paris sein vielgelobtes Meisterwerk «Alpinisme hivernal. Le skieur dans les Alpes» heraus.[18]

Auf Ankündigung durch das Central-Comité beschliesst die Abgeordnetenversammlung von 1926, dass jedes Jahr eine der zu bauenden Hütten in einer Bergregion liegen soll, die sich besonders zum Skifahren eignet. Gleichzeitig wird die für den Tourenskilauf vorgesehene Summe nach Möglichkeit von 3000 auf 15 000 bis 30 000 Franken erhöht, die für die Subventionierung von Skikursen im Hochgebirge, die Ausbildung von Skilehrern, Kurse in Winterbergsteigen für die JO sowie für Führer und Karten speziell fürs Skifahren bestimmt sind. Der Zuschuss für Verbesserung, Reparatur und Miete von Chalets wird ebenfalls jährlich unter den Sektionen aufgeteilt, welche einen Antrag dafür stellen. Parallel dazu fördert der SAC die Ausbildung von Skibergführern.[19] Im Jahr 1929 heisst es in den Empfehlungen des Central-Comité, welche die Förderung der Winteraktivitäten zum Ziel haben, dass 24 von 83 Sektionen eine besondere Abteilung fürs Skifahren führen, und es wünschbar wäre, dass dies alle Sektionen machen.

Die Bewegung kommt jetzt richtig in Fahrt. Binnen weniger Jahre sind die vom SAC getroffenen Massnahmen, um in der ganzen Schweiz Tourenskiläufer auszubilden (zusätzlich zur Institutionalisierung der JO), ein voller Erfolg. Die Zahl der JO in den Sektionen steigt von 1928 bis 1930 um 30 auf 50 Prozent (41 JO). Gleichzeitig registriert der Club eine Zunahme der Zahl der jungen Mitglieder um 80 Prozent. Im gleichen Jahr verfügt der SAC über 250 Skilehrer, die nach der Bilgeri-Methode ausgebildet worden waren.[20] Die Integration der Skifahrer brachte eine Öffnung zu einem breiteren Publikum mit sich, die eine erste Phase der Demokratisierung der Aktivitäten in den Bergen

3 / Skitour: Abfahrt vom Tälligrat im Rotondo-Gebiet, Urner Alpen; das Hüttli ist der Stelliboden. — Foto: Marco Volken.

3 /

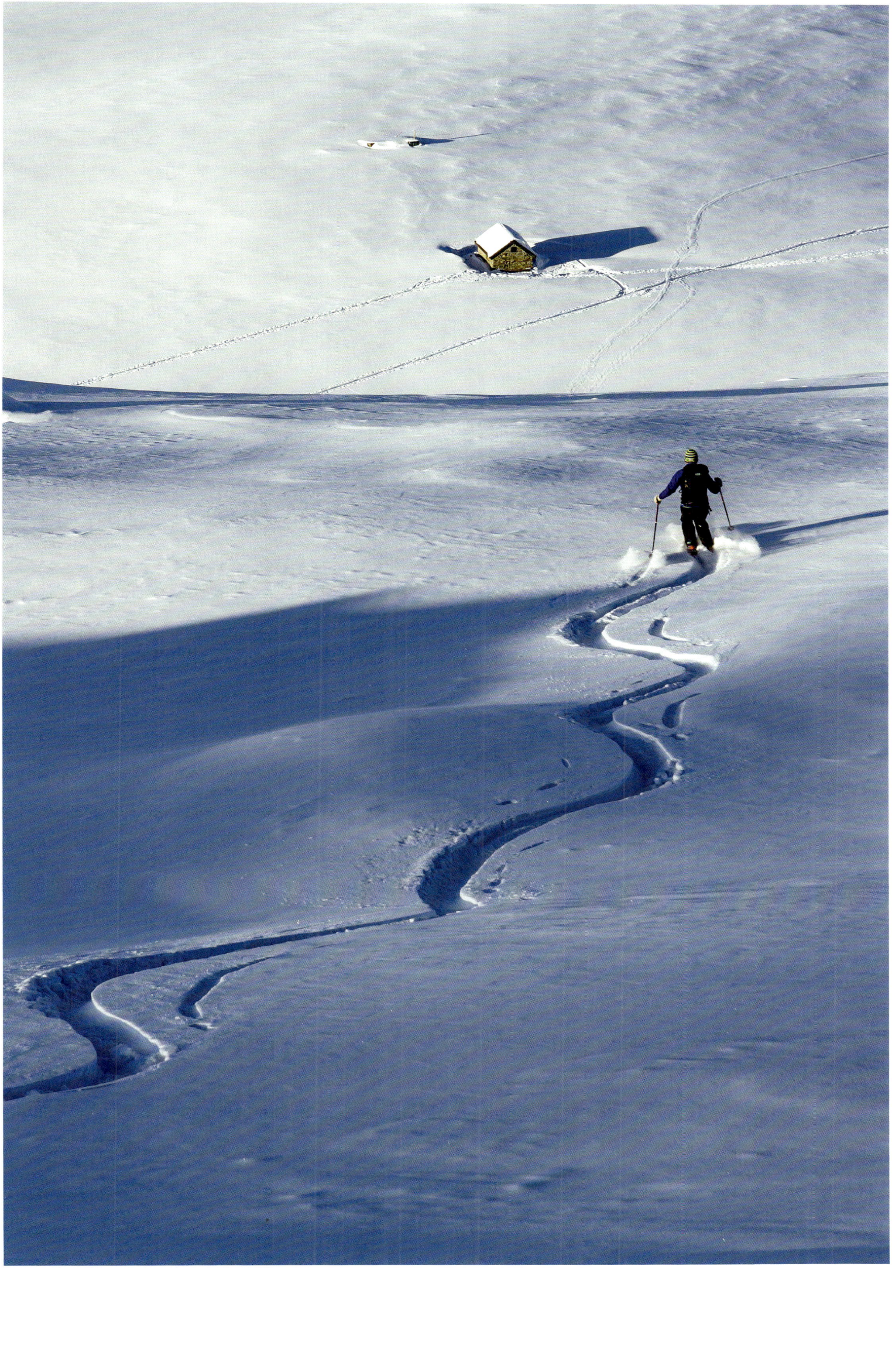

markiert. Die Zahl der Skifahrer stieg von 14 000 an der Schwelle zum Ersten Weltkrieg bis Ende der 1930er-Jahre auf 31 000.

Wie aus der 1929 an einer Konferenz in Olten beschlossenen neuen Wegleitung für die Jugend-Organisation hervorgeht, wurde das Skifahren für den Schweizer Alpen-Club zu einem grossen Thema, das ihm erlaubte, seine Autorität in Sachen Hochgebirge auszuweiten und zu konsolidieren. «Dem S.A.C., dem hervorragendsten Vertreter des Alpinismus in der Schweiz, liegt die ernste Pflicht ob, die angehenden Bergsteiger in seinem Sinn und Geist zu erziehen [...]. Den Sektionen erwächst daher die Aufgabe, sich ernsthaft mit der Erziehung der Jugend zu befassen. [...] Dabei ist die Begeisterung der jungen Leute für den Skisport Rechnung zu tragen. Skikurse und Skitouren stellen [...] ein ausgezeichnetes Mittel dar, die Jungmannschaft für die Berge zu interessieren.»[21]

Das Skifahren hat zwar den Menschen mit dem Winter in Kontakt gebracht, aber die Beziehung, die es zwischen dem SAC und dem Sport herstellte, war nicht mehr als eine Vernunftehe. Trotz der umgesetzten Vorsichtsmassnahmen, um seinen Anwendungsbereich einzugrenzen, schlug dieses «Enfant terrible»[22] (so Henri Faes im Band zum 75. Geburtstag des Vereins) eine Schneise in den Club, die geeignet war, das einfliessen zu lassen, was man als Auswüchse des Sports betrachtete. Die x-mal wiederholte Unterscheidung zwischen «Skibergsteigen» und «Skisport» – Ersteres verstanden als Erweiterung des Sommerbergsteigens durch ein zusätzliches Fortbewegungsmittel für die Berge im Winter, während Letzteres im Wesentlichen mit Spiel, Wettkampf und Leistung zu tun hat – bleibt ein wackliges Bollwerk gegen den Ansturm der Neuankömmlinge, die den Freuden des Skifahrens um des Skifahrens willen frönen und jedes Wochenende die SAC-Hütten stürmen, um sich in den gleissenden und unverspurten Hängen auszutoben.

Der SAC hat bei seinem Versuch, möglichst viele Leute fürs Winterbergsteigen zu gewinnen, die Tür weit geöffnet für gesellschaftliche Gruppen, die an der etablierten Ordnung rütteln. Erstens für die Jugend, die, wie Louis Seylaz 1938 bemerkt, «ohne mit Anklopfen Zeit zu verschwenden, in unsere Domänen einbricht und sich auf unsere Stühle setzt und die Luft mit ihrem fröhlichen Geschrei widerhallen lässt. Sie lässt sich leicht begeistern durch das Getöse um Rekorde und Leistungen. Sie ist sicher anders, mehr als wir es waren im Vergleich mit unseren Vorgängern. [...] Sie hat ins Bergsteigen Auffassungen, Praktiken, Methoden und eine Bewunderung eingebracht, die uns manchmal erstaunen oder gar aufregen, die aber nun einmal existieren und charakteristisch sind fürs Skifahren: Kühnheit bis an die äussersten Grenzen, Wagemut, Verdrängung von Gefahren, der Drang, das zu übertreffen, was andere vor ihr gemacht haben, Leistungskult, Wunsch nach Wettbewerb und als Krönung ein kaum verhüllter Drang nach Ruhm.»[23] Und zweitens, nicht weniger verstörend für die männliche Geselligkeit, sind da noch die im Schweizerischen Frauen-Alpen-Club (SFAC) organisierten Frauen, die dank ihrer Hartnäckigkeit die gleichen Rechte in den SAC-Hütten wie die Clubisten ergattert haben.[24]

Nicht alle Clubmitglieder heissen Wintersportler und Frauen willkommen: Einige erlauben sich, so Robert Eggimann in «Die Alpen» von 1938, «ein paar Tränen des Bedauerns für die idyllische Vergangenheit zu vergiessen, als die Frauen noch keine Stimme zu diesen Themen hatten, [...] als einzig einige eingeweihte Männer der Elite sich der Wissenschaft und der Kunst ... und dem Bergsteigen widmeten».[25]

Nicht anders tönt es in der Deutschschweiz in Sachen Sport: Max Oechslin, Direktor des kantonalen Forstbüros des Kantons Uri und von 1941 bis 1965 deutschsprachiger Redaktor von «Die Alpen», lässt keine einzige Gelegenheit aus, für die Unterscheidung zwischen Bergsteigen und Sport zu plädieren: «So müssen wir Bergsteiger uns vom Sport da distanzieren, wo von einem Bergsport gesprochen wird. Denn es gibt keinen Bergsport, es gibt nur ein Bergsteigen.»[26]

VORWÄRTS MARSCH!

Im Kontext des Zweiten Weltkriegs wird den alpinen Sportarten und den Alpen im Rahmen der Réduitstrategie von militärischer Seite eine neue Rolle zugewiesen. Während die JO offiziell 1942 mit Alpinkursen im Rahmen des vom Bundesrat 1939 verordneten militärischen Vorunterrichts betraut wird,[27] bekräftigt der SAC seine Funktion als Verteidiger der Interessen der Nation. Beispielsweise der Genfer Clubist Paul Gilliand im Jahresbericht für 1942: «Wir können stolz bestätigen, dass die Anstrengungen des SAC im Hinblick auf die Heranbildung einer jungen, austrainierten, abgehärteten Generation, welche die Berge, ihre Schwierigkeiten und Gefahren kennt, Früchte getragen haben, die den zuständigen Kreisen nicht entgangen sind. Auch hier hat unser Club gute Arbeit geleistet, nützlich für das Land, nützlich für seine Verteidiger.»[28] In diesem Bereich kann sich der SAC rühmen, im Sinne des Appells von General Guisan zugunsten des Wintersports gehandelt zu haben, wie ein Artikel in «Die Alpen» von 1943 rühmt: «Kondition und Muskeln zu gewinnen durch die Ausübung von Bergsport, in jeder Höhe und in den grimmigsten Temperaturen, daran sollte nicht nur unsere Jugend, sondern unsere ganze Bevölkerung streben, Männer wie Frauen, Städter und Landleute, die aufgerufen sind, im Fall von Gefahr an allen Stellen zu dienen, an denen das Vaterland ihrer bedarf. [...] Unsere Schweiz gibt uns nicht nur die Möglichkeit, ein solches

---

4 / Alpinwandern: auf dem Verbindungsgrat zwischen der Dent de Folliéran (hinten) und der Selle des Morteys in den Freiburger Alpen; die Dent de Folliéran nennt man auch Freiburger Matterhorn. — Foto: Marco Volken.

4 /

Training zu bekommen; sie fordert diese Aufgabe geradezu von uns.»[29] Wie Paul Schnaidt im gleichen Jahrgang von «Die Alpen» festhält, festigt der Zweite Weltkrieg die Rolle des Bergsteigens als Nationalsport und diejenige der Schweizer Bürger als «Volk von Skifahrern»[30]. Stellen wir nebenbei fest, dass im April 1943 zum ersten Mal die von der Gebirgsbrigade 10 der Schweizer Armee organisierte Patrouille des Glaciers stattfindet. In Dreierseilschaften müssen die Wettkämpfer möglichst schnell die Strecke Zermatt–Verbier auf Ski absolvieren und dabei neben Verpflegung und Waffe auch Material für ein Biwak, eine Besteigung oder eine Notreparatur mitführen. Damals gehörte die militärische Skipatrouille übrigens zu den Demonstrationssportarten an den Olympischen Winterspielen.[31]

TRAURIGE TÖNE VOR 75 JAHREN

Auf der Seite des Bergsteigens nährt sich die Polemik um den Sport kräftig aus dem Generationenkonflikt. Die Suche nach der technischen Schwierigkeit wird von den jungen Kletterern offen gefordert, deren Aktivisten sich in kleinen Gruppierungen unabhängig vom SAC zusammenschliessen. Mit immer gezielterem Training schiebt die heranwachsende Generation, begierig nach Action und Anerkennung, die Grenzen des Kletterns und den Schwierigkeitsgrad von Bergtouren immer weiter hinaus. Konfrontiert mit dieser neuen Bewegung, tendiert man dazu, dies als verrückt zu erklären und der eitlen Modernität eine gesunde Tradition entgegenzustellen. «Das moderne Bergsteigen – ein Cocktail in verschiedenen Farben, eine Mischung aus Ungleichem, weil man heute Bergsteigen mit Akrobatik vermischt und Klettern mit Fassadenklettern verwechselt, weil man eine Besteigung für einen Einbruchdiebstahl hält – das moderne Bergsteigen lässt uns dem Bergsteigen der Anfänge nachtrauern, dem gesunden Getränk, klar, natürlich und einfarbig, wie der reine und goldene Wein aus Aigle oder Yvorne»[32], fällt die Bilanz von Robert Eggimann 1938 aus.

Im gleichen Jahr ist die Schweiz Schauplatz eines der wichtigsten Ereignisse in der Geschichte des Bergsteigens: die Erstdurchsteigung der Eiger-Nordwand durch eine deutsch-österreichische Seilschaft unter der Führung von Anderl Heckmair. Die weitgehend mit einem Wettlauf unter Nationen gleichgesetzte und später mit einem vom nationalsozialistischen Ideal angetriebenen Klima des Eroberungsrausches und der Mystifizierung des Todes assoziierte Premiere stellt für den SAC ein Symbol für die Übertragung der sportlichen Rivalität aufs Bergsteigen dar. Es erstaunt deshalb nicht, dass sie in den Publikationen des SAC kaum ein Echo gefunden hat.[33]

Die Entwicklung des Materials sowie ab 1925 die Einführung einer Bewertungsskala, die es möglich machte, die Besteigungen nach dem Schwierigkeitsgrad zu klassifizieren, gibt den Anhängern der antisportlichen Fraktion neuen Diskussionsstoff. In der Folge von technischen Neuerungen, die in den kalkigen Ostalpen entwickelt werden, tauchen in den 1930er-Jahren Haken und Karabiner auf und ersetzen die einfachen Eisenstifte, die bis anhin in einzelnen Passagen zum Einsatz kamen. Unnötig zu sagen, dass die künstlichen Hilfen nicht allen in den Kram passen, wie aus folgenden Äusserungen von Louis Seylaz aus dem SAC-Jubiläumsbuch von 1938 hervorgeht: «Diese Geräte gehören nun zur zwingenden Ausrüstung eines Kletterers, der etwas auf sich hält, viel mehr noch als der Pickel, den sie jetzt in den Rucksack verbannen. Dies ermöglicht gewissen Aufschneidern einen sensationellen Auftritt, den Hammer in der Hand und vollbehängt mit klirrender Eisenware wie ein Cowboy mit einem voll bestückten Patronengurt.»[34]

Die Kletterer beginnen auch, Espadrillen mit einer Sohle aus Schnur zu verwenden, welche die mit Tricouni-Beschlägen versehenen Lederschuhe ersetzen; die Vibram genannte Gummisohle kommt nach dem Zweiten Weltkrieg auf den Markt, ebenso Nylonseile oder leichtere Steigeisen und Pickel.[35] Die Klettertechnik entwickelt sich ebenso schnell, wie sich die Kritik in Bezug auf die «Akrobaten» und «Klettermaschinen» intensiviert. Auszug aus dem Text «Relativité alpine» des Engländers Robert Lock Graham Irving von 1939: «Ich schlage vor, dass ein kreatives Clubmitglied für die Erfindung eines neuen Schuhtyps sorgt, der Gecko-Sohle, welche die Ersteigung von senkrechten oder überhängenden Platten, wo keine Haken eindringen können, möglich und relativ sicher machen wird. Dies könnte zu einer Bildung einer bemerkenswerten Gruppe, der ‹Gruppe Überhang›, oder wenn Sie lieber einen englischen Namen wollen, den ‹Geckopods› führen. Man könnte auch eine Art Bauchsaugnapf für jene erfinden, deren Konvexität verhindert, dass Kinn und Zehen sich in gleichzeitigem Kontakt mit den glatten Wänden befinden. Sie wären dann Gastropoden [Anm. des Übersetzers: Bauchfüssler oder Schnecken]. Das wären langsame Kletterer, und man müsste ihnen bestimmte Tage freihalten, damit sie die angesagtesten Klettereien unternehmen können.»[36]

NEUE WEGE IM SPIELPLATZ ALPEN

Die Periode, die nach dem Zweiten Weltkrieg beginnt, ist charakterisiert durch die Zunahme von Freizeit und Musse und die Auswirkungen von Massentourismus und Konsumgesellschaft. In diesem Kontext macht sich der SAC schrittweise zum Anwalt eines Alpinismus, der sich als Freiluftaktivität par excellence versteht, indem er den wohltuenden Kontakt mit der Natur hervorhebt und zunehmend lauter über den Schutz von Gebieten nachdenkt. Er betont seine Opposition gegen eine übertriebene mecha-

---

5 / Bergwandern: Abstieg von der Martinsmadhütte SAC, beim Rindermättli, Glarner Alpen. — Foto: Marco Volken.

5 /

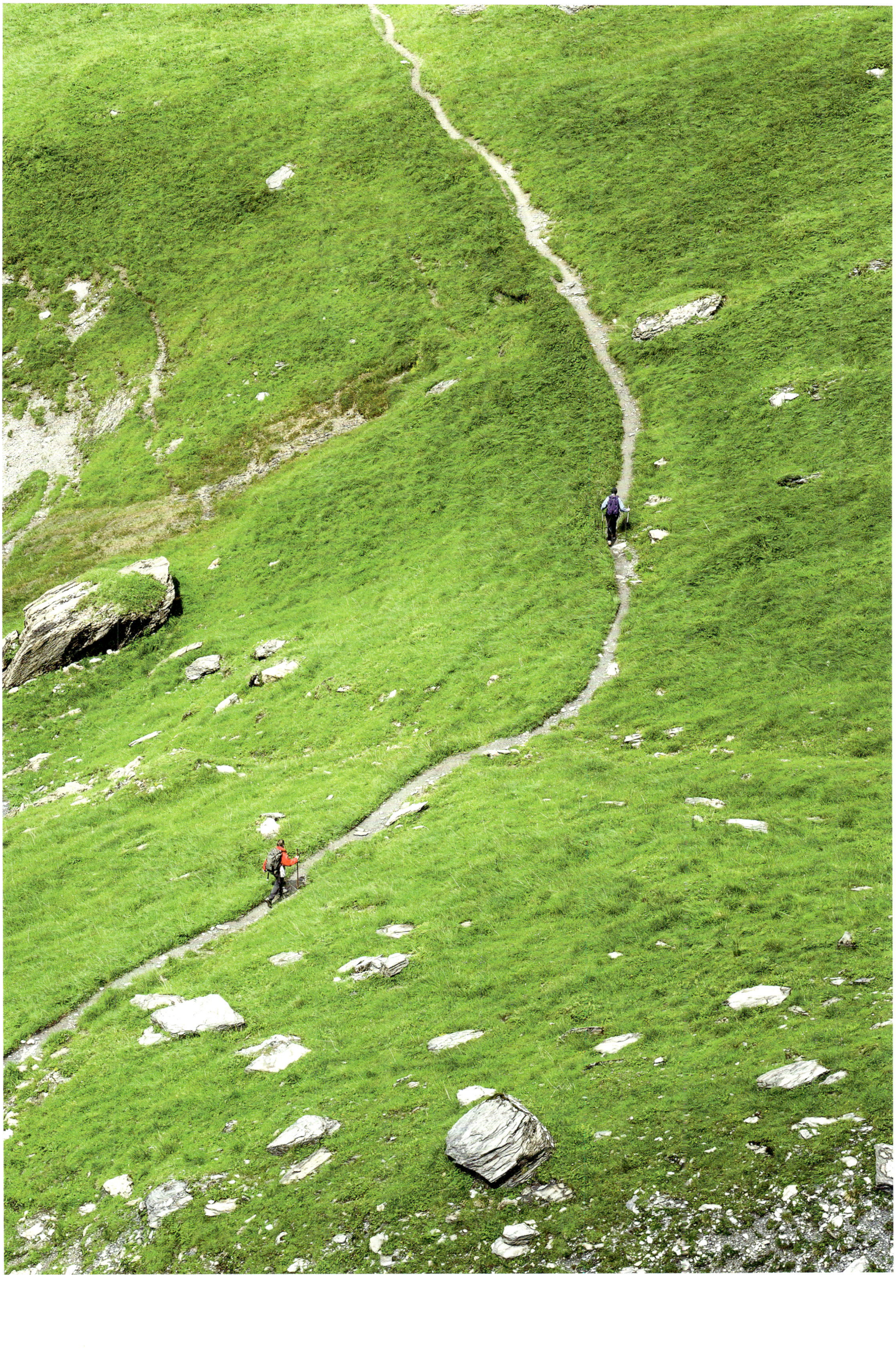

nische Erschliessung der Berge und die Unnatürlichkeit des Lebens in der Stadt. Der Begriff der Leistung, der nicht mehr verdrängt werden kann, wird in den Dienst der Suche nach einem Ideal gestellt, in dem sich die körperliche Spitzenleistung mit der Liebe und der Leidenschaft zu den Bergen paart.[37] Das Bergsteigen ist demnach ein Sport im Sinn einer Freizeitbeschäftigung und der körperlichen Ertüchtigung, aber es ist ein besonderer Sport, der ohne grossen Wettkampfgeist auskommt.[38] Karl Lukan über «Letzte Probleme» in «Die Alpen» von 1960: «Man verbeisst sich heute nicht deswegen in den lotrechten Feuermauern, weil man alles Mass verloren hat oder weil man mit Gewalt berühmt werden will, sondern weil diese Feuermauern eben das letzte alpine Neuland sind. Den Fuss dorthin zu stellen, wo noch keines Menschen Fuss gestanden ist – das ist schon immer die Sehnsucht jedes Abenteurers gewesen. Und Bergsteiger sind Abenteurer.»[39]

Diese Bezüge bilden die Grundlage für eine Auffassung des sogenannt «klassischen» Bergsteigens, die bis in die 1970er-Jahre vorhält. Aber schon sorgt das Aufkommen von neuen Praktiken für eine «sanfte Aufweichung»[40] (Hoibian) dieser Werte. Die Pioniere – in überschaubarer Anzahl – einer neuen Form des Kletterns von Schwierigkeiten trainieren in kleinen Wänden, einer Art «Labor», (Salève, Jura usw.) und zeichnen für zahlreiche zukunftsweisende Besteigungen in den Wänden des Scheideggwetterhorns, der Engelhörner, des Titlis, der Wendenstöcke, der Argentine usw. verantwortlich.[41] Seit Mitte der 1950er-Jahre entspinnt sich eine Ethikdebatte um den Einsatz von Bohrhaken, die, indem sie dem Kletterer die Möglichkeit geben, in Felszonen vorzudringen, die für das traditionelle Hakensetzen ungeeignet sind, alle damals geltenden Klettergrundsätze infrage stellen.[42] Gemeinsam wächst bei den Befürwortern eines Verschiebens der Grenze hin zum Unmöglichen und den Kritikern einer Übererschliessung der Berge der Wille, Regeln über die Art und Weise festzulegen, wie Besteigungen zu erfolgen haben.

Die künstliche Kletterei, die bis dahin weitgehend vorherrschte, gerät in die Kritik und wird zunehmend als «technischer Auswuchs» beurteilt.[43] Das Prinzip des freien Kletterns, das heisst die Möglichkeit, schwierigste Stellen ohne den Einsatz von technischen Hilfsmitteln zum Vorankommen zu überwinden, profiliert sich als neue Antwort auf den Trend der Zeit. Diese Wende fällt zusammen mit der Verselbstständigung des Kletterns, das bis anhin zu einem kohärenten Ensemble von Ausübung und Repräsentation gehörte und dessen Bezugsrahmen das Hochgebirge war. Die Schrittmacher dieser Veränderung sind Kletterer, die immer noch – und auch – Bergsteiger sind, die aber bei der Ausübung des Kletterns Themen aus dem Kulturzusammenprall vom Mai 1968 einführen, dessen Auswirkungen in der ganzen Gesellschaft wahrnehmbar sind. Auf ihrer Suche nach alternativen Lebensstilen bevorzugen diese jungen Leute neue Ausdrucksbereiche, wie die Kalkfelsen in Südfrankreich, die mit dem alpinen Rahmen nicht mehr viel zu tun haben. Dieser «hedonistische» Ansatz ist Ausdruck des für jene Zeit typischen subversiven Geistes, der Autoritäten, Institutionen, die Konsumgesellschaft usw. hinterfragt. Schritt für Schritt bemächtigt sich die Welle der «culture fun»[44] der Freiheitsräume und weckt damit das Interesse der Medien und der Wirtschaft. Das Freiklettern kommt in den 1980er-Jahren so richtig auf, als zunehmend systematisch Klebanker in Gebrauch kommen, die eine neue Seite in der Geschichte des «Spielplatzes» Alpen[45] aufschlagen und die Ära des sogenannten Sportkletterns einläuten, das die Risiken verringert und das Stürzen zulässt.[46]

Das Klettern verlässt den engen Kreis, auf den es bisher beschränkt war, und erreicht ein grösseres und uneinheitlicheres Publikum. Das Freiklettern, das präzisen Regeln unterworfen ist und objektive Vergleiche zulässt, öffnet sich einer zunehmenden Rationalisierung. Zudem entzieht sich die Felswand den vom Zufall abhängigen und sicherheitsbezogenen Zwängen des Hochgebirges. Mit einer Gewichtung der Leistung integriert das Freiklettern im Endeffekt die Normen des Wettkampfsports, die bisher beim Bergsteigen nur am Rand eine Rolle gespielt hatten.[47] So legt – so paradox es erscheint – eine Entwicklung, die von Akteuren angestossen wurde, die anfänglich nur am Rand dazugehörten und entschlossen waren, eine etablierte Ordnung umzustossen, die Grundlage für die Institutionalisierung der Kletteraktivitäten und den Eintritt des Kletterns in die Welt des Wettkampfs in den 1980er-Jahren.[48] Der erste Wettkampf an einer natürlichen Felswand findet 1985 in Bardonecchia (Italien) statt. Bei den Prüfungen wird neben der Schwierigkeit und der gesetzten Zeit mit einer Note auch der Stil berücksichtigt. 1986 wird in Vaulx-en-Velin (Frankreich) ein erstes Treffen in der Halle organisiert. Die ersten Wettkämpfe leiden darunter, dass klar definierte Regeln fehlen, die erlauben würden, die Konkurrenten gerecht zu klassieren. 1988 anerkennt die UIAA (Union Internationale des Associations d'Alpinisme), die sich Entscheidungsorgane für die Reglementierung von Kletterwettkämpfen geschaffen hat, einen Weltcup, der sechs Prüfungen mit einer festgelegten Anzahl Kletterer pro Land umfasst. In der Schweiz tritt ab 1986 der Akademische Alpenclub Bern (AACB) mit der Organisation von jährlichen Kletterwettkämpfen als Pionier auf.[49] Aufseiten des SAC sind es die Central-Comités von St. Gallen (1986–1988) und Gotthard (1989–1991), die Sportklettern als offizielle Aktivitäten des Clubs einführen; allerdings gehört es vorläufig noch zum Bereich Bergsteigen.

---

6 / Felsklettern: Schauenburgflue im Basler Jura bei Liestal, in der Route «Es raschelt im Blätterwald». — Foto: Marco Volken.

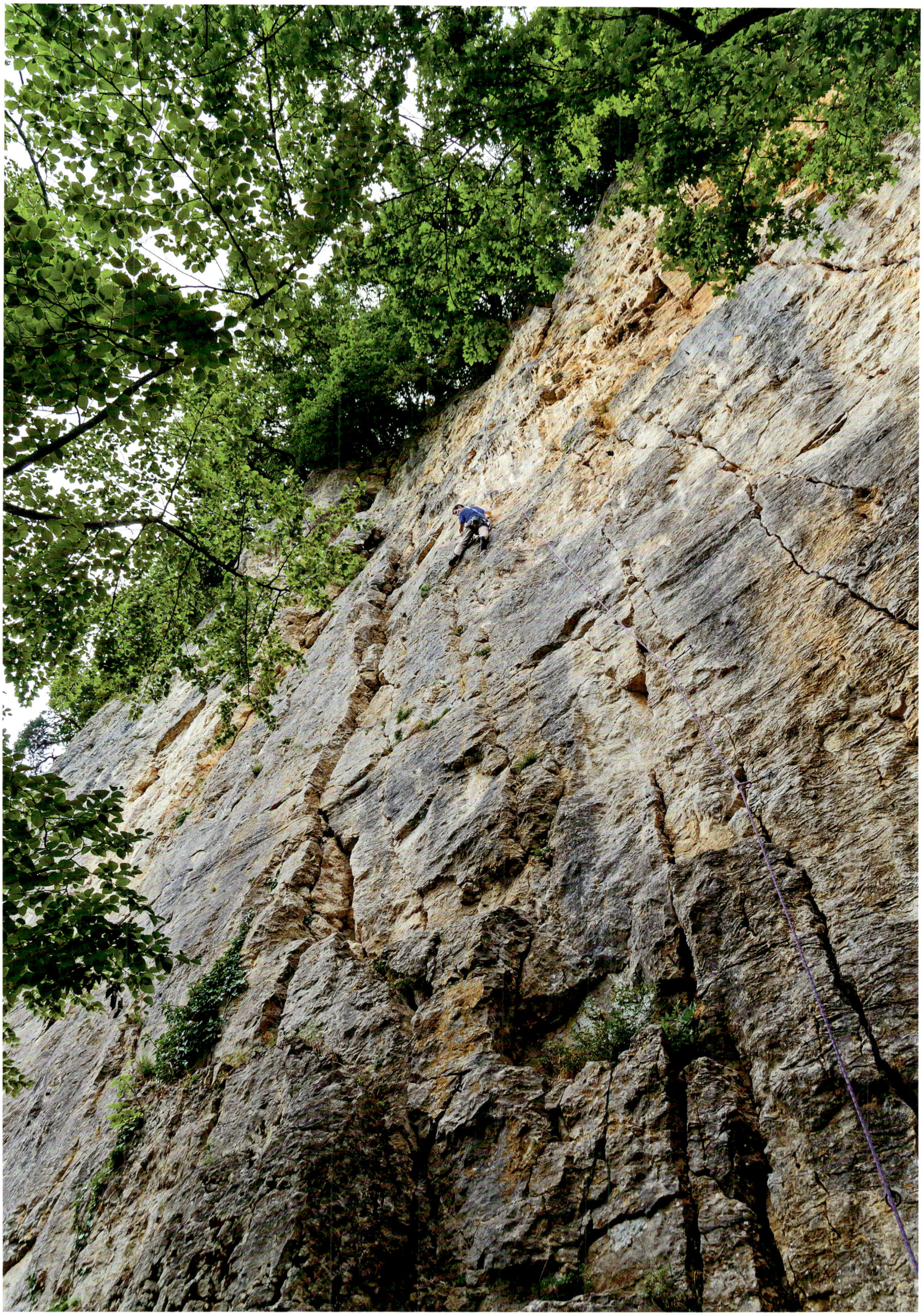

PLAISIR ALS KONSUMGUT

Während die Sportvereine in den Jahren 1960 bis 1970 einen eigentlichen Boom erleben, widersetzt sich der «Massenindividualismus», der mit den neuen hedonistischen Sportpraktiken Einzug hält, der Einführung von einengenden Strukturen von Clubs und Verbänden.[50] Seit den 1980er-Jahren lassen die zunehmenden sozialen Errungenschaften und die Vervielfältigung der Anbieter von sportlichen Dienstleistungen in der Vereinslandschaft die Gefahr eines «Clubtodes» aufkommen. Wie hat der SAC die Wende geschafft?

Anlässlich des 125. Geburtstags des SAC im Jahre 1988 kündigt das Vorwort eines Sonderhefts von «Die Alpen», das den Entwicklungstrends des Bergsteigens gewidmet ist, den Willen an, «die jüngeren Generationen anzusprechen», «verschiedene sportliche Disziplinen» einzuladen, um «zur Diskussion über die moderneren Formen des Bergsteigens anzuregen».[51] Die verschiedenen Empfindlichkeiten aufzeigend, bringt der Befund aus diesen Beiträgen das Ausmass der Popularisierung der Aktivitäten in den Bergen an den Tag. Weil unter anderem der Zugang zu einer hochspezialisierten Ausrüstung immer einfacher geworden ist, weil die Möglichkeit besteht, überall, zu jeder Jahreszeit, in aller Sicherheit (mit den Klettergärten und künstlichen Kletterwänden) zu klettern, weil die Aktivitäten zunehmend von Frauen betrieben werden, weil die Suche nach intakten, aber gleichzeitig leicht «konsumierbaren» Naturräumen wächst, ziehen die neuen Formen des Bergsteigens eine stark wachsende Zahl von Sportlern an, die durch die traditionelle Selbstdarstellung des Bergsteigens bisher ferngehalten worden waren.

Mit anderen Worten: Die Konsumgesellschaft hat die Berge erreicht, und die Berge liegen von nun an als Produkt auf den Regalen des Sportmarktes. Angesichts dieser Feststellung, und wenn der Club attraktiv – und aktiv – bleiben will, muss er sich der Logik anpassen, die von ihm fordert, das Angebot an die Bedürfnisse der Mitglieder anzupassen, indem er neue Leistungen anbietet und die bestehenden verbessert.[52] Die letzten Jahre des 20. Jahrhunderts stehen deshalb für eine tief greifende Umstrukturierung, die zum Ziel hat, den Aktivitäten in den Bergen ein modernes Image zu verleihen als Mittel, um das Überleben des Clubs/Unternehmens zu garantieren. SAC-Geschäftsführer Peter Mäder 1999: «Die Attraktivität des Gesamtangebots ‹Clubmitgliedschaft› entscheidet letztlich über die Treue des Mitglieds und damit über die Zukunft unseres Clubs.»[53]

Der Trend geht in Richtung Plaisir-Klettern, zum Bergsteigen für alle? Ohne Partei zu ergreifen zwischen den Verteidigern einer als zu elitär empfundenen Ethik und den Nostalgikern einer als vergangen beurteilten Alpingeschichte,[54] schlägt der SAC, wie Etienne Gross, Chefredaktor von «Die Alpen», 2002 schreibt, «eine ‹sportlich-pragmatische› Richtung – mit Bergbreitensport und Wettkampfleistungssport – für eine Orientierung der Sicherheit, für Freude an der Bewegung und die persönliche Freiheit in der Ausübung ein».[55]

WETTKAMPF WIRD SALONFÄHIG

Die Integration des Wettkampfs erweist sich als wirksames Mittel, den Nachwuchs anzusprechen, der – wieder einmal – dazu neigt, den Club links liegen zu lassen. «Wird auch vereinzelt noch darüber diskutiert, ob Wettkampfklettern eine alpinistische Tätigkeit sei oder nicht, so kann seitens des SAC klar festgestellt werden, dass dank der Integration des Sport- und Wettkampfkletterns die junge Generation – sei es auf dem Land, sei es vor allem auch in den Städten – direkt angesprochen wird. Ohne den Einbezug dieser neuen Aktivitätsbereiche hätte der SAC vermutlich ein ganzes Jugendsegment an andere Sportorganisationen verloren»[56], so lautet die Bilanz des Zentralpräsidenten Franz Stämpfli im Editorial von «Die Alpen» 1998, nachdem vier Jahre zuvor die Abgeordnetenversammlung nach einer angeregten Debatte die Organisation und die Unterstützung des Wettkampfkletterns in die Statuten des SAC gebilligt hat. Zwei Jahre früher, am 26. Oktober 1996, war die Reihe am Skialpinismus, in die Aktivitätsbereiche des Clubs aufgenommen zu werden – eine Anerkennung des raschen Aufschwungs dieser Disziplin, der in der Schweiz mit der Neuauflage der Patrouille des Glaciers im Jahre 1984 angefangen hat.

Der SAC entscheidet sich für die aktive Förderung der Jungen: Er erklärt das Jahr 1996 zum «Jahr der Jugend» und nimmt das KiBe (Kinderbergsteigen) und die JO (Jugendorganisation) als Vollmitglied mit Stimmrecht ab 16 Jahren auf.[57] Und die Abgeordnetenversammlung von 1996 genehmigt die neuen Statuten, die den sportlichen Aspekt in den Vordergrund rücken. Die Politik des Clubs ist von nun an ausgerichtet auf das Ziel, «am Bergsport und an der Bergwelt interessierte Menschen» zu verbinden. Seine Aktivitäten umfassen «sowohl die klassischen Bergsportarten als auch neuere Formen des Freizeit- und Leistungsbergsports», und sie setzt sich ein «für die nachhaltige Entwicklung und Erhaltung der Bergwelt sowie für Kultur und Wissenschaft, die im Zusammenhang mit den Bergen stehen».[58]

Im Bestreben, seinen Einfluss auf alle die Berge betreffenden Fragen zu erhalten und zu erweitern, ist es dem SAC gelungen, die Erwartungen vieler zu erfüllen. Er positioniert sich als direkter Partner der nationalen wie internationalen Sportinstanzen im Bereich des Wettkampfsports, während er für die Behörden des Bundes und der Kantone ein nicht zu übergehender Gesprächspartner bleibt für die Ausarbeitung von Konzepten und Strategien

7 / Klettersteig: Hängebrücke der Via Ferrata auf den Piz Trovat in den Bündner Alpen; Blick auf den Piz Palü. — Foto: Daniel Anker.

7 /

in Bezug auf Freizeitaktivitäten in der Natur und den Schutz der alpinen Umwelt.

Die Integration der Wettkampfbereiche versetzt den SAC in eine ziemlich einzigartige Position innerhalb der IFSC (International Federation of Sports Climbing, die seit 2007 das 1997 ins Leben gerufene Organ der UIAA ersetzt), denn er übernimmt dank seinen technischen Kommissionen und seinen Trainern für jede Disziplin eine Rolle, die in den meisten Mitgliedsländern speziell dem Wettkampfklettern gewidmeten Verbänden zukommt.[59] 1998 werden die Kommissionen des SAC reorganisiert: Die alten Kommissionen Wintersport, Sommersport, Bergtouren und Bergsteigen werden aufgelöst und durch eine Kommission für Bergtouren und eine Ausbildungskommission ersetzt, die damit beauftragt wurde, Bergsport in allen Formen und allen Alterskategorien zu fördern und zudem den SAC als den wichtigsten Ausbildner in den alpinen Disziplinen bekannt zu machen.[60] Eine neue Kommission für Sportklettern wird ins Leben gerufen (der Skialpinismus hatte bereits seit 1997 seine eigene Kommission). 2003 kommt das Eisfallklettern zu den Wettkampfsportarten dazu.[61] Die Nationalmannschaft in diesem Bereich setzt sich aus Spezialisten fürs Eisfallklettern und Felsklettern zusammen, eine Komplementarität, die sie besonders macht und auf die sie selber grosse Stücke hält.[62]

Die Ablehnung durch die Abgeordnetenversammlung 2012 des Antrags der Sektion Pilatus[63], die verlangte, dass die für den Wettkampfsport zugewiesenen Mittel nach oben begrenzt werden und dass die Gründung einer vom Club unabhängigen Einheit für den Wettkampfsport zu überprüfen sei, bestätigt die vom SAC 1994 eingeschlagene Richtung in Bezug auf diesen Bereich. Eine Annahme des Antrags hätte die wichtigsten Errungenschaften infrage gestellt, die er bis jetzt durch die Förderung des Wettkampfkletterns verteidigt hatte: die Attraktivität des SAC bei Sponsoren, die Vielfalt seines Angebots, da mit einem reduzierten Budget niemals alle Bereiche hätten gefördert werden können, sowie der Verlust eines prestigeträchtigen Aushängeschilds, weil weniger Athleten an internationalen Wettkämpfen hätten teilnehmen können.

VON DER BASIS ZUR ELITE

Die Förderung des Sportkletterns durch den SAC zeigt sich an dem Konzept, das von der Basis (den Sektionen) ausgeht, um eine in den Nationalkadern zusammengefasste Sportlerelite zu bilden. Um die Wettkampfsportarten bei den Jungen zu fördern, hat der SAC ab 1998 das Konzept der regionalen Trainingszentren eingeführt.[64] Die Erfassung von jungen Talenten und die Förderung des Nachwuchses werden durch zwei Massnahmen angestrebt: Der Club möchte das Klettern stärker in der Schule verankern, und zwar mithilfe einer mobilen Kletterwand, die von Schulhaus zu Schulhaus reist («Klettern macht Schule – Rivella Climbing»[65]); zweitens will er die jungen Talente anlässlich von freien Trainings entdecken, die in den regionalen Sportzentren und Trainingsgruppen des SAC angeboten werden. 2011 wurden die Regionalzentren in den Statuten des SAC als «Zweckverbände»[66] verankert. Im Juni 2012 zählt man neun regionale Kletterzentren.[67]

Im Bereich Skialpinismus arbeitet die Kommission des SAC auf zwei Ebenen; die eine befasst sich mit der Förderung der Elite, die andere mit den Volksläufen.[68] Zu Beginn des 21. Jahrhunderts ist die Disziplin noch jung, aber mit einer durchschnittlichen Teilnehmerzahl von 200 pro Rennen gross im Kommen. Eines der Ziele der Förderung ist die Deutschschweiz, wo der rennmässige Skialpinismus traditionellerweise weit weniger verankert ist als in der Romandie, sowie die Erschliessung von Geldquellen, eine Aufgabe, bei der die Kommission stark auf das Image des Swiss-Teams setzt, der ersten Schweizer Nationalmannschaft, die 1999 ins Leben gerufen wird.[69] 2004 findet der erste Wettkampf in der Deutschschweiz im Diemtigtal statt, rasch gefolgt von vielen anderen, während die Einführung von Nachtrennen (Nocturne) und der neuen Volkslaufkategorie «Fun-Pop» immer mehr Teilnehmende an die Skialpinismusveranstaltungen lockt. Um für Nachwuchs hinter seinen Eliteteams zu sorgen, hätte die Führung gerne mehrere regionale Trainingszentren,[70] aber diese werden erst 2012 realisiert.

Was die Präsenz des SAC in der Öffentlichkeit betrifft, so haben die Wettkampfsportarten zu einem erhöhten Erkennungswert auf nationaler Ebene geführt. Gleichzeitig dienen sie ihm als Schaufenster, um das Interesse der Öffentlichkeit noch zu verstärken. Während die Patrouille des Glaciers schon immer ein grosser Medienerfolg war, hat sich auch ein wachsendes Interesse der Fernsehstationen am Sportklettern gezeigt,[71] was die Attraktivität für Sponsoren erhöht, die im SAC eine zunehmende Bedeutung bekommen. 2011 steht Sportklettern zusammen mit sieben anderen Sportarten auf der offiziellen Liste von Sportarten, die für die Olympischen Spiele 2020 infrage kommen. Der Entscheid fällt 2013!

150 JAHRE – MEHR ALS BERGE

Nachdem er den Sport akzeptiert und sich mit Erfolg in den Wettbewerb gestürzt hat, scheint der SAC in der Lage zu sein, schon bald für ein wenig Vertikalität in der olympischen Arena zu sorgen … Und wo bleibt das Bergsteigen in all dem? Bergsteigen als solches ist aus dem Leitbild und den Statuten fast verschwunden, die sich der SAC in den letzten Jahren gegeben hat; es ist vielmehr in einer allgemeineren Formulierung von «Bergsportarten»

---

8 / Skitourenrennen: Trophée du Muveran, Beginn der Abfahrt vom Col du Pacheu in den Waadtländer Alpen, 1. April 2012. — Foto: Gérard Berthoud.

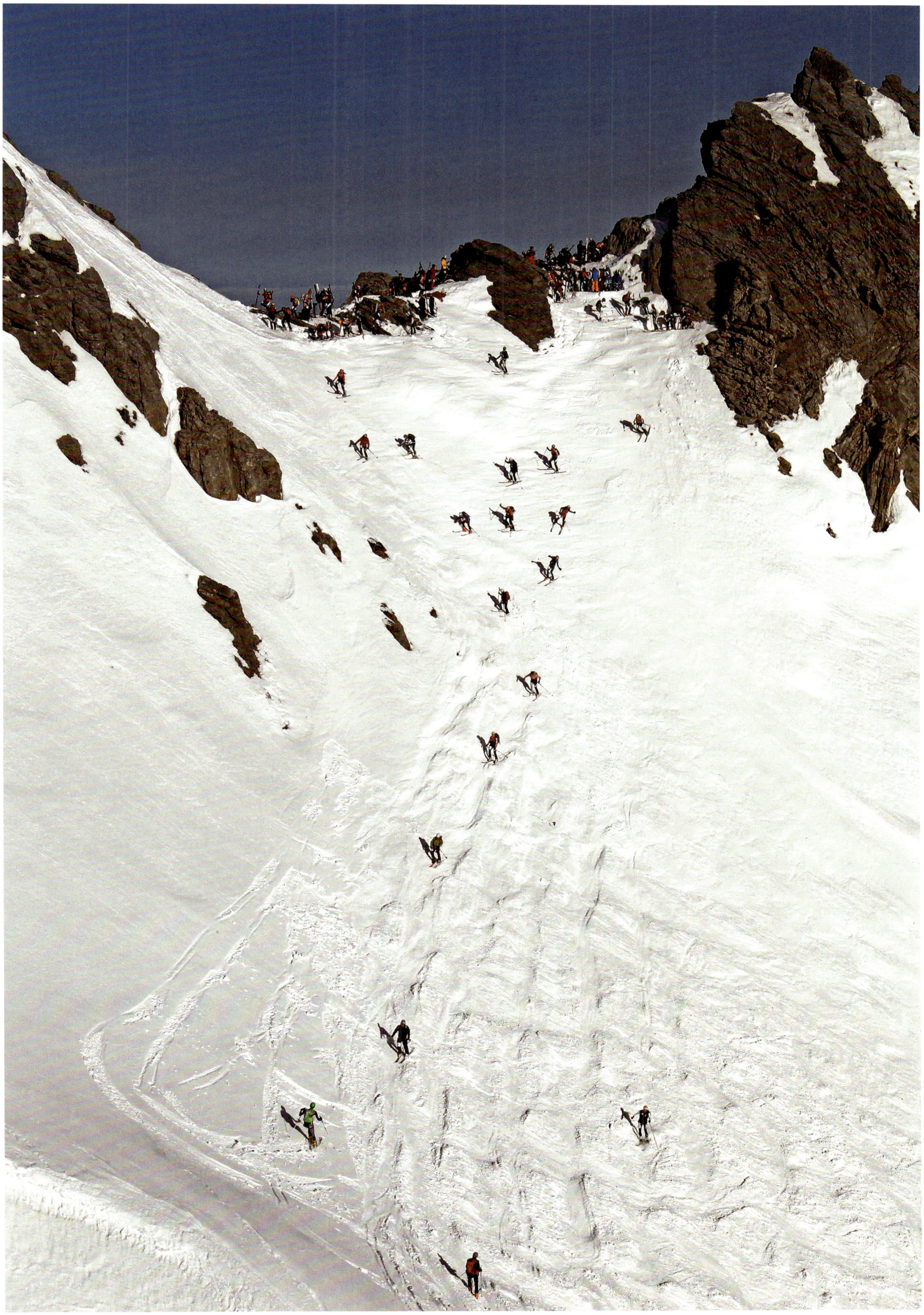

die Rede.[72] Und einige Mitglieder haben sich vielleicht gefragt, ob das Bergsteigen nicht einfach in der immer vielfarbiger werdenden Aktivitätspalette des SAC aufgegangen ist. Dennoch, auch hier war der SAC innovativ: Mit einem gewissen Rückstand auf die europäischen Nachbarn (Frankreich, Deutschland, Österreich) hat sich der SAC daran gemacht, einen Wechsel zu fördern, der das Image eines in den Augen der in den Kletterhallen aufgewachsenen Jugend vielleicht ein wenig spröd gewordenen Bergsteigens aufpolieren kann. 2007 wurde in Patagonien eine «Test»-Expedition organisiert, die zum Ziel hatte, das Leistungsbergsteigen von Jungen zu propagieren.[73] Im Bericht der einzigen jungen Frau der Gruppe stellt sich diese Erfahrung als Öffnung ihrer Aktivität als Sportkletterin hin zu den neuen Horizonten der grossen Weiten Patagoniens dar.[74] 2009 ermöglichte eine strenge technische Selektion die Bildung eines Nachwuchsteams von hohem Niveau und die Lancierung eines ersten dreijährigen Ausbildungsgangs, der mit einer Expedition in Peru mit acht Männern und einer Frau im Sommer 2012 abgeschlossen wurde. Neben der Ausbildung der Teilnehmenden hatte diese Expedition zum Ziel, das Image des SAC und des Schweizer Bergsteigens zu verbessern, indem den Jungen – und auch den weniger Jungen – eine Möglichkeit geboten wurde, sich mit den Glücklichen zu identifizieren, die für dieses Abenteuer ausgewählt wurden. Dies ist im Übrigen das gleiche Register, das in der Zeitschrift «Die Alpen» gezogen wird, wenn neben den Resultaten der Athleten in den Wettkampfsportarten auch markante alpinistische Erfolge publiziert werden, was immer auch einige ehrenwerte Clubmitglieder dazu sagen würden, die sich wohl im Grab umdrehen. Aber die Solokletterei, Geschwindigkeitsrekorde und andere akrobatische Spitzenleistungen aller Art dienen dazu, das VIP-Schaufenster des SAC zu alimentieren!

Im 19. Jahrhundert fand man auf die Frage, ob es sich beim Bergsteigen tatsächlich um einen Sport handle, einen offiziellen Kompromiss, indem man sich sagte, dass das Bergsteigen mehr ist als ein Sport. Auf die vor einigen Jahren in einem Editorial aufgeworfene Frage «Welche Berge wollen wir?» hat der SAC des 21. Jahrhunderts mit der Vielfalt der Disziplinen seine Antwort gefunden. Eine Antwort allerdings, die sprachlich leicht verschieden ausfällt: Das Motto zum 150. Geburtstag heisst auf Deutsch «Mehr als Bergsport», auf Französisch «Plus que de la montagne».[75]

Heute präsentiert sich das, was wir angesichts der 150 Jahre Lebenszeit als den «alt gewordenen» SAC betrachten könnten, der schon lange den Pickel hätte an den Nagel hängen, die Schuhe wegschmeissen und die Steigfelle endgültig versorgen sollen, als junger, sportlicher und unternehmungslustiger Jungspund, der im höchsten Mass gesellig und mit seinem Leistungsangebot sehr wettbewerbsfähig ist. Ja, er ist sogar so gelenkig, dass er den grossen Spagat zwischen Massenbergsport und Schutz der alpinen Umwelt wagt. Wir können nur wünschen, dass er die richtige Technik findet, um auch diese Stelle zu überwinden!

9 / Eisklettern-Wettkampf: Petra Klingler von der SAC-Nationalmannschaft im Final in der Kategorie Woman Lead am Ice Climbing Worldcup in Saas-Fee, 19. Januar 2013. — Foto: Philippe Mooser.

9 /

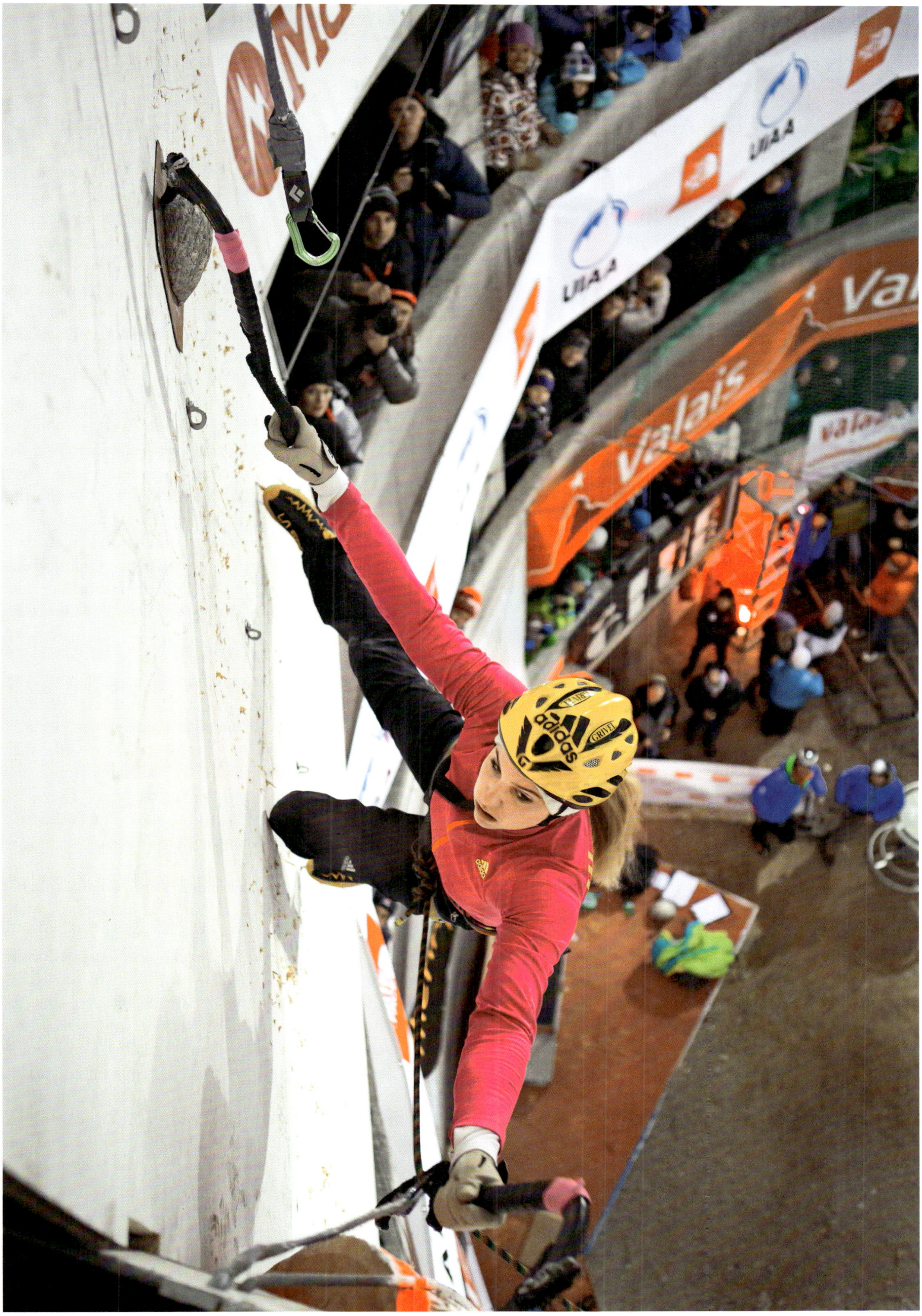

VON DER VORNEHMEN PFLICHT ZUM SERVICE PUBLIC

DER SAC UND DIE ALPINE RETTUNG

ANDREAS MINDER

Zeit: Samstag, drei Februar 2001, Ort: Talboden Plat de la Lé, drei Kilometer südlich von Zinal, Meteo: dichter Nebel, starker Schneefall, bis zu 40 Zentimeter Neuschnee. Eine 30-jährige Frau klettert in einem achtzig Meter hohen, vereisten Wasserfall. Gegen 17.30 Uhr löst sich eine Lawine, die Frau wird verschüttet. Rund eine Viertelstunde später suchen die ersten Rettungskräfte den Lawinenkegel ab. Eine zweite, grössere Lawine begräbt sechs Helfer. Vier befreien sich selber oder werden rechtzeitig gerettet, ein Bergführer wird tot geborgen. Am Sonntag suchen 150 Helferinnen und Helfer und zwölf Hundeteams weiter. Am Nachmittag finden sie die Eiskletterin und den zweiten Retter, tot. Andertags berichten die Zeitungen von der «Todeslawine». Besonders herausgestrichen wird der Tod der zwei Retter. Der Fall zeigt dreierlei. Erstens: Alpinisten verunfallen und sterben. Zweitens: Medien und Öffentlichkeit interessieren sich für Unglücke in den Bergen. Drittens: Es gibt eine organisierte Bergrettung, die Risiken ausgesetzt ist.

Punkt 1 wird mit der Unfallstatistik in aller Nüchternheit dokumentiert. In den letzten 30 Jahren kamen jährlich zwischen 100 und 150 Menschen in den Schweizer Bergen um, Tendenz leicht sinkend. Ueli Mosimann, Fachverantwortlicher Sicherheit des SAC und seit Jahrzehnten zuverlässiger Chronist von Unglück und Tod in den Bergen, sieht als Hauptgrund für die günstige Entwicklung die Rettung. Dank Handys kann sie heute häufiger rechtzeitig intervenieren. Dass die Retter im Einsatz sterben, ist übrigens sehr selten. Mosimann erinnert sich lediglich an zwei weitere Fälle. 1975 zerschellte ein Helikopter am Hinter Tierberg. Der Pilot und zwei Bergführer, die einen Skitourenfahrer suchten, kamen um. Beim Drümännler-Lawinenunglück im Diemtigtal wurde 2010 ein Rega-Notarzt von einer Nachlawine getötet.

Die «Hängemattenbahre» sollte bei einem «Aufzug aus der Gletscherspalte» Verwendung finden; der Transport «erfordert kräftige Leute».

«Skitragbahre». Beide Bilder stammen aus der Broschüre «Normalausrüstung für alpine Rettungsstationen». Die Ausrüstung, die darin beschrieben wird, entspricht dem 1912 verabschiedeten Reglement über das alpine Rettungswesen des SAC.

Quelle: SAC-Zentralarchiv, Burgerbibliothek Bern.

Einer der Vorgänger von Ueli Mosimann war der Berner Arzt Walther Kürsteiner. Er war der Erste, der die Bergtoten zählte und darüber schrieb. 1902 erschien im Jahrbuch des SAC seine «Kritik der alpinen Unglücksfälle von 1891 bis 1900». Die Zahl der Bergtoten hatte sich in dieser Zeitspanne von 10 auf 40 pro Jahr vervierfacht. Als Hauptgrund sah Kürsteiner die «immer üppiger werdende Bergsteigerei». Die Zahl der Touren habe sich je nach Gebiet «verzehnfacht, ja verhundertfacht». Gemessen an der «Unmasse geglückter Touren» sei die Unfallquote «ungemein klein». Trotzdem beklagte er Auswüchse des Alpinismus: Es gebe eine Sucht, unbezwungenen Gipfeln den Garaus zu machen. «Warum dieser Sinn nach immer günstigeren Gelegenheiten, ein Bein oder Arm oder gar das Genick zu brechen? Trachten wir doch lieber danach, den Alpinismus zu heben, als ihn zu diskreditieren.» Kürsteiner stellte fest, dass Unglücksfälle in ausseralpinen Kreisen lauten Widerhall erzeugten. «In blindem Eifer wird gegen die Unsinnigkeit der Hochtouren, die frevelhafte Abenteuerlichkeit des modernen Hochalpinismus, die epidemische Verirrung, die zwecklose Tollkühnheit, sinnlose Bravourleistung losgezogen.»[1]

Auch die Bergrettung scheint in jener Zeit dem Ruf des Bergsports nicht nur förderlich gewesen zu sein. Im Geschäftsbericht des Central-Comité Winterthur von 1903 wird von «Übelständen» berichtet. «Zuweilen sind Rettungsmannschaften in übertriebener Zahl ausgesandt worden, so dass die Kosten für die Betroffenen unverhältnismässig hohe wurden. In vereinzelten Fällen ist aber auch die rechtzeitige Hülfeleistung unterblieben, weil sich niemand der Sache annahm.» Für das Central-Comité Grund genug, einzuschreiten. «Wir betrachten es als eine der vornehmsten Pflichten des S.A.C., solche hässliche Begleiterscheinungen der mit der edeln Bergsteigerei wohl unzertrennbar verbundenen Unfälle nach Kräften zu vermeiden.»[2]

Es gab zu jener Zeit nur in einzelnen Gebieten Ansätze zu einer Rettungsorganisation. So hatte etwa die Sektion Bernina 1892 beschlossen, die Bovalhütte mit einer Tragbahre und einer Hüttenapotheke auszurüsten. Personell war die Bergrettung vor allem Sache der Bergführer.[3] Sie lernten in der Ausbildung das ABC der Rettung und wurden zur Hilfe bei Notfällen verpflichtet.

Das Central-Comité richtete im Juli 1903 im Kanton Glarus und in Zermatt versuchsweise sechs Rettungsstationen ein und entwarf ein Rettungsreglement, dem die Delegiertenversammlung noch im gleichen Jahr zustimmte. In touristisch wichtigen Orten sollten demnach Rettungsstellen eingerichtet werden. Geleitet werden sollten sie von den ortsansässigen Sektionen unter Oberaufsicht des Central-Comité. Organisation, Ausbildung und Versicherungsschutz der Rettungskräfte sowie die Finanzierung der Stationen wurden geregelt. Zur Ausrüstung wurden einige rudimentäre Angaben gemacht.[4]

Bis 1912 hatten 24 Sektionen bereits 49 Haupt- und 7 Nebenstationen gegründet. Sie wurden regelmässig inspiziert – und kritisiert. «Leider nicht durchwegs befriedigend» steht im Geschäftsbericht von 1912. «Eine etwas straffere Organisation und regelmässige Inspektionen tun dringend not.»[5] Zwei Jahre später wurde die mangelhafte Ausrüstung vieler Stationen gerügt. «Den Sektionen möchten wir deshalb ans Herz legen, die bestehenden Stellen auszubauen, bevor sie an Neugründungen herantreten.» Gleichzeitig wies das Central-Comité Rätia darauf hin, dass es noch zusätzliche Stationen brauche. «Zahlreiche touristisch äusserst wichtige Punkte, hauptsächlich im Westen unseres Landes, besitzen noch keine Stationen.»[6] Gemeint war damit namentlich das Wallis. Diese Lücken wurden nach und nach geschlossen. 1938 zählte man bereits 114 Rettungsstationen, 1962 waren es 130, und heute sind es 137 mit über 3600 Retterinnen und Rettern.

Im zweiten «Reglement über das alpine Rettungswesen des S.A.C.»[7] von 1912 wurde definiert, wie die «Normalausrüstung» einer Rettungsstation auszusehen hat. Tragbahre, Transportsäcke für Leichen, Schaufeln, Sondierstäbe, Wolldecken und ein Rucksack mit Seilen, Sturmlaternen, Kochapparat und zwei Kästchen mit medizinischem Material. Was für ein Kontrast zu den heutigen Stationen mit Chamonixwinden, Spaltenrettungssets, Defibrillatoren, Sauerstoffflaschen und Funkrelaiskoffern. Die technische Entwicklung spiegelt sich auch in der persönlichen Ausrüstung der Retter wider. Lawinenverschüttetensuchgerät, Funk und Pager, Funkhelmset und die funktionelle Sicherheitsbekleidung haben die Arbeit der Retterinnen und Retter massiv verändert.

Grosse Fortschritte bei der Einführung neuer Materialien und Techniken waren nach dem Zweiten Weltkrieg zu verzeichnen, allerdings vorerst nicht in der Schweiz. Augenfällig wurde das 1951 auf dem Urnerboden. Die Internationale Kommission für Alpines Rettungswesen (IKAR), die 1948 gegründete Arbeitsgemeinschaft der Bergrettungsorganisationen, führte die neusten Geräte vor, so eines zur Stahlseilbergung. «Das Material unserer Rettungskolonnen entspricht in vielen Fällen nicht mehr dem technischen Fortschritt», hielt das Central-Comité Neuchâtel im Geschäftsbericht 1954/55 fest.[8] Drastisch demonstriert wurde der Rückstand 1957 bei der Rettung des Italieners Claudio Corti aus der Eiger-Nordwand. Ein internationales Rettungsteam zog ihn mit einer Stahlseilwinde 320 Meter nach oben.[9] Die einheimischen Retter waren dazu nicht in der Lage. In den nächsten Jahren gelang es dem Schweizer Alpen-Club, den Anschluss wieder herzustellen.

Ebenfalls nach dem Zweiten Weltkrieg kam der Schweizer Alpen-Club auf den Hund. Er übernahm von der Armee die Ausbildung von Lawinenhunden. Anfang der 1950er-Jahre gingen die Vierbeiner auch in die Luft. Die Schweizerische Rettungsflugwacht hatte mit der Ausbildung von Rettungsfallschirmspringern begonnen, die über einer Unfallstelle abspringen – mit Hund. Anfänglich schnallte man den armen Tieren einen eigenen Fallschirm an und steckte sie in eine Blechkiste unter dem Flugzeug. Das versetzte sie dermassen in Angst, dass sie danach für

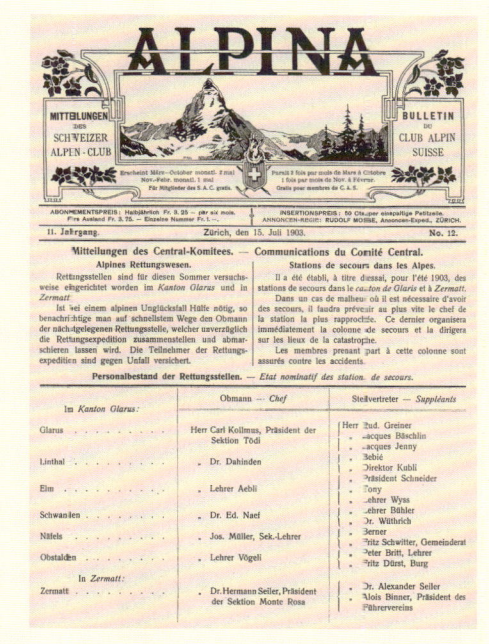

Publikation der ersten Rettungsstellen des SAC, die im Sommer versuchsweise im Kanton Glarus und in Zermatt eingerichtet wurden.

Quelle: Alpina, Mitteilungen des Schweizer Alpen-Club, 15. Juli 1903.

die Sucharbeit auf der Lawine kaum mehr zu gebrauchen waren. Deshalb liess man die Hunde später zusammen mit dem Führer am gleichen Schirm abspringen.¹⁰ Mit dem Aufkommen von Helikoptern verschwanden Fallschirmretter und Fallschirmhunde wieder. Ansonsten sind Rettungshunde aber immer noch unverzichtbarer Bestandteil der Rettungsorganisation. Gab es 1945 lediglich 14 Hundeführer, die zu Lawinenunfällen ausrückten, stehen heute im Alpengebiet der Schweiz rund 150 Teams für Ernstfälle bereit. Zusätzlich gibt es über 50 Gebirgsflächensuchhunde, die bei Suchaktionen im Sommer zum Zug kommen.

Die grösste Revolution im Bergrettungswesen war jedoch die Flugrettung. Sie veränderte die alpine Rettung tief greifend. Die Anfänge gehen in die 30er-Jahre zurück. 1932 berichteten «Die Alpen» von einer Fliegerrettungsübung im Tödigebiet. Ein Militärflugzeug suchte eine vermisste Gruppe Alpinisten. Es fand sie und warf über der bereits losmarschierten Rettungskolonne eine Meldung mit Kartenskizze ab. Dummerweise blieb die Meldetasche unter einem Gletscherabbruch in einer Felswand hängen. Nur mit riskanter Kletterei schaffte es ein Retter, sie zu holen. Trotzdem bezeichnete der Autor in «Die Alpen» die Übung als «unbedingt gelungen».¹¹

Der nächste, wichtigere Schritt wurde 1946 gemacht. Beim «Drama am Gauligletscher» (so der Titel des Dokumentarfilms des Schweizer Fernsehens aus dem Jahr 2012¹²) landeten zwei Militärpiloten am 24. November mit ihren Fieseler Störchen auf Kufen neben dem Wrack einer abgestürzten Dakota C-53 der US-Luftwaffe. Sie flogen die Verunglückten ins Tal und die schlecht organisierte Rettungskolonne, die den Unfallort völlig erschöpft erreicht hatte, gleich mit. Der 24. November gilt als Geburtsstunde der alpinen Luftrettung. 1952 wurde die Schweizerische Rettungsflugwacht gegründet, im gleichen Jahr gelang deren Pilot Sepp Bauer die erste Helikopterrettungsaktion.

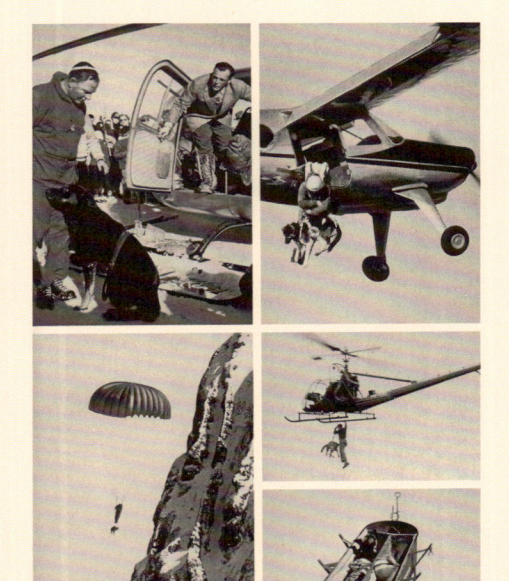

Wo keine Landung mit dem Flugzeug möglich war, kam der Fallschirm zum Einsatz, auch für Lawinenhundeteams. Ab 1965 brachten Helikopter Hilfe.
Quelle: Hilfe am Berg, 2001.

Eine Dakota C-53 der amerikanischen Luftwaffe stürzte am 19. November 1946 auf dem Gauligletscher ab. Die Rettung erfolgte fünf Tage später zu Fuss und erstmals aus der Luft.
Quelle: Berner Zeitschrift für Geschichte und Heimatkunde, 3/2006.

Solche Erfolge stiessen im SAC nicht nur auf Begeisterung. 1954 schrieb der ehemalige SAC-Präsident und Rettungsspezialist Rudolf Campell in «Die Alpen», man spreche für seinen Geschmack etwas zu viel von der Flugrettung. «Bald könnte man meinen, dass durch das Aufkommen dieser Rettungsart unsere bisher bewährte alpine Rettungsorganisation [...] hinfällig geworden wäre. Dem ist nicht so.» Die Flugrettung könne nur in Spezialfällen erfolgreich eingreifen. «Es ist verwerflich, so wie es heute geschieht, mit einer aufgebauschten Zeitungsreklame das Publikum in den Glauben zu versetzen, mit Flugzeughilfe könne in kürzester Zeit bei jedem Bergunfall eingegriffen werden.» Das verleite untüchtige, schlecht ausgerüstete Berggänger dazu, sich grossen Risiken auszusetzen. Campell lieferte noch einen zweiten Grund für seinen Seitenhieb gegen die medial omnipräsente Rettungsflugwacht. Durch die überschwängliche Lobpreisung der Flugretter kämen sich gewöhnliche Rettungsleute mehr und mehr überflüssig, ja lächerlich vor. Immer weniger interessierten sich für die undankbare Aufgabe des gewöhnlichen Fussvolks. Campell beendete den Artikel dann aber versöhnlich und schloss nicht aus, dass «Rettungsflugwache und alpine Rettungsorganisation des SAC Hand in Hand arbeiten, beide geeint durch den Willen, bedrängten Mitmenschen zu helfen».¹³ Angesichts der spektakulären Fortschritte der Flugrettung in den folgenden Jahren eine kluge Volte.

1960 wurde die erste Zusammenarbeitsvereinbarung zwischen Rettungsflugwacht und SAC unterzeichnet und in den darauffolgenden Jahren immer wieder erneuert. Am Inhalt lässt sich die Verschiebung der (finanziellen)

Kräfteverhältnisse der beiden Partner ablesen. In der Fassung von 1968 übernahm der SAC die Kosten der Rettungsflugwacht, wenn Gerettete nicht zahlten. Zudem überwies er ihr jährlich 5000 Franken. 1975 wurde vereinbart, dass beide Partner ihr Ausfallrisiko selber tragen. Seit 1977 floss das Geld in die andere Richtung. Die Rettungsflugwacht übernahm nun das Ausfallrisiko des SAC und überwies ihm jährliche Beträge, die höher und höher wurden.

Finanzielle Schwierigkeiten begleiten die Schweizer Bergrettung hartnäckig. Im ersten Rettungsreglement von 1903 wurde die Finanzierung so definiert: Einsatzkosten sollten von den Verunglückten oder ihren Angehörigen getragen werden. Wenn das nicht möglich sei, übernehme die Zentralkasse des SAC die Kosten. Organisation und Ausrüstung der Rettungsstationen sollten von den Sektionen getragen werden, das Central-Comité konnte im Bedarfsfall Beiträge an die Kosten leisten.[14] Daraus ergaben sich hohe, aber tragbare Kosten für den SAC. Erst in jüngerer Zeit wurde die Situation prekärer. Die technische Ausrüstung der Rettungsstationen und die Ausbildung der Retter wurden professioneller und teurer. Gleichzeitig schrumpften die Umsätze, weil Einsätze zwar zahlreicher, aber immer kürzer wurden und weniger SAC-Personal erforderte. Die Bergrettung erfolgt heute zu ungefähr 90 Prozent aus der Luft. Bei der häufigsten Einsatzart kommt neben dem Helikopter als einziger SAC-Vertreter ein sogenannter Rettungsspezialist Helikopter zum Zug: der Mann am Seil. Steigenden Grundkosten für die Aufrechterhaltung der Rettungsbereitschaft stehen immer weniger Einsatzstunden gegenüber. Zwischen der Vorstellung, die Bergrettung müsse aus den Erträgen der Rettungseinsätze finanziert werden, und der Realität klaffte eine immer grössere Lücke. Die steigenden Beiträge der Rega und die zögerlich zunehmende Beteiligung der Kantone, die eigentlich für das Rettungswesen zuständig sind, entlastete den SAC zwar, aber nicht hinreichend.

Eine SAC-Rettungskolonne im Aufstieg, die Rucksäcke voll bepackt mit überlebenswichtigem Material.

Das Auffinden und Ausschaufeln einer verschütteten Person in einer Lawine will gelernt sein – es kommt auf jede Minute an.

Fotos: Alpine Rettung Schweiz.

Das Wallis fand 1996 seine eigene, kantonale Lösung für das Problem. Der Grosse Rat verabschiedete das «Gesetz über die Organisation des Rettungswesens».[15] Es legt fest, dass die Koordination im Rettungswesen durch eine kantonale Dachorganisation zu gewährleisten sei. Seither ist die Kantonale Walliser Rettungsorganisation (KWRO) für die Rettung und den Transport aller kranken, verunfallten oder in Not geratenen Personen zuständig, inkl. Bergrettung. Im Leistungsauftrag steht, wie viel Geld sie dafür bekommt. Die Bergrettung und ihre Finanzierung wurde damit Sache des Kantons.

In der übrigen Schweiz spitzte sich die Situation weiter zu. «Alarm beim SAC: Bergretter vor dem Aus», titelte der «Sonntags-Blick» im August 2004. Andreas Lüthi, damals Präsident der Rettungskommission des SAC, malte in düstersten Farben: «Es muss etwas geschehen, sonst müssen wir die Bergrettung aufgeben.» Im Artikel wurde erwähnt, wie der Zentralvorstand dieses Szenario verhindern wollte: Die Bergrettung sollte in eine Stiftung überführt werden.[16]

2005 war es so weit: SAC und Rega gründeten die Stiftung Alpine Rettung Schweiz (ARS). Finanziert wird die ARS zu je einem guten Drittel von der Rega und den Entschädigungen für die Einsätze. Die Kantone übernehmen einen knappen Fünftel der Kosten. Der Beitrag des SAC an die jährlich rund 4,3 Millionen Umsatz beträgt noch bescheidene 3,3 Prozent. Hinzu kommt die abgesehen von der Einsatztätigkeit ehrenamtliche Arbeit der über 3000 Retter des Schweizer Alpen-Clubs. Im Jahresbericht 2011 schreibt die Stiftung: «Mit diesem Fundament wird es der ARS weiterhin möglich sein, die Bergrettung verhältnismässig und den Umständen angepasst als Service public aufrechtzuerhalten.»[17]

DANIEL ANKER

«ES WAR ZU SCHÖN DA OBEN.»

EINE SAC-BÜCHERBERGTOUR IN 17 SEILLÄNGEN

Der SAC wurde vor 150 Jahren auch deshalb gegründet, um über das Besteigen von Bergen zu berichten. Gerade deshalb. Hinausgehen in die Landschaft, die Landeskarte in der einen, das Notizmaterial in der andern Hand. Damit diejenigen, die (noch) nicht oben waren, lesen konnten, wie man hinaufkäme und -kommt, wie es oben aussieht. Ein Streifzug durch die Clubzeitschriften, diesen Mörtel im Gebäude eines Vereins, von 1863 bis 2013, jeweils im Abstand von zehn Jahren.

1863: «DIE GANZE GEBIRGSKETTE LAG KLAR VOR AUGEN.»

«Mit Ausnahme des Gletscher- und Mittaghornes, die im Nebel staken, lag die ganze Gebirgskette, die Lauterbrunnen und Gasteren vom Wallis scheidet, sowie zu Füssen der Tschingelgletscher klar vor Augen. Aus den geheimnissvollen Tiefen des Ränzels wurde eine heimathliche Bratwurst, Dank der in's Herz der Berge führenden Eisenbahn noch ganz frisch, an's Tageslicht gebracht und vertilgt und dann, um 9 Uhr, wieder über die steilen Schutthänge auf den Gletscher hinabgestiegen.»

1859 und 1863 erschienen die beiden Bände «Berg- und Gletscherfahrten in den Hochalpen der Schweiz», herausgegeben und teilweise selbst geschrieben von Gottlieb Studer, Melchior Ulrich, Johann Jakob Weilenmann und Heinrich Zeller-Horner. Zwei Bände, welche die Vorläufer der Publikationen des SAC sind: der richtige Einstieg zum clubistischen Bücherberg.

Am 10. August 1859, nach dem Aufstieg von Obersteinberg hinten im Lauterbrunnental, vertilgte Johann Jakob Weilenmann, Mitbegründer der SAC-Sektion St. Gallen, in der Gamchilücke (2837 m) oben eine echte St. Galler Bratwurst. Und kam nur wenig später, wie er im Kapitel «Streifereien in den Berner- und Walliser Alpen» aus dem zweiten Band schreibt, unverhofft zu einem Glas Wein. Auf dem Petersgrat oben traf der Solobergsteiger nämlich auf drei britische Alpinisten mit ihren Schweizer Bergführern, die vom Lötschental heraufkamen. Weilenmann: «Man lud mich ein, am Mahle theilzunehmen, um das man gelagert. Essen mochte ich nicht, einen Trunk Wein, aus kleinen hölzernen Fässchen gespendet, wie sie in den Bergthälern des Wallis gebräuchlich, nahm ich gerne an.»

Ein Prosit auf die schreibenden Hochtouristen, kann man da nur sagen. Stellen wir uns vor, Weilenmann & Co. hätten nichts geschrieben. Wären nur gegangen, gestiegen, geklettert. Hätten nicht mitgeteilt, wo sie den Fuss hinsetzten, welche Route sie warum und wie gewählt, welchen Gipfel sie (erstmals) erreichten, und wie sie wieder runterkamen. Wo sie übernachteten, und wie. Welche Führer sie anheuerten. Stellen wir uns vor, unsere Gründerväter und ihre Nachfolger hätten nichts erzählt von der Aussicht, von Hunger und Durst, von den Höhen und Tiefen des Bergsteigens, von Schönheit und Gefährlichkeit alpinistischen Tuns.

Gerade dieser Johann Jakob war ein genauer Beobachter: seiner selbst, seiner Glücksgefühle und Ängste – und von Land und Leuten unterwegs, am Berg wie zu Tal. Nach dem Abstieg vom Petersgrat nach Blatten im Lötschental wanderte er talaufwärts nach Gletscherstafel, nicht alleine: «Zuerst ward mir als Begleiterin eine hochaufgeschossene, hübsche Walliserin, die auch nach Staffeln ging. Das schmalkrempige, mit breitem, gefältetem Seidenbande geschmückte Strohhüttchen, unschön sonst, sass ihr so coquett, als man es nur tragen kann. Verzog sich ihr Mund zum Lachen, so zeigte sie Reihen perlweisser Zähne; ihre schlanke Figur, mit dem winzigen, weissgescheuerten Milchbehälter auf dem Rücken, leicht und anmuthsvoll über die glatten Steine trippeln zu sehen, war eine wahre Freude.»

Eine Freude ist es auch, in solchen Büchern zu lesen. Auf Papier oder am Bildschirm. Dort erfährt man, ob und wie es weiterging mit der hübschen Lötschentalerin und dem bärtigen St. Galler. Und wohin er weiter ging ebenfalls.

1864: «ZUM ERSTEN MALE VOM MENSCHENFUSS BETRETEN.»

«Zehn Minuten vor 2 Uhr war die höchste Spitze des Bifertenstocks erreicht und zum ersten Male vom Menschenfuss betreten. Fahne aufgerollt, dem Linththal zugeweht! Den Champagner entkorkt, puff! Hoch Glarus! Hoch Basel, St. Gallen und Bern! – In eben dem Augenblick richteten

---

1 / «Ansicht vom Hintergrund des Lötschenthals vom Torrenthorn.» Nach einer Zeichnung von Gottlieb Studer. — Quelle: Berg- und Gletscherfahrten in den Hochalpen der Schweiz, 1863.
2 / «Der Gipfelkranz der Tödigruppe, von Osten gesehen.» Holzschnitt von Buri und Jeker.
3 / «Der Bifertenstock. Nach einer Skizze von Müller-Wegmann durch Fernrohr vom Uetliberg aufgenommen.» — Quelle: Jahrbuch des Schweizer Alpenclub, 1864.

1 /

Hokehorn Sackhorn Lötschenth.-Grat. Äusserer Eiger Tschingelh. Jungfrau Tenbachhorn Breithorn Grindelspitzen Grosshorn Mittaghorn auf'm Brust Jägerhorn Ahnengletscher Finsteraarhorn Läng-Gletscher Lötschenlücke Schienhorn Aletschhorn Aletschgrat Birchgrat Breithor

Resti-Rothhorn Loetschen Thal

2 /

3 /

die Leute in Stachelberg ihre Fernrohre nach unserm Ziel und konstatirten unsere Anwesenheit.»

Ein Höhepunkt, den Abraham Roth aus Bern im ersten «Jahrbuch des Schweizer Alpenclub» festhält, als dessen Redaktor er zeichnet. Die Erstbesteigung des Bifertenstocks (3419 m) am 7. September 1863, zusammen mit August Raillard-Stähelin aus Basel und Georg Sand aus St. Gallen sowie mit Hauptführer Heinrich Elmer aus Elm, Glärnischführer Christian Vordermann von Glarus und Träger Jakob Stüssi aus Linthal. Der Bifertenstocks als «der höchste der unerstiegenen Gipfel der Tödigruppe», die der SAC als erstes Exkursionsgebiet ausgewählt hatte, durfte laut Ansicht von Roth nicht unbestiegen bleiben. Eine Erstbesteigung als alpinistische, patriotische und publizistische Pflicht.

Vom 4. bis 6. September 1863 fand in Glarus die erste Generalversammlung des Clubs statt, an der 48 der damals 239 eingeschriebenen Mitglieder teilnahmen. Die ankommenden Gäste wurden am Freitagabend mit einem mächtigen Feuer «auf der Spitze des vordern Glärnisch, 6000 Fuss über der Thalsohle,» begrüsst, wie Roth in der Jahrbuch-Chronik festhielt. Am Samstagmorgen hielt Rudolf Theodor Simler, Initiant des SAC und an der Gründungsversammlung zum ersten Zentralpräsidenten gewählt, eine grundsätzliche Rede zu den vielen Aufgaben des neuen Vereins, «die sich gewissermassen in das Ziel zusammenfassen lassen: zu Dufour's topographischem Atlas einen lebendigen Kommentar zu liefern».

Da haben wir in Roth natürlich einen geeigneten Seilersten. Lassen wir ihn gleich selbst erzählen, und zwar diese Passage, als die sechs Bergsteiger das Nachtlager auf der Alp Ringgental hoch oberhalb Tierfehd aufsuchten: «Wegen des Nebels ist es uns auch unmöglich, die Aussicht zu schildern, die sich auf dem weiteren Wege darbietet, nämlich bis zum obern Baumgarten, den wir ¼ vor 6 Uhr, und zur Alp Rinkenthal, die wir um 6½ Uhr just mit anbrechender Nacht erreichten. Wir wissen nur, dass sehr anhaltend an charakteristischen Alphalden und Felsflühen gestiegen werden muss. Am lebhaftesten bleibt uns jener Hühnersteg im Gedächtniss, über welchen man unmittelbar vor den Hütten von Rinkenthal krabbeln muss. Der Felsen hängt konkav einwärts, so dass die Passage nur mittelst eines in den Felsen genagelten Brettes möglich ist. Unter dem Brette der Abgrund. Das Brett war vom herabtropfenden Wasser schlüpfrig, etliche der Querstäbe, welche vor dem Ausgleiten bewahren sollen, unter den wuchtigen Nägeln der Aelperschuhe zerfetzt oder ganz weg – kurz, wir Uebrigen stimmten Hrn. Raillard bei, als er nachher betheuerte: *Nicht um hundert Zwetschgen ging' ich bei Nacht über diesen Steg!*» Anschaulich und informativ: Aufstiegszeiten und Schlüsselstelle sind genannt, Geschehnisse erzählt. Und so geht es weiter, bis auf den Bifertenstock hinauf. Lesevergnügen und Routenbeschreibung in einem.

1873: «DER BESUCH DER WILDEN ZOFE DARF BESTENS EMPFOHLEN WERDEN.»

«Im VI. Bande des Jahrbuches schildert Herr Dr. Häberlin, Mitglied der Sektion Basel, seine im Sommer 1869 ausgeführte vermeintlich erste Besteigung der Wilden Frau. Zwei Jahre später wurde dieser wenig besuchte Gipfel zum Ziel eines Clubausflugs der Sektion Bern gewählt und seine Besteigung am 13. August glücklich ausgeführt. Da einerseits der Weg, den wir einschlugen, von demjenigen Herrn Häberlin's wesentlich verschieden ist und andererseits der lohnende und unschwierige Ausflug es wohl verdient, den Clubgenossen genauer bekannt gemacht zu werden, so mag eine kurze Beschreibung dieser Clubfahrt im Jahrbuche ihre Stelle finden. Namentlich solchen Clubisten, die, bevor sie sich an die Riesen unserer Bergwelt wagen, gerne eine kleine Probe ihrer Kräfte bestehen wollen, darf der Besuch der wilden Zofe der hehren Weissen Frau bestens empfohlen werden.»

Wer heute zum Beispiel auf www.hikr.org die Tourenberichte liest, wird nicht anders informiert als hier: Wer wann was gemacht hat, ob sich die Tour lohnt und was dazu schon publiziert wurde. Berichterstatter für die Wilde Frau, einen der sieben Gipfel der Blüemlisalp-Gruppe in den Berner Alpen, war Adolf Wäber, von 1872 bis 1891 Redaktor des SAC-Jahrbuchs. Mit seinen zehn Genossen von der Sektion Bern sowie mit den Führern Fritz Ogi, Christen und Fritz Hari und zwei nicht namentlich genannten Trägern steigen wir von Kandersteg zum Nachtlager auf der oberen Oeschinenalp auf. Was nun folgt, ist die Begegnung der neuen mit den alten Bergnützern – leider erfahren wir nicht, was sich die beiden Sennerinnen gedacht haben, als plötzlich 16 Männer in ihre Hütte trampelten:

«An der grössten wurde angepocht und bald waren die Bewohnerinnen, eine junge Frau mit ihrer Schwester, damit beschäftigt der hungrigen Schaar einen wärmenden Kaffee und so gut es eben anging ein Nachtlager im Kuhstall zu bereiten. Eine dünne Heuschicht wurde über den Boden gebreitet, Reisetaschen und Tornister als Kopfkissen, der Plaid als Decke zurechtgelegt und das Bett war fertig. Ueberflüssiger Platz war gerade nicht vorhanden; wir lagen alle elf dicht nebeneinander, wie die Häringe in der Tonne. Den Führern hatten die beiden Frauen ihre Betten abgetreten, während sie selbst es sich am Herdfeuer bequem zu machen suchten.»

Apropos Weiblichkeit: Wäber setzte gleich an seinen Artikel Dübis «Vom Roththal über die Jungfrau zur Wengernalp». Heinrich Dübi: Jahrbuch-Redaktor von 1891 bis 1923, Verfasser der Denkschriften zum 50. Geburtstag des Gesamtclubs und der Sektion Bern, Autor von Clubfüh-

---

4 / «Panorama von der Porta da Spescha.» Lithografischer Farbendruck von Jakob Friedrich Ferdinand Lips (Ausschnitt). — Quelle: Jahrbuch des Schweizer Alpenclub, 1864.
5 / «Vom Gipfel der Wilden Frau (3262 Meter). Aussicht nach Osten.» Holzschnitt nach einer Fotografie von Jules Beck.
6 / «Westlicher Abstieg von der Wilden Frau.» Nach einer Fotografie von Jules Beck. — Quelle: Jahrbuch des Schweizer Alpenclub, 1873.

4 /

Bifertenstock (3426) Bündner-Tödi (3189) (3134) Piz Urlaun (3372) Porta da Glems. Stockgron (3417) Kehle der Porta da Spescha

5 /

6 /

rern für die Berner und Walliser Alpen, Alpinhistoriker, Erstbegeher von gleich zwei neuen Wegen aus dem Rottal auf die Jungfrau.

Bleiben wir noch kurz bei den Frauen. In «L'Écho des Alpes», der im März 1865 von der Section genevoise als sektionseigenen lancierten und seit Januar 1870 offiziell als Sprachrohr aller welschen Sektionen dienenden Zeitschrift, veröffentlichte Laurent Fragnière von der Section Moléson einen der ersten Artikel zum winterlichen Bergsteigen. Vor- und Nachteile der «Courses d'hiver» sind aufgelistet, anhand einer Sektionstour vom 6./7. Januar 1872 auf die Kaiseregg. Genächtigt und getafelt wird wie üblich in einer Sennhütte: «La table était dressée et je ferais sans doute venir l'eau à la bouche à mes lecteurs si j'entreprenais une énumération détaillée des surprises gastronomiques que nous réservaient les profondeurs de nos sacs.» Was wären Bergtouren ohne Essen und Trinken? Und was für ein feines Getränk die fünf Clubisten hoch über dem Alltag genossen: «C'est ce moment-là que choisit Mademoiselle Joséphine pour faire son entrée en scène, au milieu de ses adorateurs. Que personne ne se scandalise pourtant de cette communauté de sentiments envers le même objet. Joséphine n'était autre qu'une bouteille de cognac, aux formes sveltes et élancées et dont l'élégance nous avait paru mériter ce gracieux surnom.»

1883: «EINE FLASCHE ENTHIELT DIE NAMEN EINIGER BESTEIGER.»

«Der 8. August 1882 war ein herrlicher Tag mit heller Fernsicht auf die Alpen; viele meiner Bekannten waren schon in den Bergen, es hielt mich nicht länger zu Hause und ich verreiste noch am Nachmittag nach St. Maurice, wo ich am späten Abend ankam und im Ecu du Valais ein leidliches Nachtquartier fand.»

Am nächsten Abend, nach dem Marsch durchs Val de Bagnes, will Carl Durheim von Mauvoisin aus noch zu einer Sennhütte weitergehen und gerät in die Nacht und arge Schwierigkeiten. Der auf der Dufourkarte als guter Fussweg eingezeichnete Pfad ist abgerutscht, Durheim fällt in einen Bach, kann sich retten und wird schliesslich von Älplern ganz gerettet, verpflegt und getrocknet – spannend beschrieben im Bericht «Bagnesthal, Mont Avril und die südlichen Monterosathäler». Er wurde abgedruckt im 1. Jahrgang der «Schweizer Alpen-Zeitung. Organ für die deutschen Sectionen des Schweizer Alpenclubs sowie für alle Freunde der Alpenwelt». Das von der Sektion Uto lancierte Mitteilungsblatt erschien von 1882 bis 1893 und musste extra abonniert werden.

«Der Mont Avril hat nach der Dufourkarte eine Höhe von 3341 m; die Aussicht ist schon oft beschrieben worden. Wir genossen dieselbe beim herrlichsten Wetter und blieben wohl eine Stunde neben dem Steinmann; eine Flasche enthielt die Namen einiger Besteiger und wir fügten auch unsere Karten bei. Dass die Gletscher schon seit vielen Jahren und besonders in der letzten Zeit abgenommen haben, kann man auch hier wahrnehmen.» Was würde der Berner Clubist wohl heute schreiben? Via Facebook oder Twitter den Gletscherschwund beklagen? Wetter und Aussicht loben? Überhaupt kundtun, dass er und sein Führer Etienne Bessard oben sind? Die Namen auf Papier in einer leergetrunkenen Weinflasche hinterlassen, das geht ja (leider) nicht mehr. Oder hat Fotograf Durheim einfach nur das Obensein genossen: «Es war zu schön da oben auf dem Mont Avril und ich wäre gerne länger geblieben.» Wir auch.

1893: «EINE IMPROVISIERTE FAHNE HATTE LEIDER NUR KURZEN BESTAND.»

«Nachdem im Couloir über guten Schnee eine Höhe von 3000 m erreicht war, schlugen wir uns links in die teilweise brüchigen Felsen, über die wir, ohne ungewöhnliche Schwierigkeiten, um halb 9 Uhr den Grat erreichten, wo er sich in mässiger Neigung zum letzten Gipfel aufschwingt. Eine Viertelstunde später standen wir auf der vorher noch nie betretenen, nun durch einen stattlichen Steinmann gekrönten Spitze. Eine improvisierte Fahne hatte leider, wie wir nach wenigen Stunden beobachten konnten, nur kurzen Bestand.»

Pech natürlich. Doch der Steinmann als beständiges Gipfelzeichen war wichtiger als die flüchtige Fahne. Vor Ort jedenfalls. Mögliche Erstbesteiger merkten allerspätestens zuoberst, dass sie exakt dies nicht waren. Solche Enttäuschungen wären oft eingetreten, wenn nichts veröffentlicht worden wäre. In diesem Fall konnten die Zeitgenossen seit dem 1. Juli 1893 wissen, dass am 21. Mai dieses Jahres der Piz Forbesch (3262 m) westlich oberhalb der Julierpassstrasse um 8.45 Uhr erstmals betreten worden war. Es waren dies der Bergführer Christian Klucker aus Sils-Maria, der in Baden arbeitende US-amerikanische Ingenieur Valère Alfred Fynn und Walter Gröbli, Professor für Mathematik am Gymnasium der Zürcher Kantonsschule und Mitglied der Sektion Uto; er verfasste den kurzen Artikel. Und zwar für die erste Ausgabe der neuen, in Zürich publizierten «Alpina. Mitteilungen des Schweizer Alpen-Club./Bulletin officiel du Club Alpin Suisse». Eine Monatszeitschrift für den gesamten Club, so wie seit 1925 mit «Die Alpen». Darin finden sich Mitteilungen der Centralcomités und der Sektionen, Verlautbarungen, Protokolle, Leserbriefe, Literaturhinweise, aber eben auch Berichterstattungen über neue und andere Touren. Und

---

7 / «Rohthalhütte mit dem Rohthaljoch.» Gezeichnet von Rudolf Leuzinger; Farbendruck. — Quelle: Jahrbuch des Schweizer Alpenclub, 1873.
8 / «Piz Arblatsch und Piz Forbisch von der Lenzerheide.» Zeichnung von Emil Bosshard.
9 / «Piz Forbisch und Piz Arblatsch.» Foto von Emil Huber. — Quelle: Jahrbuch des Schweizer Alpenclub, 1893.

7 /

8 /

9 /

die gab es 30 Jahre nach der Gründung des SAC und der systematischen alpintouristischen Erforschung der Alpen immer noch zu machen. Grad nacheinander: Am 22. Mai standen die drei Alpinisten als erste auf dem Nachbargipfel des Piz Forbesch, auf dem Piz Arblatsch (3203 m). Wer wollte, konnte die zwölfseitige «Alpina» mit Gröblis akkurater Beschreibung zusammenfalten und in die Brusttasche stecken – sozusagen eine Touren-App. Natürlich ist auch die geeignete Karte angegeben: Blatt 517 der Siegfriedkarte, deren Darstellung einer Scharte im Verbindungsgrat Arblatsch-Forbesch «übrigens zu wünschen übrig lässt».

Wer sich von seinem Bericht nicht zu einem bergsteigerisch intensiven Wochenende im «vorzüglichen Gasthaus zum Löwen in Molins» animieren lassen wollte, fand in der ersten «Alpina»-Nummer einen gemütlichen Ersatz mit dem Studerstein: Das am 7. Juni 1993 eingeweihte Denkmal an vorzüglicher Aussichtslage am Nordwestrand der Stadt Bern. Die Inschrift in diesem Findling lautet so: «Dem Andenken des Alpenforschers Gottlieb Studer 1804–1890 die Section Bern S.A.C.».

In der «Alpina» vom 1. Dezember 1893 publizierte Christof Iselin von der Sektion Tödi die Abhandlung über «Praktische Ergebnisse des Schneeschuhlaufens in den Glarnerbergen im Winter 1892/93». Er schreibt unter anderem: «Durch Ausweichen der Lauinenzüge, durch Aufsuchen der flachsten und breitesten Höhenrücken oder Alpenmulden, durch Benützen der günstigsten Schneelage, die in den Bergen besonders gegen das Frühjahr am gleichen Abhang oft wechselt, […] wird der Alpen-Skiläufer einen Weg einschlagen, der von der normalen Richtung gänzlich abweicht, und zu dessen Bestimmung es eigener Talente, eines eigenen Orientierungssinnes bedarf.» Ein Gründungsdokument zur Geschichte des Skilaufs in der Schweiz – und in den Alpen.

1903: «ICH HÄTTE IHN AM LIEBSTEN GLEICH WIEDER NACH HAUSE GESCHICKT.»

«Eine siebente Route: der direkte Aufstieg vom Col du Chardonnet zum Gipfel [der Aiguille du Chardonnet], sollte eine meiner diesjährigen Gebirgswanderungen bilden. In dieser Absicht brach ich, durch einen Regenschauer sehr verspätet, am Morgen des 5. Septembers 1903 von Lognan auf. Die Wahl eines Trägers hatte ich meinem Führer Jean Ducroz überlassen; als mir dann ein blasser, 23-jähriger Bursche, hoch aufgeschossen und phlegmatisch, vorgestellt wurde, hätte ich ihn, wenn das angegangen wäre, am liebsten gleich wieder nach Hause geschickt.» Was freilich in jeder Hinsicht das Beste gewesen wäre. Denn nur ein Satz weiter unten passiert das erste Malheur: Es gelang «dem Träger an einem, zum Glücke gefahrlosen, vereisten Hange, wo wir ohne Stufen zu schlagen, aber doch wegen der bald zu passierenden Schründe angeseilt gingen, auszugleiten und mich nachzureißen. Durch rasches Einhacken des Pickels konnte ich es noch verhindern, daß nicht auch D. auf die unteren Schutthänge mitgeschleift wurde.» Im nächsten Satz muss der Gast den ungeschickten Träger gleich nochmals halten. Fazit: «Das alles war jedoch nichts im Vergleich mit dem, was er noch anstellen sollte.»

Was nun folgt, ist eine schier unglaubliche Tour und Geschichte, die in dieser Szene gipfelt, in welcher der Gast die vor ihnen liegende Route überblickt, «als mich D's Ruf: ‹Fräulein, schnell! ich kann nicht mehr halten!› aufschreckte. Rasch sprang ich ihm bei und half den schwer am Seile pendelnden Träger, der wieder ausgeglitten war, heraufziehen.»

Fräulein? Ja: Eugénie Rochat aus Stuttgart. Der Tourenbericht «Aiguille du Chardonnet (3822 m) – Traversierung auf einem teilweise neuen Wege» im SAC-Jahrbuch von 1903 ist nicht ihr erster. Von 1897 bis 1904 erschienen sieben noch immer lesenswerte Texte von ihr, über grosse Touren vor allem im Mont-Blanc-Gebiet. Im Nordgrat des Pierre qu'Abotse (2735 m) in den Waadtländer Alpen gibt es einen Turm, den die SAC-Führer Pointe Eugénie Rochat (2659 m) nennen. Nur: Auf der Landeskarte (LK) hat der Felsturm keinen Namen. Was hiermit beantragt wäre.

1913: «LES SKIS GLISSAIENT À CÔTÉ DE MOI COMME DE FIDÈLES COMPAGNES.»

«L'hospice d'All Acqua était ouvert, mais personne ne répondit à nos appels, et de Choudens ne voulut pas entendre parler d'une halte. Bientôt je le laissais filer en avant sur le chemin désormais battu. J'avais dans mon sac la corde que je transportais depuis huit jours sur mon dos et je voulus m'en servir une fois, ne fut-ce que pour tirer mes skis sur le talweg dont la dureté commençait à m'exaspérer. Je tenais à passer tranquillement cette dernière heure de ma traversée. J'allumai ma pipe et je m'en fus à petits pas, un peu las et l'esprit rêveur, traînant mes planches qui, selon la pente, me suivaient ou me précédaient, ou bien glissaient à côté de moi comme de fidèles compagnes.»

Was für ein stimmiges, vielleicht auch ein bisschen trauriges Bild! Acht Tage waren sie zusammen unterwegs, vom Simplonpass bis in die Val Bedretto: die erste geglückte Skidurchquerung der Lepontinischen Alpen. Doch im letzten Abschnitt trennten sich die Freunde, Gabriel de Choudens eilte voraus, während Marcel Kurz, so liest man wenigstens zwischen den Zeilen, ganz gern alleine talauswärts bummelte. Eigentlich hätte er, ja vor allem er als einer der ganz grossen Skialpinisten, auch auf den Ski gleiten können, wie sein Compagnon, doch er liess sie ne-

---

10 / «Panorama vom Mont Buet.» Aufgenommen von Friedrich Eymann (Ausschnitt). — Quelle: Beilage zum Jahrbuch des Schweizer Alpenclub, 1903.
11 / «Monte Leone vu du Kaltwasserpass.» Zeichnung von Charles Meltzer.
12 / «Sommet du Monte Leone.» Zeichnung von Charles Meltzer.
13 / «Alpes Pennines vues du Kaltwasserpass. – Au centre le Weisshorn.» Foto von Marcel Kurz. — Quelle: L'Écho des Alpes, 1913.

10 /

11 /

12 /

13 /

ben sich gleiten, gehalten durch das Seil. Auf dem Monte Leone, dem Hohsandpass, dem Griesgletscher hatten sie das Seil nicht gebraucht, nun diente es als Skileine, während der Herr eine Pfeife rauchte und die Gedanken wandern liess. Und die Leser von «L'Écho des Alpes» mit ihm.

«Marcel Kurz, Section neuchâteloise»: So ist der Artikel «Courses en ski dans les Alpes Lépontines» unterschrieben. Wer sich ein wenig für die Geschichte des Skilaufs interessiert, wird um Marcel Kurz keinen Bogen fahren können. Er bestieg fast alle Walliser Viertausender im Winter, wenn möglich als Erster und mithilfe der Ski. Für den SAC verfasste er die «Guide des Alpes Valaisannes» und «Guide du Skieur dans les Alpes Valaisannes» sowie den Band «Bernina» der Clubführer durch die Bündner Alpen, unentbehrliche Quellen- und Geschichtswerke. Von 1913 bis 1922 war er Mitarbeiter der Eidgenössischen Landestopographie. Leider hat die ihm gewidmete Pointe Marcel Kurz (3498 m) im Westgrat des Mont Brulé in den Walliser Alpen noch keinen Namen auf der LK.

1923: «DIE WEGE SIND TROTZ DER RAUHEIT DES GEBIRGES RECHT GUT.»

«Der jähe Abfall gegen die Tessinebene scheint auf den ersten Anblick völlig unwegsam, und man ist überrascht, wenn man bei genauerem Hinsehen auf schwindelnder Höhe an verschiedenen Stellen Hütten gewahrt, bei deren Anblick man sich unwillkürlich sofort fragt, wie kommt man nur dort hinauf. Die wilde Westflanke des Monte di Biasca gibt mancher Maiensässe und etlichen Alpen Raum, und die Wege, die dieselben mit der Talebene und unter sich verbinden, sind trotz der Rauheit des Gebirges teilweise recht gut.»

Gotthard End war um die vorletzte Jahrhundertwende ein unermüdlicher Erforscher und Erstbegeher zahlreicher Routen der Tessiner Berge. Im «Jahrbuch des Schweizer Alpenclub» von 1922 und 1923 veröffentlichte er die Monografie «Biasca und Val Pontirone». Vieles, was er darin beschreibt, ist nur noch Geschichte, doch der Steilabfall oberhalb von Biasca ist geblieben. Und mit ihm viele der Alpwege. Sentieri, die heute wieder begangen werden – statt von Bergbauern von Bergwanderern. Auch dank des SAC und Giuseppe Brenna, der zwischen 1989 und 2000 fünf Clubführer für die Tessiner Alpen publizierte: ein Jahrhundertwerk.

Gotthard End hätte applaudiert. Otto Roegner ebenfalls. «Zwischen Rhone- und Rheinquellgebiet» heisst sein Beitrag im 58. und letzten SAC-Jahrbuch von 1923, das damit recht eigentlich zu einem Tessinbuch wurde. In der Einleitung zu seinem Artikel sagt er das, was all die Berichte seit 1864 sein wollten – und es noch immer sind: ein «kurzer Leitfaden» für Leser, um die vorgestellten Gebirge und Gegenden zu besuchen. Einerseits. Und andererseits Lesevergnügen für die Sofawanderer. Nochmals Roegner über Frühjahrsskitouren in den Medelser Bergen: «Gleissend lag das Gehänge unter der Lavazfurkel jetzt vor uns, mit mächtigem Gestöhn und zusammengeraffter Energie ging's in langen Kehren die hitzebrütenden Halden zur Hütte hinan, von der gottlob kein Jodler anderer Hüttenbesucher uns grüsste, wie wir es immer befürchtet hatten. Einsam lag der wundernette Bau des S.A.C. und bot uns wieder lange Stunden wohliger Rast.»

1933: «WIR WISSEN, WENN EINER FLIEGT, FLIEGT AUCH DER ANDERE.»

«Neue Ziele und neue Wege sind heutzutage nur schwer zu finden. Wer hat aber nicht den Wunsch, unbetretene Pfade zu gehen?»

Das fragt sich Hermann Hoerlin auf der ersten Seite des neunten Jahrganges von «Die Alpen», und antwortet mit «Winterfahrten im Mont-Blanc-Gebiet». Andere, berühmtere Alpinisten tun es ihm gleich – tief durchatmen:

«Wir entdeckten eine mächtig ausgeräucherte Höhle am nördlichen Talhang. Sie war zum Teil mit duftendem Heu gefüllt, das von zähen Bergbauern aus den Steilhängen zusammengetragen worden war. Eine Feuerstelle und ein paar primitive Bänke bildeten die Einrichtung, ein rieselnder Quell am Eingang versorgte uns mit Wasser. Was wollte unser Herz noch mehr! Es war eines der herrlichsten Freilager, die ich je erlebte. Lange sassen wir ums glosende Feuer, rauchten Schweizerstumpen, lauschten auf das Rauschen der Bergwasser und führten weise Reden über die Probleme des Lebens. Spät krochen wir ins duftende Heu und träumten von der Romantik der geplanten Fahrt.» Willo Welzenbach und Erich Schulze über «Neue Fahrten in den Berner Alpen». Welzenbach beging in den 1930er-Jahren sechs Nordwände der Berner Alpen erstmals. So mit Schulze am 7. September 1932 auch die nach der Eiger-Nordwand zweithöchste Berner Wand, die 1750 Meter hohe Nordostwand des Gspaltenhorns; mit Start in der Kilchbalmhöhle zuhinterst im Sefinental.

«Jähes Erschrecken! Am Westhimmel kriecht eine Wolkenwand in die Höhe! Bereits ist die Sonne hineingetaucht, fahle gelbrote Schleier eilen den Wolken voraus. Schlechtes Wetter! Wann bricht es ein? Vor uns ein neuer Turm, überhängend, gleich einem Pilze wuchtet sein Gipfelblock auf schmaler Klippe. Vor uns die Nacht! Zum zweiten Male biwakieren? Ist nicht der Abstieg über den Grat ein weit gefahrvolleres Unternehmen, als es morgen auch bei schlechtem Wetter der letzte Aufstieg sein kann? – Doch was nun? In dunkler Nacht den Grat zurück?

---

14 / «Auf dem Taneda. Blick zum Lucomagno.» Foto von Otto Roegner. — Quelle: Jahrbuch des Schweizer Alpenclub, 1923.
15 / «Aiguille Noire de Peuterey. Nordflanke.» Foto von Hermann Hoerlin.
16 / «Lauterbrunner Breithorn – Nordwand.» Mit der Schulze-Welzenbach-Route. Foto von Ad Astra-Aero. — Quelle: Die Alpen, 1933.

14 /

15 /

16 /

Unmöglich!» Walter Stösser über «Zwei neue Wege auf das Bietschhorn». Stösser machte 1931 mit Fritz Kast den ersten Versuch am wilden Südostgrat des Bietschhorns, im folgenden Jahr den zweiten, nicht weniger dramatischen. Die erfolgreiche Begehung glückte der Seilschaft Stösser/Kast vom 9. bis 11. August 1932.

«Endlich zündeten die Führer ihre Zigarren an, die sie so lange entbehrt hatten und die so schlecht rochen wie je, dann nahmen wir Säcke und Pickel und Seil auf, stiegen gemütlich über den Schneegrat zum Nordostgrat empor und folgten diesem in einer guten Spur zum Gipfel (16.45 Uhr). Die Ersteigung der letzten der drei Nordwände des weltberühmten Dreigestirns Jungfrau-Mönch-Eiger war geglückt. Ein tiefes Gefühl der Dankbarkeit erfüllte mich. Wir hatten außerordentlich günstige Verhältnisse angetroffen. Die Felskletterei war nicht allzu schwierig gewesen, ausgenommen auf der kleinen Felsrippe und über die letzte Felsbarriere. Dort allerdings waren an den Führer die höchsten Anforderungen gestellt worden.» Hans Lauper und «Der Eiger von Norden. Erste Ersteigung». Lauper, Alfred Zürcher, Alexander Graven und Joseph Knubel stiegen am 20. August 1932 als Erste durch die 1700 Meter hohe Nordostwand des Eigers.

«Wir wissen, wenn einer fliegt, fliegt auch der andere.» Karl Schneider und die «Dent Blanche-Nordwand. Erster Durchstieg». Wäre die Dent Blanche das Matterhorn, sähe man ihre 900 Meter hohe Nordwand so gut wie diese, und hätte es vor der ersten gelungenen Durchsteigung so viele Tote gegeben wie am Eiger, dann wären Karl Schneider und Franz Singer, denen am 26./27. August 1932 die erste Durchsteigung gelang, gewiss fast so berühmt wie die Gebrüder Schmid oder Heckmair & Co. Den damaligen deutschen Alpinschreibstil hatten sie jedenfalls drauf: «Wenn erst die Schlacht geschlagen wird, sind unsere Waffen scharf, und nimmermehr gehen wir zurück!»

1943: «KINGSPITZ, DU GÖTTLICHER!»

«Un incident change le cours des pensées. La benjamine de course, qui porte une musette retenue à la taille par une ceinture, la voit tout à coup disparaître en bonds capricieux jusqu'au pied de la montagne, puis continuer sa course dans un ravin qui se resserre, et enfin disparaître définitivement à nos yeux.»

Zu dumm natürlich, wenn man das Täschchen mit Geld, Identitätskarte und Velofahrausweis an den Gurt hängte statt in den Rucksack steckte. Das konnte nur einem Anfänger passieren, pardon: einer Anfängerin. Ihre männlichen Begleiter wären zwar sofort bereit gewesen, den verlorenen Gegenstand zu suchen, aber er war viel zu weit unten und verschwunden. Pech also für «notre petite amie qui arrosa de quelques larmes le rocher maudit» des Sanetschhorns in den Waadtländer Alpen. Tränen auf einer Clubtour! Wäre das einem Anfänger auch passiert? Gut möglich. Hätte ein männlicher Berichterstatter auch davon geschrieben? Ja! Hoerlin und seinen Kameraden blieb, wie in «Die Alpen» von 1933 zu lesen ist, «kein Auge trocken», weil Armand Charlet ihnen um ein paar Stunden die Wintererstbesteigung der Aiguille de Bionnassay weggeschnappt hatte.

Der Artikel «Course mixte C.A.S. et C.S.F.A. au Sanetschhorn les 29 et 30 août 1942» ist nur mit A. M., Section Vevey, signiert. Damit ist nicht die Section Vevey des Club Alpin Suisse gemeint, sondern des Club Suisse de Femmes Alpinistes. Der Schweizerische Frauen-Alpen-Club SFAC und mit ihm die Section Vevey waren 1918 in der Westschweiz gegründet worden, auch deshalb, weil der SAC partout keine Frauen als ordentliche Mitglieder zulassen wollte. Die Zeitschrift der Bergsteigerinnen hiess «Nos Montagnes» und kam 1920 zum ersten Mal heraus; bis zur Fusion von SFAC und SAC erschienen 58 Bände, worin sich deutsche, französische und italienische, ja sogar romanische Texte munter abwechseln.

Im Januarheft von 1943 finden wir nun den Sanetschhornbericht. Eine gemeinsame Tour der beiden Bergsportverbände hatte übrigens ein SACler vorgeschlagen, und die Berichterstatterin schickt ihm dafür «chaleureux remerciements», wünscht sich aber in Zukunft mehr Teilnehmerinnen und Teilnehmer. Ein Wunsch, den die eine oder andere Clubistin gewiss beherzigt hat, trotz möglichen Tränen: A.M.s Schilderung der Rückfahrt im Zug, wo die «gourdes de fendant circulent de bouche en bouche» und sich der Waggon in «une veritable salle de concert» verwandelt, ist eine einzige Aufforderung mitzumachen. Gerade auch in Kriegszeiten. Die übrigens durchaus ein Thema waren: Ein zweiteiliger Artikel ist der «Luftschutzrekrutenschule» gewidmet.

Doch da gab es auch bergsportliche Schulen. Wie die «Tagebuchblätter aus dem Skitourenleiterinnenkurs des S.F.A.C. in Savognin vom 31. Januar bis 7. Februar 1943» beweisen, die Ada Niggeler aus Bern verfasst hat. Ein Fazit sei nur zitiert: «Ich glaube, dass fast jede von uns im Notfall imstande sein wird, einen Schlitten herzustellen und einen Verunfallten-Transport zu organisieren.» So prosaisch sollen aber die Leser und Leserinnen, sofern sie mir bis jetzt durch die Jahrzehnte gefolgt sind, nicht entlassen werden. Deshalb hier noch ein Ausschnitt aus der Tourenballade einer «Sektionstour im Gebiete der Engelhörner» mit dem Meiringer Bergführer Adolf Mätzener und Clubkameradin Fräulein Fankhauser, vorgetragen von Hedi Braun-Meister von der Sektion Burgdorf:

---

17 / «Blick aus der Dent Blanche-Nordwand gegen Zinalrothorn.» Foto von Karl Schneider.
18 / «In der Eiger-Nordwand.» Foto von Hans Lauper. — Quelle: Die Alpen, 1933.
19 / «Le ski-évasion.» Unbekannte/r Fotograf/in. — Quelle: Nos Montagnes, 1943.

17 /

18 /

19 /

Geschichte

2

«Rasch ging es bergan, durch Couloire und Riss' –
Ueber senkrechte Wände mit eifrigem Schmiss.
Wie herrlich gesund ist das Felsengestein –
Schön trocken und kühl, trotz dem Sonnenschein.
Die Wände hinauf und in's Blau geht der Blick.
Rosenlaui, weit unten liegst du zurück!

Kingspitz, du Göttlicher! – »

1953: «FOLIE? ... ORGUEIL? ... NON, MAIS ... EXTRÊME PASSION.»

«C'est en longeant, en direction de l'est, la crête de Jobert, crête sur laquelle se trouve la cabane du Jura, propriété de la section biennoise du CAS, qu'apparaissent sous leur angle le plus favorable les rochers du Schilt dans leur ensemble. Pourtant, c'est de plus près et vue du nord que l'arête principale, véritable lame rocheuse jaillissant de la verdure, est la plus belle à contempler.

De La Heutte, en une demi-heure de marche, on accède très facilement au pied de cet imposant versant rocheux. Totalement ignoré des varappeurs jusqu'à ces dernières années, et d'un aspect bien différent des terrains d'entraînement connus jusqu'alors, il fait au-jourd'hui, de par sa solidité et sa verticalité, les délices des grimpeurs biennois, de sorte qu'il n'est pas rare, au cours des longues soirées d'été, de rencontrer plusieurs cordées à l'entraînement.»

Schilt? Der 2299 Meter hohe Berg ob Glarus? Gewiss nicht! Wovon der Bieler Kletterer Jean Fuchs hier so freudig und überzeugt spricht, sind die Felsen des Schilt, im Artikel «Varappes dans le Jura». 31 der 336 Seiten von «Die Alpen» 1953 sind dem kleinen Bruder der Alpen in der Schweiz gewidmet: ein Zwölftel Jahrbuch für den Zehntel Gebirge im Nordwesten des Landes. Geografisch zehn Prozent, gefühlt sind es weniger. Bezeichnend die Erläuterung im Leitbild des SAC vom 11. Juni 2005: «Wenn im Leitbild von den Alpen die Rede ist, so sind damit die Hochalpen, die Voralpen und der Jura gemeint.»

Jura vs. Alpen: Davon handelt der Aufsatz «Vom Stil der Gebirge» des Langenthaler Geografielehrers Valentin Binggeli. Sein Fazit: gigantische Gotik vs. ruhige Romantik. Die Leidenschaft der Alpinisten aber ist die gleiche. Jean Fuchs über die erste Durchsteigung der Westwand der Grande Tête in den Gorges de Moutier im Juni 1948, zusammen mit Raymond Monney und René Perrenoud: «Son ascension verticale d'environ 90 mètres entrecoupée de quelques surplombs nécessita de nombreux pitons et ne demanda pas moins de neuf heures d'efforts! ... Folie? ... Orgueil? ... Non, mais ... extrême passion.»

1963: «SCHON STARTEN UNSERE BUBEN ZU EINEM WETTLAUF.»

«Zu unseren Füssen aber sehen wir das Brücklein über den Etzlibach und drüben auf gleicher Höhe wie wir, die Etzlihütte SAC, unser Reiseziel.

Dies gibt unsern müden Füssen und Rücken neue Kraft. Jetzt schnell noch das kurze Stück hinab, das Brücklein passieren, und schon starten unsere Buben zu einem Wettlauf die letzte kurze Steigung zur Hütte hinan. Uns tragen die Füsse nicht mehr so schnell. Wie wir oben anlangen, sitzen die zwei schon bei einem Sirup am Steintisch vor dem Haus, mit strahlenden Gesichtern und baumelnden Füssen. Herr Epp, der Hüttenwart, ist am Holzspalten, seine Frau kommt zur Begrüssung unter die Hüttentüre, und uns wird ganz warm ums Herz ob so viel Häuslichkeit und Herzlichkeit.»

Möchten wir nicht immer so in einer Hütte empfangen werden? Nach einer fünfstündigen Tour mit schwerem Rucksack – und in diesem Bericht mit grosser Verantwortung für die Eltern: Die Kinder Ueli, Edi, Esther und Martin mussten dieselbe Strecke wie Mama und Papa wandern, an einem heissen 1. August Anfang der 1960er-Jahre. Familienferien in einer SAC-Hütte: Jahrzehnte, bevor der SAC KiBe (Kinderbergsteigen) und FaBe (Familienbergsteigen) im Angebot hatte, machte es die Familie Kissling aus Wallisellen vor. Mutter Esther schrieb mit «Eine Woche Ferien in der Etzlihütte» einen herzerwärmenden Bericht im Band zum 100-Jahr-Jubiläum des SAC. «Ich bin restlos glücklich!», gesteht die Verfasserin. Die Leser waren es hoffentlich auch – die Leserinnen wären es bestimmt gewesen. Doch vor 50 Jahren waren die Frauen im SAC noch nicht willkommen. Ob der Hüttenbericht, der auch in der französischen Ausgabe von «Die Alpen» deutsch blieb, andere Familien angeregt hat, ebenfalls die Etzlihütte als Feriendestination aufzusuchen, könnte man wahrscheinlich im Hüttenbuch nachschlagen. Sicher ist, dass sie Eingang in die belletristische Bergliteratur gefunden hat: 1967 erschien «In Bergnot am Schattig Wichel» von Esther Kissling.

1973: «AUF KEINER KARTE WAR DIESE NADEL ZU FINDEN.»

«Wenn Du dich, lieber Leser, anschickst, diese Nadel zu erklimmen, so sollst Du daran denken dass sie schon vor vierzig Jahren von Männern bezwungen worden ist, die, wie wir, etwas anderes suchten als ein Alltagsleben. Ihr Abenteuer entspricht dem unsrigen von heute. Solche Ta-

---

20 / «Mazot et Oldenhorn.» Unbekannte/r Zeichner/in. — Quelle: Nos Montagnes, 1943.
21 / «Raimeux. Dalle du Canapé.» Foto von Jean Fuchs.
22 / «Rochers du Schilt. Les surplombs.» Foto von Jean Fuchs. — Quelle: Die Alpen, 1953.
23 / «Spillauisee im Etzlital mit Piz Giuf (links) und Sunnig Wichel.» Foto von Max Bütler. — Quelle: Die Alpen, 1963.

20 /

Mazot et Oldenhorn

21 /

22 /

23 /

ten von 1930 und 1972 haben eines gemeinsam: Sind sie auch keine Notwendigkeit, so erscheinen sie denen, die sie ausführen, doch unerlässlich.»

Diese klugen Sätze finden sich am Ende des Artikels «Kletterpartie im Simmental» von Maurice Brandt, La Chaux-de-Fonds. Maurice Brandt im Simmental? Er ist doch der Autor der Kletter- und Skiführer für den Jura, der Clubführer für die Walliser, Waadtländer, Freiburger Alpen sowie für die Tessiner Voralpen, zwischen 1966 und 2004 in zahlreichen Auflagen erschienen. Referenzwerke, die noch immer in Gebrauch sind. Möglichst grosse Genauigkeit in den Routenbeschreibungen kombiniert mit alpinhistorischen Angaben; wer wissen will, wer wann wo welche Route gemacht hat, kann an Brandt nicht vorbeiklettern. An der Alpiglennadel im Simmental eben auch nicht. Brandt erforschte auch die Berner Voralpen für einen Führer. Klettern als clubistische Pflicht. «Auf keiner Karte war diese Nadel zu finden», lesen wir in «Die Alpen» von 1973. Und damit hatte ein felsiges Stück Schweiz wiederum Namen, Geschichte, Beschreibung. Wer wollte, konnte mit dem Heft am Klettergürtel einsteigen. Und sich oben ins Gipfelbuch eintragen.

«Zu unserer grossen Überraschung findet Andreas in einer Nische das Wandbuch, in das wir uns in der Folge als erste Winterbeger eintragen. Nun wissen wir auch, dass wir uns auf der herkömmlichen Führe befinden. Das beruhigt.» Sicher auch die Leser, die mit Ueli Gantenbein an der «Wintererstbegehung der Tinzenhorn-Südwand» teilnehmen. Dass diese gelang, dürften jene angenommen haben. Schliesslich machte Gantenbein damals mit grossen Wintererstbegehungen von sich reden. Nun steigt Gantenbein zusammen mit Andreas Scherrer aus der Südwand aus: «Als wir den Gipfel erreichen, liegen die Nord- und Ostseiten des Berges bereits im Schatten. Was für ein Glück, hier oben stehen zu dürfen.»

1983: «MAN MÖCHTE VOR LUST JAUCHZEN!»

«Der letzte Aufschwung führt uns zu einem Ausstieg voller Überraschungen. Zuerst zwingt uns ein ganz verrückter Riss, Finger und Hände zu verklemmen, worauf sich das nachfolgende kleine Dach elegant umgehen lässt; und so geht es weiter ... man möchte vor Lust jauchzen! Innert 10 Stunden und mit einer Handvoll Haken ist es uns damit gelungen, unsere schönste Route zu erschliessen; und dies in einem Stil, der uns soviel bedeutet: Ein einmaliges Erlebnis!»

Voilà! Einer der Schlüsseltexte der «Alpen»-Literatur. Das gibt es nämlich auch, nicht nur Schlüsselstellen. Ende der 1970er-Jahre änderte sich das Klettern in den Alpen grundlegend: fester Fels statt grosse Gipfel, sauberer Stil statt Schlosserei mit Haken. Mit dem Frei- und Sportklettern – und dem besseren Material und Training – rückten plötzlich Felsen in den Mittelpunkt, die bisher allenfalls Geologen interessiert hatten. Eine der führenden Seilschaften bei diesem neuen bergsportlichen Aufschwung waren – und sind es bis heute geblieben – die Waadtländer Claude und Yves Remy.

Die Gebrüder Remy! Ein Begriff, eine Marke. «Das neue Klettergebiet am Grimselsee» beschrieb Claude Remy im ersten 1983er-Quartalsheft von «Die Alpen», die Etienne Gross von 1981 bis 2007 leitete. Der Grimselsee wurde zum Eldorado, in der am 7. Juni 1981 erstbegangenen *Motörhead*-Route jauchzten – oder fluchten – schon bald fast massenhaft die Jünger. Nicht nur ein neuer Stil im Klettern, auch sonst, in Kleidung und Kopf. Und im Sound: Hardrock ist ja nicht bloss harter Fels, sondern auch ein Musikstil. Wohlklingend aber, dass ein moderner Kletterer wie Claude Remy, der seine Wege *Métal-Hurlant* und *Stay-Clean* nennt, an die Pioniere denkt, «die die hohen Gipfel bezwungen haben. Heute gelten wohl andere Spielregeln, aber – und das ist die Hauptsache – das Gefühl der Freude bleibt sich gleich.» Apropos Pioniere: 1983 schildert Robert Bösch eine Begehung der *Major*-Route am Mont Blanc – ein starker Einstieg in «Die Alpen».

1993: «WAS TUN WIR EIGENTLICH HIER OBEN?»

«Infolge eines totalen ‹Action›-Mankos fahre ich an einem freien Tag durch die Gegend: Entweder muss es heute ein Base-Jump oder ein Wasserfall sein. Und siehe da, ich traue meinen Augen kaum: Weiss, und nicht etwa schwarz und damit wasserunterlaufen, schimmert das Eis herunter. Mit einer Hektik ohnegleichen stürze ich mich in die nächste Telefonkabine und suche verzweifelt nach einem Seilpartner. Nach einigen vergeblichen Anrufen rettet mich Michael Gruber aus diesem Dilemma. Begleitet von meiner Freundin Annabelle Crivelli und Thomas Ulrich, der das ganze Unternehmen mit dem Fotoapparat festhalten will, übernachten wir auf der Alp. Die Nacht ist jedoch alles andere als kalt, der Boden kaum gefroren. Was tun wir eigentlich hier oben?»

Xavier Bongard ist nicht der Erste, der sich das fragt. Der ganze Bergpapierberg türmt sich doch über der Frage nach dem Warum. Weshalb hinauf, wenn man doch wieder hinab muss. Die Antwort auf die eine Frage besteht aus Antworten, die eben genau diesen Berg aus beschriebenem Material ausmachen. Seit Weilenmann und Roth. Jeder Bergsteiger, jede Bergsteigerin findet die Antwort für sich selbst – oder auch nicht. Jede Generation beantwortet die Frage neu.

---

24 / «Die Alpiglennadel». Foto Alfred Hennet. — Quelle: Die Alpen, 1973.
25 / «*Motörhead*-Route: In der 3. Seillänge.» Foto von Claude und Yves Remy.
26 / «*Motörhead*-Route: In der 6. Seillänge.» Foto von Claude und Yves Remy.
27 / «Auf der Nordseite des letzten Felsaufschwunges. Alles ist von Schnee und Eis überzogen.» In der *Major*-Route am Mont Blanc. Foto von Robert Bösch. — Quelle: Die Alpen, 1983.

24 /

25 /

26 /

27 /

Der Spitzenalpinist Xaver Bongard, der 1994 bei einem Base-Jump im Lauterbrunnental tödlich verunglückte, fand eine Antwort beim aufkommenden Eisklettern. Mit seinen Erstbegehungen, vor allem mit der 300 Meter hohen Route *Crack Baby* an der Breitwangfluh im Kandertal, am 15. Februar 1993 mit Michael Gruber vollendet, sowie mit dem Artikel «Plädoyer für eine nasskalte Märchenwelt» aus dem gleichen Jahr setzte er Meilensteine am Berg und im Buch. Ein Text, der einerseits aus Tipps für die hierzulande noch wenig bekannte Bergsportart bestand und andererseits aus dem Fünfakter «Crack Baby». Wobei viele Leser wohl dann doch lieber lasen als kletterten, wenn sie an solchen Sätzen bzw. Eiszapfen vorbeikamen: «Der Anblick der zerfressenen Säule, die sich über unseren Köpfen auftürmt, veranlasst uns, noch schneller das Weite zu suchen. Dann ein explodierter Kocher, als Resultat eine mehrfach gebrochene Hand.» Übrigens: Thomas Ulrichs Fotos vom Eisklettern an der Breitwangfluh und an andern Fällen sind die ersten, die er in «Die Alpen» publizierte – ein erfolgreicher Start!

2003: «EINE BRÜCKE MIT ÜBER 700 GRIFFEN.»

«Die Idee, ein Bauwerk in der Umgebung von Freiburg zum Klettern einzurichten, entstand im Sommer 2002. Die Wahl fiel schnell auf die Pérolles-Brücke, denn sie ist 75 Meter hoch und liegt gerade zwei Kilometer ausserhalb des Stadtzentrums mitten in der Natur. In rund 600 Stunden Arbeit rüsteten Yves Philippona und Martin Rebetez die Brücke mit über 700 Griffen aus, die erst gebohrt und dann geklebt werden mussten.»

Mon Dieu, was ist passiert? Gibt es keine Felsen mehr in den Bergen, wo man klettern, wo man neue Routen einrichten kann? Muss man künstliche Griffe an eine künstliche Wand fixieren? Mais oui, man muss. Warum denn in die Berge fahren, wenn man in der Stadt und am Stadtrand klettern kann: in der Halle, an Gebäuden, Mauern, ja Denkmälern, an Boulderblöcken oder eben an Brückenpfeilern wie am Pont de Pérolles in Freiburg. Martin und Daniel Rebetez stellten im Juliheft 2003 von «Die Alpen» die frischen Routen zwischen «Saane, Wald und Abgrund» vor. Zwei Spalten Text mit Angaben zu den Routen und wie sie entstanden sind, ein Topo und eine Foto. Braucht es mehr? Eigentlich nicht! Oder doch! Etwas Poesie, ein bisschen Erlebnis, eine Bratwurst aus der Tiefe des Rucksacks wie bei Weilenmann anno 1859. Und da sind sie schon, die Worte, die dem Bergsport einen Mehrwert verleihen. Die drei Routen, welche 140 Jahre nach Simlers Aufruf, neue Touren «durch anmuthige und belehrende Schilderungen […] dem Publikum zu übergeben», an der Pérolles-Brücke eröffnet wurden, heissen so: *L'envers du tablier*, *Le cri de l'asphalte* und *L'univers, le pont et toit*.

2013: «EIN VERGNÜGEN?»

«Der Bauch ist nass vom Schmelzwasser, der Rücken vom Tropfwasser, das durch den Karst sickert. Während wir durch einen schmalen Spalt zwischen Fels und Eis robben, verheddern sich die Steigeisen in den Hosen, die Hände werden gefühllos, immerhin verhindert der Helm Beulen, denn der Kopf stösst immer wieder gegen den Fels.»

So beginnt Lotti Teuscher ihren Ausflug zu Höhlengletschern im Jura: «Ewiges Eis, wo es niemand vermutet». Wenn die Welt oben erkundet, kartiert und beschrieben ist, geht die Spuren- und Erlebnissuche unten weiter. Wie hier im Januarheft 2013 von «Die Alpen». Und zwar dreisprachig: Seit dem Januar 2012 erscheint die Zeitschrift des Schweizer Alpen-Clubs nämlich auch in einer italienischen Ausgabe: «Le Alpi». Nun können die italienischsprachigen Clubistinnen und Clubisten in ihrer Muttersprache lesen, wo jemand hinging, wo sie selbst hingehen könnten. Zum Beispiel eben in die Glacière von Monlési, ein Name, der sich, so erfahren wir, «ableitet vom französischen ‹mon loisir›, mein Freizeitvergnügen. Ein Vergnügen? Für den unterkühlten Körper nicht, für die Augen schon!»

Das ist es doch, just das, was Johann Jakob Weilenmann in der Gamchilücke oben erlebte, vor gut 150 Jahren: «Eine Klippe bot Schutz vor dem Winde, da konnte man sich, ohne nur an's Frieren denken zu müssen, dem Beschauen hingeben.»

«TEXT+BERG DIGITAL»

Im Projekt «Text+Berg digital» des Instituts für Computerlinguistik an der Universität Zürich werden die Publikationsreihen des Schweizer Alpen-Clubs digital erfasst und aufbereitet. Das gilt für 58 Bände des «Jahrbuch» von 1864 bis 1923 (1870 und 1914 erschien je kein Band), für 55 Bände «L'Écho des Alpes» von 1870 bis 1924 sowie für «Die Alpen» seit 1925, wobei die dünnen Bände mit der Chronik und den kleinen Mitteilungen von 1925 bis 1995 nicht erfasst wurden; auch die «Alpina» ist nicht digitalisiert. Trotzdem: Es ist schlicht grandios, wenn man, einmal eingeloggt via www.sac-cas.ch oder www.textberg.ch, durch den SAC-Bücherberg surfen kann und dank Stichworten zu Textstellen kommt, die man sonst nie fände. Mehr noch: Man kann in den einzelnen Jahrgängen blättern, von Seite zu Seite; auch hier helfen Suchfunktionen weiter, und Textstellen können kopiert werden.

---

28 / «Xaver Bongard beim Erklettern der letzten schwierigen Eissäule von *Crack Baby* (Breitwangflue, Giesenen-Alp bei Kandersteg).» Foto von Thomas Ulrich.
29 / «In der Ausstiegsseillänge von *Crack Baby*.» Foto von Thomas Ulrich. — Quelle: Die Alpen, 1993.
30 / «Vom ersten Meter an gähnt die Leere unter den Füssen des Kletterers, der stets den unter ihm durchziehenden Fluss im Auge hat. *L'univers, le pont et toit*, 7c+». Foto von Martin und Daniel Rebetez. — Quelle: Die Alpen, 7/2003.
31 / «Stalagmiten aus Eis in der Glacière de Monlési. Dank besonderem Klima überdauern sie den Sommer.» Foto von Patrick Weyeneth. — Quelle: Die Alpen 1/2013.

28 /

29 /

30 /

31 /

GANZ UNTEN
DER «APOLITISCHE» SAC IN DEN PARTEIPOLITISCHEN
KONFLIKTEN DER ZWISCHENKRIEGSZEIT

ANDREA PORRINI

Obschon sich der SAC im öffentlichen Diskurs «betont apolitisch»[1] gibt – um einen Begriff aufzunehmen, den Dominique Lejeune in Bezug auf die Haltung des Club Alpin Français an der Wende zum 20. Jahrhundert anwandte –, weist die Aktivität des SAC unvermeidlich und gleich wie bei seinen Schwesterorganisationen in Europa[2] eine mehr oder weniger ausgeprägte politische Dimension auf. Das ist vor allem in der Zwischenkriegszeit der Fall, auch wenn die Beziehung zwischen dem SAC und der Politik von einer Verweigerungshaltung geprägt ist, die manchmal an ein Ausblenden des Offensichtlichen grenzt. Ein gutes Beispiel findet sich im Protokoll des Central-Comité Genf vom 4. November 1918: «Der S.A.C. ist in erster Linie ein vaterländischer Verein, der nie Politik gemacht hat und auch nie machen wollte, der Bürger jeden Alters, jeder Stellung, jeder Klasse und jeden Berufs vereinigt. Aber nun kann er angesichts der Angst, die bei so vielen Schweizern herrscht, nicht untätig bleiben! Wir haben uns immer für die Heimat eingesetzt, wir spüren, dass sie schwere Stunden durchlebt und dass sie uns nötig hat, und deshalb müssen wir uns zeigen!»[3]

Théodore Aubert (1878–1963), Mitglied im SAC-Central-Comité Genf 1917–1919, Gründungsmitglied der westschweizerischen Bürgerwehrbewegung.

Quelle: Dmitri Novik: Théodore Aubert et son œuvre: Le mouvement international contre le bolchévisme, 1932.

Beim Thema Bergsteigen appelliert die Rhetorik des Apolitischen oft an die Reinheit der Berge – und stellt dabei die alpine Elite als über jede Spaltung erhaben dar –, um sie metaphorisch auf den sozialen Frieden anzuwenden.[4] Der Begriff «apolitisch» wurde damals bei offiziellen Auftritten, in den Publikationen oder in der Korrespondenz regelmässig verwendet, am häufigsten anlässlich von Debatten, in denen eben gerade Zweifel an der politischen Neutralität des Vereins aufkommen können. Je nachdem, wie man definiert, was politisch ist und was nicht, lässt sich erkennen, was der SAC für einen Spielraum hat, zu intervenieren und Positionen zu verteidigen, ohne aus dem Handlungsbereich auszutreten, der ihm offiziell und normalerweise als Sport- und Kulturverein zukommt. Wenn man als «politisch» eine von der Mehrheit der Mitglieder getragene Haltung bezeichnet, verweist man auf die Existenz von Spaltungen und internen Kämpfen, welche die beruhigende Idee eines allgemeinen Konsenses infrage stellen: Wenn die Politik definitionsgemäss spaltet, dann muss sie sich vom harten Kern dessen, was als einigend gilt – nicht zuletzt von der Liebe zum Vaterland – fernhalten. Der Patriotismus oder der militante Nationalismus hingegen machen es möglich, sich in aktuelle Fragen einzumischen, indem sie sich auf ein übergeordnetes Interesse und an Werte, die nicht Gegenstand eines Kompromisses sein können, berufen.

Das aufsehenerregendste politische Engagement in der Geschichte des SAC fand im Kontext des Landesstreiks statt, als das Genfer Central-Comité eine patriotische Bewegung anstiess, die zum Ziel hatte, die «bolschewistischen» Angriffe zu bekämpfen, welche die bürgerliche Ordnung gefährdeten. Es handelte sich um eine Demonstration der Strasse, die den Rahmen der klassischen institutionellen Politik sprengte und die bleibende Spuren hinterliess – für einmal nicht auf Bergwegen.

Eine entscheidende Rolle in dieser Geschichte spielt ein Mitglied des Central-Comité, nämlich der Genfer Wirtschaftsanwalt Théodore Aubert, der im Kampf gegen die Streikenden die Zügel in die Hand nimmt. Der 1878 geborene Aubert ist in der Zeit seiner Mitarbeit im Central-Comité des SAC (1916–1919, Ressort Versicherungen) Delegierter des Bundesrats für den Besuch von Internierten und Kriegsgefangenen in Frankreich und am Ende des Kriegs für das IKRK in Berlin und Paris. Der familiär und sozial ausgezeichnet vernetzte Anwalt macht im SAC einen grossen Schritt für seine politische Karriere, die ihn schliesslich zu einer Schlüsselfigur in der Geschichte des schweizerischen, ja internationalen Antikommunismus werden lässt.[5]

Anlässlich eines Ausflugs der Mitglieder des Central-Comité am Sonntag, 3. November 1918, macht sich Aubert zum Sprachrohr «der Besorgnis, die das Herz aller wahren Bürger erfasst, wegen der verhängnisvollen Aktivitäten in unserem Land, die von fremden Elementen ausgehen, verblendeten Revolutionären oder Leuten, die von Bewegungen bezahlt werden, die in absolutem Widerspruch zu unserer Demokratie stehen»[6]. Das Central-Comité nimmt anschliessend, wie es im Protokoll heisst, einstimmig den Vorschlag an, alle patriotischen Vereine der Eidgenossenschaft zusammenzufassen, um das zu bilden, was es als «Warnung an die Unerwünschten aller Art, ob arm oder steinreich, die bei uns einfallen», versteht und «gleichzeitig als Aufmunterung für unsere Führer, deren Nachgiebigkeit die grosse Mehrheit des Volkes beunruhigt».[7] Am nächsten Tag verfasst das CC einen Brief an die Präsidenten der wichtigsten nationalen Vereine, in dem sie zu einer Konsultativversammlung eingeladen werden, die am 7. November in den Räumen der Section genevoise stattfinden soll. Gleichzeitig wird ein von Aubert verfasster Appell an die Presse verschickt, und ein Rundschreiben geht an alle SAC-Sektionen, damit die Bewegung Unterstützung findet.

Nach Angaben des Central-Comité nehmen an der Versammlung in Genf die Verantwortlichen von mehr als siebzig nationalen Vereinen teil. An der Sitzung wird als einleitendes Programm von Sekretär John Michel und von Théodore Aubert ein Manifest verlesen, das der SAC-Zentralpräsident Alexandre Bernoud unterzeichnet hat. Es geht um die starken sozialen Auseinandersetzungen, die die Schweiz erfasst haben und die im Landesstreik vom 11. bis 14. November 1918 gipfeln. Der Streik wird als Ausdruck einer revolutionären und im Wesentlichen von aussen gesteuerten Bewegung wahrgenommen[8] – eine Auffassung, die nachhaltig die Vorstellung von dieser sozialen Bewegung im Land prägte: «Wer bedroht dieses Land? Das Ausland. Das Ausland, das hierher kommt, um bei uns die Anweisungen von Lenin und Trotzki auszuführen, zu ihrem Nutzen, zu unserem Untergang. Ihre Sendboten sind entweder Gesandte der russischen Sowjets oder Deutsche, konsularische Persönlichkeiten, um nicht mehr zu sagen.»[9] In den Augen der Streikkritiker ist der Schweizer Boden das Feld von geheimen und intriganten Machenschaften geworden, und die Stadt Zürich ein revolutionäres Waffenlager. Die Heftigkeit der Formulierungen nährt sich aus der Angst vor den mutmasslichen Konsequenzen im Fall eines Ausbruchs der sogenannten bolschewistischen Revolution: «Es bedeutet Kampf, blutigen Kampf in unseren Strassen: das bedeutet vielleicht, je nach dem, welche Wendung die Ereignisse nehmen, eine Intervention des Auslands.»[10] Die Führer des SAC befürchteten deshalb «Blut, Schande und schwere Not».[11]

Mit seiner Initiative beansprucht der SAC die Legitimierung, im Namen des Schweizer Volkes zu handeln, um den «Aposteln der bolschewistischen Revolution»[12] die republikanische Stärke entgegenzusetzen. Das erklärte Ziel ist, auf eine Entente ausserhalb der politischen Kreise hinzuarbeiten, und der SAC weist «von Anfang an und kategorisch jede Einmischung in die Meinungsverschiedenheiten zwischen den politischen Parteien, in die Konflikte zwischen den verschiedenen Klassen der Schweizer Bevölkerung, insbesondere in alles, was die Diskussion um Löhne und Arbeitsbedingungen betrifft», zurück. «Die soziale Entwicklung, die durch die in Europa herrschende Krise nötig geworden ist, muss das Werk aller Bürger sein. Alle müssen in einem Geist der Gerechtigkeit darauf hinwirken. Aber [der SAC will] in Freiheit die Schweizer Lösung suchen und sich nicht eine bolschewistische Lösung aufzwingen lassen.»[13]

Ausgehend von dieser angeblich apolitischen Konzeption besteht der nächste Schritt darin, die grossen Schweizer Vereine auf Landesebene zu bündeln. Mit der Unterstützung der Neuen Helvetischen Gesellschaft beabsichtigen die Initianten, die Bemühungen unter der Leitung eines Bundeskomitees zu koordinieren und eine Meinungsbewegung zu lancieren, die zwei Ziele hat: einerseits eine klare Botschaft an die ausländischen Agitatoren zu senden, und andererseits auf die Bundesbehörden Druck auszuüben, um sie zum Handeln zu zwingen. Der Appell konkretisiert sich in Form von Presseartikeln, Versammlungen, Demonstrationen und schliesslich in der Bildung von Ortswehren.

Aus den Protokollen erfahren wir, dass der Appell des Central-Comité von der grossen Mehrheit der SAC-Sektionen positiv aufgenommen wird, was die Organisation von mehreren örtlichen Demonstrationen und die Bildung von über den Landesstreik hinaus aktiven Gruppierungen zur Folge hat. Die mitunter enthusiastische Unterstützung der Initiative wird dem Central-Comité von Sektionen aus allen Regionen der Schweiz gemeldet (unter anderen Aarau, Bachtel, Basel, Blümlisalp, Bodan, Diablerets, Interlaken, Jaman, Montreux, Neuchâtel, Oberaargau, Rorschach, Titlis, Tödi und Unterengadin). Dieser Support setzt sich manchmal in konkrete Schritte um. In den «heissesten» Tagen der Krise nimmt die Lokalgruppe der Sektion Monte Rosa in Sierre mit den verschiedenen Vereinen der Stadt Kontakt auf, um eine Aktion gegen die in ihren Augen bolschewistischen Akteure zu organisieren.[14] Aus Brig wird einige Monate später Aubert die Bildung einer Bürgerwehr gemeldet.[15] Im Unterwallis unterhalten Mitglieder des SAC Kontakte mit dem Comité de la Ligue civique in Monthey.[16] Die Section Moléson aus Freiburg ihrerseits schickt Fotos einer Demonstration in der Stadt ans Central-Comité, während Mitglieder der Sektion von La Chaux-de-Fonds bestätigen, an der Bildung eines lokalen Aktionskomitees beteiligt zu sein. Im Tessin erklären die Sektionen Leventina (heute: Bellinzona e Valli) und Ticino, mit der Neuen Helvetischen Gesellschaft im Hinblick auf die Organisation der Bewegung zusammenzuarbeiten und nehmen anschliessend Kontakt mit der Guardia Civica in Lugano auf.[17]

Es ist interessant, zu sehen, wie vorsichtig sich die vom Streik am stärksten betroffene Sektion Uto in Zürich positioniert; sie zog es vor, neutral zu bleiben.[18] Die Sektion Winterthur, ohne die Beweggründe des Central-Comité zu diskutieren, zeigt ihrerseits eine gewisse Zurückhaltung, da man sich immer von Aktivitäten ausserhalb von Bergthemen ferngehalten habe.[19] Die einzige Sektion, die eine klar gegen die Gründung und Institutionalisierung von Bürgerwehren gerichtete Meinung vertritt, ist die Sektion Gotthard in Altdorf; sie könne zwar den an die Schweizer gerichteten Appell verstehen, finde aber, dass ihre Mitglieder sich nicht einzumischen haben, denn eine solche Aktion sprenge den Rahmen von SAC-Aktivitäten.[20] Die Reaktion der Mitglieder des Central-Comité auf diese Haltung zeugt von einer gewissen Irritation: «Insgesamt sind diese Kollegen Gegner der Initiative des CC, was uns nicht überrascht, wenn man sich vor Augen führt, dass diese Sektion vor allem aus Beamten der Eisenbahn besteht.»[21] Diese Bemerkung muss verstanden werden unter dem Eindruck der bedeutenden Unterstützung, die der Streik von vielen Eisenbahnern erfuhr, was leicht dazu führt, dass alle unter Generalverdacht geraten.

In diesem grossen, vom SAC angestossenen Projekt einer Bürgerreaktion dienen die Vereine als soziale Ressource, die es möglich macht, sofort Leute im ganzen Land zu mobilisieren. Absolut bemerkenswert ist das Tempo, mit dem sich die antisozialistische Bewegung konkretisiert. Damit das geschieht, muss natürlich die öffentliche Meinung empfänglich sein, aber ihre effektive Mobilisierung hängt ganz sicher davon ab, dass in allen Kantonen ein fein verästeltes Netz von Vereinen überhaupt existiert. Administrativ gut organisiert, verfügen diese über Komitees und lokale Sekretariate, die in der Lage sind, den Appell rasch weiterzuleiten. Die kapillare Struktur des Vereinswesens auf nationaler Ebene erweist sich hier als Aktionshebel, der denjenigen der politischen Parteien oder der Arbeitgeberverbände und Gewerkschaften übertrifft.

Über den rein bürokratischen Aspekt hinaus stellt das Vereinswesen eine Organisation dar, die mit bürgerwehrähnlichen Gruppen in der Lage ist, den Staat bei verschiedenen Aufgaben zu unterstützen – ja ihn sogar vorübergehend zu ersetzen –, und zwar sogar bei der Aufrechterhaltung der polizeilichen Ordnung, wie aus den Hinweisen hervorgeht, die den SAC-Sektionen von der Aargauischen Vaterländischen Vereinigung zugehen: «Um im Fall eines Landesstreiks praktisch zu handeln, muss man Ersatzpersonal für die Eisenbahnen und den öffentlichen Dienst benennen, man muss allenfalls für den Schutz derjenigen sorgen, die arbeiten wollen, für die Gewährleistung von Ruhe und Ordnung, dass die Presse weiterarbeiten und der Verkehr von Radfahrern und Automobilisten weiter funktionieren kann. Diese Organisation muss sich ausnahmslos auf die ganze Schweiz ausdehnen, und wir bitten Sie, die Sache für Ihren Kanton in die Hand zu nehmen oder diesen Brief an die zuständige Stelle weiterzuleiten.»[22]

Mit dem Landesstreik von 1918 und seinen Folgen erleben die Beziehungen zwischen dem SAC und dem Staat eine kurze, ausserordentliche Zeit, die über die traditionelle Abtretung von Aufgaben im Bereich der Kartografie, der Wissenschaft oder touristischer Einrichtungen in den Bergen hinausgeht. Der SAC und die verbündeten Vereine berufen sich hier auf eine von der staatlichen Macht und den gewählten Behörden unabhängige politische Legitimität; zudem beanspruchen sie eine Rolle nicht bloss als Sprecher, sondern als Vertreter des Volkswillens. Offiziell ist zwar immer von einer Unterstützung der Armee und der Behörden die Rede, aber die Kritik an der Inaktivität der Institutionen wird auf lokaler Ebene immer lauter, wo man die Abwartehaltung und die nachgiebige Haltung bemängelt, die diese an den Tag legen. Die von der bernjurassischen Section Prévôtoise du Club Alpin Suisse verfassten Aufzeichnungen über die Streiktage zeichnen ein

Unten, oben oder auf Halbmast: wohin mit der Schweiz, und mit wem? Eine der grossen Fragen der Zwischenkriegszeit, auch für den SAC. Vor der Chelenalphütte.

Quelle: 100 Jahre Sektion Aarau SAC, 1863–1963.

gutes Bild von der Ambivalenz der Beziehung zum Staat in dieser Zeit. Man erfährt daraus, dass am Freitag, 8. November 1918, Präsident Robert Raaflaub dem Sektionsvorstand den Inhalt des Briefs von Zentralpräsident Alexandre Bernoud zur Kenntnis bringt, «ein eigentlicher Alarmschrei», der «die Machenschaften des Revolutionskomitees in Olten» aufdecke.[23] Sich auf den Patriotismus des SAC berufend, «macht sich das Central-Comité zur Aufgabe, alle Sektionen einzuladen, aufzustehen gegen die subversiven Elemente und den revolutionären Kräften den Willen und die Tat für die Verteidigung der Institutionen und der Freiheiten entgegenzusetzen. Das heilige Feuer des Patriotismus muss die Trägheit der Behörden und der politischen Vertreter ersetzen.»[24] Der Vorstand der Section Prévôtoise kündigt darauf durch die Presse und durch Verlautbarungen eine öffentliche Versammlung in Malleray an, die am 17. November stattfindet und gemäss Angaben der Organisatoren 2000 Personen zusammenbringt. Die Teilnehmer ziehen unter den Klängen der Dorfmusiken von Tavannes und Reconvilier durchs Dorf und hören den Reden des Pfarrers, des Priesters und des Sektionspräsidenten zu. Von diesem heftigen Widerstand «bleibt uns der dem Schweizerischen Vaterländischen Verband angeschlossene ‹Bloc national›, der sich zur Aufgabe macht, das Tun und Treiben der kommunistischen Partei sowie der bolschewistischen Führer aus dem Ausland zu überwachen».[25] Die Vorreiterrolle, welche die Section Prévôtoise übernimmt, hat einen Anstieg der Eintritte zur Folge, und die Verantwortlichen des Clubs stellen fest: «Dès lors on se rendit compte que le CAS n'est pas seulement un club sportif mais qu'il est avant tout une association patriotique.»[26]

Zwar ist das Engagement der Sektionen oft nur kurzlebig und auf die Streiktage beschränkt, aber der Appell des SAC trägt längerfristig Früchte, indem er die Gründung von zwei Zellen anregt, die am Ursprung der Gründung des Schweizerischen Vaterländischen Verbands (SVV) stehen.[27] Die erste, wir haben es gesehen, hat ihr Zentrum in der Stadt Genf, wo nach der Versammlung der örtlichen Vereine am 12. November 1918 die Konstitutivversammlung der Union civique[28] und ihrer zwei Untergruppen, der Garde civique und der Services auxiliaires économiques, stattfand. Ein Rundschreiben, das im Archiv der Sektion Monte Rosa liegt, wird im Dezember 1918 vom Präsidenten und dem Vizepräsidenten der Union civique – die faktisch Präsident und Vizepräsident des SAC sind – verschickt; darin werden das Programm und die Absichten der Verantwortlichen umrissen. Die Union civique, mit der Unterstützung von 120 Genfer Vereinen im Rücken, die über 15 000 Bürger vertreten, hat zum Ziel, mit den grossen nationalen Vereinigungen Kontakt aufzunehmen, «gymnastes, carabiniers, pompiers, clubistes, étudiants, etc.»[29], damit sie sich zu einem Bund zusammenschliessen und so die Gründung von ähnlichen Vereinigungen an jenen Orten anstossen, wo es sie noch nicht gibt. In den Augen der Promotoren geht es darum, relativ unabhängige nationale Komitees zu gründen, die je nach dem sozialen und politischen Umfeld der entsprechenden Regionen patriotisches Handeln vorantreiben können. Der dem Rundschreiben angehängte Fragebogen zielt darauf ab, Informationen über die Lage in den Kantonen zu bekommen (Prognosen über allfällige weitere «bolschewistische» Unternehmungen, die Haltung der revolutionären Milieus und der Arbeiterschaft in dieser Hinsicht usw.). Die für dieses Bundesorgan vorgesehene Mission wäre das Knüpfen von Kontakten zwischen den unterschiedlichen kantonalen Vereinigungen und die Förderung des Informationsflusses. Jedes Jahr würde ein Kanton als Vorort bezeichnet, grosso modo wie beim SAC. Einmal mehr wird die Unterscheidung zwischen Politik und Patriotismus betont, indem gefordert wird, dass Politiker nicht Mitglied der Vereinigung sein können.

Die zweite Zelle, die am Anfang des Schweizerischen Vaterländischen Verbands steht, ist die Aargauische Vaterländische Vereinigung (AVV), die es immer noch gibt. Am 9. November 1918 verbreitet der Präsident der lokalen SAC-Sektion, der Postangestellte Adolf Baumann, den Appell des Central-Comité bei den Schützenvereinen, den

Aufruf in der lokalen Presse der SAC-Sektion Aarau zur Generalversammlung der neugegründeten Aargauischen Vaterländischen Vereinigung in Vindonissa (Windisch) am 24. November 1918.
Quelle: Andreas Thürer: Der Schweizerische Vaterländische Verband, 2010.

Turnvereinen, den Offizieren und Unteroffizieren und lädt sie zu einer Versammlung am 11. November ein. Eugen Bircher, Generalstabsoffizier und Chefarzt Chirurgie am Kantonsspital Aarau, wird umgehend der Führer der Bewegung, die sich erst richtig am 24. November konstituiert, an einer Generalversammlung in Vindonissa (Windisch), die trotz dem Versammlungsverbot wegen der Grippeepidemie stattfindet. Zehn Redner ergreifen dabei das Wort, das Schlusswort hält SAC-Zentralpräsident Bernoud.[30]

Wie von den Promotoren erhofft, schliessen sich die diversen kantonalen Vereinigungen am 5. April 1919 in Olten unter dem Banner des Schweizerischen Vaterländischen Verbands (SVV) zusammen, dessen Aktivität bis Ende des Zweiten Weltkriegs anhält. Nach der Versammlung in Olten führen die kantonalen Vereine und der nationale Verband ein vom SAC unabhängiges, institutionelles Leben, obschon diese Emanzipation die zu Beginn sehr engen personellen Verflechtungen zwischen den Vereinen nicht ausschliesst. Tatsächlich nimmt das Genfer Central-Comité des SAC, dessen Amtszeit 1919 anläuft, mit der Präsenz an der Gründungsversammlung der Aargauischen Vaterländischen Vereinigung die Gelegenheit wahr, um sich über die Regelungen der örtlichen Sektion kundig zu machen. Und es ist Aarau, wo die SAC-Führung schliesslich den Sitz für die Jahre 1920 bis 1922 hat.[31] Man stellt ohne Überraschung fest, dass, obschon das Genfer Central-Comité den Platz seinen Nachfolgern aus Aarau überlässt, wichtige Posten im Central-Comité des SAC und im Vaterländischen Verband noch durch die gleichen Persönlichkeiten besetzt sind. Dies ist insbesondere bei Ernst Steiner der Fall, von 1920 bis 1922 Vizepräsident des Central-Comité des SAC und Mitglied des Komitees des SVV seit seiner Gründung 1919, dann Nachfolger von Eugen Bircher als dessen Präsident ab 1923. Das Gleiche gilt für Gustav Sommerhalder, Bezirkslehrer, Sekretär des SAC und Mitglied im Komitee des SVV. Er ist es auch, der am Ende der 59. Abgeordnetenversammlung des SAC am 28. November 1920 «einen dringlichen Appell» an die Abgeordneten richtet, in den Sektionen darauf hinzuwirken, «dass [...] gegenüber bisherigen Mitgliedern, deren politische Gesinnung im Widerspruch stehe mit den vaterländischen Bestrebungen des S.A.C., schonungslos die notwendigen Massnahmen ergriffen würden»[32]. Notieren wir nebenbei auch, dass die Komitees des SAC und des SVV ihre Versammlungen im gleichen Gebäude abhalten.[33]

Im Lauf der Zeit werden die Beziehungen zwischen dem Vaterländischen Verband und den verschiedenen Central-Comités des SAC lockerer. Etwas über die persönlichen Kontakte zwischen den Mitgliedern oder den Sektionen und dem SVV auszusagen, ist zwar schwierig, aber die in den Archiven aufbewahrte Korrespondenz lässt keine faktischen Kontakte zwischen den Central-Comités des Clubs und des SVV erkennen. Die Anwesenheit eines Mitglieds des SAC-Komitees an der Versammlung des Vaterländischen Verbands lässt vermuten, dass der Club während der 1920er- und 1930er-Jahre Mitglied des SVV bleibt, ohne dass allerdings Entscheidungen oder besondere Initiativen Thema in den ordentlichen Sitzungen gewesen wären. In der Intensität auf jeden Fall nichts im Vergleich zu den Beziehungen zu anderen vaterländischen Vereinen wie dem Heimatschutz, der in den Diskussionen des SAC in der Zwischenkriegszeit ständig vorkommt.

Die Jahre ab 1918 markieren, wie gesagt, den Beginn einer bewegten Zeit des SAC an der Front des Antisozialismus. Beispielsweise auch beim Thema «Clubreinigung»[34], das von einer Gruppe Mitglieder aufs Tapet gebracht wird. Ihr Hauptziel ist es, gegen die «kosmopolitischen» und «internationalistischen» Einflüsse zu kämpfen, die angeblich die ethischen Grundlagen des SAC untergraben. Am 11. September 1920 treffen sich die Vertreter von 14 Sektionen in Zürich mit der Absicht, die Frage der Infiltration von links im SAC zu diskutieren und den Club zu zwingen, die Anwesenheit von «Bolschewisten» in seinen Reihen nicht zu dulden. Der dem Central-Comité vorgelegte Bericht[35] spricht sogar von einer Anklageerhebung von gewissen offen sozialdemokratischen Ausflugsvereinen (insbesondere den Naturfreunden) in Zürich, von denen sich einige Mitglieder in den SAC mit der Absicht eingeschlichen hätten, ihr «politisches Sektierertum» auszu-

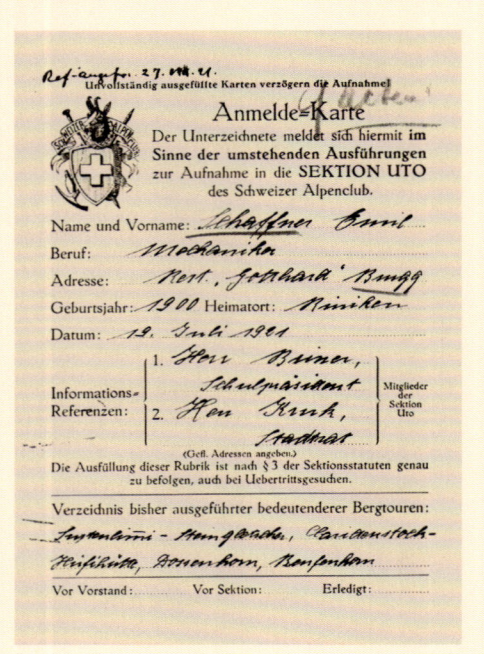

«Der Bewerber erklärt deshalb hiermit, dass er kommunistischen Bestrebungen fernsteht»: Diese «politisch neutrale» Aufnahmebestimmung …

üben. Das Central-Comité, das durchaus einen Zusammenhang zwischen der «Clubreinigung» und der Ausländerfrage erkennt,³⁶ hält schliesslich eine gewisse Neutralität ein und vertraut auf die Übermacht des gesunden «schweizerschen Geistes».

Im Gegensatz zur Frauen- und zur Ausländerfrage löst sich die Frage der politischen «Eindringlinge» nicht über die Statuten. Die verschiedenen Central-Comités erachten es als nicht opportun, die politischen Strömungen formell zu definieren, deren Vertretung im Club nicht wünschbar wäre, und zwar trotz wiederholten Forderungen von einigen Sektionen. Um den theoretisch «apolitischen» Charakter des Clubs beizubehalten, zieht es das Central-Comité vor, die Aufgabe, unerwünschte Mitglieder zu streichen oder nicht zuzulassen, an die Sektionen abzutreten. Die Bewegung «Clubreinigung», die beim Versuch scheitert, explizite politische Ausschlüsse in den Statuten festzuschreiben, kann dennoch einige Erfolge insbesondere auf lokaler Ebene verzeichnen. Dies ist zum Beispiel der Fall mit einer Mitgliedergruppe aus Brugg, die am Ende des Ersten Weltkriegs verlangt, dass eine Subsektion zu schaffen sei. In einem Brief vom 13. November 1919, in dem die Muttersektion über den Ausschluss eines ihrer Mitglieder Rechenschaft ablegt, nimmt diese die Gelegenheit wahr, dem Central-Comité seine Verwunderung über die separatistischen Anwandlungen aus Brugg auszudrücken. Die vorgebrachten Befürchtungen kommen daher, dass die städtischen Mitglieder der Sektion fast alle Angestellte der Schweizerischen Bundesbahnen sind. Dies lässt sie vermuten, dass, wenn sie einmal in einer Subsektion organisiert sind, diese Clubisten mit den patriotischen Zielen des SAC nicht mehr einverstanden sein könnten. Das Misstrauen gegenüber SBB-Beamten ist damals relativ weit verbreitet, angesichts der Rolle, die zahlreiche Eisenbahner anlässlich des Landesstreiks gespielt haben. Wie wir gesehen haben, wurde die Weigerung der Sektion Gotthard, sich anlässlich der Gründung der Union civique Ende 1918 der Initiative des SAC anzuschliessen, in den Protokollen des Central-Comité kühl kommentiert. Im Fall von Brugg entscheidet das Central-Comité allerdings, sich nicht in die Affäre einzumischen, trotz den Anordnungen von Aubert, der den SAC auffordert, zwischen seiner patriotischen Mission oder einer nachgiebigen Position in Bezug auf den Zusammenschluss in den eigenen Reihen von Individuen mit «klar internationalistischer»³⁷ Neigung.

Ein Jahr später, gegen Ende 1920, zieht die Subsektion Brugg – in der Zwischenzeit als solche gebildet – erneut die Aufmerksamkeit auf sich, als Gottlieb Schaffner, Präsident des Aargauer Hotelierverbandes und sozialistischer Grossrat, offiziell Mitglied des SAC werden will. Nur knapp lehnt die Versammlung der Subsektion sein Gesuch ab und führt dafür rein politische Gründe an. Dies gibt Anlass für eine lebhafte Korrespondenz zwischen Schaffner, dem Central-Comité und dem örtlichen Sektionsvorstand. Schaffner verweist auf einen anderen Fall, der mit seinem vergleichbar sei, und zeigt die Konsequenzen auf, die dieser Beschluss für die «Hunderten» von sozialistischen Mitgliedern des Clubs³⁸ haben könnte. Die Subsektion Brugg bringt ihrerseits vor, dass, so wie sich die sozialistische Partei für die Revolution und den Klassenkampf ausgesprochen habe, die Aufnahme einer Person, die einen Posten an der Parteispitze ausübe, unzweifelhaft heftige Reaktionen vonseiten der «guten vaterländischen Elemente»³⁹ auslösen würde. Beraten vom Central-Comité, erklärt die Muttersektion Baden, inwiefern die politische Situation von Brugg eine besondere sei und fordert eine gewisse Vorsicht. Die Ablehnung einer Aufnahme von Schaffner habe nichts mit seiner Position in der Führung der sozialistischen Partei zu tun – der Kantonalpräsident dieser Partei und selbst die Söhne Schaffners seien vorher aufgenommen worden – sondern vielmehr mit der Furcht, dass sein Eintritt in die Subsektion Brugg andere Genossen mitziehen würde und dass seine politischen Positionen unter den Mitgliedern Schule machen könne. Die Affäre geht erst 1922 mit der Aufnahme Schaffners durch die Sektion Uto zu Ende. Die Zürcher Sektion genehmigt das Gesuch, da sie schätzt, dass Schaffner in einer grossen Sektion eine geringere Gefahr darstelle, dies umso mehr, als er sich weit weg von seinem Wohnort befinde. Man sei im Übrigen der

… setzte die Zürcher Sektion Uto, die grösste SAC-Sektion mit über neun Prozent aller Mitglieder damals, auf die Rückseite ihre Anmeldekarten von 1921 bis 1942.

Quelle: Archiv Daniel Anker.

Ansicht, dass man Schaffner nicht das Banner eines «politischen Märtyers»[40] umhängen solle.

Nach dieser ersten Episode kommt die Frage der Zulassung von Sozialisten und Kommunisten zwischen 1929 und 1933 erneut aufs Tapet. Es gab einige Einzelfälle, aber lohnend ist der Blick auf eine Initiative der Sektion Biel von 1933, die den generellen Ausschluss von Kommunisten forderte. Nach einer sehr langen Debatte entscheidet das Central-Comité, allgemeine «präventive» Massnahmen zu vermeiden, und zieht es stattdessen vor, die Tatsache, dass jemand den kommunistischen Partei angehört, nicht als hinreichenden Grund für einen Ausschluss zu betrachten. Trotz den Forderungen seiner Mitglieder überlässt das Komitee erneut den Sektionen die Möglichkeit, mit juristischer oder politischer Argumentation darüber zu entscheiden, welche Personen sie als Mitglied aufnehmen wollen.[41]

Kurz vor dem Ausbruch des Zweiten Weltkriegs stellt man eine Verschiebung der Debatte fest, die sich von nun an viel stärker gegen die nationalsozialistischen Sympathisanten richtet, Schweizer oder Deutsche. Im Frühling 1938 steht hier die Sektion Kamor (SG) als Sonderfall da, denn sie bestätigt zwei deutsche Vorstandsmitglieder, die in der NSDAP politisch aktiv sind, in ihren Aufgaben. Nach ihrer Wahl wenden sich einige Mitglieder der lokalen Führung ans Central-Comité, um zu wissen, wie solche Mandatserneuerungen zu verhindern wären. Die Affäre endet einige Wochen später mit der Ausweisung der beiden Deutschen. Gegen Ende 1938 fragt die Sektion Bodan in Weinfelden ihrerseits beim Central-Comité an, ob die nationalsozialistischen Mitglieder des SAC nicht aus dem Club ausgeschlossen werden sollten. Wie bei den Kommunisten zieht das Central-Comité es vor, sich grundsätzlich nicht einzumischen, solange diese Mitglieder darauf verzichten, innerhalb des Vereins Politik zu machen.[42]

Von 1945 bis 1946 stellt man dann eine Zeit der Säuberung fest, die jene Personen trifft, die während des Kriegs die Achsenmächte unterstützt oder Kritik an General Guisan geäussert haben. Die Unversöhnlichkeit variiert je nach Sektion und der betroffenen Persönlichkeiten. Die dem Central-Comité gemeldeten Fälle drehen sich hauptsächlich um jene Personen, die aus der Schweiz ausgewiesen wurden; so muss Otto Köcher, Gesandter des Deutschen Reichs in der Schweiz und seit 1906 Mitglied der Sektion Uto, die Eidgenossenschaft im Juli 1945 verlassen. Im Allgemeinen vertritt das Central-Comité die Haltung, den Sektionen freie Wahl zu lassen, empfiehlt aber gleichzeitig, dass Personen, die ausgewiesen worden sind – wie dies der Fall von Mitgliedern der Sektion Davos war –, aus dem SAC ausgeschlossen werden sollten.[43]

Erwähnt werden soll auch der Fall vom Arzt Rudolf Campell aus Pontresina, SAC-Zentralpräsident von 1941 bis 1943 und 1940 Unterzeichner der berühmten «Eingabe der Zweihundert», die eine strenge Kontrolle der Presse und eine Annäherung an Deutschland verlangte. Am Ende des Kriegs, als die Namen der Eingabe bekannt werden, wird Campell von einigen Sektionen und vielen Mitgliedern als des Clubs «unwürdig» erachtet. Unterstützt von anderen Sektionen, ist die Sektion Altdorf der Meinung, dass die Unterzeichnung der Eingabe den Expräsidenten in Widerspruch zum Geist der Statuten gebracht habe. Überrascht von der Polemik, veröffentlicht Campell am 29. Januar 1946 eine Erklärung, in der er seine Version darlegt. Der Arzt erklärt, nur die letzte Version des Textes unterzeichnet zu haben, ohne die am stärksten kritisierten Passagen. Er unterstreicht im Übrigen, dass die Eingabe im Januar 1941 durch die Zeitung «Die Nation» bereits teilweise veröffentlicht worden sei und dass das damals keine besondere Reaktion ausgelöst habe. Sechs Jahre später, am Ende des Kriegs und der Analyse danach, verwahrt er sich, mit einem Landesverräter gleichgesetzt zu werden, und unterstreicht, dass der Bundesrat und das Militärdepartement, die die Namen der Unterzeichner gekannt hatten, diese an der Grenze habe Wache schieben lassen und ihnen damit das Vertrauen ausgesprochen habe. Campell hebt hervor, dass mehrere Unterzeichner in der Armee sogar Karriere gemacht hätten. Als Schluss gibt der ehemalige Zentralpräsident zu, möglicherweise einen Fehler gemacht zu haben, als er die Eingabe unterschrieb, aber macht als Nachweis für seine Opposition zum Nazifaschismus seine Aktivität in grossen Schweizer Vereinen, darunter dem SAC, geltend.

Die verschiedenen Positionen zur Kenntnis nehmend, reagiert Zentralpräsident Robert Furer auf die Proteste, indem er bestätigt, dass das Komitee die Unterzeichnung der Eingabe missbillige und dass es «zutiefst bedaure, feststellen zu müssen, dass Mitglieder des SAC zu den Unterzeichnern gehörten».[44] Er ist allerdings der Meinung, dass diese Affäre genügend Aufruhr verursacht habe und dass es jetzt nötig sei, «gewisse Elemente» daran zu hindern, die Gelegenheit zu ergreifen, um die öffentliche Meinung in «bedauernswerter» Weise aufzuwiegeln. Man müsse deshalb die Geister beruhigen, indem man vermeide, strenger zu sein als die Bundesbehörden: «Die Clubmitglieder, welche die Eingabe der Zweihundert unterzeichnet haben,

haben einen Fehler begangen. Es wäre allerdings ungerecht, sie mit jenen gleichzusetzen, die während des Kriegs unser Land verraten haben.» Das Central-Comité meint, nicht in die Affäre eingreifen zu müssen, und weigert sich, jene zu unterstützen, die verlangen, dass die beschuldigten Mitglieder ausgeschlossen werden: Campell entgeht so dem Ausschluss oder dem erzwungenen Austritt.[45]

Aber die Vergangenheit holt ihn trotzdem ein. Die Sektion Bernina, die Campell zum Ehrenmitglied gemacht hat, beantragt 1965 diese Ehrung auf nationaler Ebene. Ein Projekt, das die Clubmitglieder und Sektionen nicht akzeptieren, wie Briefe an den Berner Anwalt Albert Eggler, Zentralpräsident von 1965 bis 1968 und bekannt als Leiter der erfolgreichen Schweizer Expedition zum Everest und Lhotse von 1956, beweisen. «Als S.A.C-Männer stehen wir zu senkrecht zu unserem Lande, als dass wir so etwas vornehmen dürfen», schreibt Charles Golay, Apotheker in Pontresina. «Wollt ihr wirklich diesen Pseudo-Wissenschaftler, diesen Anpasser zum Ehrenmitglied machen?»[46] Die Sektion Pilatus gibt eine klare Antwort in ihrem Brief: «Nein, Nein, Nein!» Grund für dieses dreifache Nein: «Es kann sich also unter Umständen ergeben, dass in den Kreis der Ehrenmitglieder, dem unser grosser Patriot General Guisan angehörte, ein Mann einzieht und zur gleichen Ehre kommt, welcher sein grösster Widersacher war.»[47] Eggler beschliesst deshalb, das Gesuch der Sektion Bernina von der Tagesordnung der Abgeordnetenversammlung zu streichen.[48]

Es gilt im Weiteren, festzustellen, dass gleich wie der Bündner eine andere Persönlichkeit, die eine wichtige Position im SAC bekleidete, die Eingabe unterzeichnete, nämlich der frühere Glarner Regierungsrat und Ständerat Joachim Mercier, Präsident der SAC-Sektion Tödi. Seinetwegen gibt es keinerlei Proteste, aber es muss auch erwähnt werden, dass er bereits im März 1946 verstarb.

Die Durchlässigkeit des Schweizer Alpen-Clubs für den allgemeinen politischen und sozialen Diskurs wird nach dem Ersten Weltkrieg perfekt illustriert durch den Erfolg der nationalistischen Ideen der «reaktionären Avantgarde»[49], um den Begriff von Hans-Ulrich Jost aufzunehmen. Das Programm der «neuen Rechte» hatte indirekt Auswirkungen auf die Aufnahmepraxis von neuen Mitgliedern. Der Schweizer Alpen-Club reflektiert daher exakt die grossen Themen der ersten Hälfte des 20. Jahrhunderts, im Einklang mit der Definition des Bergsteigens, die von Olivier Hoibian vorgeschlagen wurde: Es ist eine soziale Tätigkeit, die «den Normen und Werten einer Epoche und einer gegebenen Gesellschaft unterworfen» ist und die «den kollektiven Repräsentationen, Spannungsobjekten und Konflikten zwischen sich konkurrenzierenden Konzeptionen gehorcht».[50] In Bezug auf diese «sich konkurrenzierenden Konzeptionen» müssen die mitunter markanten Unterschiede zwischen den einzelnen Sektionen hervorgehoben werden, die insbesondere durch eine weitgehende Autonomie begünstigt werden, die das Finden einer gemeinsamen Position des Vereins ziemlich kompliziert machen. Man darf nicht vergessen, dass sich der Grossteil der Vereinserfahrung, wie sie konkret von den Mitgliedern erlebt wird, in den Ortssektionen abspielt und dass der Kontakt mit der nationalen Realität meistens marginal bleibt.

Im Gegensatz zum SAC des 19. Jahrhunderts, der – formal gesprochen – für alle offen war, war die Mitgliedschaft im Club bis nach dem Zweiten Weltkrieg Kriterien unterworfen, die zum Ziel hatten, die Gruppe in ihrer Integrität zu bewahren. In der Praxis funktionierte die Bewahrung des Clubideals deshalb durch die Sozialkontrolle der Mitglieder: Man musste auf den Verein einwirken – indem man ihn beschützte, indem man ihn verstärkte oder indem man ihn, wenn nötig, von störenden Teilen zu befreien versuchte – um seine moralische Funktion zu steuern. Eine solche Vision der Beziehung des SAC zu seinen Mitgliedern unterscheidet sich deutlich zum Trend, der sich heute zeigt, wo der Clubist oder eben der Kunde im Wesentlichen einen Beitrag zahlt, um von den Vorteilen zu profitieren, die ihm der Verein bietet.

Rudolf Campell (1893–1985), SAC-Zentralpräsident 1941–1943, Mitunterzeichner der «Eingabe der Zweihundert».

Quelle: Menschen am Piz Bernina. 100 Jahre Sektion Bernina SAC, 1990.

MARTIN GUTMANN
NUTZEN ODER SCHÜTZEN? BEIDES!

DER SAC UND DIE UMWELT: DIE 150-JÄHRIGE SUCHE NACH EINEM GLEICHGEWICHT

Seit seiner Gründung 1863 verkörpert der SAC ein Dilemma, wenn dies auch erst in den letzten Jahrzehnten deutlicher wurde. Der SAC strebt einerseits danach, der Beschützer einer idealisierten Schweizer «Natur» zu sein, und andererseits eine bestimmte Art der menschlichen Beeinträchtigung dieser Reinheit – nämlich den Bergsport – zu fördern. In den Anfangsjahren, mit einer Mitgliederzahl unter tausend, konnte die Bergsteigerei noch als ein pures Naturerlebnis angesehen werden. Mit Mitgliedszahlen, die im 20. Jahrhundert stetig in die Zehntausende stiegen, gewann das Dilemma von «Schützen oder Nutzen» jedoch an Relevanz. Dazu beigetragen haben auch der allgemein wachsende Gebirgstourismus, die scheinbar unaufhaltsame Erschliessung der Alpen und die zunehmende Industrialisierung, auch im Alpenraum. Mehr noch: Im Laufe des 20. Jahrhunderts wurde eine ganze Reihe von neuen Bergsportarten populär, je mehr Menschen sich eine Reise in die Alpen leisten konnten und können.

THE PLAYGROUND OF SWITZERLAND

Im Jahre 1863, dem Gründungsjahr des SAC, ging Thomas Huxley, englischer Biologe und vehementer Befürworter der Darwin'schen Evolutionstheorie, in seiner Schrift «Evidence as to man's place in nature» der Sache auf den Grund: «Die Frage der Fragen für die Menschheit – das Problem, welches allen anderen zugrunde liegt, ist die Ermittlung der Stelle, welche der Mensch in der Natur einnimmt, und seiner Beziehungen zu der Gesamtheit der Dinge.»[1] Diese Beziehung, wie Huxley und andere festzustellen begannen, ist nicht annähernd so unkompliziert, wie dieses Zitat suggeriert. «Die Natur» ist im Grunde genommen ein menschliches Konstrukt – sowohl in unserer Vorstellung als auch in unseren Handlungen. Somit muss jegliche Untersuchung zur Beziehung zwischen Mensch und Natur unbedingt mit einschliessen, wie Menschen die Natur auffassten, wie sie diese veränderten und – genauso wichtig – wie sie Veränderungen an der Natur und deren Nutzen betrachteten. Derselbe Stein, Fluss oder Wald kann von verschiedenen Betrachtern mit grundlegend unterschiedlichen Merkmalen belegt werden. Und obwohl viele dieser Merkmale als «rein, wild und natürlich»[2] angesehen wurden und werden, so konnten doch nur wenige Landschaften mit Beginn der industriellen Revolution der Veränderung durch den Menschen entgehen. Zu der Zeit von Huxleys Niederschrift waren die hohen Gipfel der Alpen die bekannteste Ausnahme in Europa. Somit fand die Gründung des SAC zu einer besonderen Zeit statt. Die Schweizer Eliten des Clubs entdeckten die Freuden von Ausflügen ins Hochland – in ihren Augen eine unberührte Alternative zur urbanen Welt. Zur gleichen Zeit schlich jedoch die Bebauung der Täler immer weiter voran, den Gipfeln entgegen. Spannungen und Streitigkeiten waren unvermeidbar.

Leslie Stephen, Erstbesteiger von Bietschhorn, Rimpfischhorn, Alphubel, Blüemlisalphorn, Schreckhorn und Zinalrothorn, nannte 1871 die Alpen den «Playground of Europe». Was er damit eigentlich meinte, war ein Spielplatz der Briten. Zur Zeit der Gründung des Alpine Club im Jahre 1857 gehörten die Alpen – soweit Berge überhaupt jemandem gehören können – den Briten, jedenfalls in ihrem Selbstverständnis. Es waren in erster Linie viktorianische Gentlemens, die die höchsten Gipfel und Pässe der Gebirgskette betreten und sie vom geografischen Hindernis zu bewundernswerter Schönheit erhoben hatten, spätestens beim Beschreiben der Tour; auf dieser selbst waren die Nichtengländer führend, also die einheimischen Bergführer, die meistens aus der Schweiz stammten. In den Augen der britischen Bergsteiger und in denjenigen romantischer Maler und Reisender waren die Alpen ein idealisierter, reiner Gegensatz zum künstlichen Stadtleben. Ein Ausflug in die Alpen war über das Erforschen hinaus in gewisser Weise auch eine Art Flucht.

Obwohl die Mitglieder des SAC die Berge zweifellos als wunderschönen Spielplatz ansahen, so ging ihre Sicht der Bergwelt tiefer. Die frühen Schweizer Bergsteiger sahen in den Alpen etwas fundamental Schweizerisches. Wie zum Beispiel Friedrich von Tschudi, 1863 Gründer der SAC-Sektion St. Gallen, 1866 Zentralpräsident und während acht Jahren Ständerat; in «Das Thierleben der Alpenwelt», dem 1853 erstmals veröffentlichten Standardwerk, hielt er fest: «Die Alpen sind der Stolz des Schweizers, der

---
Titelbilder aus den neuen «Die Alpen» von 1997 bis 2012 illustrieren das Umweltkapitel, mit den Originallegenden.
1 / Pulverschneefreuden: Floriane Boss bei Torgon (VS). — Foto: Patrice Schreyer, Fontainemelon.
Während der Balz im April/Mai bevorzugen Birkhühner offene Flächen oberhalb der Baumgrenze. Ältere Birkhähne kehren im Herbst gerne hierher zurück. — Foto: Claude Morerod, Les Diablerets.
2 / Aspisviper (Vipera aspis) im Wallis. — Foto: Fredy Joss, Beatenberg.
In der wildromantischen Twannbachschlucht am Bielersee. — Foto: Iris Kürschner, Riehen.

1 /

2 /

an ihrem Fuss seine Heimat aufgeschlagen hat. Ihre Nähe übt einen unbeschreiblich weit reichenden Einfluss auf seine ganze Existenz aus. Sie bedingen theilweise sein natürliches und geistiges, sein geselliges und politisches Leben.»[3]

»JODLER IM HERZEN UND BERGSCHUHE IM KASTEN«

Eine ganze Reihe von Historikern hat bereits bemerkt, wie erfolgreich die Idee in Europa war, Landesküche, Lieder, Kleidung, historische Festivals und, neben vielen anderen Dingen, selbst die Landschaft und natürliche Umgebung mit nationalen Charakteristika zu belegen. Der Historiker Eric J. Hobsbawm zum Beispiel schrieb in seinem Standardwerk «The Invention of Tradition» von 1992: «Die Geschichte, die Teil des Fundus an Wissen oder die Ideologie von Nation, Staat oder Bewegung wurde, ist nicht das, was tatsächlich in der populären Erinnerung bewahrt worden war, sondern was ausgewählt, geschrieben, abgebildet, popularisiert und institutionalisiert wurde, und zwar durch diejenigen, deren Aufgabe dies ist.»[4]

Die Nationalisierung der Alpen führte zu einer, vorerst versteckten, Widersprüchlichkeit innerhalb des SAC, die ihn bis heute prägt. Weil der Club sein Objekt der Verehrung – insbesondere die Alpen und etwas weniger den Jura – mit schweizerischen Eigenschaften belegte, wurde seine Hauptbeschäftigung, das Bergsteigen, ein ebenso wichtiges Symbol der «Marke Schweiz». Jeder Schweizer habe einen Jodler im Herzen und ein Paar Bergschuhe im Kasten, wie ein Befürworter dieser Ansicht, Mundart-Schriftsteller Otto von Greyerz, einst kommentiert haben sollte.[5] Nicht nur definierte der Club seine Aktivitäten als schweizerisch, sondern verlangte im weiteren Sinne, dass alle echten Schweizer Bergsteiger sein sollten, ob nun tatsächlich oder nur als Lebensphilosophie. Auszug aus dem Vorwort von Pfarrer Ernst Buss, Mitglied der Sektion Tödi und von 1888 bis 1891 Vizepräsident des Vereins, in seiner Denkschrift über die ersten 25 Jahre des SAC: «Dass neues, reich bewegtes Leben in unsere alten, starren Berge hinaufgezogen ist und als Strom gesunder Erfrischung zurückflutet in die Adern des gesamten Volkes, das ist nicht zum wenigsten die Frucht der fünfundzwanzigjährigen Thätigkeit des Schweizer Alpenclubs.»[6] Die Devise des SAC, so heisst es in einem mit «Von den inneren Zielen des S.A.C.» betitelten Aufsatz aus «Die Alpen» von 1933, müsse lauten: «Der Erhaltung der Schönheit unserer Alpen zu dienen und dadurch die Liebe zur Heimat zu wecken und zu pflegen.»[7]

1907: HEIMAT- UND LANDSCHAFTSSCHUTZ ERSTMALS IN DEN STATUTEN

Schützen und Nutzen sind aus strikt philosophischer Sicht miteinander schwierig zu vereinbaren. Wenn zu viele Menschen dem Ruf folgten und folgen, die Schweizer Berge aus der Nähe zu erleben, wurde und wird die natürliche, unberührte Reinheit der Alpen gestört. Dieses Dilemma war zu einer Zeit, in der eine nur geringe Anzahl von Menschen das Interesse sowie die erforderlichen Mittel hatten, die hohen Alpengipfel zu besteigen, natürlich nicht spürbar. In den weiteren 75 Jahren der Vereinsgeschichte des SAC jedoch wurden es mehr und mehr Menschen, die in und auf die Berge steigen konnten und wollten. Mehr Bergsteiger einerseits und mehr und neue Bergsportarten andererseits: Da kam und kommt es zu Spannungen innerhalb des Clubs und zu solchen zwischen Naturschutz und Tourismus.

In seinen Anfängen musste sich der Club nicht um zu viele Bergsteiger sorgen. Stattdessen ging die erste Bedrohung von der Industrialisierung aus. Es ist nicht weiter überraschend, dass der Club in der ersten Dekade des 20. Jahrhunderts zum ersten Mal die Erhaltung der Natur in seine Satzung mit aufnahm. Mit der Statutenrevision von 1907 verpflichtete sich der SAC in Paragraph 1 betreffend dem «schweizerischen Alpengebiete» neu zur «Erhaltung seiner Schönheiten».[8]

Mit der zweiten industriellen Revolution in vollem Gange begannen die ersten Grossprojekte in den letzten Dekaden des 19. Jahrhunderts, die Alpenwelt zu beeinträchtigen. 1881 wurde der Gotthardtunnel fertiggestellt. Ein Entwurf für ein Eisenwerk schlug 1887 die Umleitung des Rheinfallwassers für industrielle Zwecke vor. Dieser Vorschlag wurde vom SAC und anderen Vereinigungen vehement und letztlich erfolgreich abgelehnt. Dies war, so Albin Schmidhauser, die erste «politische Bemühung des Alpen-Clubs um den Landschaftsschutz».[9]

JUNGFRAUJOCH JA, MATTERHORN NEIN

Um die vorletzte Jahrhundertwende kam die Erschliessung der Alpen mit Bahnen so richtig in Fahrt. 1899 öffnete der Bahnhof Rotstock entlang der Jungfraubahn, 13 Jahre später die Endstation im Jungfraujoch. 1908 wurde die erste Seilbahn für touristische Zwecke am Wetterhorn eingeweiht. Diese Projekte sowie zahlreiche andere stellten eine gewisse Bedrohung für den SAC dar. Nicht nur waren diese ausser für den Tourismus von geringem nationalen wirtschaftlichen Interesse, sie hatten – im Gegensatz zum

---

3 / Seltener Anblick: Ein Steinbock streckt sich nach den Blättern eines Ahorns im Val de Bagnes (VS). — Foto: Alexandre Scheurer, Martigny-Combe.
Josune Bereziartu in *Amuse Bush* (7a), Massongex (VS). — Foto: Laurent de Senarclens, Blonay.
4 / Mit «power und powder» ins neue Jahr! — Foto: Thomas Ulrich, Interlaken.
Sperlingskauz an einem Spätwintertag (Waadtländer Alpen) — Foto: Claude Morerod, Les Diablerets.

3 /

4 /

Beispiel zum Gotthardtunnel – die hohen Gipfel der Alpen im Visier. Dies bedeutete eine doppelte Bedrohung für den Club, da sie buchstäblich die Gipfel der Hochalpen verschandelten und sie auch für Nichtbergsteiger zugänglich machten.

Diese mechanische Erschliessung des Hochgebirges wurde bereits damals nicht von allen Mitgliedern als Bedrohung wahrgenommen. Bis 1906, so Historiker Wolfgang König, hielten «starke Kräfte [des Clubs] Bahnen auf die hohen Alpengipfel für akzeptabel.»[10] Obwohl einige SAC-Mitglieder gegen die geplante Jungfraubahn kämpften, befürwortete die Clubleitung den Bau. In der «Alpina. Mitteilungen des Schweizer Alpenclub», wurden die Baupläne und der Unternehmer, Adolf Guyer-Zeller, durchaus positiv dargestellt. Und kurz nach der Eröffnung der Bahn bis zur Station Jungfraujoch am 1. August 1912 erschien von Jacob Kürsteiner, Mitglied der Sektionen Bern des SAC und des Schweizerischen Skiverbandes, ein Tourenbericht mit folgendem bezeichnendem Titel: «Aufs Fiescherhorn (4049 m) über den Fieschergrat, mit Benützung der Ski vom Jungfraujoch aus.»[11] Denn Bahnen, obwohl sie einen technischen Eingriff in die Natur darstellten, sorgten ja auch für besseren Zugang zur hochalpinen Welt, was, so einige Befürworter, auch im Sinne des Clubs war. Zwischen 1905 und 1907 dagegen kehrte das Meinungsbild des Clubs um 180 Grad. Nach der Eröffnung der Station Eismeer im Jahre 1905 und dem näher rückenden Ziel, die Bahn über das Jungfraujoch bis auf den Gipfel der Jungfrau zu verlängern, sowie durch den 1906 aufgetauchten Plan einer Bahn aufs Matterhorn mobilisierte sich eine grössere Front von SAClern gegen die Bergbahnen. Das Central-Comité Weissenstein (Solothurn) wurde, so heisst es im 39. Geschäftsbericht zuhanden der Generalversammlung des SAC in Bern am 22. September 1907 in der Rubrik «Erhaltung der Naturschönheiten», von der «mächtigen Bewegung» und dem «Sturm der Entrüstung» im Club aufgefordert, «möglichst rasch Stellung gegen die Entweihung dieses stolzen Hochgipfels zu nehmen». Das CC reichte einen Protest gegen «das Projekt einer Eisenbahn auf das Matterhorn» ein und veranstaltete unter den SAC-Mitgliedern eine Unterschriftensammlung zuhanden des Bundesrates, welche von 3708 der rund 9500 Mitglieder aus 46 der 52 Sektionen unterschrieben wurde.[12] Der Club war auch erfolgreich in der Verhinderung der projektierten Bahn auf die Diablerets und den Piz Bernina.

VORERST NUR AN ZWEITER STELLE

Doch selbst nachdem im Jahre 1907 explizit der Landschaftsschutz als Aufgabe des Clubs hinzugefügt worden war, hielt sich der Drang, die Alpen zu schützen, in Gren- zen. Im Jahr 1913 beschrieb Heinrich Dübi in der Denkschrift über «Die ersten fünfzig Jahre des Schweizer Alpenclub» die «Bestrebung für Heimatschutz und Erhaltung der Naturschönheiten» durch den SAC als «milde», insbesondere im Vergleich mit dem «Fanatismus» anderer Zeitgenossen, womit er wahrscheinlich den Schweizer Heimatschutz meinte.[13] Zum Teil kann dies darauf zurückgeführt werden, dass der Schwerpunkt des Clubs weiterhin auf der Förderung des Bergsteigens lag. Genauso wichtig jedoch war das nationalistische Element auf der Agenda des SAC. In diesem Sinne arbeitete der SAC auch mit der Naturschutzkommission der Schweizerischen Naturforschenden Gesellschaft zur Förderung eines Naturschutzparks zusammen – der Schweizerische Nationalpark wurde am 1. August 1914 eingeweiht. Auch dieses Projekt war zumindest teilweise von der Überzeugung getragen, dass die patriotische Pflicht es verlange, ein authentisches Gebiet «nationaler» Landschaft zu erhalten.[14] Darüber hinaus waren die meisten Mitglieder des SAC, wie Dübis Bemerkungen verdeutlichen, gegen allzu stringenten Schutz, wie ihn der Schweizer Heimatschutz forderte. Industrialisierung und Fortschritt hatten sehr wohl ihren Platz, der, wie Dübi schrieb, «durch eine neue Zeit und ihre Bedürfnisse vorgeschrieben ist».[15] Tanja Wirz bestätigte diese Ansicht in ihrem Beitrag «100 Jahre für die Natur» in der Jubiläumsschrift «100 Jahre Pro Natura»: «Diese bildungsbürgerlichen Kreise [auch des SAC] glaubten zwar grundsätzlich an den Fortschritt und die Segnungen von Technik und Industrie, doch es wäre ihnen lieb gewesen, irgendwo, weit weg vom stets urbaner werdenden Alltag, ein paar besonders schöne Stücke ihrer alten Lebenswelt bewahrt zu wissen.»[16]

Der Widerstand gegen unverhohlen industrielle oder nur tourismusorientierte Erschliessung blieb weiterhin ein Hauptschwerpunkt des Clubs. Im 20. Jahrhundert entstanden zahlreiche Skigebiete, denen der Club zum grössten Teil erfolglos widerstand. Dieser Widerstand des Clubs besteht bis zum heutigen Tag, wenn es um die Erschliessung bisher unerschlossener Gebiete geht.

Darüber hinaus ist seit den 1960er-Jahren das Bewusstsein des SAC und von Umweltorganisationen wie Pro Natura, WWF und Mountain Wilderness gestiegen, was die Vernetzung zwischen Umwelt- und Landschaftsschutz angeht. Es fand in jener Zeit eine markante Verlagerung des Schwerpunkts von blossem Naturschutz auf Natur- und Umweltverträglichkeit statt. Parallelen hierzu fanden sich im wachsenden Umweltbewusstsein in der Gesellschaft. 1962 – dem Jahr, in dem Rachel Carson ihr aufrüttelndes Buch «Silent Spring» veröffentlichte – verabschiedete die Schweizer Regierung den Verfassungsartikel zum Natur- und Heimatschutz, gefolgt vom Verfassungsartikel zum Umweltschutz neun Jahre später. Und im Jahr 1970 spielte der SAC eine entscheidende Rolle in

---

5 / Alpenschneehuhn im Val Ferret (VS). — Foto: Claude Morerod, Les Diablerets.
Auf dem Plateau von Anzeindaz (VD) — Foto: Mario Colonel, Chamonix.
6 / Mountainbiken auf dem Chaumont. — Foto: Patrice Schreyer, Fontainemelon.
Steingeiss oder: Glück gehabt. — Foto: Thomas Ulrich, Interlaken.

5 /

6 /

der Gründung der Schweizer Stiftung für Landschaftsschutz und Landschaftspflege.

SCHUTZ DER ALPENFLORA UND -FAUNA

Teil der zu schützenden Landschaft sind natürlich auch die alpine Flora und Fauna, deren Schutz seit der Clubgründung weniger umstritten war als andere Themen. Zum 75-Jahr-Jubiläum 1938 berichtete «Alpen»-Redaktor Ernst Jenny, dass mehrere Mitglieder seit der Clubgründung sich für die Alpentiere und -pflanzen einsetzten, dass Sektionen Alpengärten unterstützten und dass der Club für gesetzliche Bestimmungen zum Pflanzen- und Tierschutz plädierte.[17] Zu den ursprünglichen Bemühungen für den Schutz von Tieren und Pflanzen schrieben Gianni Haver, Élodie Le Comte und Andrea Porrini in der Studie «Les Alpes entre produit de loisir et patrimoine naturel à protéger» aus «Faits associatifs, territoire et societé: Histoire du Clubalpin suisse (1863–1945)», dem grundlegenden Werk zur Geschichte des SAC: «Notons cependant que la nature est encore largement perçue dans sa dimension utilitaire et qu'il n'est pas question, par exemple, de protéger les grands prédateurs.»[18] Die erste Katalogisierung der gesamten Alpenflora erschien 1960.[19]

VERSTÄRKTE ANSTRENGUNGEN AB 1996

Während der letzten rund fünfzehn Jahre hat der Club seine Anstrengungen merklich verstärkt, den Landschaftsschutz und die Erhaltung der Umwelt zu institutionalisieren. Dies basiert viel weniger, falls überhaupt, auf einer patriotischen Vorstellung des Alpenraums von einst, sondern viel mehr auf einer Sensibilisierung der Gesellschaft und deren Sorge um die Umwelt insgesamt. 1996 wurde im SAC der erste vollamtliche Umweltbeauftragte eingestellt. 2006 wurde die Fachstelle Natursport-Naturschutz geschaffen. Seit 2008 ist der Club gemeinsam mit dem Bundesamt für Umwelt Patronatspartner der Kampagne «Respektiere Deine Grenzen», die das Bewusstsein der Bergsportler insbesondere auf die Beachtung der Wildschutzgebiete im Winter schärfen sollte. Ein ehrgeizigeres Projekt, die «Alpenlandschaft Zukunft», welche die noch unerschlossenen Alpengebiete im Hinblick auf die Wichtigkeit ihres Schutzes einzustufen versuchte und die Haltung des SAC in Bezug auf Bebauung mit Infrastrukturanlagen auf einen Nenner bringen sollte, wurde 2010 nach der Pilotphase von der Abgeordnetenversammlung abgelehnt. Dennoch hat es sich der Club seit seines Einspruchs gegen die Industrialisierung des Rheinfalls in den 1880er-Jahren und mit zuweilen schwankendem Eifer zur Aufgabe gemacht, die flächendeckende Erschliessung der Schweizer Alpen zu vermeiden und zu limitieren. Im Gegensatz zu einer Umweltorganisation jedoch liegt das Hauptaugenmerk des Clubs in erster Linie auf der Verbreitung und Förderung des Bergsports und erst in zweiter Linie im Einsatz für die nachhaltige Entwicklung und Erhaltung der Bergwelt. Peter Mäder, Geschäftsführer des SAC von 1999 bis 2013, beantwortete die Frage nach einem zweiten Nationalpark und dem Standpunkt des SAC so: «Grundsätzlich positiv. Wir wehren uns dann, wenn bergsportliche Aktivitäten oder die Bewirtschaftung von Hütten erschwert oder verunmöglicht werden.»[20]

Mäders Kommentar illustriert darüber hinaus, in welchem Masse Bergsportler die Hütten als massgeblichen Bestandteil ansehen. Eine der Hauptaufgaben seit der Gründung des Clubs waren natürlich der Bau und die Bewirtschaftung der Unterkünfte im Gebirge. Die erste Hütte, die Grünhornhütte, wurde im selben Jahr der Gründung des Clubs gebaut. Die SAC-Hütten wurden sowohl in ihrer Bauweise als auch in der Bewirtschaftung über die Jahre hinweg umweltfreundlicher, parallel zum wachsenden Umweltbewusstsein des Clubs. Ohne Zweifel ist das Modell dieser Entwicklung die neue Monte-Rosa-Hütte, enthüllt im Jahre 2009 und im Jahre 2010 offiziell eröffnet. Die Hütte wurde in Zusammenarbeit mit der ETH Zürich gebaut und sollte zu 90 % energieautark sein, wofür eine Reihe von Auszeichnungen vergeben wurden.

NACHHALTIGE NUTZUNG ODER ÜBERNUTZUNG?

Bei aller Umweltverträglichkeit zeigen die zunehmend komfortablen und geräumigen Hütten, dass der beständige Schwerpunkt des SAC weiterhin auf der Gebirgsnutzung liegt und dass Annehmlichkeiten gegenüber reinem Umweltschutz nicht nachstehen müssen. Die 152 Berghütten und Biwaks des Clubs zählten 2011 rund 335 000 Übernachtungsgäste. Tragen diese Hütten nun zur Erhaltung der Alpen oder zu ihrer Übernutzung bei? Die Antwort hierauf ist eine Frage der Perspektive. Elsbeth Flüeler, ehemalige Geschäftsführerin der Alpenschutzorganisation Mountain Wildnerness Schweiz, kommentierte 2010 in einem Blog der «Neuen Zürcher Zeitung»: «Und da gibt es den SAC, der sich zwar die Nachhaltigkeit und Naturverträglichkeit auf die Fahne schreibt, der aber marktwirtschaftlich gestylt, mit steigenden Mitgliederzahlen und Umsatz immer mehr Leute in die Berge lockt.»[21] Ein Blick auf die Leserbriefe der SAC-Zeitschrift «Die Alpen» deutet eine ungewisse Zahl von unzufriedenen Mitgliedern, wie zum Bei-

---

7 / Luftkampf oberhalb von Derborence zwischen einem Bartgeier und einem Kolkraben. — Foto: Christophe Racat, Les Diablerets.
Stephan Siegrist «fliegt», gesichert von Ueli Bühler, in der Route *Jednicka* in den Wendenstöcken; im Hintergrund Grassen und Fünffingerstöcke. — Foto: Thomas Ulrich, Interlaken.

8 / Sven Mermod zieht grosszügige Kurven in Les Diablerets. — Foto: Sébastien Anex, Aigle.
Tierspuren im Frost auf dem gefrorenen Amsoldingersee mit Stockhornkette. — Foto: Chlaus Lötscher.

7 /

8 /

spiel die Autorin des Briefes «Massentourismus in den Hütten» vom Juniheft 2012, die sich über «die Preise, die Luxushotellerie, die nichts mehr mit einer Hütte zu tun hat, die A-la-carte-Menüs, dass man reservieren muss, wie in einem Hotel» beklagt.[22]

Mit der recht einheitlichen Mitgliederschaft von knapp unter 400 zur Zeit seiner Gründung bestanden für den SAC wenig Zweifel über die richtige Bergsportart: Hochtouren und Klettern. Beim Aufkommen neuer Sportarten, wie Ende des 19. Jahrhunderts dem alpinen Skilauf sowie ab den 1970er-Jahren das Sportklettern, gab es jeweils Bedenken, von einzelnen Mitgliedern und Sektionen, teilweise auch von der Clubleitung. Aber eine einheitliche Front war nicht auszumachen. Skitouren wie Sportklettern haben sich längst als akzeptierte Sportarten etabliert, neue wie Eisklettern und Schneeschuhlaufen sind dazugekommen. Damit kam und kommt natürlich auch immer die Frage nach der Natur- und Umweltbelastung auf.

UMWELT: VON EIN PAAR WÖRTERN ZU SEITENLANGEN RICHTLINIEN

Bei einer Organisation, die sich aus vielen Mitgliedern aus allen möglichen Berufsschichten, unterschiedlichen Regionen und Sprachen zusammensetzt, ist es zu erwarten, dass die Umweltrichtlinien des Clubs nicht immer gleichmässige Unterstützung fanden. Man kann wohl verallgemeinern, dass diese Unterschiede deutlicher werden, je näher man in die Gegenwart schaut. Die grösste Meinungsverschiedenheit, die den Club heutzutage beschäftigt, ist diejenige zwischen den ländlich und städtisch geprägten Sektionen bezüglich der Gebirgslandeplätze, also dem Heliskiing; laut Peter Mäder sind «Sektionen in den Alpen aus wirtschaftlichem Interesse heraus gegenüber den Ansprüchen von Tourismus und Fliegerei kompromissbereiter [...] als die Sektionsvertreter aus der Stadt».[23]

Der SAC ist sich mehr und mehr seiner eigenen Auswirkungen und deren anderer auf die Alpenwelt bewusst und besorgt. Was 1907 mit der «Erhaltung [der] Schönheiten» des schweizerischen Alpenlandes ganz klein begann, ist – wie der Verein selbst – zu einer grossen Aufgabe geworden. Die an der Abgeordnetenversammlung vom 8. Juni 2002 in Neuchâtel genehmigten Richtlinien «SAC und Umwelt»[24] umfassen 23 Seiten. Dazu beigetragen hat auch, dass dem SAC 1970 die Vernehmlassungs- und Beschwerdeberechtigung zuerkannt wurde, womit «die Vereinigung von Freunden der Alpenwelt» (erster Satz in den Statuten von 1907) offiziell als Organisation des Natur-, Landschafts- und Umweltschutzes anerkannt ist. Bei «Ziel und Zweck» in den Richtlinien von 2002 heisst es wörtlich: «Der SAC nutzt das Berggebiet in erster Linie durch seine vielfältigen bergsportlichen Aktivitäten und mit dem Betrieb seiner zahlreichen Hütten. Deshalb setzt er in seinem ökologischen Engagement die Schwerpunkte bei seinen eigenen Aktivitäten. Sein Hauptziel ist es, seine Nutzungen konsequent nach den Prinzipien der Nachhaltigkeit auszurichten und sich als ökologisch vorbildlicher Verband zu entwickeln.»[25]

9 / Steinbock nach einem ersten Schneetreiben am Pilatus (LU). — Foto: Lorenz Andreas Fischer, Luzern.
Eisklettern im Safiental. — Foto: Robert Bösch, Oberägeri.
10 / Julien Zambetti versucht sich an *Super Moby* (8a+) in den Gorges de Court. — Foto: Patrice Schreyer, Fontainemelon.
Aletschwald im Herbst (VS). — Foto: Lorenz Andreas Fischer, Luzern.

9 /

10 /

IST FLIEGEN SCHÖNER ALS BERGSTEIGEN?
SAC UND GEBIRGSFLIEGEREI

PETER CAMENZIND

Wenn heute über Heliskiing geredet wird, gehen die Emotionen hoch. Doch der Streit begann schon gestern. Seit den 1960er-Jahren ist die Zahl der Gebirgslandeplätze gesetzlich beschränkt. Sie war das Resultat hitziger Diskussionen, die im Dezember 1962 und Januar 1963 beigelegt werden konnten. Ein Dutzend Alpinisten – sie waren allesamt in der Schweizerischen Stiftung für Alpine Forschung (SSAF) engagiert – hatten einen Kompromiss geschlossen, der im Juni 1963 in die Verhandlungen des Ständerats eingeflossen war und der im Grundsatz noch immer Bestand hat.

Beim Start der ersten Flugzeuge war es anders gewesen. Die Aviatik wurde bewundert, faszinierte erst recht die Alpinisten. In «L'Écho des Alpes», dem «Organe du Club Alpin Suisse pour les sections de langue française», veröffentlichte Oswald Thiel, Mitglied der Section neuchâteloise, 1921 den Artikel «Alpinisme et aviation», nach mehreren Flügen über die Alpen und den Jura: «Un plaisir entièrement nouveau s'offre aux amants de l'Alpe, à ceux que hante le désir de conquérir la cime la plus escarpée, de contempler la plus belle vue, ou de monter toujours plus haut; c'est celui de voguer dans les airs et de survoler nos fières montagnes.»[1] Fliegen, das war ein Wunder.

Im Flugzeug dahinschweben statt den Gipfel mühevoll erkämpfen. «Weder die Zermatter- noch die Gornergratbahn, noch irgendeine berühmte Gipfelschau vermögen uns das zu offenbaren, was wir im Flugzeuge bei einem Hochgebirgsfluge erleben», berichtet Hans Kempf, Mitglied der SAC-Sektion Bern, im Artikel «Matterhornflug» in «Die Alpen» von 1928: «Wir fühlen, wie sich ein Wunder an uns vollzieht, da wir im Nu über die Gipfel dahinschweben, die wir einst in stundenlanger Mühe Schritt um Schritt erkämpften.»[2] Im berühmten Buch «Alpenflug» von Walter Mittelholzer aus dem gleichen Jahr ist der enthusiastische Text ebenfalls zu finden. «Warum soll sich der Bergsteiger nicht auch die Fortschritte in der Aviatik zunutze machen?», fragte sich Hans Koenig, Jurist, Mitverantwortlicher bei der Etablierung der Tourenunfallversicherung des SAC, Ehrenmitglied der Sektion Uto und des Gesamt-SAC, im Artikel «Bergsteigen einst und jetzt» in «Die Alpen» von 1952. So hätten sich schon 1932 Flugaufnahmen von Walter Mittelholzer bei der Tourenplanung als nützlich erwiesen. Und: «Das haben wir in der Folge weiter dahin ausgebildet, dass wir vor Touren, für die man die Verhältnisse kennen musste, am Freitagabend vorher noch so rasch nach Bureauschluss das betreffende Gebiet überflogen und die Schnee- und Eisverhältnisse rekognoszierten. Eine solche Rekognoszierung der Monte-Rosa-Ostwand, die in zwei Stunden ab Dübendorf hin und zurück durchgeführt worden war, hat uns anhand der Bilder gezeigt, wo der beste Durchstieg durch die Eisbrüche und der Einstieg in die Felsen der Dufourspitze gesucht werden mussten.»[3]

Wer den Durchstieg suchen kann, der kann auch einen Menschen finden. 1931 berichtete Otto Wetter von der Sektion Biel in «Die Alpen. Chronik des S.A.C. und kleine Mitteilungen» über eine Rettungsübung im Gebiet der Turtmannhütte. Der Pilot hatte die vermissten «Turisten», die sich «in einer Geröllhalde unterhalb des Barrhorns» befanden, aufzusuchen und der Rettungskolonne auf der Hütte den Standort «auf dem Abwurfwege zu melden». Es gab keinen Zweifel über «die wertvollen Dienste», die «das Flugzeug auch dem alpinen Rettungswesen leisten kann». Offen blieben allein technische Fragen. «Als Signal […] scheint uns eine Rauchschwanzrakete zweckmässig zu sein, die einen starken […] Rauch entwickelt und in einem stark leuchtenden Lichte en-

«La Blümlisalp – Effet de nuages. Vue prise à environ 4600 m. d'altitude». Originallegende aus «L'Écho des Alpes» von 1921. Eine der ersten in einer SAC-Zeitschrift veröffentlichten Luftaufnahmen. Allerdings sieht man im Vordergrund das Doldenhorn und hinten das Balmhorn.

Foto: Oswald Thiel.

In die SAC-Führer hielten Fotos mit eingezeichneten Routen 1939 Einzug: Im ersten und zweiten Band der zweiten Auflage des «Guide du Skieur dans les Alpes Valaisannes» von Marcel Kurz erleichtern Luftaufnahmen die Orientierung bei Planung und Durchführung der Tour; hier «Massif du Mont Rose, glaciers de Gorner et de Grenz.»

Foto: Walter Mittelholzer.

det.»⁴ Und 1932 teilte das CC Baden mit, dass zwischen dem SAC und dem Eidgenössischen Militärdepartement ein Vertrag zustande gekommen sei, «der die Verwendung von Militärflugzeugen für das alpine Rettungswesen regelt».⁵

Nicht alle waren mit dem Einsatz dieses modernen Rettungsmittels einverstanden, wie die Zuschrift von H. Bindschedler, Mitglied der Sektion Lägern, aus dem Jahre 1932 zeigt: «Ich sehe nicht ein, warum wir immer mehr die Grösse und Erhabenheit unserer Bergwelt vermindern wollen, indem wir die Gefahren auszuschalten versuchen. Schliesslich ersteht ein Geschlecht, das nur noch mit einem Sendeapparat im Rucksack unsere Berge ersteigt, um jederzeit von seinen Mitmenschen Hilfe verlangen zu können, und dann sind wir unserer Berge nicht mehr wert.»⁶ Wenn wir die moralinsauren, arg zeitgebundenen Untertöne mal ausschalten: Unaktuell ist die Frage nach Risiko und Rettungsmittel im Zeitalter der iPhone-Applikation «iRega» ja nicht.

Die in der Zwischenkriegszeit langsam aufkommenden Rettungsflüge waren das eine. Doch schon bald sass der schnöde Mammon mit am Knüppel. Der St. Moritzer Hotelier Fredy Wissel entwickelte die Lande- und Starttechnik auf Gletschern. Wissels Flugschüler Hermann Geiger, Polizist, später erster Chefpilot der Rettungsflugwacht, flog für den SAC Versorgungsgüter zu den Hütten. Und zahlende Gäste von Sitten auf die Walliser Gletscher.

Die Entwicklung im Gebirge, wo mehr und mehr geflogen wurde, rief die Naturschützer auf den Plan: den Heimatschutz, die Liga gegen Lärm und Exponenten des SAC. Max Oechslin, Redaktor von «Die Alpen», wetterte im Monatsbulletin seiner Zeitschrift immer wieder, so auch 1958: Die touristische Gebirgsfliegerei erfolge aus «reinen merkantilen Interessen heraus, die man mit einem ‹Mantel des Idealismus› überdecken will».⁷ Zwei Seiten weiter hinten warnte er in kursiver Schrift: «Bergsteiger passt auf! Mit der Propaganda der sicher verdankenswerten Rettungsflüge und Karitas wird begonnen, die Sportfliegerei und der Taxiflugdienst werden das Ende sein!»⁸ Max Oechslin zitierte ausführlich Ruedi Schatz, einen prominenten SAC-Mann, in den 1970er-Jahren FDP-Nationalrat sowie Mitbegründer und erster Präsident der Schweizer Stiftung für Landschaftsschutz und Landschaftspflege, der sich im Mai 1958 in einem Brief an die «Neue Zürcher Zeitung» gegen die Lufttaxidienste gewehrt hatte: «Wäre das Lufttaxifahren nur ein kostspieliges Vergnügen weniger, das niemanden stört, man möchte es ihnen herzlich gönnen. Hier stört und belästigt aber die Bequemlichkeit und Extravaganz einer kleinen Minderheit derartig die grosse Mehrheit, dass Toleranz nicht mehr vertretbar ist.»⁹

So vehement die touristische Gebirgsfliegerei in den Spalten von «Die Alpen» abgelehnt wurde, so begrüsst wurde der Helikopter wegen seiner vielfältigen Einsatzmöglichkeit. «L'hélicoptère s'annonce comme l'auxiliaire le plus précieux pour les opérations de secours», schrieb Serge Herzen 1950 im Artikel «Hélicoptère et secours en montagne» im Chronikteil von «Die Alpen», dem ersten Artikel zu diesem Thema in der SAC-Zeitschrift.¹⁰ Wie wertvoll, bewies kurz darauf Sepp Bauer in Davos, als er mit seiner Hiller Suchhunde zu einem Lawinenkegel flog. Und der Helikopter wurde populär. Hermann Geiger erhielt eine Bell 47J für seine Rettungseinsätze. Aber Herzen war auch weitsichtig gewesen: «Le Weisshorn ou n'importe quelle autre montagne réservée jusqu'à présent aux mieux entraînés […] trouvera à son sommet une foule bigarrée, appor-

Strahlhorn von Westen:
Gut sichtbar sind die Spalten.

Bifertenstock von Südosten:
Blick aufs Gipfeldach.
Beide Fliegeraufnahmen stammen aus dem Buch «Alpenflug», 1928 «unter Mitarbeit von H. Kempf, Bern S.A.C.». Der Bifertenstock war der höchste Gipfel, der 1863 während der Clubtouren im Exkursionsgebiet Tödi-Clariden erstbestiegen wurde.

Fotos: Walter Mittelholzer.

tée sans effort par un de ces confortables engins.»[11] Sein bis heute gültiges Fazit: «L'hélicoptère présente pour l'alpinisme un danger en même temps qu'un espoir.»[12]

Der Ruf nach einer Regelung der Fliegerei im Gebirge wurde in den späten 1950er-Jahren immer lauter. Die Fronten verliefen mitten durch die Alpinistengemeinde, was nicht weiter erstaunt, wenn man an die Äusserungen von Hans Koenig und Ruedi Schatz denkt. Auch der Genfer Edouard Wyss-Dunant, Zentralpräsident des SAC von 1962 bis 1964, sein Berner Nachfolger Albert Eggler, 1956 Leiter der erfolgreichen Schweizer Expedition zu Everest (2. und 3. Besteigung) und Lhotse (1. Besteigung), Kartograf Eduard Imhof sowie Rodolphe Tissières, Pilot, Bergführer, Förderer des Tourismus in Verbier und Gründer der Patrouille des Glaciers, waren unterschiedlicher Meinung. Zwischen Wyss-Dunant und Tissières hatte es schon lange gekracht, und jetzt sprachen die beiden nicht mehr miteinander, und wenn, dann höchstens vor dem Richter.

In der (Walliser) Presse wurde eine Stellungnahme des CC gegen die touristische Gebirgsfliegerei heftig kritisiert. Der Rettungschef im CC Rätia, O. Jäger, wandte sich 1960 brieflich an den neuen Direktor der Heliswiss, Dr. R. Schatz. Als «begeisterter Bergsteiger» könne er sicher verstehen, dass «die Störung unserer schönsten Gipfel» durch die kommerziellen Taxiflüge besser gesteuert werden müsse. Es gehe darum, «einer wilden und störenden Fliegerei von Taxifahrten entgegenzutreten, diese zu kanalisieren und allenfalls auf gewisse Gebiete zu beschränken».[13]

Die Auseinandersetzung war mittlerweile auch im Bundeshaus in Bern angekommen. Die Revision des Luftfahrtgesetzes stand zur Debatte. Seit

«Hélicoptère en vol au-dessus de la piste»: So betitelte die Redaktion das Bild im Artikel «Hélicoptère et secours en montagne». Aber die Helis flogen und fliegen eben nicht nur über die Piste.

Quelle: Die Alpen Chronik, 1950.

Hermann Geiger, einer der Pioniere der Gebirgsfliegerei: Er rettete Menschen, transportierte Material – auch für den SAC – und flog Touristen auf die Gletscher.

Foto: Archiv Rega.

1957 hatte eine Expertenkommission das Lärmproblem studiert. Der Schutz der Ruhesuchenden vor Lärm musste abgewogen werden gegen militärische Interessen und die der Flieger, die «ihre finanzielle Basis ein bisschen verbreitern wollen», so Alois Zehnder, der Berichterstatter der nationalrätlichen Kommission, bei der Beratung des Artikels 8 des Luftfahrtgesetzes.[14] Erfreulich sei, «dass sie ganz auf der privaten Initiative beruht. [...] Das einzige Flugzeug, das der Flugwache gratis zur Verfügung gestellt wurde, ist der Helikopter, der vom Verband Schweizerischer Konsumvereine geschenkt wurde. Alle andern Rettungsflüge werden von den Piloten, auch den Piloten der Rettungsflugwache, auf Maschinen, die ihnen von Gesellschaften, den Flugplätzen gestellt werden, ausgeführt.»[15] Es gab auch andere Voten: Dass dieses «Geldprotzentum» entstanden sei, wo eine Minderzahl in die Berge fliegende Bonzen den «echten Bergsteiger» verhöhne, rumpelte der Berner Nationalrat und Bergführer Samuel Brawand in der Debatte.[16] Eine Extremlösung, wie sie der Zürcher Nationalrat Alois Grendelmeier verlangte, ein völliges Verbot der Touristikfliegerei, hatte im Nationalrat keine Chance. Aber völlig schrankenlos sollte es nicht weitergehen, da war man sich einig.

Es war die Schweizerische Stiftung für Alpine Forschung, die über ein gutes Beziehungsnetz zu den zerstrittenen Bergsteigern verfügte. Sie lud auf den 14. Dezember 1962 zu einer Aussprache ein, wie der wissenschaftliche Mitarbeiter der SSAF, Fritz Schwarzenbach, in sein Tagebuch notierte.[17] Edouard Wyss-Dunant und Rodolphe Tissières lagen noch immer in offenem Streit. Karl Weber, Bergsteiger, Investor bei der Heliswiss und der Schilthornbahn, VR-Präsident der Neuen Warenhaus AG sowie Mäzen der SSAF, vermittelte. Es wurde deutlich, «dass es zweckmässig wäre, durch Einschaltung in die parlamentarischen Verhandlungen das Gewicht des SAC für einen annehmbaren Kompromiss in die Wagschale zu werfen», so der Tagebucheintrag Schwarzenbachs. Dieser Kompromiss musste in die Beratung der ständerätlichen Kommission einfliessen, wie Nationalrat Paul Eisenring anlässlich einer Sitzung am 19. Januar 1963 in Mürren erklärte. Die Kommission der grossen Kammer hatte schon getagt. Was ein halbes Jahr später im Ständerat geredet wurde, ist im Bundesblatt nachzulesen.

«In verdankenswerter Weise wurde unserer Kommission der Entwurf für die Neufassung von Artikel 65 der Vollziehungsverordnung zur Einsicht zugestellt»,[18] so der Berichterstatter der Kommission, Ständerat Alois Zehnder, am 5. Juni 1963. Und der zuständige Bundesrat Willy Spühler, Mitglied der Sektion Uto, sagte: «Es wird notwendig sein, dass wir die Zahl der Landeplätze erheblich herabsetzen.»[19] Er teile die Auffassung, dass die Kantone, Gemeinden, die interessierten Organisationen – dazu rechnete er die Kurvereine und den SAC – auch begrüsst werden müssten. Die Gebirgslandeplätze müssten publiziert werden. Nach einigem Hin und Her wurden im Bundesblatt vom 10. Dezember 1964 vom Verkehrs- und Energiewirtschaftsdepartement 42 Gebirgslandeplätze (GLP) publiziert.

Später wurde über die Fläche der Landeplätze gestritten, bis die Koordinaten genau festgelegt waren. Sechs weitere Landeplätze wurden vom Bundesamt für Zivilluftfahrt bis 1971 bewilligt, aber nicht betrieben. Im Oberengadin diskutierte man ab 1979 heftig wegen der Verlegung von GLP ins Bergell. Auch in den eidgenössischen Räten gab es Versuche, die Touristikfliegerei weiter zu beschränken. Es ging (und geht) um die Ruhe in den Bergen. Erbittert und lange tobte ab 1980 der Streit um den Bau des Altiports Croix du Cœur ob Verbier, hinter dem Rodolphe Tissières stand. Seither entscheiden die Gerichte. So auch jüngst, seit im Zug der Neuordnung des Sachplans Infrastruktur Luftfahrt (SIL-GLP), einem Teilprojekt des Raumplanungsgesetzes, um jeden Flug gekämpft wird. Der SAC zog 2011 bis vor Bundesverwaltungsgericht, nachdem das Verkehrsdepartement auf Antrag des Bundesamts für Zivilluftfahrt im Wallis sogar einen zusätzlichen Landeplatz bewilligt hatte. Der SAC forderte eine Lenkung und Beschränkung der touristischen Gebirgsfliegerei für mehr Ruhe und Stille in den Bergen – und er erhielt Recht.[20] Die Zahl der 42 GLP aber, die genutzt werden, ist seit 50 Jahren unverändert.[21]

Der St. Moritzer Hotelier Fredy Wissel, der als Erster Touristen auf die Engadiner Berge flog. Der SAC wehrt sich seit 1962 gegen die touristische Gebirgsfliegerei, wie ein Artikel im Aprilheft 2011 von «Die Alpen» aufzeigt.

Foto: Dokumentationsbibliothek St. Moritz.

Der Streitpunkt im SAC: Heliskiing. Am 20. März 2010 protestierten rund 30 Mitglieder der SAC-Sektionen Baldern, Bern, Biel und Uto auf der Fafleralp im UNESCO-Weltnaturerbe Jungfrau-Aletsch gegen das Heliskiing in geschützten Gebieten.

Foto: www.sac-baldern.ch.

BERNHARD RUDOLF BANZHAF
ZEIT FÜR BERGE

CLUBLEBEN UND EHRENAMT

Die heute rund 140 000 Mitglieder des SAC möchten vor allem Zeit für die Berge haben, Berge besteigen, die SAC-Hütten nutzen, «Die Alpen» lesen und die Führer des SAC-Verlags studieren. Jede einzelne der 111 SAC-Sektionen und der Zentralverband richten sich auf diese Bedürfnisse aus. Das ganze, eindrückliche Gefüge wird betreut durch eine professionell arbeitende Geschäftsstelle in Bern – und vor allem von einem Heer von ehrenamtlich tätigen Mitgliedern, die in verschiedensten Chargen auf allen Ebenen diesen «Dampfer» auf Kurs halten. Der Autor kennt zahlreiche dieser Freiwilligen, ohne die ein Club wie der SAC nicht existieren könnte. Es liegt auf der Hand, dass er sein eigenes Leben im SAC am besten kennt, weshalb er es hier beschreibt.

HÜTTENWEG

«Nein, nein, nicht jetzt, erst mit siebzehn. Du musst zuerst laufen lernen.» Dies antwortete mir Hans Jenni auf meine Frage, ob ich dem SAC beitreten könnte. Das war auf einer Wanderung von Waldenburg auf den Bölchen, zwölf Jahre alt war ich damals, und ich hatte gerade mit dem Tschingelhorn und der Ebnefluh zwei richtige Berge bestiegen. Hans war ein Angensteiner, also Mitglied der Sektion Angenstein SAC. Die Angensteiner verkörperten in Basel nicht nur zünftige Bergsteiger, sondern eine Kulturinstitution, zogen doch die legendären «Angensteiner-Abende» in der Mustermesse weite Kreise der Öffentlichkeit in ihren Bann. Meine Eltern besuchten damals auch diese Vorträge, an denen Clubmitglieder Lichtbilder ihrer Fahrten in die Berge zeigten.

Während ich im helvetischen Sinn «laufen», also gehen lernte, vernahm ich, dass diese Sektion eine von vielen Sektionen des SAC war. Sie entstand in den 1920er-Jahren als «Ortsgruppe Basel» der Berner Oberländer Sektion Oberhasli. Im Juli 1932 wurde sie unter dem Namen Angenstein selbstständig, nicht zuletzt deshalb, weil ihre Mitgliederzahl mit 240 bald doppelt so hoch geworden war wie diejenige der Muttersektion. Da es damals in der Stadt Basel aber schon die Sektion Basel gab, durfte die neue Sektion gemäss den SAC-Zentralstatuten ihren Sitz nicht im gleichen Ort, also in Basel nehmen, was mit einem Sitz in Grellingen elegant umgangen wurde. Der Wunsch nach einem Sitz in Basel blieb aber, und 1941 wurden die entsprechenden Zentralstatuten geändert. Die beiden Stadtbasler Sektionen waren ziemlich verschieden: In der noblen, am 17. April 1863, also zwei Tage vor dem Gesamtclub, gegründeten Sektion Basel fanden eher die bürgerlich ausgerichteten Alpinisten ihr Zuhause, die Sektion Angenstein glich mehr einem Arbeiterverein.

Damit sind wir bereits im Maschinenraum dieses Clubs angelangt. Der SAC besteht primär aus seinen Sektionen, die von einem Zentralverband zusammengehalten und geführt und gelenkt werden. Diese einzelnen Sektionen bestehen je nach Grösse aus Hauptsektionen, Muttersektionen, Stammsektionen, Ortsgruppen, Subsektionen, Frauensektionen und -gruppen, Jugendorganisation, je versehen mit einem Vorstand, Statuten, einer Generalversammlung, einem Tourenprogramm und sind ausgerüstet mit entsprechenden administrativen Infrastrukturen und Kommunikationskanälen. Dazu gibt es noch Veteranen-, Foto-, Werktagsgruppen, Hüttensinger und -werker, das Kinderbergsteigen KiBe und das Familienbergsteigen FaBe. Und noch mehr. Kurz: Für jedes bergsportliche und soziale Bedürfnis und Interesse findet man im SAC den richtigen Gang, die passende Kabine. Man kann aber auch einfach nur mitfahren, sozusagen auf Deck bleiben.

Die drittgrösste SAC-Sektion, Monte Rosa, hat mehr als 6700 Mitglieder und ein eigenes Central-Comité, welche die zahlreichen Ortsgruppen zusammenhält. Die kleinsten Sektionen verfügen lediglich über einen Mitgliederbestand von einigen Dutzend Alpinisten. Vereine bestehen aber aus Menschen, und da «menschelt» es eben manchmal. Das heutige Gefüge dieser Sektionen ist nicht gefestigt, sondern ein flexibles Werk, so kommt es dann und wann zu Abspaltungen, Fusionen und Trennungen. Auch ist es dem Individuum freigestellt, in einer oder mehreren Sektionen Mitglied zu sein.

Als ich siebzehn war und den «Westalpenschritt» beherrschte – eine Art sportlicher Kontemplation, eine meditative Zelebrierung der Langsamkeit, um damit erstaunlich mühelos und schnell auf Hütten und Gipfel zu steigen – wurde Hans mein «Götti» für die Jugendorganisa-

---

1 / Vorstandsdelegation mit Hüttenwart (ganz links) und seiner Frau, vor der Schesaplanahütte, 1953. — Quelle: 100 Jahre SAC Sektion Pfannenstiel, 2009.
2 / Einweihung der clubeigenen Cabane Les Ordons, 4. April 1937. — Quelle: 75 ans Section Jura CAS, 1992.
3 / Einweihung des Anbaus der Rotondohütte, 15. August 1993. — Quelle: 100 Jahre Sektion Lägern SAC, 2000.
4 / Zwischenhalt auf der alten Chlushütte, 31. März 1946. — Quelle: 55 Jahre SAC im Entlebuch, 2001.
5 / Einweihung der ersten Läntahütte, 31. August 1913. — Quelle: 100 Jahre Sektion Bodan SAC, 2001.

1 /

2 /

/ 3

4 /

Geschichte

2

5 /

197

tion, in der sich der dynamische JO-Leiter Eugen Näf um die Jungen kümmerte. Entgegen damaliger schulischer Norm war die JO gemischt, was natürlich zusätzliche Horizonte öffnete... Am 17. Februar 1969 trat ich der JO Angenstein und somit dem SAC bei.

AUFBRUCH UND EINSTIEG

Da ich die Handelsschule besuchte und dort auf einer Hermes Ambassador meine ersten Gehversuche im Zehnfingersystem machte, bat mich Eugen, die Administration des JO-Lagers vom Sommer 1972 zu übernehmen. Geplagt von Heuschnupfen, sass ich also an meiner Schreibmaschine und tippte die Listen der Teilnehmerinnen und Teilnehmer. Ein Mädchenname unter vielen anderen stach mir dabei sofort ins Auge. Ich kannte sie noch nicht, aber Ruth sollte für eine geraume Weile in meinem Leben einen Platz finden, und ich in ihrem. Natürlich schrieb ich nach der Tourenwoche auf der Weissmieshütte über die Bergabenteuer der JO einen Bericht für die Clubnachrichten der Angensteiner.

Ich war offenbar, ohne es zu realisieren, im Kreis jener angelangt, die etwas machen, ohne dafür etwas zu bekommen, einfach so, aus Freude, aus Begeisterung, zum Wohl der Sache und der Allgemeinheit. Ehrenamt heisst diese Funktion. Heute wird das auch «Freiwilligenarbeit» genannt, aber Ehrenamt gefällt mir besser. «Amt» hat zwar etwas Bürokratisches an sich, aber die «Ehre» besonnt es. Und der SAC ruht auf den Schultern dieser ehrenamtlich Tätigen, die – meist in ihrer Freizeit – freiwillig etwas tun: Ausbilder, Tourenleiter, Hüttenwarte, Vortragsredner, Helfer, Kommissionsmitglieder, Redaktoren, Vorstände, Präsidenten. Trotz der Professionalisierung in vielen Teilbereichen, vor allem auf der Ebene des Zentralverbands, bildet das Ehrenamt immer noch die tragende Säule des SAC. Gesamthaft engagieren sich 7600 Personen oder jedes 18. Mitglied ehrenamtlich für den Club.

Auf allen Stufen wird enorm viel gearbeitet, geschuftet, gerackert, geschafft, getan und gewirkt, zum Wohl aller und zum Ansatz von 60 Minuten in der Stunde, spesenfrei für den Club, da diese Freiwilligen meist die Reise- und Verpflegungsspesen auch noch selbst übernehmen. Der Lohn ist die Freude. Für mich persönlich bedeutete dies auch, dass ich nun ein «Angensteiner» oder «Alpenclübler» war: Ich war in meiner Sektion angekommen, half zu organisieren, begleitete JO-Anlässe und später Sektionstouren im Sommer und mehrmals die Haute Route im Winter. Das Ehrenamt ist ein Markenzeichen nicht nur unseres Clubs, sondern der Schweiz.

Mit zweiundzwanzig wurde ich Sektionsmitglied und besuchte regelmässig die Monatsversammlungen, bei der die Mitglieder der Sektion über laufende Geschäfte befragt wurden. Danach folgte in der Regel ein Dia- oder seltener ein Filmvortrag. Besonders in Erinnerung bleibt mir dabei ein Schwarz-Weiss-Film, den Walter Urech (er war 16 Jahre lang Obmann der Sektion) vorführte. Ein grossartiger Streifen mit kontrastreichen Bildern, die seine Fahrt von Venedig nach Istanbul auf der «General von Steuben», einem stattlichen, weissen Ozeandampfer, zeigte. Das hatte zwar mit Alpinismus im engeren Sinn nicht viel zu tun, aber die Wellenberge waren schon erstaunlich. Heute interessiert mich in diesem Zusammenhang die Metapher, dass der SAC eigentlich nichts anderes darstellt als einen riesigen Ozeandampfer, der sich dank den vielen, vielen Kohletrimmern, Heizern, Maschinisten, Ingenieuren, Matrosen, Funkern, Offizieren und dem Kapitän durch die Wellenberge dieser Welt pflügt.

Ja, und dann die Frauen! Diese waren dank der Fusion des SFAC (Schweizerischer Frauen-Alpen-Club) mit dem SAC seit 1980 ebenfalls mit an Bord. Aber was in der JO schon üblich war – ein normaler Umgang mit dem anderen Geschlecht –, brauchte in unserer Sektion noch seine Zeit. Da half auch noch so viel Einsatz und Ehrenamt und die 68er-Bewegung nur wenig. «Salü Hans, guete Daag Frau Jenni», mit den Damen war man noch lange auf «Sie», und Wangenküsse ziemten sich nicht einmal auf dem Gipfel.

ANSEILEN

Wenn man in einem Verein angekommen ist, geht es meist nicht lange, bis man gefragt wird, ein Amt zu übernehmen. Man nennt das auch «Kompetenzsyndrom». Das war auch bei mir der Fall. Zunächst konnte ich diese Anfragen noch nicht positiv beantworten, da berufliche Verpflichtungen mich nach Genf, England und in den Mittleren Osten führten. Statt bei Ruth war ich in Beirut. Aber langsam, langsam, quasi im Westalpenschritt, immer gleichmässig atmend, wurde ich regelmässiger Hüttenwart auf dem Grathaus Moron im Jura, einer Privathütte meiner Sektion. Mario Varni, der Hüttenchef, hatte grosse Freude an mir, besonders, als ich ihm einmal einen Rekordumsatz präsentieren konnte und mehrere Tausend Franken auf das Postcheckkonto der Hütte einzahlte. Er fragte mich sofort, ob ich nicht sein Nachfolger werden möchte. Doch Hans riet mir, im jetzigen Zeitpunkt lieber doppelt so viel Touren zu machen als die doppelte Buchhaltung. In Genf lernte ich während meines Aufenthaltes von 1973 bis 1975 eine andere Sektion kennen: die Section genevoise. Das war eine unternehmungslustige Gesellschaft, die in einem gediegenen Lokal in der Vieille Ville residierte. Da ging ich gerne hin und nahm vor allem teil an grossartigen Touren im Mont-Blanc-Gebiet und im Unterwallis. Zudem organisierte ich als Tourenleiter zwei Mal

6 / Rossberg-Putzete, alljährlich seit 1992. — Quelle: 125 Jahre SAC Sektion Rossberg, 2006.
7 / Holzschlepperei kurz vor der Salbithütte. — Quelle: 100 Jahre SAC Sektion Lindenberg, 1994.
8 / Arbeitswoche im Maderanertal, Juni 2007. — Quelle: 75 Jahre SAC Angenstein, 2007.
9 / Arbeiten vor und an der Capanna Sciora. — Quelle: 100 Jahre Sektion Hoher Rohn SAC, 1991.
10 / Putztag im Clubheim Fählensee. — Quelle: 125 SAC Sektion St. Gallen, 1988.

6 /

7 /

/ 8

9 /

10 /

die Haute Route – statt wie bisher von Saas-Fee nach Chamonix – von Chamonix nach Saas-Fee. Später habe ich noch manche andere Sektion von innen kennengelernt. Erstaunlich ist die Tatsache, dass sich die Rituale und Abläufe überall sehr ähnlich sind.

Nach meiner Rückkehr nach Basel suchte unser Obmann Franz von Aarburg (heute heisst dieses Amt «Präsident») einen neuen Sekretär für den Vorstand der Sektion Angenstein. Sogleich wurde ich eingeschult und machte mich mit dem einst reichlich vertrackten Verfahren der Aufnahme von Neumitgliedern vertraut. Ich musste die schriftlichen Anträge prüfen, ob sie die Unterschriften von zwei gültigen Paten aufwiesen, und dem Vorstand Antrag für die Aufnahme stellen. Trat aus irgendeinem Grund ein Neumitglied wieder aus, musste ich der Sache erst recht nachgehen, denn ein Austritt, das war eigentlich nicht vorgesehen. Man stirbt im SAC, das war die Devise, und es oblag mir, zu eruieren, warum diese Leute nicht im SAC sterben wollten. Viel interessanter jedoch waren die Vorstandssitzungen, da ging es um allerlei Geschäfte, um unsere Touren, unsere Hütten, unsere Finanzen, das Verhältnis zwischen Jung und Alt, später auch um unsere Umwelt, und wenn man sich für ein solches Thema interessierte, konnte man auch mitreden und seine Überzeugungskraft üben. Ich ging immer mit grosser Freude ins Restaurant «Zoologischer Garten», wo wir unsere Sitzungen in einem luftigen, würdigen Rahmen abhielten, akustisch untermalt vom Schnauben der Elefanten und den Lauten der Pfauen. Selbst wenn ich nach einem anstrengenden Arbeitstag dort etwas schläfrig eintrudelte, elektrisierte mich die angenehme, konstruktive Atmosphäre, und es schien mir sogar, ich würde mich bei dieser unbezahlten Arbeit von der anderen – bezahlten – erholen. Wir, eine positiv gestimmte, verschworene Gemeinschaft, trafen uns ein Mal im Monat jeweils nach dem Nachtessen, und zahlten unsere Getränke selbst. Diese mönchische Anspruchslosigkeit und absolut spartanische Solidarität mit uns und mit der Sektion gefällt mir heute noch. Sie ist der Schlüssel zum Erfolg. Und an den Wochenenden sah man sich auf einer Sektionstour wieder.

Zudem machte ich mich als Vortragsredner nützlich. Am Abend des 2. Juni 1983, vor vollem Saal, zeigte ich zum Abschluss noch ein Dia des Seetalhorns und berichtete über das Projekt der Gemeinde Grächen, hier einen Felsberg mit Pisten zu erschliessen. Das Central-Comité (CC) Neuchâtel des SAC hatte gegen dieses umstrittene Projekt erfolglos Einspruch erhoben. Diese Sachverhalte lösten einen Entrüstungssturm bei den Angensteinern aus, und wir beschlossen, dem Bundesrat unsere Bedenken zu dieser Sache mitzuteilen. Am Abend darauf, einem Freitag, ging ich zu Franz, um diesen schwierigen Brief aufzusetzen. Wir realisierten ihn in mehreren Stunden. Er enthielt alle Raffinessen der Schreibkunst. Ich eilte nach Hause, schrieb den Brief auf meiner Schreibmaschine, ging zurück zu Franz, und wir unterschrieben ihn gemeinsam. Wieder zu Hause, packte ich meinen Rucksack und ging endlich am Samstag früh gegen drei Uhr ins Bett. Drei Stunden später holte mich mein bester Bergfreund Jakob «Joggi» Kamber ab. Wir fuhren nach Interlaken und bestiegen den Zug aufs Jungfraujoch, schnallten dort die Ski an und bestiegen die Jungfrau. Total kaputt von den Strapazen dieser heiklen Korrespondenz schlief ich auf der Jungfrau ein. Das ist mir vor- und nachher nie mehr passiert. Wenige Tage später landete eine Respekt erheischende Zuschrift mit Reliefdruck und Wasserzeichen in meinem Briefkasten. «Der Schweizerische Bundesrat bedauert …» – und gab grünes Licht für den Bau der Bahn auf das Seetalhorn. Heute, dreissig Jahre später, sind die Masten und Kabel und Kabinen in Sarajevo eingelagert. Die Seilbahn musste aufgrund der Abschmelzung des Permafrosts geschlossen werden. Zügig erfolgte der «Rückbau», wie das heute so schön heisst.

Apropos Interlaken: Dort nahm ich im Oktober 1983 als Delegierter meiner Sektion zum ersten Mal an einer Abgeordnetenversammlung (AV) teil und lernte den damaligen Zentralpräsidenten Hermann Milz und seine Entourage kennen. Fasziniert war ich von der Tatsache, dass im SAC über alle Grenzen, über sprachliche Barrieren, politische Auffassungen und religiöse Überzeugungen, über den beruflichen Stand hinweg gemeinsam gearbeitet wird, ohne Vorbehalte und völlig unvoreingenommen. Die AV ist das eigentliche Parlament des SAC, wo die Abgeordneten aller Sektionen über laufende Geschäfte, Budget, Aktivitäten, Reglemente etc. oft nach eingehender Erörterung ihre Stimme abgeben. Daneben gibt es noch eine Art «Stöckli», die Präsidentenkonferenz (PK).

FRÜHSTÜCKSPLATZ

Auf dem Weg nach oben rastet der Alpinist, meist an einem Ort, der als «Frühstücksplatz» bezeichnet wird. Franz suchte einen Nachfolger, aber ich musste ihm einen Korb geben, der Himalaya rief, ich legte eine Pause ein, organisierte aber eine Expedition meiner Sektion auf den Kang Yatse, einen Sechstausender in Ladakh. Zurück aus Asien, fand ich einen Brief von Hanspeter Schmid vor, Präsident der Sektion Basel und designierter Zentralpräsident des CC Basel. Er suchte einen Publikationenchef. Heute muss ich zugeben, ich hatte 1987 nach meiner Rückkehr aus Nepal, wo ich drei Jahre lebte, eher den Eindruck, der SAC sei eine etwas überalterte Gesellschaft, und frotzelte mit

11 / Übungskurs bei der Cabane du Mountet, Juli 1935. — Quelle: **75 Jahre Sektion Uto SAC**, 1938.
12 / Das 20. Kinderbergsteigerlager im 75. Jubiläumsjahr der Sektion, in der Rudolfshütte. — Quelle: **75 Jahre SAC Angenstein**, 2007.
13 / Ausbildungskurs bei garstiger Witterung. — Quelle: **100 Jahre Sektion Bodan SAC**, 2001.
14 / Die JO bei einer Abseilübung an der Rigi Hochflue, 1945. — Quelle: **100 Jahre SAC Sektion Lindenberg**, 1994.
15 / Klettern für Gross und Klein beim Tomasee. — Quelle: **100 Jahre Sektion Bodan SAC**, 2001.

11 /

12 /

/ 13

14 /

15 /

Geschichte

2

201

Hanspeter, das Gescheiteste wäre es wohl, den SAC mit der Pro Senectute zu fusionieren! Aber das CC Jaman hatte mit dem Projekt «SAC-Dynamique» eine Kugel angestossen, die Fahrt aufnahm, und da wollte ich dabei sein. Während ich bislang auf Sektionsebene gewisse Aufgaben übernommen hatte, lernte ich nun die Brücke des SAC-Dampfers kennen: Geschäftsstelle, Leitender Ausschuss, Central-Comité, die Regionalvertreter, die Kommissionen, die AV und die Präsidentenkonferenz (PK). «Avons-nous le quorum?», fragte Claude Krieg, Zentralpräsident des CC Jaman an einer Sitzung im regnerischen Vevey, an welcher der designierte Leitende Ausschuss (LA) Basel als Kiebitz eingeladen war. Obwohl das «Sääli» gut besetzt war, befanden sich unter den Anwesenden offenbar nicht genügend Stimmberechtigte, da mehrere Regionalvertreter fehlten. Wir waren mit Claude völlig einig, dass nun «SAC-Dynamique» vorangetrieben und baldmöglichst umgesetzt werden müsste: Leitbild, Clubpolitik, Strukturen; Zusammenführung und Ausbau der Geschäftsstelle; ein neuer, überregionaler Zentralvorstand statt ein Vorort; neue Statuten; angepasste Reglemente; Intensivierung der Jugendarbeit; Integration der neuen Formen des Alpinismus und der Wettkampfsportarten; vermehrtes Augenmerk auf die Auswirkungen unseres Tuns auf die Natur; Modernisierung der Hütten; neue Konzepte bei der Clubzeitschrift «Die Alpen» – ein schwerer Rucksack voller Aufgaben. Wir schulterten ihn. Das Frühstück war beendet. Im SAC herrschte Aufbruchstimmung.

ÜBERHANG UND QUERGANG

Die Mitglieder des CC Basel stammten aus den Sektionen Basel, Angenstein, Baselland und Hohe Winde. Wir wurden 1995 von der AV in Vevey gewählt. Dort fand auch ein originelles Zentralfest statt, das war einst beim Übergang von einem Vorort zum anderen üblich. Umsichtig hatte unser Zentralpräsident Hanspeter Schmid die Chargen verteilt, die Ressorts Alpinismus, Hütten, Rettung, Logistik, Finanzen, Juristik, und Publikationen waren besetzt. Wir begannen unsere Arbeit. Für mich war der Einstieg in den LA turbulent, denn mein direkter Vorgänger hatte aus persönlichen Gründen zwei Jahre früher als vorgesehen sein Ehrenamt niederlegen müssen. Das Amt des Publikationenchefs (zuständig für die Zeitschrift, den Verlag, die Kultur und die Zentralbibliothek) war verwaist. Armand Vuichard, Finanzchef des CC Jaman, kümmerte sich interimistisch darum. Der Kontakt zu den Kommissionen konnte aus verständlichen Gründen nur marginal aufrechterhalten werden. Die Organisation der einzelnen Ressorts bestand aus dem zuständigen Mitglied des LA, dem die Fachkommissionen zur Verfügung standen, die je mit einem Präsidenten bestückt waren. In meinem Fall kam hinzu, dass zwei dieser Kommissionspräsidenten ihren Rücktritt eingereicht hatten. Um diese Lücken zu füllen und die Abläufe zu vereinfachen, kandidierte ich gleich selbst für diese Aufgaben und präsidierte deshalb während meiner gesamten Amtszeit im LA und im ZV die Zeitschriften- und die Kulturkommission, zudem nahm ich an allen Sitzungen der Verlags- und der Bibliothekskommission teil, um möglichst nahe am Puls zu sein. Persönlich vollzog ich zu jener Zeit einen Ortswechsel von Basel nach Saas-Fee, womit ein Besuch der Geschäftsstelle (damals im Alpinen Museum am Helvetiaplatz in Bern domiziliert) eine Anreise von drei Stunden nach sich zog. Die LA-Sitzungen fanden zunächst in Basel statt, viereinhalb Stunden von Saas-Fee entfernt. Als eingefleischter Benutzer der öffentlichen Transportwege nutzte ich diese langen Reisen als Arbeitszeit, auf dem Hinweg bereitete ich mich auf die Sitzungen vor, auf dem Rückweg erledigte ich im Zug auf dem Laptop die Korrespondenz. Die Sitzungen des CC (LA und Regionalvertreter) fanden an unterschiedlichen Orten statt, auch in alpinem Gelände. Wir fanden schnell eine Lösung für die Geschäftsstelle, die von Fredy von Gunten mit viel Elan geleitet wurde. Ideale Büroräumlichkeiten wurden an der Monbijoustrasse in Bern gefunden, wo die Kommandobrücke des SAC seit März 1997 untergebracht ist. Nun konnten wir die Redaktion von «Die Alpen» (damals in Muri und La Chaux-de-Fonds) und den SAC-Verlag (in Worben bei Biel) in die Geschäftsstelle einbinden, was für alle ein Gewinn war.

TRITTFIRN

Plötzlich befand ich mich wieder in einfacherem Gelände. Wie eine Strecke mit Trittfirn stieg ich weiter auf dem ehrenamtlichen Weg weiter. Die Trimmer und Heizer schaufelten wacker Kohle in die Kessel, der Dampfer nahm Fahrt auf. Nach einer kurzen Einarbeitungszeit hatte ich mich mit den sensiblen Bereichen meines Ressorts vertraut gemacht. Ein grosser Vorteil war, dass die Zeitschrift von Etienne Gross und François Bonnet und der Verlag von Arthur Zingg professionell betreut wurden. Diese Führungskräfte garantieren die Kontinuität. Früher wechselte eine fest angestellte Sekretärin alle drei Jahre ihren Wohnort, um dem neuen Vorort zu folgen. Dieser wurde in der Regel von einer Sektion oder von einer Gruppe von Sektionen aus der gleichen Region übernommen. Nun hatten wir eine feste, funktionierende, moderne Geschäftsstelle mit professionellem Personal, und wir bereiteten den Boden für den Übergang vom alten LA/CC-Prinzip zum neuen, überregional zusammengestellten Zentralvor-

---

16 / Familienbergsteigen – Iglutour. — Quelle: 125 Jahre SAC Sektion Rossberg, 2006.
17 / Aletschgletschertour, August 1990. — Quelle: 100 Jahre SAC Grindelwald, 2007.
18 / Die Nonne liess sich nicht zum SAC-Beitritt überreden – Wanderwoche von Baden zum Lägernhaus auf der Ibergeregg. — Quelle: 100 Jahre Sektion Lägern SAC, 2000.
19 / Abstieg vom Napf, Sektionstour vom 8. Februar 1903. — Quelle: 125 Jahre SAC Sektion Bern, 1988.
20 / JO-Tour von der Geltenhütte aufs Wildhorn, 24. August 1946. — Quelle: 75 Jahre Sektion Oldenhorn SAC, 1995.

16 /

17 /

/ 18

19 /

20 /

Geschichte

2

stand. So mutierte das CC Basel zum ZV (Zentralvorstand). Die Mitglieder blieben bis 1999 die gleichen, die Funktionen auch, aber die Strukturen wurden erheblich vereinfacht. Die Sitzungen verliefen immer in einem sehr kollegialen Rahmen. Zwar wurden die einzelnen – dann und wann auch skurrilen – Traktanden intensiv durchdiskutiert, manchmal blieben wir in der Sache hart, aber auf unsere persönlichen Freundschaften hatte dies absolut keinen Einfluss. Der Rahmen war dermassen kommod, zuweilen auch humorvoll, dass wir uns seither praktisch jedes Jahr zu einem gemütlichen Anlass unter dem Titel «ZV-lustig» treffen. Nach 1999 erfolgte meine Wiederwahl, auch ein weiterer «Angensteiner», Thomas Tschopp, betreute im ZV unter Franz Stämpfli das Ressort Hütten weiter.

NEBEL UND SPALTEN

Der Alpinist muss sich in jedem Gelände zurechtfinden. Besteigt man einen Berg, kann man jederzeit abwägen, ob die Verhältnisse ideal genug sind. Als Freiwilliger in einer Funktion gilt das Prinzip «gouverner, c'est prévoir». Dichter Nebel blieb mir zum Glück erspart. Bei der Neubestellung von Kommissionsmitgliedern musste man aufpassen, nicht in ein Spaltengewirr zu gelangen. Leider ist es heute nicht mehr so einfach, ein Ehrenamt zu besetzen. Berufliche und familiäre Verpflichtungen stehen im Vordergrund, und ein solcher Job ist hemmend und lässt sich nicht immer mit dem Rest des Lebens, auch nicht mit dem Alpinismus, verkoppeln. Dies ist ein Problem, das im SAC immer akuter werden könnte. Im Ehrenamt wendet man Zeit für die Berge auf, hat aber keine Zeit für unsere Berge.

Aufgrund der beruhigenden Lage in den Bereichen Zeitschrift, Verlag und Zentralbibliothek konnte ich mich intensiver um den Kulturbetrieb kümmern, der im gesamten SAC eher ein Mauerblümchendasein fristet. Die Kulturkommission verleiht den Kulturpreis und den Prix Meuly, und sie veranstaltet Ausstellungen alpiner Kunst. Meine Kommission verriet Begeisterungsfähigkeit und war auch bereit, eher unkonventionelle Projekte anzupacken. So veranstalteten wir auf der Grimsel eine grosse Freilichtausstellung und eine viel beachtete Panoramenschau im Alpinen Museum (SAM, heute ALPS) in Bern. Prächtige Ausstellungsbücher erinnern an diese Anlässe. Im SAM hielten wir auch dann und wann unsere Sitzungen ab. Ein Mal behandelten wir dort das Traktandum «UNO-Jahr der Berge 2002». Der ZV tat sich mit dieser Frage schwer, man war eigentlich der Meinung, der SAC hätte seit 1863 jedes Jahr das «Jahr der Berge» gefeiert. Als Delegierter des ZV besuchte ich deshalb im Jahr 2000 die Assemblée générale des Club Alpin Français in Nice und die Hauptversammlung des AVS (Alpenverein Südtirol) in Bozen. In Südtirol war die Einstellung zu diesem weltumspannenden Anlass ebenfalls eher skeptisch: «Mir lòssen ins decht net vorschreibm, wenn und wòs mir eppes zu faiern hobm!» (Wir lassen uns doch nicht vorschreiben, wann wir etwas zu feiern haben), tönte dort die Donnerstimme eines Delegierten. Ich war der Meinung, der SAC könne im «Jahr der Berge» nicht einfach abseits stehen. So hoffte ich, dass wenigstens die Kulturkommission eine zündende Idee äussern könnte. Das war dann auch der Fall, und rückblickend war dies eine der Sternstunden meiner gesamten ehrenamtlichen Tätigkeit im SAC. Piergiorgio Baroni, unser geschätzter Tessiner Kollege, sass auf seinem Stuhl und blickte gelangweilt in die Runde. Dann sagte er beinahe beiläufig: «Wir könnten doch so ein Trekking machen von Müstair nach Neuchâtel … an die Expo.» Das war es! Die Expo war ja von 2001 auf 2002 verschoben worden und fand damit im UNO-Jahr der Berge statt. Mit dem SAC im Jahr der Berge an die Expo!

GIPFELTRUNK UND ABSEILEN

Wir nannten das Projekt «Suiza existe», wanderten, kletterten und fuhren im Sommer 2002 mit 45 Personen, davon zwei Bundesräte und viel Prominenz, von Müstair nach Neuchâtel, bestiegen dabei das Rheinwaldhorn, das Weissmies und Les Diablerets, und untermalten das Ganze mit vielen Apéros und einem reichhaltigen kulturellen Menü. Zwar verursachte die Vorbereitung und Durchführung dieser Reise durch unser Land sehr viel zusätzliche (ehrenamtliche) Arbeit, aber der Aufwand hat sich total gelohnt. Diese Aktion erscheint mir heute wie der Gipfel meiner Tätigkeit im SAC. Danach seilte ich langsam ab, zum Einstieg zurück. Im Zentralverband kann man nicht unendlich lange tätig sein, denn die Reglemente sehen eine Amtszeitbeschränkung vor. Diese wird intern als «Altersguillotine» bezeichnet. Schliesslich verabschiedete ich mich kürzlich von der Zeitschriftenkommission, wo ich nach den Präsidialjahren noch einige Jahre als Mitglied tätig sein durfte. Jetzt schreibe ich für den SAC die neuen Alpinführer des Wallis und Artikel wie diesen. Und ich habe wieder etwas mehr Zeit für unsere Berge.

21 / Kaiseregg, 24. November 1889. — Quelle: 125 ans Section Moléson CAS, 1996.
22 / Schwarzhorn, Unternehmen Gemeindegrenze, Oktober 1984. — Quelle: 100 Jahre SAC Grindelwald, 2007.
23 / Erste Sektionstour auf den Gross Spannort, 1932. — Quelle: 75 Jahre SAC Angenstein, 2007.
24 / Die JO auf dem Nadelhorn, um 1950. — Quelle: 100 Jahre Sektion Aarau SAC, 1963.
25 / Gipfelrast von Mitgliedern der 1931 gegründeten Sektion Gstaad des Schweizerischen Frauen-Alpen-Clubs. — Quelle: 75 Jahre Sektion Oldenhorn SAC, 1995.

21 /

22 /

/ 23   24 /

25 /

DRINNEN STATT DRAUSSEN
DIE CLUBLOKALE DES SAC. EIN AUGENSCHEIN IM TAL

BEAT HÄCHLER

SAC-Hütten zu verstehen, ist vergleichsweise einfach. Denn sie liegen oben. Was oben liegt, kann sich vom Unten abgrenzen. Von den Massen der Menschen im Tal, von den Zwängen der Arbeit, von der knappen Zeit, von den Belastungen durch Lärm und Stress, vom Überdruss an Überfluss und Luxus, von klingelnden Mobiltelefonen, von laufenden Doodles und Googles. Hütten sind eine direkte Antwort auf das Unten. Sie sind übersichtlich, einfach und praktisch. Selbst jene, die inzwischen Solarpaneele, warme Duschen und kratzfreie Duvets bieten, sind Entwürfe des einfachen Lebens. Hütten sind klassische Wir-Räume, Egos müssen sich dort kleiner machen. In Hütten passen sich alle ein, die vier schützende Wände und ein Dach über dem Kopf brauchen. Für den Rest sorgen klare Spielregeln und beschränkte Platzverhältnisse. Berghütten sind wahre Gesellschaftscontainer, mehr als Grossstadt-Wohntürme oder exklusive Berghotels. Dieser Zustand besteht zwar nur für Stunden, aber immerhin.

Mit den Clublokalen im Tal verhält es sich anders.

Sie liegen in der Regel tief, unterhalb der Hochnebelgrenze. Man findet sie in Häuserschluchten, an ehemaligen Stadtgräben, in Dorfbeizen, im führenden Hotel am Platz oder irgendwo in der Agglomerationsarchitektur, zum Beispiel in einer Tennishalle. Sie liegen einen Steinwurf neben H&M und McDo, neben Fussballplätzen und Parkhäusern. Sie sind komplizenhaft in den Alltag der Flachlandschweiz verstrickt. Es gibt sie landesweit, im Voralpenbibelgürtel, in ländlich ausfransenden Ballungsräumen und in strukturschwachen Landwirtschaftszonen. Es gibt sie von den Jurahochtälern bis zum tiefsten Punkt am Lago Maggiore, von den Gala-Apfelkulturen des äussersten Thurgaus bis zu den Chasselasrebbergen am Lac Léman. Clublokale sind fürs ungeschulte Auge kaum wahrnehmbar, weil gut getarnt. Während die SAC-Hütte mit der flatternden Schweizerfahne von Weitem ruft «Ich bin eine SAC-Hütte», passt sich das Clublokal an die Farbe seiner Umgebung an. Wie das Steinhuhn an die Geröllhalde oder der Steinpilz ans Buchenlaub. Man erkennt das Clublokal nicht auf den ersten Blick. Nicht einmal Barryvox oder Stirnlampe helfen weiter.

Das SAC-Myzel lässt sich nur über ein vereinstypisches bildgebendes Verfahren sichtbar machen: Partizipation. Das Alpine Museum der Schweiz richtete einen dreisprachigen Aufruf an alle SAC-Sektionen, ihr Clublokal oder ihren Vereinsstammtisch selber abzubilden. Und zwar mit einer Bildtotalen, die den puren Raum, ohne Menschen, zeigen sollte. Also keine Bilder von seriösen Vorstandssitzungen, Tourenleiterkursen und Abgeordnetenversammlungen, keine Zooms von Vereinsemblemen wie Eispickel und Gämshörner an der Wand, auch keine Bilder von repräsentativen Hausfassaden. Gefragt waren Innenansichten von sogenannt leeren Räumen. Candida Höfer, die gefeierte deutsche Fotokünstlerin, die seit den 1980er-Jahren leere Räume fotografiert, sagte einmal: «Ich lasse die Menschen lieber aus meinen Bildern heraus, weil ich finde, dass der Raum sichtbarer wird.» Das deckt sich mit der Erkenntnis, die Raumsoziologen und -anthropologen seit Jahren teilen. Raum ist mehr als das Gefäss von vier Wänden, Tischen und Stühlen, Raum entsteht über Handlungen, über soziale Interaktion. Das ist gerade bei einem Verein wie dem SAC leicht nachvollziehbar. Der Outdoorverein SAC konstituiert sich nicht nur über gemeinsame Touren und Kurse in den Bergen, sondern ebenso über das gemeinsame Planen und das Neuerzählen erlebter Erfahrungen in den Indoorwelten der Clublokale. Die Walliser Kulturanthropologin Fabienne Défayes hat diese These in ihrer

Clublokal der Section genevoise im «Hôtel des Postes», 4. Stock, rue du Mont-Blanc, Eingang rue de Berne, erste Sitzung am 14. April 1899.
Quelle: Les Cinquante Premières Années de la Section genevoise 1865–1915.

Clublokal der Sektion Olten im Hotel «Aarhof» in Olten, wo ab 1929 die Sitzungen abgehalten wurden.
Quelle: 30 Jahre Sektion Olten S.A.C., 1909–1938.

Untersuchung von drei SAC-Hütten im Wallis untermauert. Die Hütte ist mindestens so sehr ein Produkt der sozialen Begegnungen, des gemeinsamen Essens und Trinkens und des immateriellen abendlichen Storytellings wie der materiellen Architektur.

Der föderalistische SAC hat sich geradezu in die Kulturlandschaft der real existierenden Schweiz eingeschrieben. Anders als die normdesignten Lokalbahnhöfe der SBB gibt es für die SAC-Sektionen und ihre Clublokale keine Designpolizei und keine Corporate-Design-Standards. Gerade das ergibt in der Summe das homogene helvetische Erscheinungsbild, das für den SAC so passend ist. Der SAC ist so durchschnittlich und so aufregend wie die übrige Schweiz zwischen Romanshorn und Grand-Saconnex.

Was als Clublokal zu gelten hat, blieb den fotografierenden Sektionen selbst überlassen. Es erstaunt wenig, dass die Bilderne überaus vielfältig ausfiel. Sie ist unmittelbarer Spiegel eines kleinräumigen und von vielen lokalen Eigenheiten geprägten Clublebens. Clublokal ist fast alles, wo sich Menschen begegnen können: das stolze, vereinseigene Hauptquartier mit den Berggemälden in Öl, der gepflegten Karten- und Tourenführerbibliothek und dem Overheadprojektor für die Tourenleitersitzung. Clublokal ist die regelmässig wechselnde Dorfbeiz, in der der wöchentliche Höck der Veteranen stattfindet, die nach ihrer Donnerstagswanderung einkehren. Clublokal ist die Sektionshütte oben in den Bergen, die traditionsgemäss für die Vorstandssitzung aufgesucht wird. Clublokal ist das Zunfthaus in der Stadt mit den eleganten Sesseln und dem repräsentativen Dekor. Clublokal ist der Speisesaal des besten Hotels am Platz mit funkelnden Kristalllustern und kunstvoll drapierten Stoffservietten. Clublokal ist der gutschweizerische Mehrzwecksaal mit den stapelbaren Stühlen und den kunstharzbeschichteten, klappbaren Banketttischen. Clublokal ist auch der funktionale Seminarraum, der im strahlenden Neonlicht noch seriöser wirkt, flankiert von Flipcharts und der Deckenhalterung für den Beamer.

Es drängt sich der Eindruck auf, dass die vermeintlich leeren Räume auf den Bildern randvoll mit Selbstverständnissen sind. Das, was vermeintlich fehlt, ist in der Abwesenheit der Menschen umso präsenter. Daran ändern auch die neuen virtuellen Räume nichts, die im Clubleben des SAC parallel längst Einzug gehalten haben. Per App, SMS, E-Mail oder über Sektions-Websites werden aktuelle News ausgetauscht, Informationen übermittelt und Fotoalben geteilt. Aber die neuen Räume ersetzen die alten, physischen Räume nicht; sie legen sich bloss wie eine neue Schicht darüber. Es scheint, dass sich hier seit den Anfängen des SAC so viel nicht verändert hat, wie der Chronik der Sektion Basel zu entnehmen ist: «Für ihr häusliches Leben hat sie sich höchst bequem eingerichtet», heisst es im «Jahrbuch des Schweizer Alpenclub» von 1867 über die älteste Sektion des SAC. «Ist man am heimischen Heerde so behaglich eingerichtet, so kehrt man auch um so häufiger und lieber daselbst ein. Die Sektion hält das ganze Jahr durch alle vierzehn Tage Sitzungen, an denen sich 20 bis 40 Mitglieder betheiligen, um sich theils an kleinern Mittheilungen, theils an ganzen Serien wissenschaftlicher Vorträge, zu denen von sehr vielen Seiten Hand geboten wird, zu erbauen.» 2012 schreibt die jüngste Sektion des SAC, die Sektion Gantrisch: «Der Dachstock ist unser Hauptversammlungsraum, wo im Februar immer die ordentliche Versammlung stattfindet. Dort halten wir im November unsere Rucksackerläsete ab und dort haben wir diesen Winter auch die neue Sektion gegründet. Weitere gesellige Anlässe oder Kurse versuchen wir auch dort abzuhalten.» Na also.

Das Café «Noverraz» in Grand-Chêne diente der Section des Diablerets als Clublokal von 1892 bis 1902.

Cercle du Beau-Séjour, 1. Stock: von 1902 bis 1935 der Treffpunkt der Clubisten von Lausanne.
Quelle: Club Alpin Suisse, Section des Diablerets, 1863–1963.

1 / AARAU
Ein prächtiger Saal im Restaurant «Traube» in Küttigen bei Aarau.

Edi Heiz

2 / ALTELS
Der Altelser-Stammtisch in der Balmhornhütte.

Ursula Walker

3 / AM ALBIS
Unser Clubhaus Eseltritt liegt südlich unterhalb der Passhöhe Ibergeregg im Kanton Schwyz.

Markus Bürgin

4 / ANGENSTEIN
Im Gebäude des Gemeindehausvereins St. Theodor am Claragraben in Basel befindet sich unser Clublokal. Im Wettsteinsaal werden die Mitgliederversammlungen durchgeführt.

Max Bitterli

5 / BACHTEL
Das ist der obere Esssaal im Restaurant «Bachtel Kulm», wo wir jeweils essen, wenn die Gaststube unten schon gut belegt ist. Da halten unsere Senioren auch einmal im Jahr ihre Tourenleiterzusammenkunft ab.

Urs Schulthess

6 / BELLINZONA E VALLI
Sala conferenze del ristorante «Casa del popolo» a Bellinzona.

Roberto Alberio

7 / BERN
Das Clublokal befindet sich in der Brunngasse in der Berner Altstadt und dient für sektionsinterne Anlässe wie Kurse, Fotoabende.

Sarah Galatioto

8 / BLÜMLISALP
Im Konferenzsaal des Hotels «Freienhof» in Thun halten wir die Versammlungen und auch Veranstaltungen ab.

Peter Mani

9 / BODAN
Die Ortsgruppe Amriswil trifft sich am Stammtisch im Café «Holenstein» in Amriswil.

Josef Steiner

10 / BRANDIS
Unser Magazin befindet sich im Gasthof «Sonne» in Rüegsauschachen, gerade jenseits der Brücke über die Emme vom Bahnhof Hasle-Rüegsau her.

Mathias Niederhauser

11 / BREGAGLIA
La nostra sezione non dispone di un locale proprio, e lo Stammtisch da noi non esiste. Le riunioni del comitato e delle commissioni si svolgono nella sala riunioni del nostro comune. E le assemblee generali si alternano nelle varie frazioni del comune.

Martin e Ursina Ganzoni

12 / BRUGG
Die Monatsversammlungen führen wir im Restaurant «Sonne» in Windisch durch.

Heinz Frei

13 / BURGDORF
Im «Schützenhaus» finden die Quartals- und Jahresversammlungen und die Vorstandssitzungen statt. Einen eigentlichen Stammtisch pflegen wir nicht. Unsere Seniorengruppe trifft sich regelmässig an Dienstagen in Gaststätten.

Kurt Oppliger

14 / CAROUGEOISE
Voilà la salle des Charmettes à Carouge (GE) où ont lieu les réunions de la Section carougeoise du CAS.

Bernard-Louis Reymond

15 / CHASSERON
Le Mazot des Illars est situé dans la région du Chasseron. De mai à octobre, il accueille quatre assemblées mensuelles, l'assemblée des jubilaires, et nous y organisons plusieurs rencontres. En hiver, les assemblées se déroulent dans divers locaux.

François Oppliger

Geschichte

16 / CHAUSSY
Le «Buffet de la Gare» était fermé pour cause de rénovation, alors nous sommes allés au «Restaurant des Alpes» à Aigle.

Raymond Tanniger

17 / DELÉMONT
Nous nous rencontrons dans la Cabane Binntal.

Pierre-Alain Brosy

18 / DIABLERETS
La buvette de notre section se trouve dans la grande salle, rue Charles-Monnard, à Lausanne. Nous y sommes pratiquement tous les vendredis ainsi que chaque dernier mercredi du mois de 20h00 à 22h00.

Eliane Ryser

19 / DREI TANNEN
Wir treffen uns jeden 1. Mittwoch im Monat, jeweils um 19 Uhr. Das Lokal befindet sich in Olten im Restaurant «Kolpinghaus».

Marie-Theres Gubler

20 / EINSIEDELN
Unser Clublokal ist das Restaurant «Rosengarten» in Einsiedeln.

Ruedi Birchler

21 / GRENCHEN
Das Chalet auf dem Grenchenberg ist unser Clubhaus.

Martin Schmid

22 / GRINDELWALD
Unser Stammlokal ist das Hotel «Derby» beim Bahnhof Grindelwald.

Fränzi Moser und Andreas Heim

23 / GROSSHÖCHSTETTEN
Der Vorstand hält seine Sitzungen im Hotel «Appenberg» in Mirchel bei Grosshöchstetten ab.

Hans Thierstein

24 / HOHE WINDE
Wir haben kein Clublokal im eigentlichen Sinn. Die jährliche Generalversammlung findet seit acht Jahren im Restaurant «Grientreff» in Breitenbach statt, das auch die Kantine der VEBO Werkstatt bildet. Die quartalsweise abgehaltenen Sektionsversammlungen machen wir jedes Mal an einem anderen Ort.

Kurt Häner

25 / HOHER ROHN
Wir treffen uns im «Etzelsaal» in Wädenswil.

Heinz Kundert

26 / HOMBERG
Das Weidhüsli dient uns als Clublokal.

Beat Huber

27 / HÖRNLI
Unser Stammtisch befindet sich im Berggasthaus «Hörnli» im Zürcher Oberland. Und dort hängt natürlich auch das berühmte Hörnli-Panorama von Albert Bosshard, eine Beilage zum SAC-Jahrbuch von 1895.

Thomas Burger

28 / HUTTWIL
Das Clubhaus Metsch befindet sich im Skigebiet Elsigen-Metsch. Im Sommer beherbergt das Haus einen Sennereibetrieb mit eigener Käserei und ist deshalb nur beschränkt zugänglich.

Andreas Kleeb

29 / INTERLAKEN
Das ist das alte Clublokal im «Weissen Kreuz» in Interlaken. Unsere Jeudisten treffen sich hier noch wöchentlich, um ihre Donnerstagstour zu besprechen. Bis März 2012 fanden da auch die Vorstandssitzungen statt.

Martin Imhof

30 / KAISEREGG
Wir haben kein Clublokal. Vorstandssitzungen und GV werden in Sälen von Restaurants in unserem Sektionsgebiet abgehalten, zum Beispiel im «Sternen» in Heitenried. Wir berücksichtigen dabei die Inserenten unserer Clubnachrichten.

Markus Aebischer

Geschichte

211

31 / KAMOR
Unser Clubheim Hägis in Schwendi ob Wildhaus.

Jürg Ender

32 / LA DÔLE
Notre local de réunion à Nyon: stamms les jeudis, assemblées de la section, séances du comité et des commissions, de l'OJ/AJ, etc.

Albert Rusterholz

33 / LÄGERN
Unser Lägernhaus auf der Ibergeregg, das 1935 erbaut und eingeweiht wurde. Es liegt ca. 300 m unterhalb der Passhöhe Richtung Schwyz.

Klaus Mooser

34 / MANEGG
Wir treffen uns jeden Freitag um 20 Uhr im Restaurant «Spirgarten» am Lindenplatz in Zürich zur Tourenbesprechung und zum gemeinsamen Austausch. Meistens ist für uns dieser Raum reserviert. Auch die Quartalsversammlungen finden im «Spirgarten» statt.

Beatrice Plüntsch

35 / MOLÉSON
Notre stamm est situé à la route François-Arsent à Fribourg.

Roger Macherel

36 / MONTANA-VERMALA
Notre Stammtisch se trouve dans l'Hôtel «La Prairie» à Crans-Montana.

Xavier Robyr

37 / NEUCHÂTELOISE
Notre stamm!

Jean Louis Juncker

38 / NIESEN
Die Winteregghütte auf dem Sunnbühl ob Kandersteg brauchen wir für unsere Sektionsanlässe.

Christian Karlen

39 / OBERHASLI
Unsere neue Bibliothek in der Tennishalle Meiringen wird rege benutzt und macht den SAC-lern viel Freude.

Elsi Schläppi

40 / PIZ PLATTA
Unser Stammlokal ist das Restaurant «Zur alten Brauerei» in Thusis.

Marco Ronchetti

41 / PIZ SOL
Jeden ersten Mittwoch im Monat treffen wir uns im Restaurant «Selva» in Trübbach.

Georg Marugg

42 / PRÉVÔTOISE ET RAIMEUX
La Cabane des Gorges est le local du groupe Moutier de la Section Prévôtoise. La Section Raimeux de Delémont l'utilise également.

Yves Diacon et Renée Studer

43 / RÄTIA
Seit Gedenken ist das Gasthaus «Gansplatz» in Chur unser Stammlokal. Ein Saal im Obergeschoss bietet Platz für Vereinsanlässe und wird auch gerne genutzt. Vorwiegend ältere Rätianer treffen sich am Donnerstagabend zum Höck.

Markus Janett

44 / RHEIN
Am ersten Donnerstag des Monats treffen sich die geselligen Kameraden der kleinen Sektion Rhein im traditionsreichen Gasthaus «Klostermühle» in Altstätten.

Balz Schumacher

45 / RINSBERG
Die Sportanlage Hirslen in Bülach dient für den monatlichen Clubhöck, die Generalverammlung und die Herbstversammlung.

Martin Schnyder

Geschichte

213

46 / RORSCHACH
Das Clubheim Frohmatt am Ortsrand von Wildhaus kann von Mitgliedern, Nichtmitgliedern, Gruppen, Familien und Einzelpersonen gemietet werden.

Christoph Wick

47 / ROSSBERG
Im Clubhaus Rossberg werden fast wöchentlich Vorträge gehalten; dann Tourenleitersitzungen, Vorstandssitzungen, Weiterbildungen. Hier befindet sich auch eine Bibliothek mit allen Landkarten und vielen Tourenführern. Weiter haben wir ein Materiallager für Touren im Winter und Sommer.

Jürg Schumpf

48 / ST. GALLEN
Die Vorstandssitzungen halten wir im Restaurant «Dufour» in St. Gallen ab.

Marcel Halbeisen

49 / SÄNTIS
Die Chammhaldenhütte brauchen wir für die Sektionssitzung (einmal im Jahr) und für Festivitäten.

Leo Zgraggen

50 / SEELAND
Unser Stockhüttli liegt auf dem Stock oberhalb von Kandersteg bei der Bergstation der ehemaligen Luftseilbahn

Georg Mutter

51 / SOMMARTEL
Il s'agit de notre Chalet de Roche-Claire à Sommartel, au-dessus du Locle. Nous n'avons plus de stamm fixe et nous organisons nos séances, de façon alternée dans divers restaurants ou dans nos chalets tel celui de Roche-Claire.

Charles-Bernard Aellen

52 / THURGAU
Hier am runden Tisch im Gasthaus «Zum Goldenen Kreuz» in Frauenfeld trifft sich jeden Donnerstag der Stammtisch der Sektion. Es werden die kommenden Touren besprochen, und es wird ein Bier unter Kollegen getrunken.

Hansjörg Locher

53 / TICINO
Sala riunioni del ristorante «Canvetto Luganese» a Lugano. È la sede sociale della sezione.

Giovanni Galli

54 / TÖDI
Hotel «Glarnerhof» in Glarus: Hier wurde am Sonntag, 3. Mai 1863, die Sektion Tödi als zweite Sektion des SAC gegründet.

Beat Frefel

55 / UZWIL
Unser Clublokal ist der «Löwen» in Oberuzwil. Hier halten wir unsere monatlichen Versammlungen ab.

Hansruedi Wirth

56 / WEISSENSTEIN
Im Zunfthaus zu Wirthen in Solothurn trifft sich die Sektion sechs mal jährlich, jeweils am ersten Dienstag im Monat (Februar, März, April, Mai, Oktober, November). Natürlich ist in der Regel die Möblierung nicht so festlich, dann und wann sitzen wir aber auch auf diesen weissen Sesseln …

Stephan Schader

57 / WILDHORN
Fromatthütte ob Zweisimmen: der Ort für geselliges Beisammensein der Sektionsmitglieder und Ausgangspunkt für Wanderungen.

Andi Brunner

58 / WINTERTHUR
Unser Stamm in der Taverne «Zum Kreuz», zu dem wir uns während der Sommer- und Wintersaison wöchentlich treffen.

Sonya und Thomas Sotho

59 / ZIMMERBERG
Senioren der Sektion Zimmerberg treffen sich einmal im Monat im Restaurant «Steimüli» in Thalwil.

Yvonne Christen

60 / ZOFINGEN
Im Hotel «Zofingen» finden die Monatsversammlungen statt.

Franziska Scherrer

46 /
47 /
48 /
49 /
50 /
51 /
52 /
53 /
54 /
55 /
56 /
57 /
58 /
59 /
60 /

JÜRG STEINER

WIR SIND ALLE ALPINISTEN. IMMER. ÜBERALL

EIN ALPINKULTURELLER ESSAY

Bergsteigen findet längst nicht mehr nur in den Bergen statt. Wir strecken uns nach Büroschluss in städtischen Industriequartieren an Indoor-Kletterwänden. Nach durchtanzter Nacht schützen wir den verschwitzten Körper mit einem Hightech-Softshell vor dem kühlen Stadtwind. Und wenn wir eine Start-up-Firma gründen, lassen wir uns im «Basecamp» der Wirtschaftsförderung beraten. Alpinismus ist heute überall. Aber das ist nicht ohne Risiko.

POLOS ROCKENDE SEILSCHAFT

Das Mundartrock-Urgestein Polo Hofer setzte auf Alpinismus, noch bevor der Extrembergsteiger Ueli Steck eine landesweit bekannte Figur wurde. 2003, nach dem Ende seiner Schmetterband, gründete Hofer mit Hanery Amman (Klavier), Michel Poffet (Kontrabass), Hank Shizzoe (Gitarre) und Andi Pupato (Schlagzeug) eine verwitterte, aber wetterfeste All-Star-Band, die bis 2005 gemeinsam auftrat. Ihr Name: «The Alpinistos».

Nicht, dass man als SAC-Mitglied günstigere Konzerttickets bekommen hätte. Aber den augenzwinkernden Bandnamen konnte man programmatisch verstehen: Musiker können klettern. Hofers rockende Seilschaft trat stets auf, als würde sie in eine Wand einsteigen – fit, optimistisch, konzentriert, selbstbewusst, risikobereit. Sie kannten nur die Onsight-Begehung – die Alpinisten spielten ausschliesslich live. Und liessen nichts zurück: keine CD, keine DVD – Clean Climbing. Greifbar ist für Nostalgiker bloss ein fünfminütiges Youtube-Video vom legendären Konzert zur Eröffnung des Berner Bundesplatzes am 31. Juli 2004.

Jedes «Alpinistos»-Konzert war ein schweisstreibender Gefühlsrausch – ein wenig wie eine Grattour im Spätsommerlicht. Die betörende Magie der Einmaligkeit. Die drohende Möglichkeit des Scheiterns. Die süsse Befriedigung nach der Anstrengung. Die unvermeidliche Wehmut auf dem Heimweg.

Was Hofers Alpinisten auf der Bühne veranstalteten, hat viel mit dem zu tun, zu was sich das Bergsteigen in der urbanisierten Schweiz entwickelt hat: zum kontrollierten Ausklinken aus der Arbeits- und Konsumwelt, zur zeitgeistigen Besinnung auf den Moment, zum smartphonetauglichen Abenteuer für rundum versicherte Städter. Zu einem coolen Event.

Auch Rock'n'Roller sind Alpinisten.

SPEKTAKULÄRE FASERPELZKARRIERE

Es muss Ende der 1980er-Jahre gewesen sein, als ich meinen ersten Faserpelz erwarb. Von «Patagonia», azurblau und zugegebenermassen nicht körpernah geschnitten. Ich trug ihn ständig bei kühlem Wetter, und gelegentlich sogar, als ich mich mit Kollegen im Berner Restaurant «Falken» zum Bier traf. Ich manövrierte mich damit modisch unwiederbringlich ins Abseits – als Bergschrat, Felsbohrer, Subaru-Fahrer.

Heute ziehen Manager gerne eine leichte North-Face-Windstopperjacke über den feinen Anzug, wenn es am Morgen auf dem Weg zum Tram kühl ist. Beim Apéro nach der Theaterpremiere macht sich ein dezenter Arc'teryx-Faserpelz über dem Cocktailkleid bestens. Und selbst Politiker haben ihren Dresscode mit der Aura alpinistischer Standfestigkeit erweitert, die ein Softshell mit nanotechnologischer Oberflächenstruktur vermittelt. Man suggeriert damit, dazuzugehören – zu den abgeklärten Zeitgenossen, die auch mal alles hinter sich lassen und in die raue Wildnis der Berge aufbrechen.

Als er noch im Amt war, reiste der ehemalige deutsche Wehrminister Karl-Theodor zu Guttenberg im schwarzen Mammut-Oberteil zum Truppenbesuch nach Afghanistan. Nach seiner Rückkehr präsentierte er sich mit seiner Frau an einem Empfang der Stiftung «Ein Herz für Kinder» – sie im silbernen Galakleid, er, natürlich, in der geliebten Mammut-Jacke. Nach Auffliegen der Plagiatsaffäre nutzte der Schweizer Outdoorausrüster Guttenbergs Faible für den bergsportlichen Look zu einem spitzen Inserat im deutschen Magazin «Stern»: «Schauen Sie nach vorne, auch die besten Alpinisten kehren manchmal vor dem Gipfel um», liess Mammut unter ein Guttenberg-Bild texten – und musste danach sogar die Unterstellung dementieren, dass der gestrauchelte Spitzenpolitiker offizieller Mammut-Werbeträger sei.

Die spektakuläre Karriere des Faserpelzes von der Stilentgleisung des Hinterwäldlers zum hippen Accessoire im urbanen Modealltag ist ein äusserer Indikator für den Popularisierungsschub, der den Alpinismus seit ungefähr 25 Jahren ereilt. Und der auch den SAC bewegt, befördert, verändert und gelegentlich erschüttert.

---

1 / 56,4 km Luftlinie vom Bahnhof Olten – und 150 m vom Studerstein: Boulderblock «Uni-Stei», ein Geschenk des Universitätssports an die Universität Bern zu ihrem 175-Jahr-Jubiläum. — Foto: Tamara Janes.

1 /

Geschichte
2

Es hat sich stark verändert, was wir aus dem Bergsport machen. Aber auch, was er aus uns macht. Einst war er eine Mutprobe für schwindelfreie Kraftpakete mit Schleifpapierhaut an den Händen. Heute ist Bergsteigen eine relaxte Gesellschaftsaktivität, für die auch manikürte Fingernägel kein Hindernis mehr sind. Und die jedem Curriculum Vitae einen leistungsbereiten Touch verleiht.

Auch Aufsteiger sind Alpinisten.

EIGER IN DER HALLE

1993 eröffnete Hanspeter Sigrist, heute Chef Leistungssport im SAC, im Industriequartier von Niederwangen bei Bern mit dem «Magnet» die erste kommerzielle Kletterhalle der Schweiz. Er holte die Berge in die Stadt und machte sie vom Wetter unabhängig – eine Formel, die den Nerv der Zeit unversehens punktgenau traf und einen überraschenden Publikumsboom ausgelöst hat, der bis heute anhält und dem Bergsport kontinuierlich neue Gesellschaftsschichten zuführt. «Wir haben damals versucht, eine Trainingsmöglichkeit für Outdoorsportkletterer zu schaffen. Heute steigen die Leute in der Halle ins Klettern ein und machen, wenn überhaupt, dann den Schritt an den natürlichen Fels», bringt Pionier Sigrist in zwei Sätzen auf den Punkt, wie das Indoorklettern nach der Jahrtausendwende über sich hinauswuchs.

Die Welt, die sich öffnet, wenn man durch die eiserne Türe des Kletterzentrums Magnet tritt, hat für Neueinsteiger mehr zu tun mit einem fröhlichen Ausgehlokal als mit der stillen Ernsthaftigkeit einer Felstour. Durch die Halle tönt meist unverschämt gute Rockmusik, und das Interieur erinnert an den lockeren Minimalismus einer improvisierten In-Bar in der City. An Winterabenden und verregneten Sonntagen klettern sich bis 250 Menschen Schulter an Schulter durch die opulente Auswahl von 190 Kletterrouten und 125 Boulderproblemen. Nicht nur rotbackige Bergfreunde, sondern auch bleiche Geschäftsleute, eben noch in Krawatte oder Deuxpièces, klammern sich, häufig im körper betonten Funktionsoutfit, an farbigen, ergonomisch geformten Kunststoffgriffen, die Hornhaut und Gelenkschmerzen vorbeugen, in Höhenlagen bis 15 Meter über Boden.

Leute, die sich kaum auf eine Bergtour wagen, erleben in der Halle das erhebende Gefühl, wie man in kleinen Schritten der unüberwindbar geglaubten Höhenangst beikommt. Und wie man den persönlichen Ehrgeiz befriedigt, der im Büro brachliegt. Es ist problemlos möglich, dass Freizeitsportler, die noch nie am Fels waren, in der Halle technische Schwierigkeiten meistern, die höher taxiert sind, als was etwa die Normalroute der Eiger-Nordwand verlangt.

PAARTHERAPIE MIT ACHTERKNOTEN

Praktisch jeder zweite Indoorkunde ist eine Frau. Ganz subtil fordert das Klettern so auch gesellschaftliche Muster heraus: Frauen kommen an den künstlichen Kletterwänden oft weiter, weil man mit roher Kraft und brachialem Mut, die Männer mit Bizeps gerne einsetzen, schnell an Grenzen stösst. Technik, Körpergefühl, Beweglichkeit und das geringere Körpergewicht von Frauen sind effizientere Kletterhilfen. Und bei Paaren entfaltet der Gang in die Kletterhalle mitunter gar therapeutische Wirkung: Wer oben in der Wand an seiner Leistungsgrenze klettert, muss seiner unten sichernden Partnerin hundertprozentig vertrauen. Das kann sehr heilsam sein – auch wenn man längst wieder zu Hause ist.

Das Hallenklettern hat den Bergsport auf ein berechenbares Zeitfenster redimensioniert und ihn so zu einer attraktiven Fitnessoption der eng getakteten modernen Dienstleistungsgesellschaft befördert. Über 80 Kletterhallen gibt es heute in der Schweiz, und einige von ihnen sind mehr Wellnessanlagen mit Spannteppichboden (und stolzen Eintrittspreisen) als magnesiumverstaubte Trainingszentren. Das Engadiner Dorf S-chanf betreibt mit Kletterern sogar Standortpromotion für seinen Serlas-Park. Die neue Kletterhalle ist ein Nutzungseckpfeiler und Anziehungspunkt eines kleinen lokalen Gewerbeparks und verfolgt mit ihrer lichtdurchfluteten Holz-Glas-Konstruktion auch architektonische Ambitionen. Wer drinnen an den Kunststoffwänden klettert, kann sich mit dem Blick nach draussen in die reale Bergwelt motivieren.

Auch Hallenkletterer sind Alpinisten.

68ER MIT KÖRPERSPANNUNG

Doch wenn die Hallenkletterer im Sommer outdoor in gut erreichbare Klettergärten strömen, entsteht mitunter nicht nur am Fels Reibung. Gelegentlich entflammt am Einstieg ein kleiner Kulturkonflikt, denn mit der Massentauglichkeit des Klettersports machen sich gesellschaftliche Bruchlinien auch in der Vertikalen bemerkbar. Der Generation der Sportkletterpioniere kommt der modische Konsumgroove der Hallenbergsteiger manchmal wie ein Verrat an ihrer Identität vor.

In den 1970er-Jahren sah man in der Schweiz erstmals junge, langhaarige Freaks, die in zerrissenen, farbigen Hosen und mit nacktem Oberkörper an sonnigem Fels kletterten und sich, an nur einer Hand an einem bodenlosen Felsdach hängend, fotografieren liessen. Sie hatten ihre Inspiration in Südfrankreich oder im kalifornischen Yosemite-Valley, dem Mekka des Flowerpower-Freeclimbings, geholt. Man verstand sich als 68er, die dem Materialismus Körperspannung entgegensetzten, die schwierige

---

2 / 154,2 km Luftlinie vom Bahnhof Olten: Klettergarten «Palestra di roccia» in Bellinzona. — Foto: Tamara Janes.

2 /

Geschichte

2

Kletterstellen nicht mit Fixseilen und Strickleitern überwanden, sondern mit Fingerkraft und Leidenschaft.

Sie schufen mit skurrilen Routennamen einen lockeren Bezug zum Berg, der da und dort sogar landschaftliche Störfaktoren neu bewertet: Etwa im Tessiner Bleniotal, wo am Luzzone-Staudamm mit fünf Seillängen und über 600 Griffen in feurigem Eifer die längste künstliche Kletterroute der Welt eingerichtet wurde.

Heute klettern selbst Plaisir-Einsteiger in neusten Funktionsklamotten. Es kommt schon mal vor, dass ein junges Paar den Buggy mit dem schlafenden Kind unten an die Wand stellt und unbeschwert ein paar Routen klettert. Sichere Routen werden als selbstverständlich vorausgesetzt. Kein Gedanke an die Freaks, die in freiwilliger Arbeit Bohrhaken fixiert, den Fels von lockerem Material befreit haben. In gut frequentierten Klettergebieten häufen sich städtische Problemlagen: Parkplatzregime, Abfallordnung, Nutzungsbeschränkungen.

Man kommt, zieht rein und geht wieder. Klettern ist cool und stylish, kein Bekenntnis mehr zu Entbehrung und Risikobereitschaft, hingegen ein effizientes Mittel der Selbstdarstellung. Ein Facebook-Profilbild von sich selber in einer Felswand über klaffendem Abgrund wird dutzendfach geliked. 150 000 bis 200 000 Klettererinnen und Kletterer gibt es heute in der Schweiz – ein Markt, mit dem sich verdienen lässt.

Vom überhängenden Dach der Grande Grotta auf der griechischen Ägäisinsel Kalymnos lässt sich ein Kletterer, ins blutrote Licht des Sonnenuntergangs getaucht, abseilen hinunter ans Meer. Die Gratiszeitung «20minuten» schrieb im Sommer 2012 zu diesem Bild: «Traumhafte Aussicht vom Kletterparadies».

Auch Sehnsuchtsbewirtschafter sind Alpinisten.

EIGER LIVE AND MORE

Parallel zum Sportkletterboom befeuert hat die Popularisierung des Alpinismus die immer hautnähere Begleitung bergsportlicher Spitzenleistungen. Im Sommer 1999 läutete die vom Schweizer Fernsehen und dem deutschen Südwestfunk produzierte Sendung «Eiger live» eine neue Ära der bergsteigerischen Bildsprache ein. Die Alpinisten Evelyne Binsack, Ralf Dujmovits, Hansruedi Gertsch und Stephan Siegrist durchstiegen – begleitet von Livekameras und hohen Einschaltquoten – in zwei Tagen die Eiger-Nordwand. Siegrist und Binsack erreichten dadurch einen Prominentenstatus, dank dem sie plötzlich in populären Medien wie der «Schweizer Illustrierten» erschienen. Der rhetorische Umgang der Alpinisten mit Gefahren, Risiken und Todesängsten wurde einer breiteren Öffentlichkeit geläufig.

2004 zündete Ueli Steck die nächste Stufe, als er free solo durch die *Excalibur*-Route an den Wendenstöcken kletterte. Die von Robert Bösch nachträglich geschossenen Bilder des ungesicherten Männchens im gelben Pullover, wie es sich Hunderte Meter über dem Abgrund katzenartig durch die mächtige Felswand bewegt, waren atemberaubend. Und das Auge war vorbereitet, als Steck wenige Jahre später zum Nordwand-Sprinter wurde.

Steck, Inhaber der gleichnamigen GmbH, legt auch als Unternehmer die kompromisslose, erfolgsorientierte Cleverness an den Tag, die ihn an ausgesetzten Extremlagen auszeichnet. Beispielsweise bei der Kommunikation seiner Leistungen. Um seine seilfreien Speedbegehungen an den Nordwänden von Eiger, Grandes Jorasses und Matterhorn fürs Publikum nachvollziehbar zu machen, stieg er noch einmal ein und liess sich in spektakulären Passagen filmen – unangeseilt. Steck denkt auch ans Bild, wenn es kritisch wird, und drückt wenn nötig auf den Selbstauslöser. Er lässt entblössende Filmaufnahmen zu, etwa die, die ihn nach seinem Absturz 2007 im Himalaya zeigen, wie er zitternd über den spaltenübersäten Gletscher zurück ins Leben wankt.

ENTERTAINER, SUPERPERFORMER, CHARAKTERKOPF

Er verbirgt nichts, wenn er sich in den Bergen exponiert, und das macht Steck zum gewandten Entertainer, der auch Leute anspricht, die nicht wissen, was ein Halbmastwurf ist. Tausende besuchten in den letzten Jahren seine Vortragstourneen, begeistert von seiner Authentizität – und seinen ungeschminkten Aussagen. «Ich habe gelernt», sagt Steck, «dass es zum Leben als Profialpinist gehört, auch in der Öffentlichkeit sehr exponiert dazustehen. Viele verstehen nicht, was ich wirklich tue, und es braucht schon Energie, bestimmte Äusserungen nicht an mich heranzulassen. Ich führe ein Leben, in dem mir etwas passieren kann. Dessen bin ich mir, im Unterschied zu vielen, sehr bewusst. Es ist mein Weg, für den ich nur mich zur Verantwortung ziehe, und das macht mich sehr zufrieden.»

Die Storys des alpinistischen Superperformers Steck machen ihn über den Bergsport hinaus verwend- und verwertbar. Wie der Starkoch Andreas Caminada, die Skirennfahrerin Lara Gut oder die Spitzengeigerin Sol Gabetta gehört Steck zu den exklusiven «Charakterköpfen», die der Autohersteller Audi als Markenbotschafter einsetzt. Die Bauzubehörfirma Richner, spezialisiert auf Bäder, Platten und Parkett, hat eigentlich keine Affinität zum Alpinismus. Trotzdem sponsert sie Ueli Steck.

Als er vor einigen Jahren den Vorschlag gemacht habe, Steck als Werbefigur für Richner zu engagieren, habe ihn keiner verstanden, erinnert sich Harry Bosshardt, CEO

---

3 / 42,2 km Luftlinie vom Bahnhof Olten: Kletterzentrum Gaswerk in Schlieren bei Zürich. — Foto: Tamara Janes.

3 /

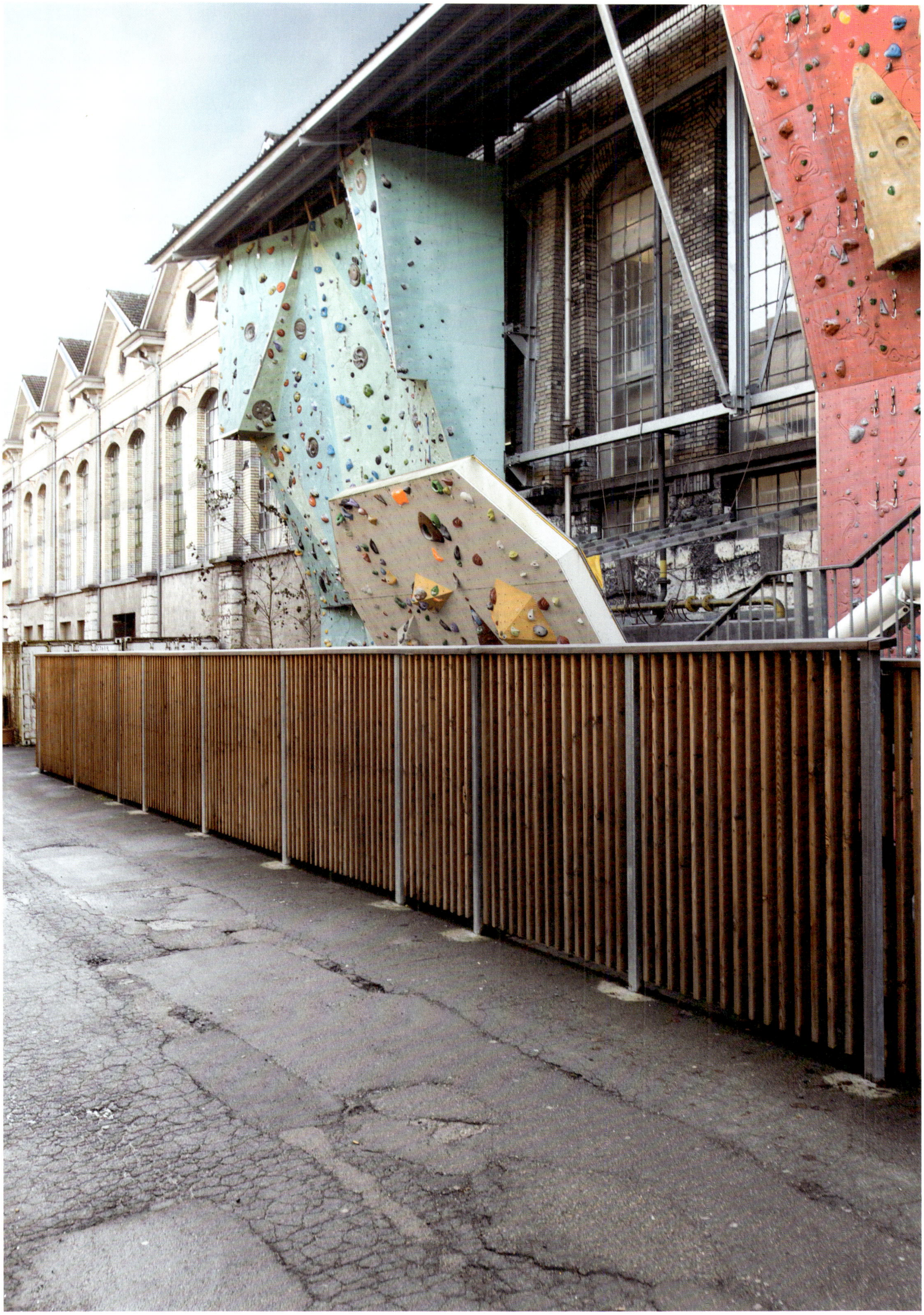

von CRH Swiss Distribution, zu welcher auch die Tochterfirma Richner gehört. Extrembergsteigen habe als Himmelfahrtskommando für Lebensmüde gegolten. «Heute aber», sagt Bosshardt, «sind bei uns alle vom Sponsoring für Ueli überzeugt.» Steck sei ein toller, kommunikativer Typ, der die Leute bei Kundenevents – am Berg und in Richner-Ausstellungen – nachhaltig begeistere. Er gebe dem Extremalpinismus ein menschliches Antlitz und eine Glaubwürdigkeit, die Aussenstehende beeindrucke und inspiriere: «Steck arbeitet hart und präzis, er zeigt Mut und Eigenverantwortung, er ist erfolgreich, aber trotzdem geerdet.»

Dieses alpinistische Selbstverständnis übernehmen auch Firmen, die in hart umkämpften Märkten tätig sind. «BLS Cargo. Die Alpinisten» nennt sich die führende Privatbahn im alpenquerenden Güterverkehr seit 2008. Von den Lokomotiven blickt überlebensgross ein dynamischer Bergsteiger, und die PR-Abteilung hat getextet: «Als erfahrene Alpinisten sorgen wir dafür, dass die Berge ihrem Ziel nicht im Weg stehen.»

Bergsportliche Performance lässt sich rhetorisch in Verwaltungsräte übertragen, die sich gerne als funktionierende Seilschaften verstehen. Der Leistungsstress in einer Ausstiegsrinne, die von einem überhängenden Sérac bedroht wird, gleicht dem Challenge einer Unternehmensführung, die Marktentwicklung und Börsenkurs im Auge behalten muss. Wer Fehler macht, stürzt ab.

Auch Manager sind Alpinisten.

GESELLSCHAFTLICHER ALPINSTIL

Der Tessiner Bergführer Romolo Nottaris war in den 1970er- und 1980er-Jahren als Höhenbergsteiger einer der wichtigsten alpinistischen Impulsgeber des Landes. 1981 etwa gehörte er mit Tiziano Zünd der ersten Schweizer Expedition an, die erfolgreich einen 8000er-Gipfel im Alpinstil, ohne Fixseile, Sauerstoffflaschen und Hochträger, bestieg – den Gasherbrum II im Karakorum. Nottaris ist seither ein unermüdlicher und generöser Promotor des «Stile alpino» – und zwar nicht nur an den Eisflanken des Himalaya. Sondern auch als Geschäftsmann in Lugano.

Vor über 30 Jahren gründete Nottaris am Ceresio das Bergsportgeschäft New Rock, mit dem er kompromisslos auf hochwertige Alpinausrüstung setzt. Im Hintergrund betätigt sich der Tessiner als Mentor von Schweizer Topalpinisten – den Gebrüdern Anthamatten etwa, Nina Caprez oder Cédric Lachat. Ueli Steck unterstützte Nottaris schon, als er noch keinen Namen hatte. «Das ist unser Credo», sagt Lorenzo Gottardi, Marketingverantwortlicher bei New Rock, «wir unterstützen Athleten, wenn sie noch daran sind, sich zu entwickeln, ihren Weg zu suchen. Und wir gewähren ihnen, ganz wichtig, maximale Freiheit.» Wenn man Leute fördern wolle, die am Berg Grenzen versetzen, dürfe man sie nicht in Schemata zwängen.

Leichter und freier unterwegs sein: Der Aufbruchsgeist und der unkonventionelle Groove des Alpinstils fassen auch im eng getakteten Alltag Tritt. 2011 eröffnete Nottaris in Lugano und Samedan Publikumsläden für Ausrüstung und Reisen mit programmatischem Namen – «Stile alpino». Eine natürliche, reine, einfache Art, den Berg nach seinen Möglichkeiten zu geniessen – dieses breitere Verständnis des Alpinstils sei heute ein wachsendes gesellschaftliches Bedürfnis: «Immer mehr Leute wollen sich wieder aus eigener Kraft, nach eigenen Vorstellungen in der Natur bewegen», sagt Gottardi. Unabhängigkeit, Eigenständigkeit, Autonomie – «Stile alpino» kann sogar ein urbaner Lifestyle sein.

Auch Freiheitssuchende sind Alpinisten.

PR-AKTIONEN AM SEIL

Maggie Schlunegger ist Bergsteigerin – und Kundenberaterin bei der Grossbank UBS in Interlaken. Die Kombination ist in Zeiten von Finanzskandalen, Börsencrashs und bröckelndem Bankgeheimnis Gold Wert. Im viersprachig erscheinenden UBS-Magazin 3/12 erklärt Maggie Schlunegger die Parallelen zwischen der Bergführerarbeit ihres Mannes und ihrem Job bei der Bank: «Bei beiden Berufen geht es darum, die Risikobereitschaft eines Kunden einzuschätzen und ihn in diese Richtung zu steuern. So entsteht Vertrauen», lässt sie sich zitieren. Partnerschaft am Berg ist Sinnbild für Sicherheit, Ehrlichkeit, Leistungsfähigkeit – das Gegenteil der überdrehten Hektik, der oberflächlichen Rhetorik, der virtuellen Flüchtigkeit der computerisierten Bürowelt. Alpinistische Metaphorik wird von Banken, Versicherungen und Vorsorgeinstituten gerne als PR-Mittel eingesetzt.

Das funktioniert nur, weil die Berge nicht mehr alleiniges Revier von bärtigen Rotsöcklern sind, die verschwitzt unter der Schweizerfahne der Berghütte ihren Marschtee trinken. Die Alpen sind die Arena smarter Freizeitsportler, die sich temporär aus der Umklammerung des fremdbestimmten Alltagsrhythmus lösen und ihr eigenes Ding durchziehen. Das Bergsteigen ist vom exklusiven Sport für drahtige Abenteurer zum Freizeitvergnügen für fitnessbewusste, genussorientierte Naturliebhaber geworden.

Diesen Bedeutungswandel entscheidend mitgeprägt haben die Bergsportschulen. Zwar gab es immer Alpinisten, die Jahr für Jahr mit ihren Vertrauensbergführern unterwegs waren. Aber das Bergbusiness konzentrierte sich hauptsächlich auf die vier alpinen Kletterhochburgen Chamonix, Zermatt, Pontresina und Grindelwald. Heute befinden sich immer mehr Bergführer und Bergsportschulen in den Städten. Mit der Message, dass Bergsteigen kein High-

---

4 / 185,8 km Luftlinie vom Bahnhof Olten: «le bras du vent» am Quai du Seujet in Genf; www.panstructure.ch. — Foto: Tamara Janes.

4 /

Geschichte
2

Risk-Unterfangen für Begabte aus den Bergen sein muss, sondern ein Sport sein kann, den man auch als nicht schwindelfreier Büromensch aus dem Flachland zu erlernen und sicher auszuüben vermag, liessen sich neue Märkte erschliessen.

Pionierarbeit bei der modernen Verbindung der Bergsehnsucht der urbanen Mittelschicht mit dem klassischen Alpinismus geleistet hat das Unternehmen Bergpunkt in Worb bei Bern. Die beiden Bergführer Emanuel Wassermann und Michael Wicky gründeten ihr Unternehmen im Jahr 2000 mit der expliziten Ambition, Bergsteigen nicht als ehrgeiziges Gipfelstürmen zu verstehen, sondern als sicheres, monumentales Naturerlebnis, als Kontrast zur städtischen Hektik, als Inspiration für den Alltag. Das erforderte professionelles Marketing und Kommunikation – und ein überdurchschnittliches Engagement für die Ausbildung. Das Konzept stach: Bergpunkt hat sich nicht nur als Qualitätsanbieter etabliert, sondern auch als Herausgeber knapper, leicht verständlicher Lehrmittel für Tourengänger und Kletterer.

Die neue Niederschwelligkeit des Bergsports befeuert auch die Wirtschaft. Heute gehen Leute auf Bergtouren, die dabei gerne gut aussehen und einiges zu zahlen bereit sind. Das lässt sich etwa an der Erfolgsstory ablesen des Bergsportausrüsters Mammut in Seon, einem Teil des Zürcher Conzzeta-Konzerns. Mammut wächst und macht mittlerweile einen Jahresumsatz von rund 200 Millionen Franken, fast zehn Mal so viel wie Mitte der 1990er-Jahre. Allerdings ist der Markt inzwischen extrem dicht besetzt, der Konkurrenzkampf verschärft sich angesichts der abflachenden Wachstumskurve im Outdoor-Geschäft. «Man wird sich wärmer anziehen müssen», bestätigt Mammut-Mediensprecher Harald Schreiber.

Mammuts Effort, sich im Alltag zu verankern, ist deshalb gross. Seit einigen Jahren veranstaltet der Ausrüster grosse Testevents mit Hunderten von Teilnehmern, die danach in Werbekampagnen spektakulär in Szene gesetzt werden. Mammut-People in Funktionsunterwäsche auf dem Gletscher, Mammut-People in der Zeltstadt auf dem Jungfraujoch, Mammut-People auf den Gipfeln dieser Welt. Im Rahmen des 150-Peak-Projekts zum Firmenjubiläum stieg die frühere Miss Schweiz Linda Fäh im Sommer 2012 auf das Matterhorn, das sie in ihrer Amtszeit als Schönheitskönigin noch nicht einmal erkannt hatte. Intensiv bearbeitet Mammut die Social-Media-Kanäle, über 90 000 Fans folgen der Firma auf Facebook. «Wir sind eine weltweite Community geworden», sagt Schreiber.

Dieses durch den Bergsport geprägte Markenbewusstsein dürfte Mammut behilflich sein, wenn sich die Firma auf den chinesischen Wachstumsmarkt abseilt, der für das Jahr 2013 geplant ist. Auf Märkten in Shanghai oder Peking sind Mammut-Softshells längst erhältlich – als spotbillige Plagiate. Noch bevor sich in China das Outdoorbusiness richtig etabliert hat, hat die vom Bergsport beflügelte Qualitätsaura der Swissness schon eine Aufstiegsspur gelegt.

Auch Globalisierer sind Alpinisten.

FREIE SICHT AUFS MITTELMEER

Dass Alpinisten zu dem werden konnten, was sie heute sind, muss man auch vor dem Wandel des ideologischen Hintergrunds sehen, der die Sicht auf die Berge prägt. Der Historiker Jon Mathieu, Professor an der Universität Luzern und profunder Kenner der Geschichte der Alpen, unterscheidet mehrere Phasen. Ganz grob: Bis in die 70er-Jahre des 20. Jahrhunderts waren die Alpen mit dem Reduit-Gedanken blockiert. Sie wurden zelebriert als Hort der schweizerischen Igelmentalität, der Rückwärtsorientierung, der geistigen Landesverteidigung. In einer nächsten Phase legten die Jugendproteste der 1980er-Jahre diese hermetisch-konservative Bergsicht flach. Die Jugendlichen forderten die mentale Schleifung der Alpen, die freie Sicht auf das Mittelmeer. Erst nach dieser radikalen Dekonstruktion war hierzulande quasi der Weg für einen dritten Schritt frei, nämlich die Berge neu aufzubauen als kompensatorischen Entlastungs- und Erholungsort, als spirituelle Quelle.

Diese geistige Befreiung und Neubewertung spiegelt sich auch in der Erfolgsstory, die Geschäftsführer Peter Mäder mit dem SAC von 1999 bis 2013 geschrieben hat. Die Mitgliederzahl ist in allen Altersklassen kontinuierlich gewachsen auf fast 140 000 Personen im Jahr 2012. Der SAC profitiert laut Mäder von der steigenden wirtschaftlichen und medialen Aufmerksamkeit für den Alpinismus, treibt diesen Prozess aber selber auch aktiv an. Er hat seine Hütten, ehedem rustikale Schutzunterkünfte, zu eigenständigen bergtouristischen Zielen aufgewertet, und mit architektonischen Wagnissen wie der neuen Monte-Rosa-Hütte punktuell auch die Spektakularisierung der Gebirgslandschaft vorangetrieben.

Der Bedeutungsgewinn des modernen Alpinismus hat aber auch die gesellschaftliche Position des SAC verändert. Der SAC ist ein gefragter Partner. «Wir werden heute von grossen nationalen Firmen für Kooperationen angefragt», sagt Peter Mäder. Eine Seilschaft mit dem SAC suggeriert Solidität, Solidarität, Swissness. 2012 ist der Detailhandelsriese Migros, eine der grössten Unternehmungen der Schweiz, als neuer Sponsor beim SAC eingestiegen. Der SAC hat damit eine weitere Seillänge zurückgelegt auf dem Weg in die Mitte der Gesellschaft.

Auch Konsumenten sind Alpinisten.

---

5 / 84,7 km Luftlinie vom Bahnhof Olten: Pont de Pérolles in Marly bei Fribourg. — Foto: Tamara Janes.

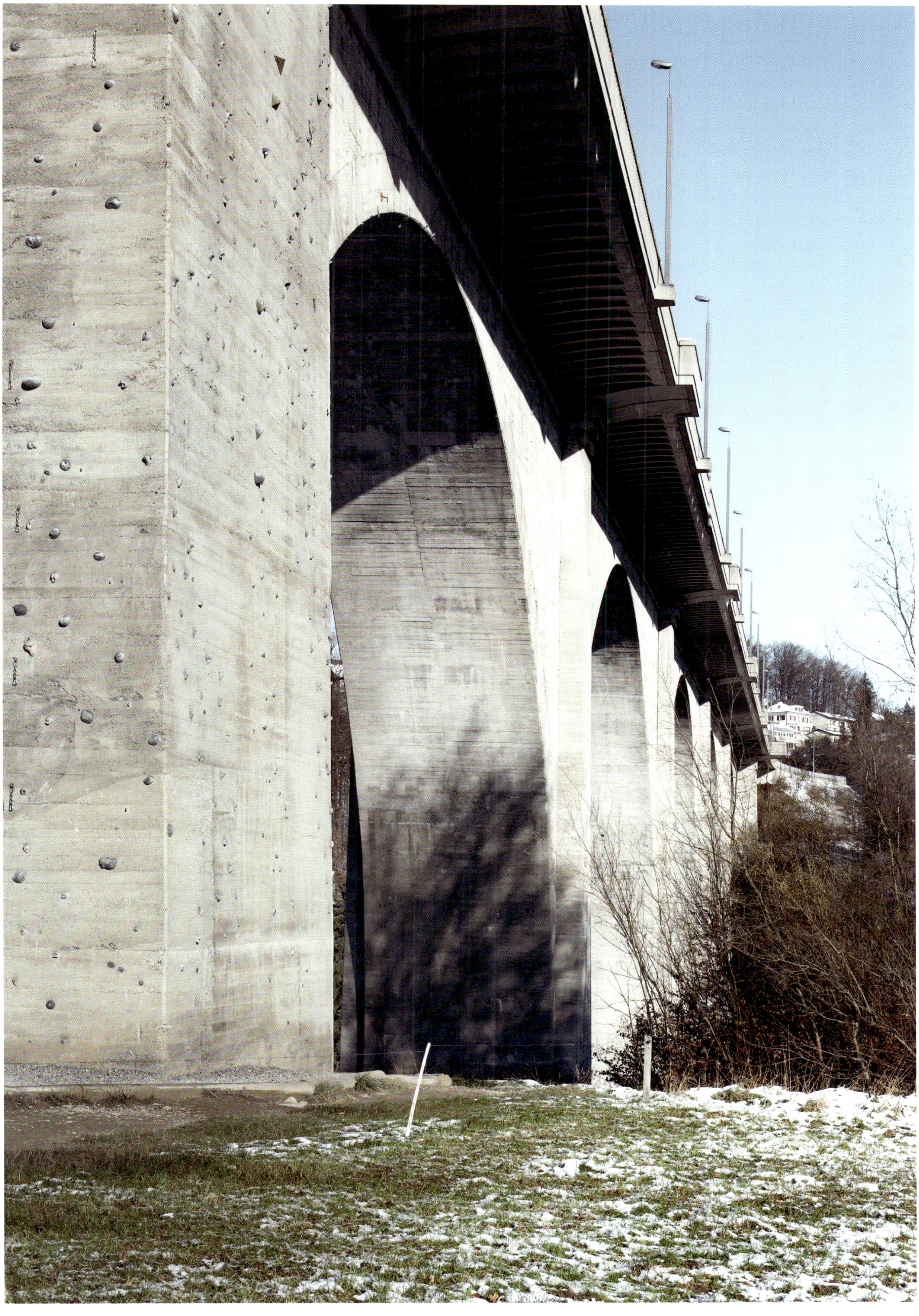

NEUBEWERTUNG DER RISIKOKULTUR

Die neue Zentralität des Bergsports bringt es mit sich, dass heikle gesellschaftliche Debatten – etwa auf dem schmalen Grat zwischen Kirche und Staat – plötzlich auch auf Bergspitzen stattfinden. Als der Fribourger Bergführer Patrick Bussard ab 2009 drei Gipfelkreuze absägte oder beschädigte und 2012 dafür von einem Gericht mit einer Busse belegt wurde, trat er damit eine heftig geführte Diskussion über die religiöse Besitznahme der Berge los, an der sich auch Freidenker, Wanderpäpste und sogar Islamkritiker beteiligen.

Der Aufschwung des Bergsports ist eine kulturelle Herausforderung – auch in ganz anderer Hinsicht. Immer mehr Leute strömen in die Alpen, viele von ihnen auf planierten Bergwegen, abgesicherten Klettersteigen, bohrhakendurchsetzten Wänden, in immer komfortablere SAC-Hütten mit Dreigangmenüs, Daunenduvets, Sechsbettzimmern und Handyempfang. Die aktuell hohe Akzeptanz des Alpinismus hängt auch damit zusammen, dass sich das Risiko so leicht verdrängen lässt. Allerdings nur, so lange kein schwerer Unfall passiert.

«Ich halte die systematische Risikoausblendung für eine kritische Entwicklung, für die ganze Gesellschaft», sagt Jürg Meyer, langjähriger SAC-Umweltbeauftragter und heute wieder als selbstständiger Bergführer unterwegs. Wer heute in die Berge geht, findet dort häufig nicht die Wildnis, von der oft geträumt wird. Sondern eine beschilderte, gezähmte, mit Hängebrücken, Aussichtspunkten, Abseilstellen aufgerüstete Freizeitlandschaft, in der die Gefahr eines Fehltritts outgesourct ist. Ausgerüstet mit Wetter-App, Safety-App und Rega-App begegnen wir dem Restrisiko. Doch das gesunde Gefühl für die reale Gefahr droht uns abhandenzukommen – ausgerechnet jetzt, da mit der Klimaerwärmung neue Bedrohungslagen entstehen, für die wir das Sensorium erst noch entwickeln müssen.

Die Sicherheitsobsession hat das Bergsteigen erfasst. Wer eigenverantwortlich Risiken eingeht, muss mit Vorwürfen rechnen.

Peter Mäder stimmt Meyers Einschätzung zu. Kürzlich hat der SAC zusammen mit anderen europäischen Bergsportverbänden ein Papier verabschiedet, das «Recht auf Risiko» fordert. «Es darf nicht passieren, dass man bestraft oder marginalisiert wird, wenn man Risiken auf sich nimmt.» In die Berge zu gehen, steht in einem Spannungsverhältnis zur Vollkaskogesellschaft, in der wir leben.

GLÜCK IM BASECAMP

Im Sommer 2012 hat die Berner Wirtschaftsförderung ein Projekt lanciert, das Jungunternehmer dabei unterstützt, eine Start-up-Firma zu gründen – mit individuellem Coaching, Finanzierung, Räumlichkeiten. Gerade im Kanton Bern wagten Studienabgänger den Schritt in die Selbstständigkeit oft nicht. Der Name des bernischen Inkubators: BaseCamp4HighTech. Ein Aufbruch von der Bundesstadt auf den unternehmerischen Everest.

Etwa 80 Firmennamen seien nach einem Brainstorming zur Debatte gestanden, sagt BaseCamp4HighTech-CEO Urs Guggenbühl. Basecamp habe es am Schluss geschafft, weil dieses Wort am besten ausdrücke, was man wolle: vom sicheren Basislager zum Höhenflug ansetzen. Den Mut zum Risiko aufbringen. Über seinen Schatten springen.

Momente ungetrübten Glücks erleben.

Das suchen wir. Wir Bergsteiger. Wir Kletterinnen. Wir Alpinistos. Wir alle.

---

6 / 77,7 km Luftlinie vom Bahnhof Olten: «Rivella Climbing», mobile Kletterwand des SAC, Turnhalle der Schulanlage Auen in Frauenfeld, 8. Januar 2013. — Foto: Tamara Janes.

6 /

rivella
Climbing
rivella
Climbing
rivella
Climbing
rivella
Climbing
Climbing

HELVETIA CLUB
DIE SCHWEIZ, DIE BERGE UND DER SCHWEIZER ALPEN-CLUB. EINE AUSSTELLUNG

BARBARA KELLER

Am Anfang des Projekts «Helvetia Club» stand die Formel SAC = CH. Sie ist ebenso simpel wie gewagt. Die These, dass die Ausstellung zum Schweizer Alpen-Club vieles zur Vergangenheit und Gegenwart der Schweiz zu erzählen hat, ist mit der Konkretisierung des Ausstellungsprojekts zur Überzeugung geworden. Die Entwicklung dieses Vereins, seine Entscheidungen, Aktivitäten und internen Diskurse, gingen oft Hand in Hand mit gesellschaftlichen Veränderungen der Schweiz.

Der Rückblick auf die letzten 150 Jahre offenbart eine wechselseitige Beeinflussung. Einerseits hat der gesellschaftliche Kontext das Vereinsleben des SAC geprägt. Fragen zu Heimat, Umwelt und Frauen haben praktisch zeitgleich in der Gesellschaft und im SAC Wellen geworfen. Auch in andern Themenbereichen spiegeln hitzige Debatten und wegweisende Entscheidungen innerhalb dieser Vereinigung den Zeitgeist. Andererseits hat der SAC die Geschichte der Schweiz mitgestaltet. Central-Comité-Mitglieder und Sektionspräsidenten, gewöhnliche Mitglieder und Ehrenmitglieder haben kommunale, kantonale und nationale Politik gemacht und damit ihre Anliegen und Werte in Entscheidungsprozesse eingebracht.

Ein Blick auf die heutige Mitgliederstruktur des Vereins zeigt einen Querschnitt durch die Schweizer Bevölkerung: Kinder, Jugendliche, Berufstätige, Senioren, Freizeitwanderer und Spitzenkletterinnen sind im Verein aktiv – einzig Secondos und Asylsuchende sind kaum zu finden. In seinen Anfängen war der SAC ein elitärer Verein, der sich jedoch ab 1900 zu einer Organisation entwickelte, die in der Bevölkerung mehr und mehr breite Abstützung genoss. So jedenfalls stellte sich der Schweizer Alpen-Club anlässlich seines 75. Jubiläums im Jahr 1938 vor. Doch er hat sich noch viel weiter entwickelt und geöffnet. Gemäss dem aktuell gültigen Leitbild fördert der SAC den Bergsport als Erlebnis für eine breite Bevölkerung.

Gipfelbilder stehen für die Bergbegeisterung. 18 verschiedene Postkarten mit Menschen auf Gipfeln machen neugierig auf die Ausstellung «Helvetia Club».
Foto: Jules Beck, 1874, Alpines Museum der Schweiz / Gestaltung: Rob & Rose, Zürich.

Die Faszination der Berge war Anstoss zur Gründung des Clubs. Noch heute verbindet sie die rund 140 000 SAC-Mitglieder.
Foto: Sektion Bregaglia / Gestaltung: Rob & Rose, Zürich.

Das Projekt «Helvetia Club» – die Ausstellung und das Buch zum 150-Jahr-Jubiläum des SAC – richtet sich sowohl an Mitglieder als auch an kulturhistorisch interessierte Aussenstehende. Denn der Schweizer Alpen-Club ist mehr als ein Bergsportprojekt. Er ist Kulturclub, Politikclub und Naturclub in einem. Zahlreiche Anliegen und Fragen, Herausforderungen und Konflikte verbinden den SAC mit der Schweiz: Dies macht ihn zum «Helvetia Club». Zum Beispiel die drei Ausstellungsthemen Frauen, Föderalismus und Freiheit.

Thema Frauen: Sowohl die ersten Statuten des Vereins von 1863 wie auch die 15 Jahre früher verfasste Bundesverfassung richteten sich ausschliesslich an Männer. Die Frage nach der Mitgliedschaft der Frauen blieb beim SAC lange Zeit unbeantwortet; genauso unterliess es der junge Bundesstaat, Rechte und Pflichten der Frauen in seiner Verfassung explizit zu nennen. Jahrzehntelang beschäftigten in der Folge Aufnahme bzw. Ausschlussdiskussionen den Club und die ganze Schweizer Gesellschaft. Während die Schweiz 1971 politische Gleichberechtigung der Geschlechter schuf, indem sie das Frauenstimmrecht einführte, hinkte der SAC in dieser Frage hinterher. Erst neun Jahre später, nach der Fusion mit dem Schweizerischen Frauen-Alpen-Club SFAC, wurden Frauen reguläre Mitglieder im Verein.

Thema Föderalismus: Das urschweizerische politische Organisationsprinzip von Kantonen, die eine gewisse Selbstständigkeit geniessen und zusammen eine Einheit bilden, findet sich im Kleinen auch im SAC. Dieser besteht aus eigenständigen Sektionen, die historisch entstandene Eigenheiten pflegen, eigene Hütten unterhalten und individuelle Mitgliederbeiträge festlegen. In der gesamtschweizerischen Abgeordnetenversammlung nehmen die Sektionen im Verhältnis zu ihrer Grösse Einsitz, und die strategische Leitung unterliegt dem zehnköpfigen Zentralvorstand, dessen Mitglieder die unterschiedlichen

Tätigkeitsbereiche des SAC abdecken; bis 1999 führten sich ablösende Central-Comités den Club, deren Mitglieder jeweils von einer oder später auch von mehreren Sektionen gestellt wurden. Trotz der starken Identität des Gesamtvereins – bekräftigt etwa durch die Monatsschrift «Die Alpen» – sind in Sachdiskussionen auch immer wieder Anzeichen von «Sektiönligeist» zu erkennen.

Thema Freiheit: Die Motivation zur SAC-Mitgliedschaft hängt eng mit der Begeisterung für die Berge und dem damit assoziierten Freiraum zusammen. Gleichzeitig stehen die Berge als Sinnbild für die Schweiz. Deren Erhabenheit und (scheinbare) Unberührtheit ist für viele Menschen ein wichtiger Grund, weshalb es sie immer wieder in die Höhe zieht, weshalb sie Mitglied im SAC sind und sich im Verein engagieren. Diese Faszination hat viele Gesichter. Natur- und Landschaftserlebnisse, die Ferne zu Zivilisation und Alltag, die Herausforderung zu persönlichen Höchstleistungen, die Reduktion auf das Wesentliche. Mit den Bergen sind durchwegs starke und meist positive Werte verbunden: Freiheit, Unabhängigkeit, Stärke. Diese Assoziationen prägen nicht nur das Image des SAC, sie sind auch wichtiger Bestandteil der helvetischen Identität.

Für das Ausstellungsprojekt verwandelt sich das Alpine Museum der Schweiz am Helvetiaplatz zur zweistöckigen Berghütte, die den «Helvetia Club» beherbergt. Damit steht in Bern für elf Monate die einzige SAC-Hütte, die nicht in der alpinen Abgeschiedenheit, sondern mitten in der Stadt steht. Hütten und Museen verbinden klare Verhaltensregeln für Besucherinnen und Besucher, Vorschriften, was sie tun sollen und was zu unterlassen ist. Die Hütte darf man nicht mit den Bergschuhen betreten, den Abfall muss man wieder ins Tal mitnehmen, und die Nachtruhe um 22 Uhr gilt für alle. Im Museum dürfen die Objekte nicht berührt werden, den Anweisungen des Personals ist Folge zu leisten, und laute Diskussionen sorgen für böse Blicke. In der Ausstellung «Helvetia Club» des Alpinen Museums verschwimmen die Grenzen zwischen Hütte und Museum. Auch hier müssen Pickel und Steigeisen draussen bleiben – persönliche Geschichten hingegen sind herzlich willkommen.

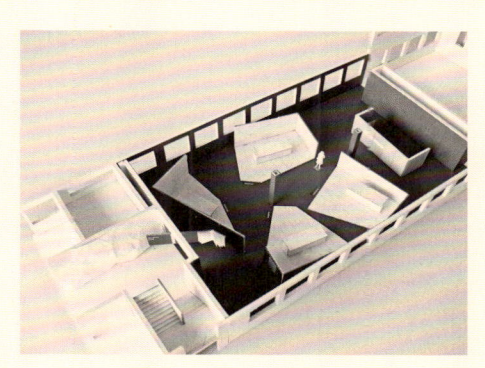

Für «Helvetia Club» wird das Alpine Museum zur Hütte. Im ersten Stock befinden sich das Hüttenbuch, der Aufenthaltsraum und die Hüttenküche.

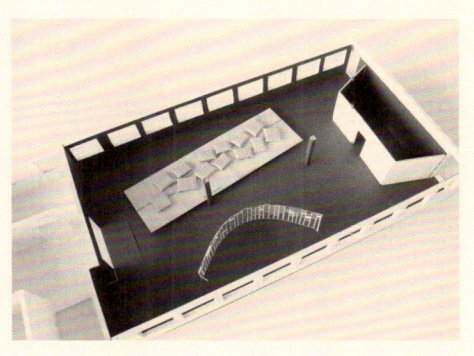

Im zweiten Stock locken Filme im Frauenzimmer, Geschichten im Schlafsaal und das Panorama der Clublokale.
Modell und Foto: ZMIK, Basel.

Vor dem Eintritt in die Hütte weht den Besucherinnen und Besuchern ein rauer Wind entgegen. Sobald die Türe jedoch hinter ihnen ins Schloss fällt, umgibt sie eine vertraute Hüttenatmosphäre. Im Hüttenbuch tragen sich die Eintreffenden ein. Sie geben an, woher sie kommen und welcher Gipfel ihr letztes Ziel war. Dann erst treten sie in den Aufenthaltsraum der Hütte ein. Hier gehen die Besucherinnen und Besucher der Frage nach, was der SAC in seinem Kern eigentlich ist. Zu diesem Zweck werden Bekanntschaften geschlossen, Spiele gespielt, Karten studiert und Bergerlebnisse ausgetauscht. Vier grosse Tische laden in diesem ersten Ausstellungsraum ein, Platz zu nehmen und sich mit den Akteuren, Aufgaben, Entwicklungen und Konflikten des SAC zu beschäftigen. Die Ausstellungsbesucherinnen und -besucher sitzen neben bekannten oder fremden Menschen – und sind sich vielleicht etwas zu nahe, wie dies in Berghütten bisweilen der Fall ist.

Am ersten Tisch zeigt eine Medienstation das Netzwerk des Vereins auf. Die Besucherinnen und Besucher ziehen an einem von drei Seilenden und bewirken gemeinsam die Darstellung verschiedener Seilschaften innerhalb des Schweizer Alpen-Clubs. Auf dem zweiten Tisch lädt ein Gesellschaftsspiel ein, die Strukturen und Tätigkeiten des Vereins zu erkunden. Für kurze Zeit schlüpfen die Besucherinnen und Besucher in die Rolle von Sektionspräsidenten, Tourenchefinnen, Hüttenwarten oder Rettungsverantwortlichen. Der dritte Tisch ist für das Kartenstudium reserviert. An Wegkreuzungen, vor wichtigen Entscheidungen, wurde im SAC immer wieder heftig debattiert und gestritten, über politische Einmischung, die Aufnahme von Frauen oder die Haltung gegenüber neuen Trends wie zum Beispiel Skifahren oder Sportklettern. Die hier ausgebreiteten Konfliktkarten illustrieren unterschiedliche Positionen und Meinungen ebenso wie hitzige Debatten. Sie zeigen brennende Themen auf, die den Verein in den vergangenen 150 Jahren bewegt haben. Und spiegeln damit immer auch ein Stück Zeitgeschehen. Zahlen und Fakten zum SAC werden schliesslich in den grossen Büchern des vierten Tisches aufgearbeitet und präsentiert. Sie geben detaillierten Einblick in die 150-jährige Entwicklungsgeschichte des Vereins.

Die Hüttenküche zeigt die Ingredienzien, mit denen der SAC seine Vereinssuppe kocht. Hier werden die Emotionen, welche die Berge zu wecken vermögen, anschaulich und fassbar. Eine räumliche Installation mit Gipfelbildern, mit ausgestopften Murmeltieren und in Gewürzgläser abgefüllten Bergdüften bietet ein kurzweiliges Schauvergnügen. Auf der Kochnische im Zentrum des Raums brodelt der digitale Kochtopf, der die ganz persönliche Bergbegeisterung der Besucherinnen und Besucher erfasst.

Die Aussenterrasse der Hütte thematisiert die ambivalente Position des SAC zwischen schützen und nützen. Die 152 offiziellen SAC-Hütten, die von der Decke des Hodlersaales hängen, gewähren einen ungewohnten Blick auf die alpine Landschaft. Die Berge fehlen, die Topografie entsteht aus den Hütten. Vor dem Hintergrund dieser Installation werden die Besucherinnen und Besucher mit kritischen Fragen konfrontiert: Wie kommt fliessend Kalt- und Warmwasser auf 2500 Meter über Meer? Wer bringt den Salat erntefrisch in die Berghütte? Was bedeutet der Toilettenbesuch in freier Natur für die Umwelt? Diese und andere Konsequenzen des Infrastrukturbaus in grosser Höhe und in abgelegenen Gebieten werden hier exemplarisch anhand von fünf Hütten veranschaulicht.

Der SAC-Pavillon der Landesausstellung von 1896 stand im Village Suisse. Daneben wurde eine Hütte 1:1 aufgebaut – die Cabane de Bertol.
Foto: J. Julien, Genf.

Schweizerfahne, Senn mit Tracht und Tannzapfengirlanden. Die Berge und naturnahes Landleben waren Thema im SAC-Pavillon von 1896.
Foto: J. Julien, Genf.

Im Matratzenlager erzählen SAC-Mitglieder und andere Berggänger von Erlebnissen in den Bergen und im Verein. Sie gewähren Einblick in die gelebte Vielfalt innerhalb des Schweizer Alpen-Clubs und in ganz persönliche Erfahrungen mit dem Verein. Die Ausstellungsbesucherinnen und -besucher legen sich auf die karierten Matratzen und lauschen in übergrossen Kissen entspannt den Erzählungen.

Dass Vereinsaufnahme oder Vereinsausschluss in der 150-jährigen Geschichte des SAC ein Dauerthema war, illustriert das Frauenzimmer am Beispiel der Bergsteigerinnen. Denn nebst der Mitgliedschaft von Ausländern und Kommunisten hat besonders diejenige von Frauen immer wieder zu heftigen Diskussionen geführt. Heute sind die Frauen zwar in den Verein integriert, die Frauenfrage ist aber weiterhin aktuell. Auf 1500 Bergführer kommen heute in der Schweiz 25 Bergführerinnen – an Frauen, die führen, haben sich einige SAC-Mitglieder offenbar noch nicht gewöhnen können. Ausschnitte aus historischen Filmen sowie aktuelle Interviews mit drei bergsteigenden und kletternden Frauen geben in diesem Raum Aufschluss über Genderfragen, welche die Mitglieder des SAC bewegten und immer noch bewegen.

Das Clublokal schliesslich bringt die Stadt in die Hütte. Seit 1863 treffen sich die Mitglieder einer Sektion regelmässig, nicht nur zum Bergsteigen, sondern zum Zusammensein, zu Vorträgen, zum Vorbereiten einer Tour, zum Bier. Alle 111 Sektionen waren aufgerufen, ein Bild ihres Vereins-, Stamm- oder Hüttenlokals zu «Helvetia Club» beizusteuern. Die Summe dieser Treffpunkte in der Stadt, auf dem Land oder auch in den Bergen bildet die Vielfalt des Vereinslebens und der im SAC gelebten Geselligkeit ab. Von vornehmen und geräumigen Sektionslokalen über gemütliche Stammtische in Restaurants und anheimelnde Hütten im Jura und in den Alpen bis hin zu funktionalen und nüchternen Versammlungsräumen: Das Clublokal bietet ein facettenreiches Schauvergnügen, das nicht nur den SAC im Besonderen, sondern das schweizerische Vereinswesen im Allgemeinen zeigt.

Ein herausragendes Ereignis wie dieser 150. Geburtstag ist Anlass zu Rückblick, Reflexion und richtungsweisenden Entscheiden für die Zukunft. Neben introvertierten Aktivitäten bietet das Jubiläum aber auch die Plattform, um sich einer breiten Öffentlichkeit zu präsentieren. Die Art und Weise, wie dies geschieht, sagt viel über den jeweiligen Zeitgeist aus. Der SAC hat nicht nur seine Jubiläen, sondern auch die schweizerischen Landesausstellungen immer wieder zum öffentlichen Auftritt und zur Selbstdarstellung genutzt. Diese nationalen Schauen waren stets auch Seismograf der jeweiligen Zeit, eine Tatsache, die sich auch anhand der Beiträge des SAC nachzeichnen lässt.

Die Landesausstellung von 1883 beispielsweise stand ganz im Zeichen der unlängst erfolgten Eröffnung des Gotthardtunnels und damit der Erschliessung der Alpen. Der SAC präsentierte sich bei dieser Gelegenheit in Zürich mittels seiner Verdienste in der Kartografie und zeigte die aus 25 Blättern bestehende Dufourkarte. Diese galt als Inbegriff der Moderne und war ein wirkungsvoller Publikumsmagnet. Auf die Dufourkarte wurde zudem Nationalbewusstsein projiziert, und der SAC als Repräsentant dieser edlen Kunst konnte sich als Verein von nationaler Bedeutung positionieren.

Die Idee der Hütte als Ort der Vereinspräsentation ist nicht neu, denn die SAC-Hütten sind seit Langem die besten Botschafter des Vereins. 1883 wurde an der ersten Landesausstellung in Zürich eine Kopie der Spannorthütte aufgestellt, die dann als Rugghubelhütte weiterlebte. In Genf wurde 1896 die zukünftige Cabane de Bertol im Village Suisse aufgebaut und reich ausgestattet. Auch an den Landesausstellungen 1914 in Bern sowie 1939 in Zürich stellte der Club je eine SAC-Hütte aus (Damma- bzw. Leutschachhütte). Zwar waren 1939 die Mitglieder anfangs uneinig über eine Teilnahme an der Landi – die politische

Erhaben steht das Wappentier des SAC im Pavillon des Clubs an der Landesausstellung von 1914 in Bern. Heute gehört die ausgestopfte Gämse zur Sammlung des Alpinen Museums.

Foto: Fotograf unbekannt; Alpines Museum der Schweiz.

Situation der Schweiz war schwierig und die finanzielle Situation des Vereins alles andere als rosig. Schliesslich entschied das Central-Comité, dass der SAC einfach, aber würdig vertreten sein solle. Die Landi stand unter dem Stern der Geistigen Landesverteidigung und setzte sich die Einigkeit der Schweiz zum Ziel. Auch im Beitrag des SAC war dieses Näherrücken spürbar. SAC und SFAC traten in Zürich gemeinsam auf.

Das 150-Jahr-Jubiläum feiert der SAC mit seinen rund 140 000 Mitgliedern: Frauen und Männer, Gross und Klein, Kletterer und Bergwanderer, Hoch- und Skialpinisten nehmen am Jubiläumsfestival unter dem Motto «Mehr als Bergsport» teil. 150 Anlässe und Veranstaltungen – grösstenteils von den Sektionen organisiert – zeigen, was in unserer Zeit darunter zu verstehen ist: Sternwanderung oder Hüttenputzete, Berggottesdienst oder Boulderwürfel. Auch das Bergfestival zum Jubiläum ist ein Gradmesser der Befindlichkeit des SAC. Es gibt allen Mitgliedern die Möglichkeit, Teil des Jubiläums zu sein, und lässt den Sektionen viel Gestaltungsraum. Das daraus resultierende vielfältige und breite Angebot an Veranstaltungen zeugt vom Wachstum des Vereins in die Breite und in die Diversität. Der heutige SAC nähert sich den Bergen auf ganz unterschiedliche Weise. Viele Tätigkeiten haben Platz.

Die Ausstellung «Helvetia Club» ist Teil des Bergfestivals. Sie vereint die Themen der unterschiedlichen Veranstaltungen und bildet während des gesamten Festivals eine Klammer um die Aktivitäten. Das Alpine Museum ist in dieser Zeit der Begegnungsraum des SAC in der Stadt. Die Mitglieder treffen hier nicht nur auf die Geschichte ihres Vereins, sondern auch auf die Themen, Menschen und Fragen, die den Verein heute prägen. Doch wie der Rundgang durch die Ausstellung zeigt, lässt sich das Projekt nicht auf die Formel «Helvetia Club» = SAC reduzieren. Die richtige Gleichung ist komplexer und liegt im Untertitel der Ausstellung verborgen. Die Schweiz, die Berge und der Schweizer Alpen-Club.

STATISTIKEN

234	**BERGE AUS ZAHLEN UND BILDERN** Text: Daniel Anker
236	**MITGLIEDER** Mitgliederzahlen des SAC und des SFAC
238	**KANTONE** Anzahl SAC-Mitglieder pro Kanton
240	**SEKTIONEN** SAC-Sektionen nach Namensgeber und ihre Mitgliederzahl
242	**GESCHLECHT** Männer und Frauen im SAC und SFAC
243	**SPRACHE** Sprache der SAC-Mitglieder
244	**ALTER** Altersverteilung der SAC-Mitglieder
246	**HÜTTENÜBERNACHTUNGEN** Anzahl Übernachtungen in SAC-Hütten
248	**EHRENAMT** Freiwillige Arbeit für den SAC
250	**HÜTTENPLÄTZE** Anzahl Hütten und Anzahl Plätze in SAC-Hütten
252	**GELD** Einnahmen und Ausgaben des SAC-Zentralverbands
254	**AKTIVITÄTEN** Bergsportaktivitäten der SAC-Mitglieder
255	**MITGLIEDSCHAFT** Gründe für die Mitgliedschaft beim SAC
256	**PRÄSIDIUM** Central-Comités und Präsidenten des SAC
258	**EHRENMITGLIEDSCHAFT** Ehrenmitglieder des SAC-Zentralverbands
260	**NACHWORT** Françoise Jaquet, Designierte Zentralpräsidentin SAC

DANIEL ANKER
BERGE AUS ZAHLEN UND BILDERN

Zahlen gehören zum Leben, zum Sport, zum Bergsteigen, zum SAC. Bereits im «Kreisschreiben an die Tit. Bergsteiger und Alpenfreunde der Schweiz» vom 20.10.1862, das die Gründung des Schweizer Alpen-Clubs einleitete, geht es um Zahlen. Darin fragt sich Rudolf Theodor Simler, was «20 bis 30 unserer Hochgebirgsfreunde» in Sachen Erforschung und Schilderung der einheimischen Alpen leisten könnten, wenn sie sich zu einer «schweizerischen Alpengesellschaft» zusammenschlössen. Bekanntlich begann die konstituierende Versammlung am 19.4.1863 kurz nach 9 Uhr in Olten; 35 Männer hatten sich eingefunden und setzten ihre Namen ins Protokollbuch, einer nach dem andern.

Mit sauber dokumentierten Namen und Zahlen ging es in den folgenden 150 Jahren weiter, bis zu den hier folgenden 25 Seiten. Besonders Jubiläumsschriften türmten richtige Zahlenberge auf. Ernst Buss fügte seiner Denkschrift über «Die ersten 25 Jahre des Schweizer Alpenclub» 5 ausklappbare Tabellen bei, wie «Zunahme der Sectionen und Mitglieder des S.A.C. in arithmetischer Darstellung» bzw. «in graphischer Darstellung», oder «Reihenfolge der Kantone nach ihrer Betheiligung am S.A.C.». Letztere Tabelle ist besonders interessant, gerade im Blick auf ein Buch und eine Ausstellung mit dem gemeinsamen Auftritt als «Helvetia Club». Allerdings ist die Lektüre der Tabelle schwieriger als diejenige des schriftlichen Kommentars. So hebt Buss «Kantone und Landesgegenden, in welchen der S.A.C. bis jetzt noch keine oder nur erst eine dürftige Heimstätte gefunden hat», speziell hervor. Zum Beispiel unter Punkt 1 den Thurgau, der «bei seinen 100 000 Seelen Elemente genug besässe, um eine ansehnliche Kantonalsection oder mehrere kleinere Bezirksverbände zu bilden». Oder unter Punkt 4 den bernischen Jura, der «stark genug wäre, um mehrere blühende Sektionen aufzustellen». Wie würde der SAC-Statistiker 125 Jahre später staunen? Im Thurgau gibt es 2 Sektionen; im Kanton Jura und im heutigen Berner Jura zusammen 7, mit Biel-Bienne gar 8 Sektionen.

Die Frage ist: Wie lässt sich die «Fülle interessanter, zum Theil überraschender Erscheinungen» bei der so vielfältigen Entwicklung eines Vereins wie des SAC darstellen? Mit Tabellen, wie Ernst Buss dies 1888 machte und 1913 dann Heinrich Dübi? Mehr mit Listen wie die Publikationen zum 75- und 100-jährigen Bestehen des Clubs? Gar nicht, wie die Broschüre zum 125-Jahr-Jubiläum? Wir wählten eine andere Route und beauftragten das 2007 in Zürich gegründete Grafik- und Interaktionsdesignbüro Rob & Rose, den SAC darzustellen – mit ihren Mitteln und unseren Zahlen (wenn wir sie fanden bzw. bekamen). Aber eben nicht nur Zahlen, sondern auch Fotografien. Von den Gipfeln, von den Bergsteigern, von den Touren, von den Hütten. Mit farbigen Bildern schaffen, nicht bloss mit nackten Zahlen. Brigit Rufer und Matthias Rohrbach und ihr Team haben saubere Arbeit geleistet.

Zum Beispiel die «Anzahl der SAC-Mitglieder pro Kanton»: Eine alpenclubistische Schweizer Karte ist da entstanden, wo die Grössen der Gruppenfotos mit den kantonalen Mitgliederzahlen korrespondieren. Zürich und Bern wetteifern um Platz 1, wie schon zu Buss' Zeiten – auch damals war ZH mit 543 Clubisten stärker als BE mit 494. Eine weitere Grafik sei ebenfalls speziell hervorgehoben, nämlich die «Anzahl Übernachtungen in den SAC-Hütten im Jahr 2011». Auf einer solchen Doppelseite habe ich die 152 SAC-Hütten noch nie gesehen. Und ich werde mir erlauben, ganz fein diejenigen Hütten anzukreuzen, die ich schon besucht habe. Dann weiss ich auf einen Blick, wo ich die nächsten Hüttentouren machen werde – und in welcher Unterkunft ich mit andern Besuchern rechnen darf.

Dass gerade auch die Hütten zu persönlichen und vereinsmässigen Statistiken geeignet sind, ist nicht weiter erstaunlich. Da liesse sich noch manche Liste machen. Beispielsweise diejenige mit den ehemaligen SAC-Hütten: der Platta-Sura-Hütte der Sektion Rätia von 1865, der Cabane du Pas du Lustre der Section des Diablerets von 1870, der Alvierhütte der Sektion Alvier von 1876. Die Hörnlihütte am Matterhorn gehört auch nicht mehr dem SAC. In Sichtdistanz zu ihr steht die Monte-Rosa-Hütte, die modernste und wahrscheinlich berühmteste SAC-Hütte. Von 1896 bis 1940 hiess sie offiziell Bétempshütte. Bétemps? Mais oui, François Bétemps, das 4. Ehrenmitglied des SAC. Alle 103 dieser besonderen Mitglieder am Schluss der Statistik, alpenrosengeschmückt.

1 / Ein Säulendiagramm? Nein! Die 15 Meter hohe Gipfelnadel des Salbitschijen-Hauptgipfels (2981,4 m) in den Urner Alpen, am 20.10.1909 erstmals von 4 Alpinisten erklettert. — Foto: Dölf Reist, Alpines Museum der Schweiz, 3005 Bern.

1 /

MITGLIEDER

Mitgliederzahlen des SAC und des SFAC von 1863 bis 2012

Statistiken 3

SAC
MITGLIEDERZAHL

1863	1880	1890	1900	1910	1920	1930	1940	1950	1960	1970
257	2415	3421	6042	11 623	19 167	28 663	29 292	38 179	41 757	50 95...

SFAC
MITGLIEDERZAHL

1920	1930	1940	1950	1960	1970
ca. 500	2907	4067	4940	6133	72...

2012
135 772

2000
92 586

1990
78 319

FUSION
SAC/SFAC

1980
69 201

Quellen: SAC-Geschäftsstelle und Zeitschrift «Nos Montagnes»

KANTONE

Anzahl SAC-Mitglieder pro Kanton/Januar 2013

BS 2237
BL 3843
AG 7557
JU 794
SO 3623
LU 7473
NE 2814
BE 21 560
VD 8807 
FR 5426
GE 2768
VS 7948

SH 998
ZH 21 888
TG 2319
AI/AR 1468
SG 6886
ZG 3242
SZ 3655
GL 1367
OW 1369
UR 1623
GR 3575
TI 3673

Quelle: SAC-Geschäftsstelle

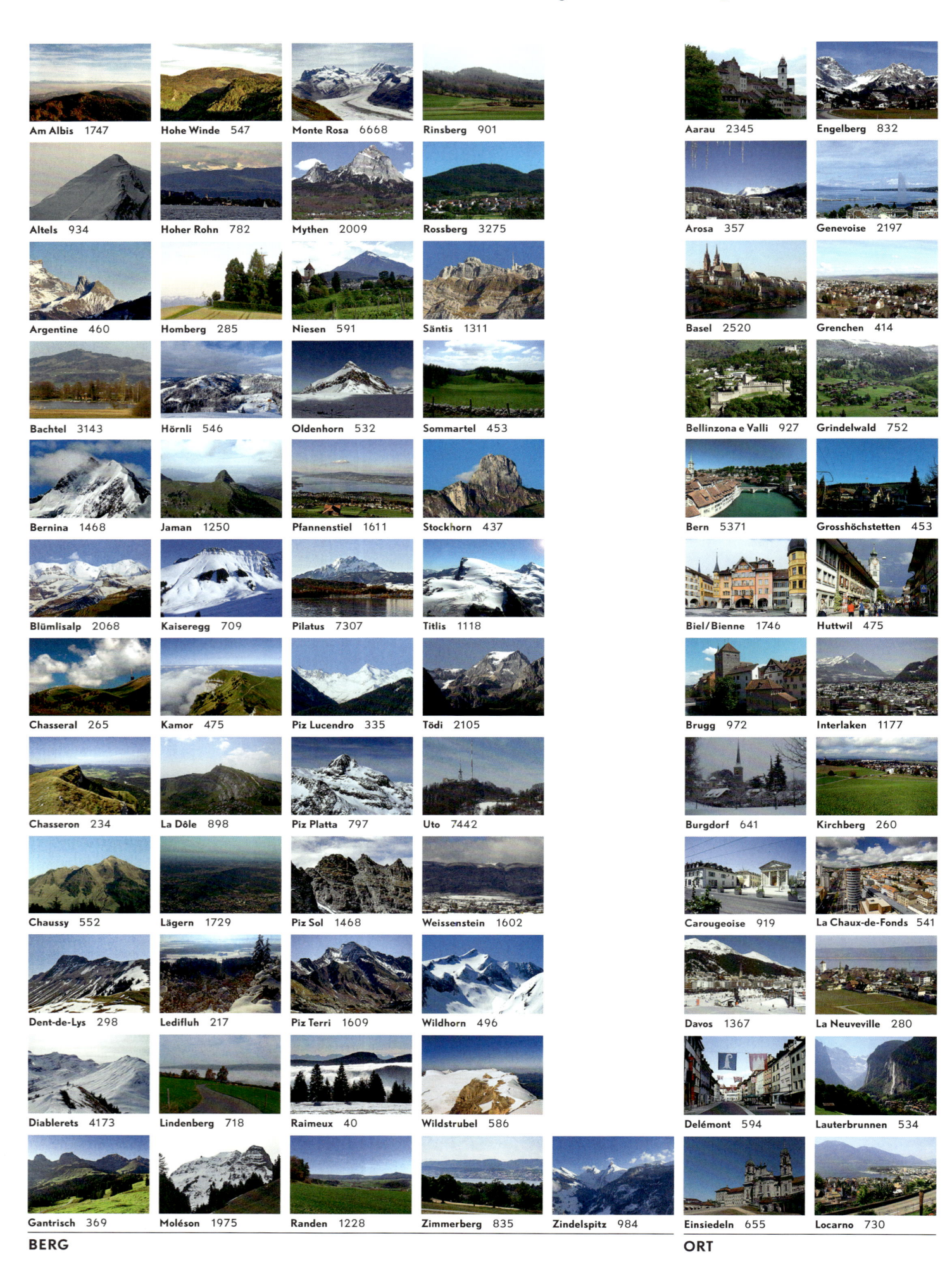

SEKTIONEN

SAC-Sektionen nach Namensgeber und ihre Mitgliederzahl/Januar 2013

Statistiken 3

BERG				ORT	
Am Albis 1747	Hohe Winde 547	Monte Rosa 6668	Rinsberg 901	Aarau 2345	Engelberg 832
Altels 934	Hoher Rohn 782	Mythen 2009	Rossberg 3275	Arosa 357	Genevoise 2197
Argentine 460	Homberg 285	Niesen 591	Säntis 1311	Basel 2520	Grenchen 414
Bachtel 3143	Hörnli 546	Oldenhorn 532	Sommartel 453	Bellinzona e Valli 927	Grindelwald 752
Bernina 1468	Jaman 1250	Pfannenstiel 1611	Stockhorn 437	Bern 5371	Grosshöchstetten 453
Blümlisalp 2068	Kaiseregg 709	Pilatus 7307	Titlis 1118	Biel/Bienne 1746	Huttwil 475
Chasseral 265	Kamor 475	Piz Lucendro 335	Tödi 2105	Brugg 972	Interlaken 1177
Chasseron 234	La Dôle 898	Piz Platta 797	Uto 7442	Burgdorf 641	Kirchberg 260
Chaussy 552	Lägern 1729	Piz Sol 1468	Weissenstein 1602	Carougeoise 919	La Chaux-de-Fonds 541
Dent-de-Lys 298	Ledifluh 217	Piz Terri 1609	Wildhorn 496	Davos 1367	La Neuveville 280
Diablerets 4173	Lindenberg 718	Raimeux 40	Wildstrubel 586	Delémont 594	Lauterbrunnen 534
Gantrisch 369	Moléson 1975	Randen 1228	Zimmerberg 835	Zindelspitz 984	Einsiedeln 655	Locarno 730

Bregaglia 319

Montana-Vermala 652   Emmental 816

Montreux 602   Engiadina Bassa 925

Neuchâteloise 1868   Entlebuch 530

Olten 923   Gruyère 2061

Rorschach 446   Oberaargau 1052

St. Gallen 2471   Oberhasli 1950

Uzwil 545   Prättigau 1621

Winterthur 2233   Prévôtoise 644

Yverdon 551   Rätia 2378

Zermatt 1192   Saas 580   Toggenburg 1378   Thurgau 866   Gotthard 1853   Bodan 1053   Brandis 552

Zofingen 602   Seeland 587   Val-de-Joux 284   Ticino 2379   Pierre-Pertuis 208   Rhein 420   Manegg 858

REGION   **KANTON**   **PASS**   **GEWÄSSER**   **BURG**

Drei Tannen 51

WAPPEN

Angenstein 1463

Baldern 467

Baselland 2328

Jura 249

Statistiken 3

Recherche: Daniel Anker, Marco Volken und SAC-Geschäftsstelle   241

GESCHLECHT

Männer und Frauen im SAC und SFAC/1920, 1979 und 2011

2011

35,0%
47 282

65,0%
88 167

1979
FUSION SAC/SFAC 1980

12,0%
ca. 8000

88,0%
58 862

1920
GRÜNDUNG SFAC 1918

2,5%
ca. 500

97,5%
19 167

FRAUEN
ANTEIL IN %

MÄNNER
ANTEIL IN %

Statistiken 3

Quellen: SAC-Jahresbericht 2011, SAC-Geschäftsstelle, Zeitschrift «Nos Montagnes»

SPRACHE

Sprache der SAC-Mitglieder/2011

D 78,1% Wetterhorn
I 2,3% Ago di Sciora
F 19,6% Grand Combin

Statistiken 3

Quelle: SAC-Jahresbericht 2011

ALTER
Altersverteilung der SAC-Mitglieder/1863 und 2011

3,0%

17,0%

65,0%

15,0%

186
ANTEIL IN
35 GRÜNDUNGSMITGLIED

27,0%

17,4%

29,6%

14,5%

11,5%

2011
ANTEIL IN %
135 449 MITGLIEDER

61+

51–60

36–50

23–35

6–22

ALTER

Statistiken 3

Quellen: SAC-Jahresbericht 2011 und Recherche Thomas Schmid 245

HÜTTENÜBERNACHTUNGEN

Anzahl Übernachtungen in SAC-Hütten/2011

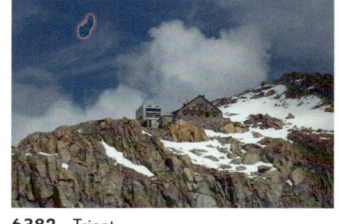

Nr.	Hütte
33	Schalijoch
34	Rosenlaui
43	Dolent
47	Laggin
59	Bergli
60	Silberhorn
76	Singla
77	Stockhorn
84	Salbitschijen
119	Col Dent Blanche
119	Violettes
125	Hörnli
156	Chalin
166	Grassen
168	Mischabeljoch
178	Lohner
191	Seetal
212	Aar
240	Guggi
240	Mittelaletsch
590	A Neuve
664	Punteglias
683	Saleinaz
684	Bouquetins
686	Linard
691	Monte Leone
744	Spannort
764	Zapport
822	Baltschieder
826	Ela
928	Hüfi
1187	Arpitettaz
1226	Sardona
1254	Mutthorn
1259	Fründen
1281	Planura
1316	Basodino
1340	Calanda
1350	Sasc Furä
1356	Cavardiras
1580	Fridolin
1650	Voralp
1670	Vélan
1732	Länta
1741	Rambert
1751	Oberaletsch
1814	Leutschach
1842	Gleckstein
2337	Es-cha
2361	Hollandia
2373	Corno-Gries
2378	Glärnisch
2398	Gauli
2402	Sewen
2433	Medel
2562	Gspaltenhorn
2563	Bächlital
2639	Rotondo
2662	Grialetsch
2684	Sustli
2689	Mountet
2698	Bergsee
3115	Rugghubel
3127	Täsch
3136	Tuoi
3199	Wildhorn
3226	Motterascio
3281	Silvretta
328...	
3743	Boval
3846	Albigna
3927	Jenatsch
4008	Tschierva
4057	Mont Fort
4072	Coaz
4576	Carschina
4736	Kesch
4834	Moiry
4880	Almageller
4952	Tracuit
6187	Maighels
6382	Trient
6735	Vignettes
6909	Konkordia
7356	Lämmere...

Statistiken 3

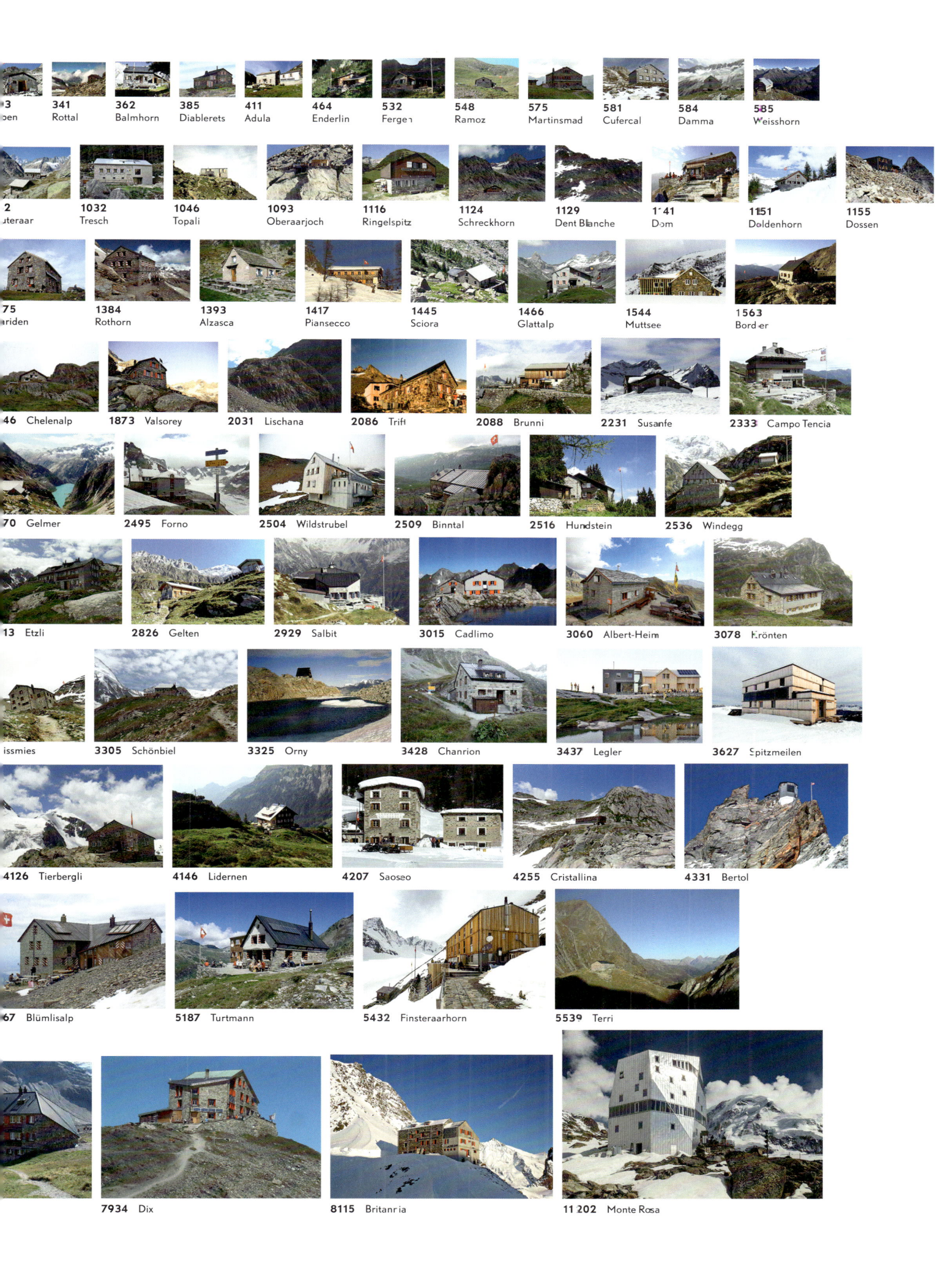

3	341 Rottal	362 Balmhorn	385 Diablerets	411 Adula	464 Enderlin	532 Fergen	548 Ramoz	575 Martinsmad	581 Cufercal	584 Damma	585 Weisshorn
2 uteraar	1032 Tresch	1046 Topali	1093 Oberaarjoch	1116 Ringelspitz	1124 Schreckhorn	1129 Dent Blanche	1141 Dom	1151 Doldenhorn	1155 Dossen		
75 riden	1384 Rothorn	1393 Alzasca	1417 Piansecco	1445 Sciora	1466 Glattalp	1544 Muttsee	1563 Border				
46 Chelenalp	1873 Valsorey	2031 Lischana	2086 Trift	2088 Brunni	2231 Susanfe	2333 Campo Tencia					
70 Gelmer	2495 Forno	2504 Wildstrubel	2509 Binntal	2516 Hundstein	2536 Windegg						
13 Etzli	2826 Gelten	2929 Salbit	3015 Cadlimo	3060 Albert-Heim	3078 Krönten						
issmies	3305 Schönbiel	3325 Orny	3428 Chanrion	3437 Legler	3627 Spitzmeilen						
4126 Tierbergli	4146 Lidernen	4207 Saoseo	4255 Cristallina	4331 Bertol							
67 Blümlisalp	5187 Turtmann	5432 Finsteraarhorn	5539 Terri								
	7934 Dix	8115 Britannia	11 202 Monte Rosa								

Quelle: SAC-Geschäftsstelle

EHRENAMT Freiwillige Arbeit für den SAC

EHRENAMTLICHE ARBEIT IN DEN SEKTIONEN

— Markierung der Wege
— Hüttenbau
— Betreuung unbewarteter Hütten
— Betreuung der Sektionsbibliothek
— Betreuung des Archivs
— Verfassen von Tourenberichten für Clubnachrichten
— Betreuung der Homepage
— Vorträge halten
— Materialverwaltung
— Holz hacken vor dem Winter
— Hüttenputzen im Frühling
— Putzen der Umwelt
— Leitung von Touren

FUNKTIONSTRÄGER/INNEN

— SektionspräsidentIn
— Kassier
— Mitgliederdienst
— HüttenchefIn
— TourenchefIn Winter
— TourenchefIn Sommer
— JO-LeiterIn
— RettungschefIn
— Kulturdelegierte
— Umweltdelegierte

REGISTRIERTE EHRENAMTLICHE 2011

— Zentralverband/96
— FunktionsträgerInnen Sektionen/1224
— TourenleiterInnen/5100
— J&S-LeiterInnen/1163

Statistiken 3

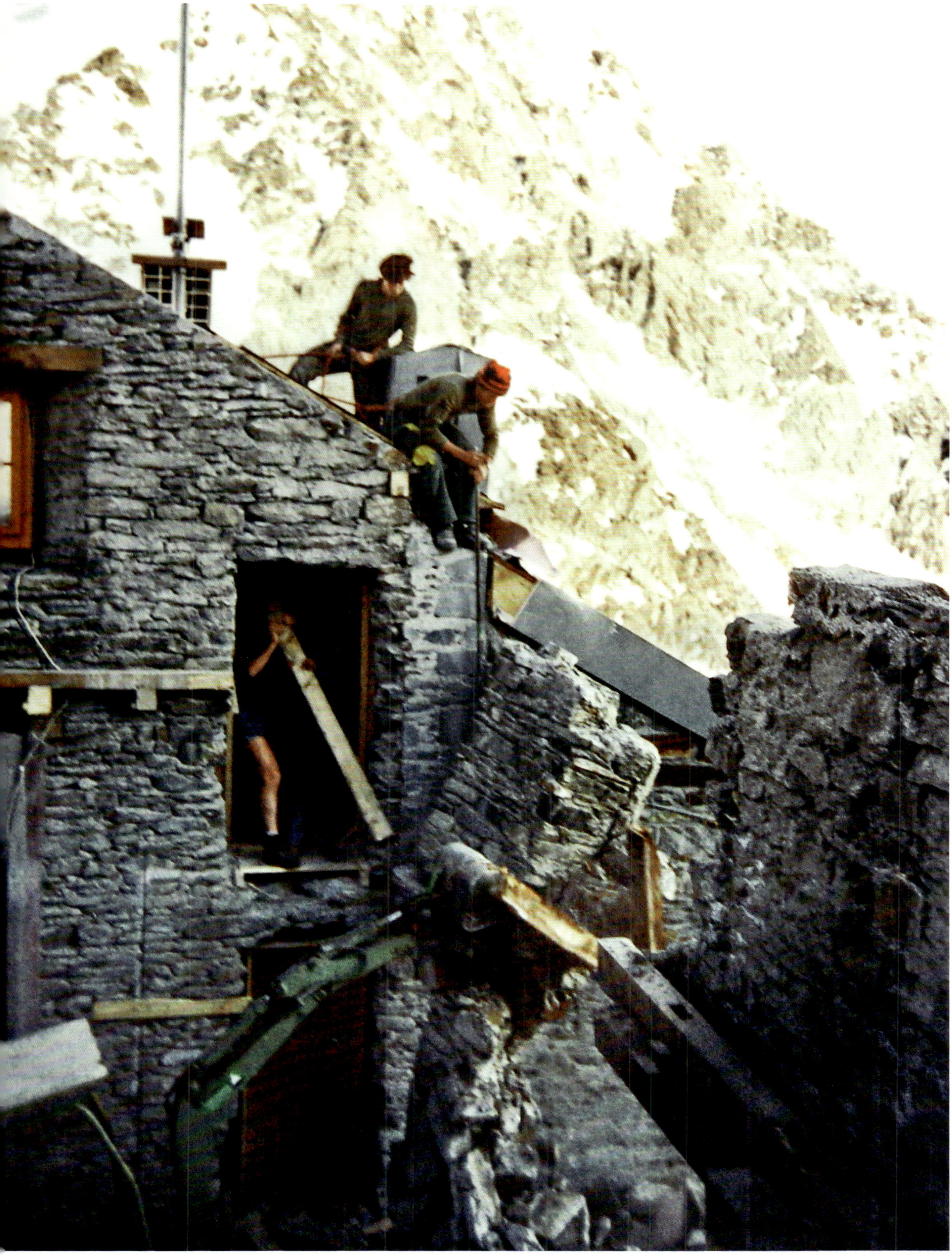

HÜTTENPLÄTZE

Anzahl Hütten und Anzahl Plätze in SAC-Hütten/von 1880 bis 2012

ANZAHL HÜTTEN	ANZAHL PLÄTZE	Jahr
152	8982	2012
153	9720	1997
153	9110	1979

Statistiken 3

250

Statistiken
3

5693

3885

2063

833

308

131

112

73

44

27

1951

1931

1912

1895

1880

Recherche: **Marco Volken**

GELD	Einnahmen und Ausgaben des SAC-Zentralverbands/ 1863 und 2011

EINNAHMEN	**1863**
Einnahmen Total	2853 CHF*
Mitgliederbeiträge	85,5 %
Clubzeichen	10,5 %
Produkte und Dienstleistungen	4,0 %
Sponsoring/Öffentliche Hand	—

AUSGABEN	**1863**
Ausgaben Total	2815 CHF
Bergsport	24,9 %
Hütten	24,9 %
Umwelt	—
Rettung	—
Publikationen	5,1 %
Kultur	—
Clubzeichen	40,2 %
Diverses	4,9 %

* Berücksichtigt man die Teuerung, entspricht dies 2011 28 360 CHF

2011

13 814 823 CHF

52,1 %
—
37,0 %
10,9 %

2011

13 413 258 CHF

34,3 %
6,0 %
5,0 %
1,0 %
37,7 %
2,2 %
0,6 %
13,2 %

Quellen: Heinrich Dübi «Die ersten fünfzig Jahre des Schweizer Alpenclub» und Jahresbericht 2011

AKTIVITÄTEN

Bergsportaktivitäten der SAC-Mitglieder/2011

1 Bergwandern	4 Hochtouren
2 Alpinwandern	5 Mountainbike
3 Ski-/Snowboardtouren	6 Schneeschuhtouren

7 Begehen von Klettersteigen	10 Eisklettern
8 Sportklettern outdoor	
9 Sportklettern indoor	

Quelle: SAC-Mitgliederbefragung 2011, 243 Teilnehmende

MITGLIEDSCHAFT

Gründe für die Mitgliedschaft beim SAC / 2011

1	Interesse an der Bergwelt	5	Unterstützung des SAC	9	Mitgliedschaft meiner KollegInnen und FreundInnen
2	Kontakt zu Gleichgesinnten	6	Günstigere Übernachtungen in den SAC-Hütten	10	Günstigere Tarife in den Kletterhallen
3	Teilnahme an Touren	7	Nutzung der Ausbildungsmöglichkeiten		
4	Unterstützung der nachhaltigen Gebirgsentwicklung	8	Interesse an der Zeitschrift «Die Alpen»		

Quelle: SAC-Mitgliederbefragung 2011, 243 Teilnehmende

255

Statistiken
3

2013

1962–1964

1935–1937

1904–1907

1893

256

PRÄSIDIUM

Central-Comités (bis 1999) und Präsidenten des SAC/ von 1863 bis 2013

2005–2013		Frank-Urs Müller
*1999–2005		Franz Stämpfli
1996–1999	Basel	Hanspeter Schmid
1992–1995	Jaman (Vevey)	Claude Krieg
1989–1991	Gotthard (Altdorf)	Franz Steinegger
1986–1988	St. Gallen	Jakob Hilber
1983–1985	Neuchâtel	Hermann Mi z
1980–1982	Ticino (Lugano)	Carlo Sganzini
1977–1979	Blümlisalp (Thun)	Hanspeter Wenger
1974–1976	Pilatus (Luzern)	Otto Meyer
1971–1973	Diablerets (Lausanne)	Charles Cevey
1968–1970	Uto (Zürich)	Hektor Meier
1965–1967	Bern	Albert Eggler
1962–1964	Genève	Edouard Wyss-Dunant
1959–1961	Rätia (Chur)	Georg Calonder
1956–1958	Basel	Robert Wenck
1953–1955	Neuchâtel	Pierre Soguel
1950–1952	Tödi (Glarus)	Mathias Jenni
1947–1949	Biel	Hugo Kistler
1944–1946	Montreux	Robert Furer
1941–1943	Bernina (Pontresina)	Rudolf Campell
1938–1940	Olten	Adolf Spring
1935–1937	Monte Rosa (Sion)	Alphonse de Kalbermatten
1932–1934	Baden	Felix Gugler
1929–1931	Uto (Zürich)	Emil Erb
1926–1928	Diablerets (Lausanne)	Henri Faes
1923–1925	Bern	Georg Leuch
1920–1922	Aarau	Albert Tschopp
1917–1919	Genève	Alexandre Bernoud
1914–1916	St. Gallen	Arnold Janggen
1911–1913	Rätia (Chur)	August Henne
1908–1910	Moléson (Fribourg)	Jules Repond
1904–1907	Weissenstein (Solothurn)	Robert Schöpfer
1900–1903	Winterthur	Emil Bosshard
1896–1899	Neuchâtel	Frédéric Auguste Monnier/ Eugène Colomb
1891–1895	Oberland (Interlaken)	Heinrich Baumgartner/ Friedrich Michel
1888–1891	Tödi (Glarus)	Rudolf Gallati
1885–1887	Uto (Zürich)	Johann Emanuel Grob
1882–1884	Diablerets (Lausanne)	Eugène Rambert
1879–1881	Bern	Rudolf Linth
1876–1878	Genève	Albert Freundler
1873–1875	Pilatus (Luzern)	Hermann Zähringer
1870–1872	Basel	Albert Hoffmann-Burckhardt
1867–1869	Uto (Zürich)	Melchior Ulrich
1866	St. Gallen	Friedrich von Tschudi
1865	Rätia (Chur)	Johann Coaz
1864	Basel	Johann Christian Meyer-Bischoff
1863	Bern	Rudolf Theodor Simler

* Wechsel von Central-Comité zu Zentralvorstand

Recherche: Daniel Anker, Marco Volken

EHRENMITGLIEDSCHAFT

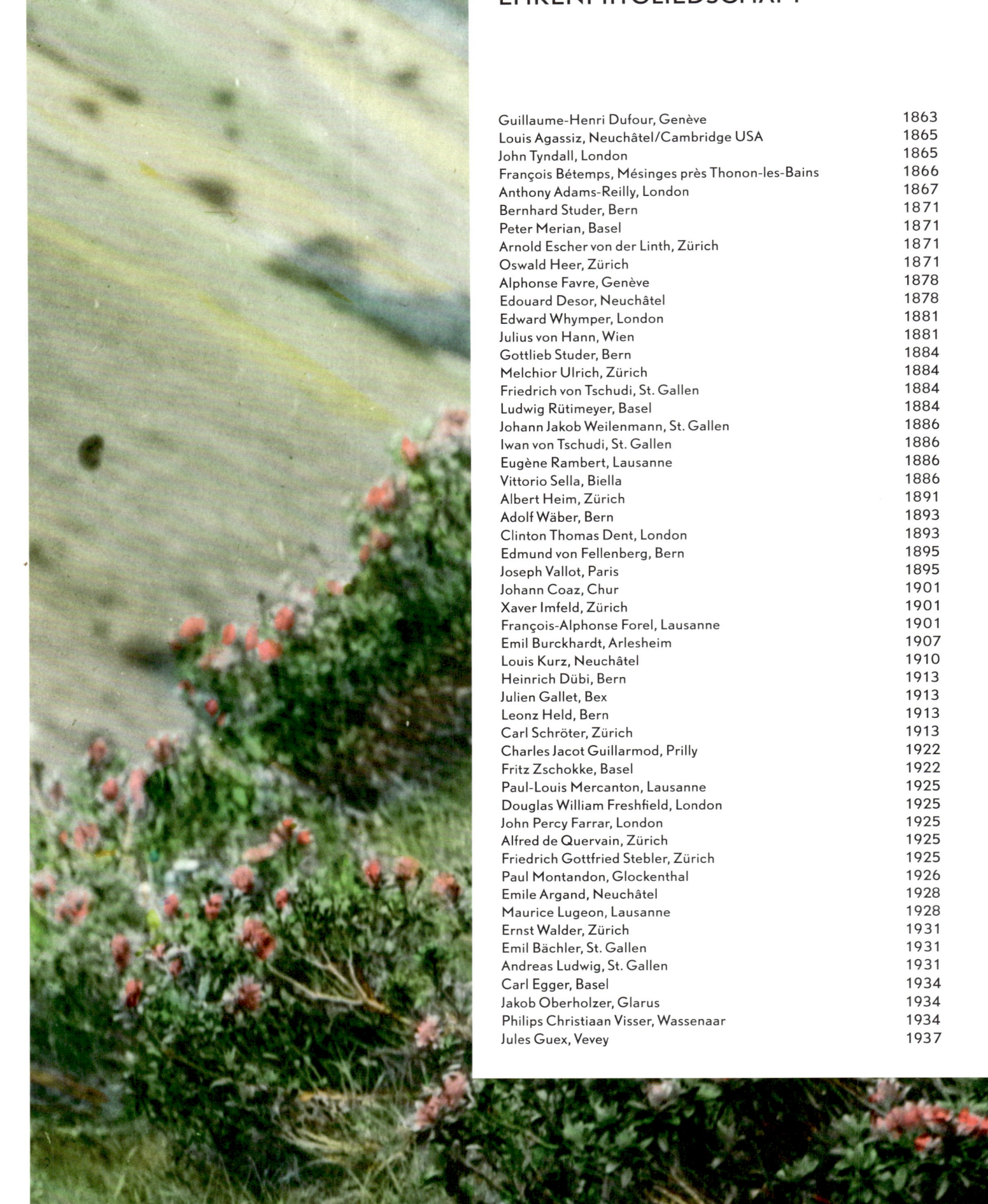

Guillaume-Henri Dufour, Genève	1863
Louis Agassiz, Neuchâtel/Cambridge USA	1865
John Tyndall, London	1865
François Bétemps, Mésinges près Thonon-les-Bains	1866
Anthony Adams-Reilly, London	1867
Bernhard Studer, Bern	1871
Peter Merian, Basel	1871
Arnold Escher von der Linth, Zürich	1871
Oswald Heer, Zürich	1871
Alphonse Favre, Genève	1878
Edouard Desor, Neuchâtel	1878
Edward Whymper, London	1881
Julius von Hann, Wien	1881
Gottlieb Studer, Bern	1884
Melchior Ulrich, Zürich	1884
Friedrich von Tschudi, St. Gallen	1884
Ludwig Rütimeyer, Basel	1884
Johann Jakob Weilenmann, St. Gallen	1886
Iwan von Tschudi, St. Gallen	1886
Eugène Rambert, Lausanne	1886
Vittorio Sella, Biella	1886
Albert Heim, Zürich	1891
Adolf Wäber, Bern	1893
Clinton Thomas Dent, London	1893
Edmund von Fellenberg, Bern	1895
Joseph Vallot, Paris	1895
Johann Coaz, Chur	1901
Xaver Imfeld, Zürich	1901
François-Alphonse Forel, Lausanne	1901
Emil Burckhardt, Arlesheim	1907
Louis Kurz, Neuchâtel	1910
Heinrich Dübi, Bern	1913
Julien Gallet, Bex	1913
Leonz Held, Bern	1913
Carl Schröter, Zürich	1913
Charles Jacot Guillarmod, Prilly	1922
Fritz Zschokke, Basel	1922
Paul-Louis Mercanton, Lausanne	1925
Douglas William Freshfield, London	1925
John Percy Farrar, London	1925
Alfred de Quervain, Zürich	1925
Friedrich Gottfried Stebler, Zürich	1925
Paul Montandon, Glockenthal	1926
Emile Argand, Neuchâtel	1928
Maurice Lugeon, Lausanne	1928
Ernst Walder, Zürich	1931
Emil Bächler, St. Gallen	1931
Andreas Ludwig, St. Gallen	1931
Carl Egger, Basel	1934
Jakob Oberholzer, Glarus	1934
Philips Christiaan Visser, Wassenaar	1934
Jules Guex, Vevey	1937

Ehrenmitglieder des SAC-Zentralverbands/ von 1863 bis 2012

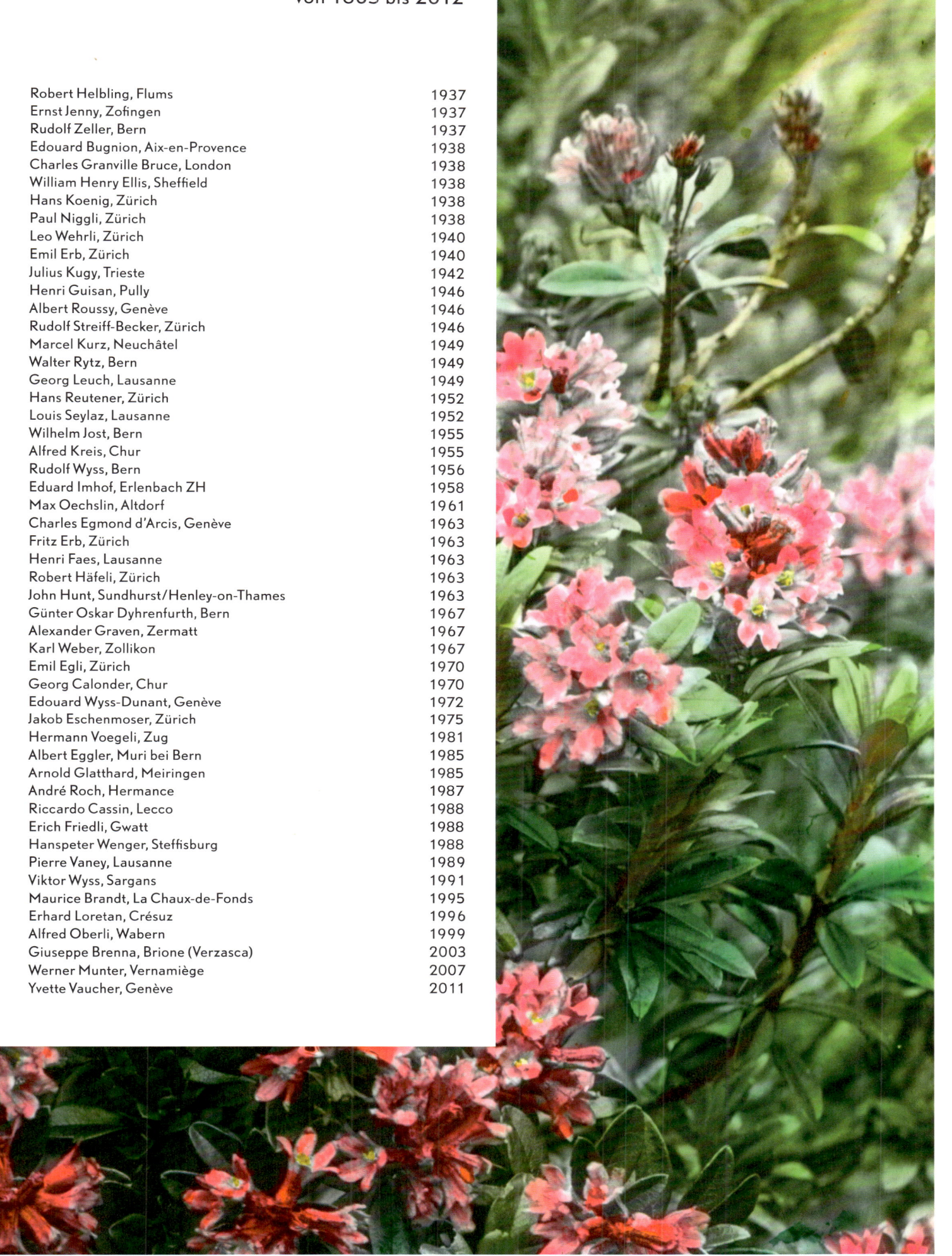

Robert Helbling, Flums	1937
Ernst Jenny, Zofingen	1937
Rudolf Zeller, Bern	1937
Edouard Bugnion, Aix-en-Provence	1938
Charles Granville Bruce, London	1938
William Henry Ellis, Sheffield	1938
Hans Koenig, Zürich	1938
Paul Niggli, Zürich	1938
Leo Wehrli, Zürich	1940
Emil Erb, Zürich	1940
Julius Kugy, Trieste	1942
Henri Guisan, Pully	1946
Albert Roussy, Genève	1946
Rudolf Streiff-Becker, Zürich	1946
Marcel Kurz, Neuchâtel	1949
Walter Rytz, Bern	1949
Georg Leuch, Lausanne	1949
Hans Reutener, Zürich	1952
Louis Seylaz, Lausanne	1952
Wilhelm Jost, Bern	1955
Alfred Kreis, Chur	1955
Rudolf Wyss, Bern	1956
Eduard Imhof, Erlenbach ZH	1958
Max Oechslin, Altdorf	1961
Charles Egmond d'Arcis, Genève	1963
Fritz Erb, Zürich	1963
Henri Faes, Lausanne	1963
Robert Häfeli, Zürich	1963
John Hunt, Sundhurst/Henley-on-Thames	1963
Günter Oskar Dyhrenfurth, Bern	1967
Alexander Graven, Zermatt	1967
Karl Weber, Zollikon	1967
Emil Egli, Zürich	1970
Georg Calonder, Chur	1970
Edouard Wyss-Dunant, Genève	1972
Jakob Eschenmoser, Zürich	1975
Hermann Voegeli, Zug	1981
Albert Eggler, Muri bei Bern	1985
Arnold Glatthard, Meiringen	1985
André Roch, Hermance	1987
Riccardo Cassin, Lecco	1988
Erich Friedli, Gwatt	1988
Hanspeter Wenger, Steffisburg	1988
Pierre Vaney, Lausanne	1989
Viktor Wyss, Sargans	1991
Maurice Brandt, La Chaux-de-Fonds	1995
Erhard Loretan, Crésuz	1996
Alfred Oberli, Wabern	1999
Giuseppe Brenna, Brione (Verzasca)	2003
Werner Munter, Vernamiège	2007
Yvette Vaucher, Genève	2011

Recherche: Daniel Anker, Marco Volken

NACHWORT

1863–2013. Der Schweizer Alpen-Club ist 150 Jahre alt. Ein solches Jubiläum ist nicht nur ein schöner Ausdruck für Langlebigkeit, sondern auch eine wichtige Etappe im Leben eines Clubs. Der hohe Geburtstag ist ein Moment zwischen Vergangenheit und Zukunft, der würdig gefeiert werden muss. Er zwingt uns aber auch zu einer vertieften Reflexion über unseren Club und seine Zukunft.

Denn dieser Geburtstag ist nicht nur ein Ziel für sich, ein Gipfel, der nach langem Aufstieg erreicht wurde und von dem wir wieder ins Tal absteigen müssen. Wie ein Steinmann oder ein Wegweiser markiert das Jubiläum auch den Weg in die Zukunft des Clubs. Von diesem Punkt aus können wir zurückblicken und den zurückgelegten Weg betrachten, aber wir können uns auch auf die Fortsetzung des Wegs freuen, auf die Entdeckung neuer Landschaften, nicht ohne achtsam zu bleiben für die Gefahren, die auftauchen können.

Welches sind die Gründe für den Erfolg und die Langlebigkeit unseres Clubs, und welchen Erfolg wird er in der Zukunft haben? Gibt es ihn in 150 Jahren noch? Sich so weit in die Zukunft versetzen zu wollen, ist utopisch. Aber eine etwas näher liegende Zukunft ist für uns durchaus vorstellbar.

Wie wird der Schweizer Alpen-Club in 25 Jahren aussehen? Die Zusammensetzung der Mitgliedschaft hat sich seit der Gründung 1863 verändert. Damals gehörte dem Club eine Elite der Gesellschaft an; heute steht er für alle offen. Wird das auch 2038 so sein? Werden die jungen Leute die Berge immer noch attraktiv finden, oder wird unser Club ein Verein von «Alten» sein? Wie werden unsere Gletscher und Landschaften aussehen? Sind die Hütten, die als Ausgangspunkt für Gletschertouren gebaut wurden, noch nötig, oder werden sie ein Wanderziel sein, von dem aus man auf die kümmerlichen Überreste der Gletscher schauen kann?

Auf alle diese Fragen haben wir noch keine Antworten. Aber unsere grosse Stärke ist, dass wir die Entwicklung des Schweizer Alpen-Clubs beeinflussen und darüber bestimmen können, wie er sich 2038 präsentieren wird. Zunächst können wir dank unserer neuen Strategie 2020 die kommenden sieben Jahre skizzieren. Neue Strategie, neue Etappe mit neuen Vorsätzen und neuen Projekten.

Helfen wir alle mit, dass dem Schweizer Alpen Club noch ein langes Leben bevorsteht!

Françoise Jaquet
Designierte Zentralpräsidentin SAC
Mitglied der Section Moléson

ANHANG

264   BIBLIOGRAFIE, ANMERKUNGEN, BILDNACHWEIS

276   BIOGRAFIEN

277   DANK

BIBLIOGRAFIE, ANMERKUNGEN, BIILDNACHWEIS

ALLGEMEINE BIBLIOGRAFIE

SAC-JUBILÄUMSSCHRIFTEN

Buss, Ernst: Die ersten 25 Jahre des Schweizer Apenklub Schmid & Dürst, Glarus 1889.
Dübi, Heinrich: Die ersten fünfzig Jahre des Schweizer Alpenclub. Verlag des Schweizer Alpenclub/Stämpfli Verlag, Bern 1913.
Die Alpen SAC, 1938 (Zum 75-jährigen Bestehen des S.A.C.).
Die Alpen SAC, 1963 (100 Jahre SAC 1863–1963).
Jubiläum 125 Jahre Schweizer Alpen-Club – Jubilée 125 ans Club Alpin Suisse. Zentralkomitée des Schweizer Alpen-Clubs, Bern 1987.
Souvenir 150 Jahre Schweizer Alpen SAC – 150 ans du Club Alpin Suisse CAS – 150 anni Club Alpino Svizzero CAS – 150 years of Swiss Alpine Club SAC. Die Schweizerische Post, Bern 2013.

ZEITSCHRIFTEN DES SAC

www.sac-cas.ch -> Zeitschrift.
www.textberg.ch.
Alpina: Alpina. Mitteilungen des Schweizer Alpen-Club, 1893–1924.
Jb. SAC: Jahrbuch des Schweizer Alpen-Club, mit Jahrgang (Jg.), 1864–1923.
L'Écho des Alpes: L'Écho des Alpes, organe du Club alpin suisse pour les sections de langue français, 1870–1924.
Die Alpen: Die Alpen. Zeitschrift des Schweizer Alpen-Club SAC, seit 1925.
Die Alpen Chronik: Die Alpen, Chronik des S.A.C. und kleine Mitteilungen, 1925–1956.
Die Alpen MB: Die Alpen, Monatsbulletin des SAC, 1957–1995.

ÜBER DEN SAC

(Nur ein paar ausgewählte Werke. In den Fussnoten weitere Literatur zur Geschichte des SAC).
Haver, Gianni: Le Club alpin suisse (1863–1914), in: *Hoibian, Olivier*: L'invention de l'alpinisme. La montagne et l'affirmation de la bourgeoisie cultivée (1786–1914). Berlin, Paris, 2008 S. 75–103.
Haver, Gianni: «Faits associatifs, territoire et société: histoire du Club alpin suisse (1863–1945)». Projet FNS (Avril 2007–Mars 2011), Uni Lausanne, 2007.
Haver, Gianni; Le Comte, Élodie; Porrini, Andrea: «Faits associatifs, territoire et société: histoire du Club alpin suisse (1863–1945)». Unveröffentlicher Bericht des Schweizerischen Nationalfonds, Uni Lausanne, 2010.
Le Comte, Élodie; Porrini, Andrea: Les archives du Club alpin suisse: carnet de voyage, in: Arbido, Nr. 3, 2008.
Le Comte, Élodie: L'alpinisme au sein du Club alpin suisse. Une pratique en quête d'identité, in: Haver, Le Comte, Porrini: «Faits associatifs», a.a.O. 2010.
Porrini, Andrea: I primi passi del Club alpino svizzero a Sud delle Alpi (1871-1876). Università della Svizzera italiana, Laboratorio di storia delle Alpi, Percorsi di ricerca 4/2012.

ANMERKUNGEN ZU DEN KAPITELN

SCHWEIZER (ALPEN)-CLUB

Der Artikel von Andrea Porrini erschien erstmals in L'Hebdo am 10. Juli 2008 in der Serie «Dans les marges de l'histoire suisse».

GRÜNDUNG UND 35 GRÜNDER, ERSTE SEKTIONEN

Kreisschreiben
Buss, S. 9 ff. *Dübi*, S. 24 ff. Die Alpen, 1938, S. 377 f. Die Alpen, 1963, S. 4 f. Rudolf Theodor Simlers Schreiben «an die Tit. Bergsteiger und Alpenfreunde der Schweiz» wird im Zentralarchiv des SAC in der Burgerbibliothek Bern aufbewahrt.

Gründungsversammlung
«Protokolle der Generalversammlungen des Schweizer-Alpen-Clubs», 1863–1872, SAC-Zentralarchiv, Burgerbibliothek Bern, GA SAC 4, mit dem Protokoll der Gründungsversammlung: S. 1–11. Zum 19. April 1863 in Olten: freundliche Auskunft von *Tobias Krüger*, Staatsarchiv Solothurn.

HBLS = Historisch-Biographisches Lexikon der Schweiz/Dictionnaire historique et biographique de la Suisse, 1921-1934.
HLS Historisches Lexikon der Schweiz/Dictionnaire historique de la Suisse, dès 1988; www.hls-dhs-dss.ch.

1. **Abraham Roth-Zellweger**
HLS. *Sieber, Paul:* Abraham Roth, in: Die Alpen, 1963, S. 103–105. — *Bildnachweis:* Dübi, Heinrich: Die ersten fünfzig Jahre der Sektion Bern S.A.C. Bern 1914.

2. **Abraham Stocker**
HLS. *Allgäuer, Oscar:* 80 Jahre Sektion Pilatus SAC. Luzern 1946, S. 9–12. — *Bildnachweis:* ZHB Luzern, Sondersammlung.

3. **Gottlieb Studer**
Sein zweiter Vorname war Samuel. HLS. *Sieber, Paul:* Gottlieb Studer, in: Die Alpen, 1963, S. 89–91. *Stettler, Otto:* Gottlieb Studer, in: Hundert Jahre Sektion Bern SAC. 1963, S. 17–26. — *Bildnachweis:* Die Alpen, 1963.

4. **Iwan von Tschudi**
Er unterschrieb im Gründungsprotokoll ohne «von». HLS. *Ludwig, Andreas:* Festschrift zur fünfzigjährigen Jubiläums-Feier der Sektion St. Gallen S.A.C. St. Gallen 1913, S. 104–106. *Schoch, Paul:* Iwan von Tschudi, in: Die Alpen, 1963, S. 99. *Marti-Weissenbach, Karin:* Die Unternehmerfamilie Tschudi, Glarus 2003, S. 25. — *Bildnachweis:* Kantonsbibliothek Vadiana St. Gallen, GFA 7/76.

5. **Rudolf Theodor Simler**
Er unterschrieb das Gründungsprotokoll mit «R. Th. Simler». HLS. *Sieber, Paul:* Rudolf Theodor Simler, in: Die Alpen, 1963, S. 117–119. Festschrift der Sektion Uto S.A.C. 1913, S. 6. *Zopfi, Emil:* Tödi. AS-Verlag, Zürich 2000, S. 46–51. — *Bildnachweis:* Walder, E.: Festschrift zum vierzigjährigen Bestehen der «Sektion Uto» des S.A.C, Zürich 1904.

6. **Johannes Brenner-Stehelin**
   Jb. SAC, 5. Jg., 1868, S. 714. Protokoll der Generalversammlung 1863, SAC-Zentralarchiv, Burgerbibliothek Bern. — *Bildnachweis:* Universitätsbibliothek Basel, Fotoband P 58 (Porträtalbum der SAC-Sektion Basel).

7. **Theodor Munzinger**
   Sein erster Vorname war Amanz; allié Meyer. Freundliche Auskünfte von: Stadtarchiv Olten, Zentralbibliothek Solothurn und Staatsarchiv Solothurn. 30 Jahre Sektion Olten S.A.C. Olten 1940, S. 12 f. — *Bildnachweis:* Stadtarchiv Olten.

8. **Urs von Arx**
   Freundliche Auskünfte von: Stadtarchiv Olten, Zentralbibliothek Solothurn und Staatsarchiv Solothurn. 30 Jahre Sektion Olten S.A.C. Olten 1940, S. 12 f.

9. **Theodor Brosy**
   Die heutige Standardschreibweise ist «Brosi», er unterschrieb im Gründungsprotokoll aber mit «Brosy». Freundliche Auskünfte von: Stadtarchiv Olten, Zentralbibliothek Solothurn und Staatsarchiv Solothurn. 30 Jahre Sektion Olten S.A.C. Olten 1940, S. 12 f.

10. **August Raillard**
    1845 allié Stähelin bzw. Staehelin, 1874 allié Nidecker. Fünfundsiebzig Jahre Sektion Basel S.A.C., Basel 1938, besonders S. 22 f. *Hoffmann-Burckhardt, Albert:* August Raillard als Klubist und als Bergsteiger. Basel 1890. Zur Erinnerung an Herrn A. Raillard-Nidecker, Basel 1889. Staatsarchiv Basel, Zeitungsausschnittesammlung. — *Bildnachweis:* Universitätsbibliothek Basel, Fotoband P 58 (Porträtalbum der SAC-Sektion Basel).

11. **Theodor Hoffmann-Merian**
    HLS. Ein Lebensbild nach seinen eigenen Aufzeichnungen, zusammengestellt von *Alfred Altherr*, Basel 1889. Nachruf, in: Basler Nachrichten, 3.3.1888 (Staatsarchiv Basel-Stadt, Zeitungsausschnittesammlung). — *Bildnachweis:* Universitätsbibliothek Basel, Fotoband P 58 (Porträtalbum der SAC-Sektion Basel).

12. **Anton Camenzind**
    HLS.

13. **Albert Hoffmann-Burckhardt**
    Sein zweiter Vorname war Emanuel. HBLS. *Bernoulli-Leupold, W.:* Albert Hoffmann-Burckhardt, in: Die Alpen, 1963, S. 110–112. Fünfundsiebzig Jahre Sektion Basel S.A.C. Basel 1938, besonders S. 41. Zur Erinnerung an Herrn Alb. Hoffmann-Burckhardt, Basel 1896. Staatsarchiv Basel-Stadt, Zeitungsausschnittesammlung. — *Bildnachweis:* Universitätsbibliothek Basel, Fotoband P 58 (Porträtalbum der SAC-Sektion Basel).

14. **Jakob Pestalozzi-Jenny**
    Sein erster Vorname war Hans. Freundlicherweise stellte *Urs Schallberger*, Sektion Uto, den Verfassern der Gründerporträts zwei noch unveröffentlichte Texte zur Verfügung: «Wer war Jakob Pestalozzi-Jenny?» (Version vom 7.11.2012) und «Wann wurde die SAC Sektion Uto gegründet? Und wer war ihr erster Präsident?» (Version vom 6.10.2012). *Walder, Emil.* Festschrift zum vierzigjährigen Bestehen der Sektion Uto des S.A.C. Zürich 1904, S.39.

15. **Friedrich Wyss-Wyss**
    Sein erster Vorname war Johann; er unterschrieb im Gründungsprotokoll mit «F. Wyss-Wyss», nicht mit «J.», wie *Buss*, S.15, angibt. Geboren 1812, nicht 1817, wie bei Grosjean angegeben. Berner Burgerbücher. *Grosjean, Georges:* Friedrich Wyss-Wyss, in: Die Alpen, 1963, S.99–100. Intelligenzblatt für die Stadt Bern, Nr.10, 10.1.1856, S.50. — *Bildnachweis:* Fotoalbum der Gründer und ersten Mitglieder der SAC-Sektion Bern, Alpines Museum der Schweiz, Bern.

16. **Ludwig Dietzi**
    Sein erster Vorname war Samuel. Berner Burgerbücher. *Dübi, Heinrich:* Die ersten fünfzig Jahre der Sektion Bern S.A.C. Bern 1914, S.6. Intelligenzblatt für die Stadt Bern, Nr.183, 2.7.1857, S.1029. Intelligenzblatt für die Stadt Bern, Nr.231, 27.9.1841, S.940. — *Bildnachweis:* Alpines Museum der Schweiz, Bern, Fotoalbum der Gründer und ersten Mitglieder der SAC-Sektion Bern.

17. **Eduard Preiswerk-Burckhardt**
    1873 allié Groben. Zur Erinnerung an Herrn Eduard Preiswerk-Groben. Basel 1895. Staatsarchiv Basel-Stadt, Zeitungsausschnittesammlung. — *Bildnachweis:* Universitätsbibliothek Basel, Fotoband P 58 (Porträtalbum der SAC-Sektion Basel).

18. **August Scheuchzer-Dür**
    Die heutige Standardschreibweise ist «Dürr», er unterschrieb im Gründungsprotokoll aber mit «Dür». *Simler, Rudolf Theodor:* Generalbericht über die Excursionen im officiellen Gebiete (Tödi-Claridengruppe) während des Sommers 1863, in: Jb. SAC, 1. Jg., 1864, S. 36–38. *Coolidge, W.A.B.:* The Range of Tödi (Conway and Coolidge's Climbers' Guides). London 1894. www.basler-stadtbuch.ch/stadtbuch/chronik. — *Bildnachweis:* Universitätsbibliothek Basel, Fotoband P 58 (Porträtalbum der SAC-Sektion Basel).

19. **Ludwig Kelterborn**
    Sein zweiter Vorname war Adam; allié Märklin bzw. Maerklin. Schweizerisches Künstler-Lexikon. Staatsarchiv Basel-Stadt, Zeitungsausschnitte-Sammlung. — Bildnachweis: Universitätsbibliothek Basel, Fotoband P 58 (Porträtalbum der SAC-Sektion Basel).

20. **Albert Neuburger**
    Sein erster Vorname war Christoph. *Helbling, Alfred:* Geschichte der Sektion Aarau des S.A.C. 1863–1913. Aarau 1913, besonders S. 8–10. — *Bildnachweis:* Ebd.

21. **Carl Lüscher-Stapfer**
    Dübi, S. 27. — *Bildnachweis:* Universitätsbibliothek Basel, Fotoband P 58 (Porträtalbum der SAC-Sektion Basel).

22. **Jakob Heinrich Kiefer-Weibel**
    Freundliche Auskunft von *Andreas Barth*, Staatsarchiv Basel-Stadt. Jb. SAC, 2. Jg., 1865, S. 72; 11. Jg., 1875, S. 606.

23. **Leonhard Fininger**
    Allié Eglin. HBLS. *R., L.:* L. Fininger. Als Manuscript gedruckt für die Mitglieder des Basler S.A.C., Basel 1869. 100 Jahre Sektion Basel 1863–1963. Heuberger, Basel 1963, S. 28 f. (ebd. auch die Schilderung der Besteigungen von Eiger und Schreckhorn). — *Bildnachweis:* Universitätsbibliothek Basel, Fotoband P 58 (Porträtalbum der SAC-Sektion Basel).

24. **Johann Christian Meyer-Bischoff**
    Jb. SAC, 2. Jg., 1865, S. 13, 149. Fünfundsiebzig Jahre Sektion Basel S.A.C. Basel 1938, besonders S. 22 f. *Meyer-Bischoff, Johann Christian*: Chronik des Club, in: Jb. SAC, 2. Jg., 1865, S. 1–14. — *Bildnachweis:* Universitätsbibliothek Basel, Fotoband P 58 (Porträtalbum der SAC-Sektion Basel).

25. **Edmund von Fellenberg**
Er setzte seinen Namen ohne «von» auf die Liste, unterschrieb diese dann aber «v.». *Mumm, Arnold Louis:* The Alpine Club Register 1857–1863. 1923, S. 95–102. HLS. *Sieber, Paul:* Edmund von Fellenberg, in: Die Alpen, 1963, S. 121–123. *Von Tscharner, Hans Fritz:* Edmund von Fellenberg, in: Hundert Jahre Sektion Bern SAC. 1963, S. 27–31. *Studer, Theophil:* Edmund von Fellenberg (Neujahrsblatt, hg. vom Historischen Verein des Kantons Bern für 1903). Bern 1902. Reichen, *Quirinus:* Alpenforscher und Alpenbesteiger, in: Anker, Daniel; Volken, Marco (Hg.): Bietschhorn – Erbe der Alpinisten. AS Verlag, Zürich 2004, S. 36. — *Bildnachweis: Dübi, Heinrich:* Die ersten fünfzig Jahre der Sektion Bern S.A.C. Bern 1914.

26. **Friedrich Böcklin-Lippe**
Sein erster Vorname war Christian. Neue Deutsche Biographie (Arnold Böcklin). *Schmid, Heinrich Alfred:* Arnold Böcklin. Sein Leben und sein Schaffen. München 1901, S. 8–11. – *Bildnachweis:* Universitätsbibliothek Basel, Fotoband P 58 (Porträtalbum der SAC-Sektion Basel).

27. **Johann Jacob Preiswerck-Oser**
Dübi, S. 27. — *Bildnachweis:* Universitätsbibliothek Basel, Fotoband P 58 (Porträtalbum der SAC-Sektion Basel).

28. **Fridolin Schmid**
Gelegentlich wird sein Vorname fälschlich mit «Friedrich» angegeben. HLS. *Jenni, Mathias:* Sektion Tödi SAC. Glarus 1963. *Bühler, Rudolf:* Geschichte der Sektion Tödi S.A.C. Schwanden 1913. — *Bildnachweis:* Ebd.

29. **Rudolf Stuber**
Nachrufe im Berner Tagblatt, 11. 4. 1904, Nr. 169 und 13. 4. 1904, Nr. 173. *Dübi, Heinrich:* Die ersten fünfzig Jahre der Sektion Bern S.A.C. Bern 1914, S. 6. — *Bildnachweis:* Burgerbibliothek Bern, Porträtdok. 5850.

30. **Ludwig Rütimeyer**
Sein erster Vorname war Carl; allié Fankhauser. HLS. *Suter-Christoffel, R.:* Ludwig Rütimeyer, in: Die Alpen, 1963, S. 106–109. Fünfundsiebzig Jahre Sektion Basel S.A.C. Basel 1938, besonders S. 23, 44–48. Staatsarchiv Basel-Stadt, Zeitungsausschnittesammlung. *Schmidt, C.:* Ludwig Rütimeyer als Gebirgsforscher, in: Jb. SAC, 51. Jg., 1895. — *Bildnachweis:* Universitätsbibliothek Basel, Fotoband P 58 (Porträtalbum der SAC-Sektion Basel).

31. **Johann Heinrich Speich**
Freundliche Auskunft des Landesarchivs Glarus. *Jenni, Mathias:* Sektion Tödi SAC, Glarus 1963. *Bühler, Rudolf:* Geschichte der Sektion Tödi S.A.C. Schwanden 1913. *Simler, Rudolf Theodor:* Generalbericht über die Excursionen im officiellen Gebiete (Tödi-Claridengruppe) während des Sommers 1863, in: Jb. SAC, 1. Jg., 1864, S. 43 ff. — *Bildnachweis: Bühler, a.a.O.*

32. **Caspar Hauser**
Er unterschrieb im Gründungsprotokoll nur mit «Hauser» ohne Vornamen, nicht mit «Fr. Hauser», wie *Buss,* S. 16, angibt; allié Steiner. HLS. *Jenni, Mathias:* Kaspar Hauser, in: Die Alpen, 1963, S. 112. *Jenni, Mathias:* Sektion Tödi SAC. Glarus 1963. *Bühler, Rudolf:* Geschichte der Sektion Tödi S.A.C. Schwanden 1913, besonders S. 25 f., Anm. 1. *Buss, Ernst:* Nachruf, in: Schweizer Alpen-Zeitung, 15.6.1883, S. 122–125. Nachruf, in: Der Freie Glarner, 16.5.1883. — *Bildnachweis: Bühler, a.a.O.*

33. **Alexis Garonne**
Helbling, Alfred: Geschichte der Sektion Aarau des S.A.C. 1863–1913. Aarau 1913, S. 10 f. — *Bildnachweis:* Ebd.

34. **Gottlieb Bischoff**
HLS. Fünfundsiebzig Jahre Sektion Basel S.A.C. Basel 1938, S. 22 f. Nachruf, in: Allgemeine Schweizer Zeitung, 17. 3. 1885 (Staatsarchiv Basel-Stadt, Zeitungsausschnittesammlung). — *Bildnachweis:* Universitätsbibliothek Basel, Fotoband P 58 (Porträtalbum der SAC-Sektion Basel).

35. **Balthasar Freuler**
Mitglieder-Verzeichniss des Schweizer-Alpen-Club 1865. (Ausgegeben am 20. Mai 1865.)

Sektionsgründungen 1863

Basel
Fünfundsiebzig Jahre Sektion Basel S.A.C., Basel 1938.
100 Jahre Sektion Basel SAC 1863–1963. 1963.
SAC-Sektion Basel: Jubiläumsbroschüre als erweiterter Jahresbericht 2013. Basel 2014.

Tödi
Bühler, Rudolf: Geschichte der Sektion Tödi S.A.C. 1863–1913. Denkschrift zur Feier ihres fünfzigjährigen Bestehens. Schwanden 1913, S. 12.
Jenni, Mathias: Sektion Tödi SAC, 1863–1963. Zum hundertjährigen Bestehen. Glarus 1963.
SAC-Sektion Tödi (Hg.): Tödi-Spuren. Jubiläumsbuch 150 Jahre Sektion Tödi. Südostschweiz Buchverlag, Glarus/Chur 2013.

Bern
Dübi, Heinrich: Die ersten fünfzig Jahre der Sektion Bern S.A.C. Denkschrift. Benteli, Bern 1914.
Hundert Jahre Sektion Bern SAC. 1963.
Mosimann, Ueli; Flück, Hans: 125 Jahre Schweizer Alpen-Club, Sektion Bern, 1863–1988. Bern 1988.
SAC-Sektion Bern: Festschrift 150 Jahre Sektion Bern SAC, Beilage zu den Clubnachrichten 2/2013.

St. Gallen
Ludwig, Andreas: Festschrift zur fünfzigjährigen Jubiläums-Feier der Sektion St. Gallen S.A.C. St. Gallen 1913, besonders S. 14.
Meyer, Veronika: 365 Tage–365 Texte: Jubiläumskalender 150 Jahre SAC 2013, Sektion St. Gallen; www.sac-stgallen.ch. Die Texte werden als Buch erscheinen.

Aarau
Helbling, Alfred: Geschichte der Sektion Aarau des S.A.C. 1863–1913. Jubiläumsschrift zur Feier des 50-jährigen Bestehens der Sektion. Aarau 1913.
Küng, Alfred: 100 Jahre Sektion Aarau SAC, 1863–1963. Aarau 1963.
150 Jahre SAC Sektion Aarau, Verfasst von Mitgliedern der Sektion. Aarau 2013. Eine digitale Version wird online publiziert auf www.sac-aarau.ch.

Uto (Zürich)
Walder, E.: Festschrift zum vierzigjährigen Bestehen der «Sektion Uto» des S.A.C. Zürich 1904.
Festschrift zum fünfzigjährigen Bestehen der Section Uto S.A.C. Zürich 1913.
Gysin, Paul: 75 Jahre Sektion Uto 1863–1938. Zürich 1938.
Schallberger, Urs: «Wann wurde die SAC Sektion Uto gegründet? Und wer war ihr erster Präsident?», unpublizierte Langversion aus der Serie «Geschichten aus der Geschichte der SAC Sektion Uto».

Schallberger, Urs: Die Gründung der SAC Sektion Uto vor 150 Jahren, in: Der UTO. Mitgliederzeitschrift der Sektion Uto, Nr. 1/2013, S. 9–12, www.sac-uto.ch -> Sektion -> Mitgliederzeitschrift -> «Der UTO» -> Archiv (abgerufen 21.2.2013).
Schallberger, Urs: «Wer war Jakob Pestalozzi-Jenny?», unpubliziertes Manuskript für: Der UTO, 2013.

Diablerets (Lausanne)
Busset, Emile: Alpin Suisse. Les cinquante premieres années de la Section des Diablerets. Lausanne 1913, p. 11 S.
Le Comte, Élodie: L'histoire du CAS, section des Diablerets, in: Revue historique vaudoise, n° 116, 2008.
Section des Diablerets CAS: Passion Montagne, journal de la Section des Diablerets, 2/2013, www.cas-diablerets.ch/journal.htm.

TOURISMUS

1. *De Beer, Gavin Reylands:* Les premiers touristes anglais dans les Alpes suisses, in: Die Alpen, 1932, S. 147.
2. *Stephen, Leslie:* The Playground of Europe, London 1871.
3. Die Literatur zum Thema Tourismusgeschichte ist ziemlich reich. Für den vorliegenden Beitrag haben wir im Wesentlichen folgende Titel verwendet: Humair, Cédric; Tissot, Laurent: Le tourisme en Suisse et son rayonnement international: Switzerland, the Playground of the World. Antipodes, Lausanne 2011. *Gilomen, Hansjürg; Schuhmacher Beatrice; Tissot, Laurent:* Freizeit und Vergnügen: vom 14. bis zum 20. Jahrhundert / Temps libres et loisirs: du 14ᵉ au 20ᵉ siècles / Tourismus und kultureller Wandel, in: Histoire des Alpes, 2004/9. *Tissot, Laurent:* Naissance d'une industrie touristique. Les Anglais et la Suisse au XIXᵉ siècle. Payot, Lausanne 2000. *Bernard, Paul P.:* Rush to the Alps: the evolution of vacationing in Switzerland. East European Quarterly, New York 1978.
4. Siehe *Tissot:* Naissance d'une industrie touristique, a.a.O., S. 88 ff.
5. *Le Dihn, Diana:* Le Heimatschutz, une ligue pour la beauté. Lausanne 1992; Stichwort Heimatschutz im elektronischen Historischen Lexikon der Schweiz (www.hls-dhs-dss.ch; abgerufen am 28.8.2012).
6. Siehe Artikel 2 und 3 der Statuten des SAC.
7. Für den Inhalt der Statuten siehe: *Buss; Dübi.*
8. Nützlich für dieses Thema sind zwei unveröffentlichte Lizenziatsarbeiten: *Bayard, Olivier:* Club alpin et développement touristique. L'exemple du Valais (1865–1915). Mémoire de licence, Genève 1986. *Mauron, François:* Alpinisme et tourisme dans les préalpes fribourgeoises. Le rôle de la section Moléson de Fribourg du Club alpin suisse (1871–1939). Mémoire de licence, Fribourg 1994.
9. *Bayard:* Club alpin et développement touristique, a.a.O., S. 28.
10. *Le Comte, Élodie:* Citadins au sommet. L'alpinisme genevois (1865–1970): un siècle d'histoire culturelle et sportive. Slatkine, Genève 2008, S. 73–78.
11. *Le Dihn:* Le Heimatschutz, a.a.O., S. 126.
12. Protokoll des Central-Comité des Schweizer Alpen-Clubs für die Jahre 1904–1908, (7.4.1904).
13. Zur Statutenrevision siehe *Dübi,* S. 50–58.
14. Protokoll des Genfer Central-Comité in den Jahren 1917–1919, (22.8.1917).
15. Protokoll des Genfer Central-Comité in den Jahren 1917–1919, (4.12.1917).
16. *Senn, Henri-Georges:* La Suisse et le tourisme. Payot, Lausanne 1918, 185 Seiten (Doktorarbeit, eingereicht an der Universität Neuenburg); die SAC-kritischen Ausführungen stehen auf den Seiten 33–35.
17. Protokoll des Genfer Central-Comité in den Jahren 1917–1919, (22.5.1918).
18. Protokoll des Genfer Central-Comité in den Jahren 1917–1919, (19.2.1918).
19. *Gugler, Felix:* Leistungen und Ziele des Schweizer Alpenclubs, in: Die Alpen, 1933, S. 126.
20. Protokoll des Central-Comité für die Jahre 1932 bis 1934 in Baden, (22.5.1934), S. 306–307.
21. Ibid.
22. Protokoll des Central-Comité für die Jahre 1935 bis 1937 in Sion: Principales décisions de principe du Comité central de Sion.
23. Die aktuellen Statuten und das Leitbild können heruntergeladen werden unter www.sac-cas.ch/de/service/ueber-uns.html (abgerufen am 4.9.2012).
24. Siehe die zusammengefassten Resultate einer Umfrage von 2010 in: Die Alpen, 2/2012, S. 34–35.
25. Statistische Daten bei *Dübi,* S. 232–234.
26. *Bayard,* Club alpin et développement touristique, a.a.O, S. 78–84.
27. Brief des Central-Comité an die Schweizerische Verkehrszentrale vom 27.5.1932; SAC-Zentralarchiv, Bern.
28. www.spitzmeilenhuette.ch/huette/geschichte (abgerufen am 3.9.2012). *Mercier, Joachim:* Aus der Urgeschichte des Schweiz. Skilaufes. Jubiläums-Schrift des Ski-Clubs Glarus 1893–1928. Verlag Ski-Club Glarus, S. 45–49.
29. *Michel:* Les cabanes du Club Alpin Suisse, a.a.O., S. 448.
30. *Wyss, Rudolf:* Der S.A.C. und die Führerschaft, in: Die Alpen, 1938, S. 387–393. *Hungerbühler, Andrea:* «Könige der Alpen». Zur Kultur des Bergführerberufs. transcript, Bielefeld 2013.
31. *Bayard:* Club alpin et développement touristique, a.a.O., S. 42–67.
32. Chronologische Liste der Routensammlungen in *Dübi,* S. 263–265.
33. Jb. SAC, 27. Jg, 1891, S. 397.
34. Clubführer durch die Glarner Alpen, im Auftrag des Central-Comité des S.A.C. verfasst von *Eduard Naef-Blumer.* Tschudy-Aebly, Schwanden 1902
35. Jb. SAC, 49. Jg., 1913, S. 370.
36. *Munck, Pierre:* Der S.A.C. und seine Clubführer, in: Die Alpen, 1933, S. 385.
37. *Allgäuer, Oskar:* Clubführer und Karten, in: Die Alpen, 1938, S. 393–396.
38. Ibid., S. 396.
39. Siehe insbesondere das Sonderheft von Die Alpen, 1932, das der neuen Landeskarte gewidmet war.
40. Siehe *Haver, Gianni:* Le Club alpin suisse (1863–1914), in: *Hoibian, Olivier* (unter der Leitung von): L'invention de l'alpinisme. La montagne et l'affirmation de la bourgeoisie cultivée (1786–1914). Berlin, Paris, 2008 S. 75–103.
41. 2006 erhielt der SAC den Tourismuspreis Milestone, 2009 Milestone-Sonderpreis in der Kategorie Nachhaltigkeit. www.htr-milestone.ch/de/milestones/gewinner.html (abgerufen am 25.1.2013). Und: Jerun Vils, der neue Geschäftsführer des SAC, der am 30. Januar 2013 für den abtretenden Peter Mäder vom Zentralvorstand einstimmig gewählt wurde, war seit mehr als 15 Jahren im Berner Oberland tätig: zuerst als Tourismusdirektor von Kandersteg, danach als Geschäftsführer der Destination Kandertal/Lötschberg und die letzten sieben Jahre als Präsident der Destination Berner Oberland (gemäss E-Newsletter des SAC vom Januar 2013).

BERGFÜHRER

Der Text basiert auf der Dissertation der Autorin: «Könige der Alpen». Zur Kultur des Bergführerberufs. transcript Verlag, Bielefeld 2013.

1. *Berlepsch, Hermann Alexander:* Neuestes Reisehandbuch für die Schweiz. Meyer's Reisebücher, Band I. Bibliographisches Institut, Hildburgshausen 1862, S. XXVII.
2. Ebd., S. XXVI.

3 *Brawand, Samuel:* Grindelwalder Bergführer. 75 Jahre Führerverein Grindelwald. Festschrift zum Jubiläum 1973. Heimatvereinigung, Grindelwald 1973, S. 22 f.
4 Jb. SAC, 9. Jg., 1873, S. 604.
5 Das Berner «Reglement für die Bergführer und Träger» trat im Jahr 1856 in Kraft und das «Reglement für die Führer-Gesellschaften in Wallis» im Jahr 1857.
6 Jb. SAC, 9. Jg., 1873, S. 604.
7 Ebd., S. 604.
8 Ebd., S. 604.
9 Alpina, 1899, S. 65 ff.
10 Ebd., S. 65 ff.
11 Art. 13 des Reglements über die Führerkurse und die Erteilung der Führerdiplome des S.A.C. von 1899.
12 *Fähndrich, Pius:* 20 Jahre SAC Bergführerverband, in: Berg & Ski, 1, 1992, S. 6.
13 *Held, Georg:* 25 Jahre SAC-Bergführer oder: Wer sind diese Flachlandführer?, in: Berg & Ski, 1, 1997, S. 24.
14 Mitgliederstatistik des Schweizer Bergführerverbands vom 29. August 2012.
15 Vgl. *Biner, Hermann:* Mit dem BIGA Richtung Europa, in: Berg & Ski, 1, 1992, S. 11.
16 Art. 1 des Reglements über die Führerkurse und die Erteilung der Führerdiplome des S.A.C. von 1899.
17 Art. 12 des Reglements für die Bergführer und Träger vom 12. Mai 1856 des Kantons Bern.
18 Central Committee des Schweizer Alpenclubs (Hg.): Einige Regeln und Winke über die Aufgabe und das Verhalten der Bergführer. Zollikofer Buchdruckerei, St. Gallen 1874, S. 1 ff.
19 Alpina, 1906, S. 92 ff.
20 *Golay, Charles:* 100 Jahre Bergführerverein Pontresina. Engadin Press, Samedan 1971, S. 253; Jb. SAC, 39. Jg., 1903, S. 434 f.
21 Alpina, 1900, S. 160.
22 Jahresbericht des Präsidenten des SBV, 1977.
23 Protokoll der Delegiertenversammlung des SBV vom 17. November 1973.
24 Protokoll der Delegiertenversammlung des SBV vom 11. November 1967.
25 Die Alpen MB, 1957, S. 213.
26 *Anker, Daniel:* Oben statt unten. Der Schweizer Alpen-Club und die Politik, die Gesellschaft und die Ideologie der Berge. Unpublizierte Lizenziatsarbeit, Uni Bern, 1986, S. 15.
27 *Egger, Carl:* Pioniere der Alpen. 30 Lebensbilder der grossen Schweizer Bergführer von Melchior Anderegg bis Franz Lochmatter, 1827 bis 1933. Amstutz-Herdeg, Zürich 1946, S. 11.
28 Ebd., Klappentext.
29 *Purtschert, Patricia:* Früh los. Im Gespräch mit Bergsteigerinnen über siebzig. hier + jetzt, Baden 2010, S. 7; Telefongespräch mit Heidi Schelbert vom 8. 11. 2010.
30 *Schärli, Werner:* Bergführerkurs 1976, in: Die Alpen MB, 1976, S. 45.
31 Transkription der Rede von Herbert Volken (damaliger Präsident der kantonalen Bergführer- und Skilehrerkommission des Kantons Wallis und Kantonalpräsident der Walliser Bergführer) an der Brevetierungsfeier der Bergführerausbildung, Brig, 21. 9. 2005.

KARTEN

Die ausführliche Version des vorliegenden Textes erscheint mit zahlreichen Abbildungen in: *Rickenbacher, Martin*: Die Exkursionskarten des Schweizer Alpen-Club: Eine erfolgreiche Zusammenarbeit mit der Landestopographie. Cartographica Helvetica, Sonderheft 22, Murten, 2013.

Kartenausschnitte reproduziert mit Bewilligung von swisstopo (BA13014).

1 Die Zusammenarbeit zwischen dem SAC und der Landestopografie ist schon mehrfach beschrieben worden. *Buss,* insbesondere S. 207–209. *Dübi*, insbesondere S. 256–261. *Burckhardt, Emil:* Dufour und Siegfried: der Schweizer Alpenclub und das Bundesgesetz vom 18. Dezember 1868. Arlesheim, 1913. *Allgäuer, Oskar:* Clubführer und Karten, in: Die Alpen, 1938 (Zum 75-jährigen Bestehen des S.A.C.), S. 393–396. *Wyss-Dunant, Edouard:* Der SAC und die Erforschung der Alpen, in: Die Alpen, 1963 (100 Jahre SAC 1863–1963), S. 26–29. *Gurtner, Martin:* Der SAC und die Kartografie. Von der Dufourkarte bis zum interaktiven Atlas, in: Die Alpen, 10/2009, S. 39–42. *Tobler, Konrad:* Diese Blätter sind ausserordentlich gut ausgeführt. Untrennbar: Der SAC und das Kartenwesen, in: Die Alpen, 11/2012, S. 51–56. *Haver, Gianni; Le Comte, Élodie; Porrini, Andrea:* L'appropriation du territoire. Rapport final FNS «Faits associatifs, territoire et société: histoire du Club alpin suisse (1863–1945)», Annexe n. 1, non publié, 2010.
2 Schweizerisches Bundesarchiv (BAR), E27/22418, 24. 1. 1863.
3 Ebd.
4 BAR, Bundesratsprotokolle, 28. 1. 1863, Geschäft Nr. 339.
5 *Gugerli, David; Speich, Daniel:* Topografien der Nation. Politik, kartografische Ordnung und Landschaft im 19. Jahrhundert. Chronos Verlag, Zürich 2002. *Gugerli, David:* Kartografische Assemblagen einer vermessenen Schweiz, in: Die Erfindung der Schweiz 1848–1998. Bildentwürfe einer Nation. Schweizerisches Landesmuseum/Chronos Verlag, Zürich 1998, S. 138–145.
6 *Oberli, Alfred:* Vor 100 Jahren: Wie es zur Herausgabe der Siegfriedkarte kam, in: Hauszeitung der Eidg. Landestopografie [23] (1968), S. 7–22, hier S. 10.
7 BAR, Bundesratsprotokolle, 6.6.1862, Geschäft Nr. 2066.
8 BAR, Bundesratsprotokolle, 8.10.1862, Geschäft Nr. 3789; vgl. auch Oberli, a.a.O, S. 10.
9 *Dübi,* S. 32–34.
10 Statuten des SAC, 1863, Art. 1, zitiert nach *Dübi,* S. 40.
11 *Imhof, Eduard:* Ein Jubiläumsblatt der schweizerischen Gebirgskartographie: Blatt Tödi, in: Die Alpen, 1963 (100 Jahre SAC 1863–1963), S. 166–170.
12 *Held, Leonz:* Kartograph Rudolf Leuzinger, in: Jb. SAC, 31. Jg., 1895, S. 296–303. Leuzinger trat der SAC-Sektion Bern am 15. Mai 1863 bei, Held am 4. Dezember 1872 (Alpines Museum der Schweiz, Fotoalbum der Sektion Bern des SAC).
13 Zur vollständigen Bibliografie aller Exkursionskarten vgl. *Hauri, Roger:* Panoramen und Karten des Schweizer Alpen-Club: die «Artistischen Beilagen» von 1864 bis 1923. Bern, Verlag des Schweizer Alpen-Club, 1997. Vgl. auch *Dübi,* S. 257–260.
14 *Hauri,* a.a.O., S. 5.
15 *Dübi,* S. 258 (Nr. 6).
16 *Dübi,* S. 28–29.
17 Minute: Französische Bezeichnung einer im Feld entstandenen Originalaufnahme (Messtischblatt).
18 SAC-Zentralarchiv, Burgerbibliothek Bern (BBB), GA SAC 31a, Protokolle des Central-Comité des Schweizer Alpen-Club 1863 bis 1873, S. 86.
19 *Schertenleib, Urban:* Kartographie in Winterthur: Beiträge der Winterthurer Kartographie-Betriebe zur Methodengeschichte der Kartographie des 19. Jahrhunderts. Stadtbibliothek, Winterthur, 1994, S. 34–38.
20 Ebd. S. 261–263.
21 *Dübi,* Auswertung der Tabelle im Anhang E.
22 *Dübi,* S. 257–260.
23 *Rickenbacher, Martin:* Napoleons Karten der Schweiz. Landesvermessung als Machtfaktor 1798–1815. hier+jetzt, Baden 2011, S. 243–244.
24 BAR , E27/1070, 23.1.1864.
25 Schweizerisches Bundesblatt 16 (1864), Bd. 3, Nr. 50, S. 91–117.

26 Ebd., S. 117; vgl. auch die detaillierte Aufgabenbeschreibung auf S. 107–113.
27 *Held, Leonz:* Die schweizerische Landestopographie unter der Leitung von Oberst H. Siegfried, in: Jb. SAC, 15. Jg. 1879, S. 459.
28 *Oberli:* Siegfriedkarte, a.a.O., S. 8–9.
29 *Coaz, Johann:* Chronik des Club, in: Jb. SAC, Jg. 3, 1868, S. 7.
30 BAR, E27/22658; Oberli, Siegfriedkarte, a.a.O., S. 16.
31 Schweizerisches Bundesblatt 1868, Bd. 3, Nr. 56, S. 932–941, hier S. 938–939.
32 Ebd., 935–936.
33 *Oberli, Alfred:* Dufour-Karte und Siegfried-Atlas, in: Unsere Landeskarten. Bern, 1979, a.a.O. (wie Anm. 51), S. 9–16.
34 *Rickenbacher, Martin:* Xaver Imfeld und das Eidgenössische Topographische Bureau 1876–1890, in: Geomatik Schweiz 11/2009, S. 549–554. IG Xaver Imfeld (Hrsg.): Xaver Imfeld, 1853–1909: Meister der Alpentopografie. Sarnen 2006.
35 *Schertenleib, Urban:* Fridolin Becker (1854–1922): Topograph, Kartograph, Innovator, in: Cartographica Helvetica 15 (1997), S. 3–10.
36 Für Übersichtsdarstellungen vgl. *Rütimeyer, Ludwig:* Entstehung und Verlauf der Vermessung des Rhonegletschers; *Held, Leonz:* Die Vermessungsarbeiten, beide in: Neue Denkschriften der Schweizerischen Naturforschenden Gesellschaft, Bd. 52 (Vermessungen am Rhonegletscher 1874–1915), Basel [etc.], 1916, S. 1–16 (verfasst 1894) bzw. S. 24–36. *Held, Leonz:* Die Rhonegletscher-Vermessung, verglichen mit den Vermessungen anderer Alpengletscher, in: Jb. SAC, 25. Jg., 1889, S. 479–507. *Dübi*, S. 275–279.
37 *Dübi*, S. 84.
38 *Rütimeyer*, a.a.O., S. 6.
39 *Rütimeyer*, a.a.O., S. 7.
40 *Dübi*, S. 85.
41 BBB, GA SAC 32, Protocolle der Central-Comité Versammlungen des S.A.C. 1873/1879.
42 BAR, E27/19984.
43 BAR, Bundesratsprotokolle, 14. 11. 1879, Geschäft Nr. 6181.
44 *Zschokke, Rolf:* Hermann Siegfried 1819–1879, in: Lebensbilder aus dem Aargau 1803–1953 (Argovia, 65. Bd.), Aarau, 1953, S. 299–307.
45 *Dübi*, S. 94.
46 *Dübi*, S. 110.
47 *Mumm, Arnold Louis:* Philipp Charles Gosset, in: The Alpine Club Register 1857–1863. London, 1923, S. 123.
48 BAR, E27/22338 und 22514.
49 Z.B. in BAR, E27/22392, 22398, 22416, 22419, 22420.
50 BAR, E27/23031.
51 *Imhof, Eduard:* Die Bemühungen um neue topographische Karten der Schweiz, in: Schweizer Alpen-Club in Zusammenarbeit mit der Eidgenössischen Landestopographie (Hrsg): Unsere Landeskarten. Stämpfli Verlag, Bern 1979, S. 17–19; Die Alpen, 1979, S. 17–19. Zu den Vorträgen vgl.: *Imhof, Eduard:* Unsere Landeskarten und ihre weitere Entwicklung. Winterthur, 1927 (Separatdruck der Schweizerischen Zeitschrift für Vermessungswesen und Kulturtechnik, Heft 4/1927).
52 *Imhof*, 1979, a.a.O., S. 18.
53 *Schneider, Karl:* Militärische Vorarbeiten und Vorschläge für neue Landeskarten der Schweiz, in: Die Alpen, 1932, S. 243–255.
54 *Imhof, Eduard:* Grössere Massstäbe, in: Die Alpen, 1932, S. 256–273.
55 *Raschle, Hans:* Schweizer Alpenclub und Landeskarte, in: Die Alpen, 1932, S. 241–243, hier S. 243.
56 *Imhof*, 1979, a.a.O., S. 19, mit weiteren Details zum Verlauf 1927–1935.
57 *Feldmann, Hans-Uli:* Alfred Oberli (3. 5. 1916–11. 2. 2005), in: Cartographica Helvetica 32 (2005), S. 2.
58 *Imhof, Eduard:* Alpinist und Topograph – ein Herz und eine Seele, in: Unsere Landeskarten. Bern, 1979, a.a.O., S. 5–8.
59 *Gurtner, Martin:* 50 Jahre Skitourenkarten Swiss-Ski/Landestopographie, in: Swiss-Ski (Hrsg.): 50 Jahre Skitourenkarten, Muri/Wabern 2001, S. 31–41, hier S. 33.

PUBLIKATIONEN

www.sac-cas.ch -> Zeitschrift.
www.textberg.ch.
Die Publikationen zum 25., 50., 75. und 100. Geburtstag des SAC.
Anker, Daniel: Die Kraft der vaterländischen Berge: die Sprachenfrage im Schweizer Alpen-Club von 1863 bis 1925. Unpublizierte Seminararbeit, Uni Bern, 1983.
Anker, Daniel: 80 Jahre «Die Alpen». «Créer un organe bilingue unique est une faute.», in: Die Alpen, 1/2005.
Baertschi, Sara: Der Berg ruft: Sprachgebrauchsmuster von 1920–1945 in der Literatur des Alpen-Clubs. Hochschulschrift, Lic. phil. I Uni Zürich, 2010.
Haver, Gianni: Les publications du Club alpin suisse 1863–1945, in: Babel, Une montagne de journaux, des journaux de montagne, N° 10, juillet 2004.
Haver, Gianni: Les périodiques du Club alpin suisse 1863-1945, in: Amnis. Revue de civilisation contemporaine Europe/Amériques 1/2004: Une montagne de journaux, des journaux de montagne, http://amnis.revues.org/1075 (consulté le 22.2.2013).
Imhof, Viola: Katalog der Zentralbibliothek des Schweizer Alpen-Club: Catalogue de la Bibliothèque centrale du Club alpin suisse: Catalogo della Biblioteca centrale del Club alpino svizzero. Verlag Schweizer Alpen-Club, Bern 1990.
Murck, Pierre: Der S.A.C. und seine Clubführer, in: Die Alpen, 1933, S. 382–386.

HÜTTEN

1 Jb. SAC, 16. Jg., 1880, S. 592.
2 Reise auf den Jungfrau-Gletscher und Ersteigung seines Gipfels, durch die Herrn Rudolf Meyer und Hieronymus Meyer von Aarau, im August 1811, in: Miszellen für die Neueste Weltkunde, Aarau 1811, S. 271–272.
3 *Gos, Charles:* L'Hotel des Neuchatelois. Payot, Lausanne 1928.
4 *Dübi*, S. 35.
5 Jb. SAC, 4. Jg., 1867, S. 602–603.
6 *Binet-Hentsch, Jean-Louis:* Notice sur les refuges des voyageurs dans les Alpes. Berne, Stämpfli 1878, S. 1.
7 Ebd., S. 3, 4, 13 und 17.
8 *Ferrari, Agostino:* I rifugi del Club Alpino Italiano. CAI, Torino 1905.
9 *Becker-Becker, Julius:* Die Schirmhäuser des Schweizerischen Alpenclubs. Glarus 1892, S. 6.
10 *Lindt, Rudolf:* Bericht über die Excursionen im Trift-Gebiet während des Sommers 1864, in: Jb. SAC, 2. Jg., 1865, S. 29.
11 *Dübi*, S. 236.
12 Jb. SAC, 37. Jg., 1901, S. 437.
13 Jb. SAC, 38. Jg., 1902, S. 469.
14 *Dübi*, S. 235.
15 Ebd., S. 237.
16 Ebd., S. 238.
17 *Hug, Oskar:* Neue S.A.C.-Hütten? Hochalpine Unterstände! In: Die Alpen, 1936, S. 374.
18 *Eschenmoser, Jakob:* Die Clubhütten des SAC und ihre heutige Entwicklungstendenz, in: Die Alpen, 1963, S. 30.
19 *Kundert, Remo; Volken, Marco:* Hütten der Schweizer Alpen – Cabanes des Alpes Suisses – Capanne delle Alpi Svizzere. SAC-Verlag, Bern 2011. *Volken, Marco; Kundert, Remo:* Die Hütten des Schweizer Alpen-Club – Les cabanes du Club Alpin Suisse – Le capanne del Club Alpino Svizzero – The Huts of the Swiss Alpine Club. SAC-Verlag/AS Verlag, Bern/Zürich 2012.

20 Zu diesem Thema besteht eine reichhaltige Literatur. *Gibello, Luca:* Cantieri d'alta quota. Breve storia della costruzione dei rifugi sulle Alpi. Lineadaria Editore, Biella 2011. *Eschenmoser, Jakob:* Vom Bergsteigen und Hüttenbauen. Orell Füssli, Zürich 1973. *Flückiger-Seiler, Roland:* Von der Notunterkunft zur soliden Berghütte; Eschenmoser und neue Experimente, in: Die Alpen, 7/2009 und 8/2009. *Ochsenfarth, Robert:* Zwischen Tradition und Progression – die Clubhütten des SAC. ETH Zürich, 2011.
21 *Kruck, Gustav:* Die Klubhütten der Sektion UTO S.A.C. Verlag der Sektion UTO, Zürich 1922, S. 102.
22 Ebd.
23 *Meier, Christoph:* Grundsätzlich wollen wir keine banale Architektur, in: Die Alpen, 9/2009, S. 40.
24 *Dübi,* S. 232.
25 *Pfleghard, Otto:* Clubhütten des Schweizer Alpenclub, in: Schweizerische Bauzeitung, Zürich, 11. April 1942, S. 175.
26 *Seylaz, Louis:* Club Alpin Suisse, Section des Diablerets 1863–1963. Lausanne 1963.

KUNST UND KULTUR

1 *Furter, Willy:* Weisshorn-Nordgrat, in: Die Alpen, 1940, S. 49–53.
2 *Volken, Marco:* Kunst, wo man keine erwartet. Zur 24. Kunstausstellung des SAC, in: Die Alpen, 6/2009, S. 20–22. *Suter, Eveline:* Ruhende Fahnen und flatternde Wegweiser. «Wanderziel Kunst: Ein- und Aussichten», in: Die Alpen, 11/2009, S. 47–49.
3 *Fiedler, Andreas:* Wanderziel Kunst: Ein- und Aussichten. Kunst- und Wanderführer. SAC Verlag, Bern 2009, S. 19 f.
4 *Pictet, Alfred:* Le Club alpin suisse à l'Exposition de Zurich, in: L'Écho des Alpes, 1883, S. 187.
5 *Fäsy, F. H.:* Der S.A.C. an der schweizerischen Landesausstellung, in: Schweizer Alpen-Zeitung, 1. Jg., 31. Mai 1883, S. 112–115.
6 *Balmer, Dres:* Wanderziel Hütte. Ein Kulturführer zu 50 SAC-Hütten. SAC Verlag, Bern 2006, S. 146. www.rugghubel.ch/bilder/geschichte.pdf (abgerufen am 6.12.12).
7 *Jenny, Ernst:* S.A.C. und alpine Kunst, in: Die Alpen, 1938 (Zum 75-jährigen Bestehen des S.A.C.), S. 415–418. *Gisi, Lucas Marco:* Arbeit am Alpenmythos, in: Das Kunstschaffen in der Schweiz 1848–2006. Benteli Verlag, Bern 2006, S. 113–123. *Boerlin-Brodbeck, Yvonne:* Das Bild der Alpen, in: Die Erfindung der Schweiz 1848–1998. Bildentwürfe einer Nation. Schweizerisches Landesmuseum/Chronos Verlag, Zürich 1998, S. 76–87.
8 *Jenny,* a.a.O., S. 416.
9 www.sac-cas.ch/service/ueber-uns/kultur.html – PDF «SAC Kunstausstellungen» (abgerufen am 6.12.12).
10 *Meister, Ulrich:* Festbericht, in: Jb. SAC, 7. Jg., 1871, S. 556 f.
11 *Hoffmann-Burckhardt, Albert:* Jahresfest, in: Jb. SAC, 7. Jg., 1871, S. 550.
12 *Hauri, Roger:* Panoramen und Karten des Schweizer Alpen-Club: die «Artistischen Beilagen» von 1864 bis 1923. Verlag des Schweizer Alpen-Club, Bern 1997.
13 *Rütimeyer, Ludwig:* Gebirgszeichnungen, in: Jb. SAC, 2. Jg., 1865, S. 490.
14 *Jenny,* a.a.O. S. 417.
15 www.sac-cas.ch/service/ueber-uns.html – PDF «Statuten SAC» (abgerufen am 6.12.12).
16 *Jenny,* a.a.O., S. 417 f.
17 Ebd.
18 *Egli, Ch. A.:* Die Alpine Kunstausstellung des SAC und die Probleme der Gestaltung der Alpinen Kunstausstellungen, in: Die Alpen Chronik, 1950, S. 105.
19 *Fiedler,* a.a.O., S. 16.
20 *Urweider, Adolf:* Gletscherblick 99: Gletscher, Gletscherforschung und Kunst, in: Die Alpen, 7/1999, S. 28–29. *Fischer, Mirjam:* Der Gletscherraum als Ort der Kunst Gletscherblick 99 – eine spezifische Form von Land-art, in: Die Alpen, 7/1999, S. 30–31.
21 *Christoffel, Ulrich:* Der Berg in der Malerei. Verlag des Schweizer Alpen-Clubs, Zollikon 1963.
22 *Fäsy,* a.a.O. S. 115.
23 Schweizerisches Alpines Museum: Ferdinand Hodler – Aufstieg und Absturz: Katalog zur Ausstellung «Ferdinand Hodler und die Weltausstellung 1894, Geschichte der Gemälde Aufstieg und Absturz», 25. Juni 1999 bis 31. Oktober 1999 im Schweizerischen Alpinen Museum. Bern 1999.
24 *Raschle, Hans:* Amateur-Photographie-Wettbewerb, in: Die Alpen Chronik, 1932, S. 108–109.
25 *Raschle, Hans:* Photo-Wettbewerb des S.A.C., in: Die Alpen Chronik, 1932, S. 276–278. *Raschle, Hans:* Amateur-Photo-Wettbewerb des S.A.C., in: Die Alpen Chronik, 1932, S. 294–295.
26 *Anker, Daniel:* Reden war Gold, zeigen war Silber. Der Schweizer Alpen-Club als Promotor der Gebirgsfotografie, in: *Hugger, Paul:* Welten aus Fels und Eis. Alpine Fotografie in der Schweiz – Geschichte und Gegenwart. Verlag Neue Zürcher Zeitung, Zürich 2009, S. 186–199.

FRAUEN

1 *Dübi,* S. 91.
2 *Wirz, Tanja:* Gipfelstürmerinnen. Eine Geschlechtergeschichte des Alpinismus in der Schweiz 1840–1940. hier + jetzt, Baden 2007, S. 159. *Le Comte, Élodie; Porrini Andrea:* La «question des femmes» au sein du Club alpin suisse et la création du Club suisse des femmes alpinistes (1863-1930), in: *Ottogalli-Mazzacavallo, Cécile; Saint-Martin, Jean*: Femmes et hommes dans les sports de montagne: au-delà des différences. MSH Alpes, Grenoble 2009, S. 43-61.
3 Archivalien Sektion Burgdorf.
4 *Dübi,* S. 120.
5 Ebd., S. 51, 145.
6 *Roussy, Albert:* 53ᵉ Assemblée des Délégués du C.A.S. à Zofingue, le dimanche 25 novembre 1917, in: L'Écho des Alpes, 1917, S. 576.
7 Ebd., S. 579.
8 Ebd.
9 *Wirz,* a.a.O., S. 152.
10 *Dufey, Anne-Lise:* Le Club Suisse des Femmes Alpinistes, C.S.F.A. Lausanne, Son histoire de 1918 à 1980, CAS Diablerets 2005, S. 3.
11 Comité central C.S.F.A.: In memoriam Aline Margot, in: Nos Montagnes, 1944, S. 62.
12 Communiqués des sections: Bern, in: Nos Montagnes, März 1921, S. 5.
13 Schweizerischer Frauen-Alpenclub, in: NZZ, 13. Mai 1921.
14 Ebd.
15 SFAC Luzern: 50 Jahre Schweizerischer Frauen-Alpen-Club Sektion Luzern, Luzern 1971.
16 Archiv SFAC Thurberg: Tourenbücher, Protokolle, Korrespondenzen, in: Staatsarchiv des Kantons Thurgau, Frauenfeld. SFAC Luzern, a.a.O.
17 *Roch, André:* Initiation à l'alpinisme pour la femme, in: Nos Montagnes, 1945, S. 9.
18 Nos Montagnes, Organe du Club Suisse de Femmes Alpinistes, Ausgaben 1920–1979, Zentralbibliothek des SAC, ZB Zürich.
19 Lagginbiwak, Rubrik Cabanes/Hütten: www.section-monte-rosa.ch.
20 Zentralarchiv SAC: Diverse Protokolle, Korrespondenzen, Notizen, in: Privatarchiv Hanspeter Wenger, Burgerbibliothek Bern.
21 Ebd.
22 Ebd.
23 *Schelbert, Heidi:* Frauen im SAC? Aus der Sicht einer Betroffenen, in: Die Alpen MB, 1978, S. 148.

24 Die Alpen MB, 1978, S. 136 f., 201.
25 Die Alpen MB, 1979, S. 157 ff., 178, 225, 256. Die Alpen MB, 1980, S. 4.
26 Comité central C.S.F.A.: In memoriam Aline Margot, in: Nos Montagnes, 1944, S. 60. Cheneval, C.: Hommage à Madame Margot, ebd.
27 Ebd.
28 Ebd.
29 *Geissler, A.:* Eloge funèbre de Madame Aline Margot, in: Nos Montagnes, 1944, S. 233 f.

JUGEND

1 XXVIII. Geschäftsbericht des Centralkomitees des Schweizer Alpenclub, in: Jb. SAC, Jg. 31, 1895, S. 452.
2 *Becker, Fridolin*: Einige Aufgaben des S.A.C., in: Schweizer Alpen-Zeitung, 1891, S. 121 ff.
3 *Grosjean, Georges:* Das Schweizerische Alpine Museum 50 Jahre am Helvetiaplatz. Schriftliche Fassung der Ansprache des Stiftungspräsidenten, 20.11.1984, S. 3.
4 *Vaney, Pierre:* Die Jugendorganisation des SAC, in: Die Alpen, 1963, S. 69.
5 *Spiro, Louis:* Le Club alpin de l'avenir, in: Alpina, 1910, S. 135 ff.
6 *Spiro, Louis:* L'œuvre éducative du Club alpin, in: Alpina 1910, S. 161 f., 168 ff.
7 *Täuber, Carl:* Rekruten des Alpenclubs, in: Alpina, 1912, S. 39.
8 Mitteilungen des Central-Comité, in: Alpina, 1914, S. 122.
9 Mitteilungen des Central-Comité: Grundsätze und Richtlinien zur Jugendfrage, in: Alpina, 1915, S. 183–185.
10 *Zogg, Heinrich:* 25 Jahre Jugendorganisation des S.A.C., in: Die Alpen, 1938, S. 407 ff. *Albert Roussy:* L'Organisation de la jeunesse (O.J.) dans le C.A.S., in: ebd., S. 469 ff.
11 *Hartmann, Ernst:* Zur Herbeiziehung der Jugend, in: Alpina, 1915, S. 189.
12 Ebd., S. 190.
13 *Lisibach, Leodegar:* Gedenkschrift zum 25jährigen Bestande der Sektion Leventina S.A.C. 1904–1929. Bellinzona 1929, S. 34.
14 *Campell, Rudolf:* 75. Geschäftsbericht des S.A.C. 1942/43, in: Die Alpen Chronik, 1943, S. 150.
15 *Campell, Rudolf:* Das Central-Comité Pontresina S.A.C. an die Sektionen und Mitglieder, in: Die Alpen Chronik, 1941, S. 9.
16 *Steiner, Conradin:* Der Schweizer Alpen-Club an die Jugend, o.O., o.J. [1961], Abb. 1 (Im Lauterbrunnental), S. 17.
17 Die Seite der JO: Jugendorganisation, in: Die Alpen Chronik, 1963, S. 69.
18 Erläbsch me – i dr JO vom SAC; Flyer, konzipiert von *Peter Donatsch* für das CC St. Gallen (1986–1988)
19 *Medici, Flaviano:* Das Jahr der SAC-Jugend – Willkommen im SAC!, in: Die Alpen, 1/1996, S. 26.
20 *Schmid, Hanspeter:* SAC im Aufbruch, in: Die Alpen, 1/1996, S. 11.
21 *Vaney,* a.a.O., S. 70.
22 Ebd.
23 *Sigrist, Hanspeter:* Charly Wenger – «Mann der ersten J+S-Stunde», in: Die Alpen, 2/1997, S. 31.
24 *Zingg, Elisabeth:* Walter «Wale» Josi – J+S-Fachleiter Bergsport tritt zurück, in: Die Alpen 3/2004, S. 29.
25 www.sac-cas.ch/jugend/jugend-im-sac.html (abgerufen am 11.11.12).
26 Ebd.
27 *Täuber,* a.a.O., S. 37.
28 www.sac-cas.ch/de/jugend/leistungsbergsteigen (abgerufen am 11.11.12).

SPORT

1 *Mäder, Peter* (Geschäftsführer des SAC 1999–2013): Weiter auf dem eingeschlagenen Weg, in: Die Alpen, 2/1999, S. 11.
2 Siehe das von der Abgeordnetenversammlung vom 11.6.2005 verabschiedete Leitbild.
3 Äusserungen in einem Interview mit *Meier, Christoph:* Ein offenes Ohr für alle. Der Zentralpräsident blickt zurück und in die Zukunft, in: Die Alpen, 4/2009, S. 28.
4 www.frankursmueller.ch/p/portrait_lebenslauf1.php (abgerufen am 31.1.2013)
5 Siehe die entsprechenden Jahresberichte.
6 *Javelle, Emile:* Souvenirs de deux étés, in: L'Écho des Alpes, 1870, S. 3.
7 *Hoibian, Olivier:* Les Alpinistes en France 1870–1950. Une histoire culturelle. L'Harmattan, Paris 2000.
8 SAC-Zentralarchiv, Bern. *Dübi,* S. 29.
9 *Marcacci, Marco:* La ginnastica contro gli sport. Polemiche contro le «esagerazioni sportive» negli ambienti ginnici ticinesi all'inizio del Novecento, in: Traverse, 3/1998.
10 *De la Harpe, Charles:* Pourquoi aimons-nous la montagne?, in: L'Écho des Alpes, 1901, S. 272.
11 *Des Gouttes, Eugène-A.:* Alpinisme et alpinistes, in: L'Écho des Alpes, 1900, S. 88.
12 *Le Comte, Élodie:* Citadins au sommet. L'alpinisme genevois (1865–1977): un siècle d'histoire culturelle et sportive. Slatkine, Genève 2008.
13 Der erste Skiclub in der Schweiz wurde von Mitgliedern der SAC-Sektion Tödi am 19. November 1893 unter dem Namen «Ski-Club Glarus» gegründet. *Mercier, Joachim:* Aus der Urgeschichte des Schweiz. Skilaufes, Jubiläums-Schrift des Ski-Club Glarus 1893–1928. Verlag Ski-Club Glarus, Glarus 1928.
14 Die ersten Skiwettkämpfe finden 1902 statt: am 16. Januar in Glarus und am 16. Februar in Bern.
15 Protokoll über die 62. Abgeordneten-Versammlung des Schweizer Alpen-Club, in: Alpina, 1924, S. 11.
16 Protokoll der 65. Abgeordnetenversammlung in Lausanne vom 21.11.1926.
17 *Correvon, Edouard:* L'alpinisme d'hiver et le CAS, in: L'Écho des Alpes, 1924, S. 29 f.
18 *Kurz, Marcel:* Guide du skieur dans les Alpes Valaisannes (Walliser-Skiführer). Volume I. Du Col de Balme au Col de Collon. Publication du Club Alpin Suisse, Berne 1924.
Kurz, Marcel: Ski-Führer durch die Walliser Alpen (Walliser-Skiführer). Band II. Vom Col de Collon bis zum Monte Moro. Herausgegeben vom Schweizer Alpenclub, Bern 1924.
Kurz, Marcel: Alpinisme hivernal. Le skieur dans les Alpes. Payot, Paris 1925.
19 Eine Revision des Kursreglements für Bergführer und Skibergführer für den Erhalt von SAC-Diplomen wird anlässlich der 64. Abgeordnetenversammlung in Interlaken am 12.9.1925 verabschiedet.
20 Geschäftsbericht des Central-Comité für 1930. Da das Skifahren in den Bergen eine besondere Technik erfordert, wandte sich der SAC zuerst an den österreichischen Oberleutnant Georg Bilgeri, dessen «Universaltechnik» die offizielle Skimethode des SAC wurde. Diese wurde ab 1933 abgelöst durch die Schweizerische Einheitstechnik.
21 Jugend-Organisation/Wegleitung, in: Die Alpen Chronik, 1929, S. 55.
22 *Faes, Henri:* Le CAS et l'alpinisme hivernal, in: Die Alpen, 1938, S. 485.
23 *Seylaz, Louis:* Évolution de l'alpinisme, in: Die Alpen, 1938, S. 490 f.
24 Brief von Dr. Leuch, Zentralpräsident des SAC, ans Central-Comité des SFAC vom 26.11.1923. SAC Zentralarchiv Bern.
25 *Eggimann, Robert:* Flocons de neige, poussière de soleil, in: Die Alpen, 1938, S. 280 f.

26 *Oechslin, Max:* Bergsteigen, in: Die Alpen Chronik, 1943, S. 191.
27 *Gilliand, Paul:* Rapport annuel pour 1942. Organisation de la Jeunesse, in: Bulletin de la section genevoise du CAS, mars 1943.
28 Ausführungen von *Charles Audino,* Präsident der Jugendgruppe der Section genevoise, in seinem Jahresbericht für 1940, in: Bulletin de la section genevoise du CAS, mars 1941, S. 46.
29 Ausführungen zitiert von de *Diesbach, Fred:* Actualité de l'alpinisme, in: Die Alpen, 1943, S. 96.
30 *Schnaidt, Paul:* Comment la Suisse devint un peuple de skieurs, in: Die Alpen, 1943, S. 328.
31 Die Militärpatrouillen gehörten zwischen 1924, den ersten Winterspielen in Chamonix, und 1948 (Olympische Spiele in St. Moritz) zum olympischen Programm.
32 *Eggimann,* a.a.O., S. 280.
33 *Anker, Daniel:* Oben statt unten. Der Schweizer Alpen-Club und die Politik, die Gesellschaft und Ideologie der Berge. Unveröffentlichte Lizenziatsarbeit, Universität Bern, 1986, S. 139 f. *Rettner, Rainer:* Eiger. Triumphe und Tragödien 1932–1938, AS Verlag, Zürich 2008.
34 *Seylaz,* a.a.O., S. 492.
35 Zu diesem Thema siehe einen Artikel von *René Dittert,* der zeigt, wie die Entwicklung des Materials neue Leistungen im Bergsteigen möglich machte. Matériel et équipment pour les alpinistes et skieurs alpins, in: Die Alpen, 1951.
36 *Irving, R. L. G.:* Relativité alpine, in: Die Alpen, 1939, S. 70.
37 *Samivel:* La montagne, d'utilité publique, in: Die Alpen, 1948, S. 217 ff.
38 *Allgäuer, Oscar:* 80 Jahre, Sektion Pilatus SAC, 1864–1944, Luzern, 1946.
39 *Lukan, Karl:* Letzte Probleme, in: Die Alpen, 1960, S. 166.
40 *Hoibian, Olivier:* De l'alpinisme à l'escalade libre. L'invention d'un style?, in: Revue STAPS, Nr. 26, 1995, S. 7 ff.
41 *Remy, Claude und Yves:* Bergsteigen und Klettern in den Waadtländer Alpen, in: Die Alpen, 1986, S. 122 ff.; *Donatsch, Peter:* Max Niedermann, «Die schönste Nebensache der Welt», in: Die Alpen, 1995, S. 34 ff.
42 *Brandt, Maurice:* Varappe à gollots, in: Die Alpen, 1968, S. 186 ff. *Remy, Claude und Yves:* L'escalade artificielle en rocher, in: Die Alpen, 1978, S. 43 ff.
43 *Droyer, Jean-Claude:* Aimer la montagne, in: La montagne et Alpinisme, 2/1975; siehe auch *Droyer, Jean-Claude:* Escalade libre: quelques réflexions pour l'avenir, in: Paris-Chamonix (section de Paris du CAF), 21/1977.
44 *Loret, Alain:* Génération glisse. Dans l'eau, l'air, la neige … la révolution du sport des «années fun». Editions Autrement – Série Mutations, Nr. 155–156, Paris 1995.
45 Siehe insbesondere *Piola, Michel:* Moderne Kletterei an der Aiguille du Midi, in: Die Alpen, 1983, S. 168 ff. (über die Ausrüstung der ersten Routen mit Klebankern im Mont-Blanc-Massiv). *Sigrist, Hanspeter:* Gedanken zur Entwicklung des Freikletterns in der Schweiz, in: Die Alpen, 1988, S. 12 (über die ersten von Claude und Yves Remy mit Klebankern ausgerüsteten Routen an der Grimsel). *Stephen, Leslie:* The Playground of Europe, London 1871; Der Tummelplatz Europas, München 1936; Der Spielplatz Europas, Zürich 1942.
46 Über die Entwicklung des Freikletterns in der Schweiz siehe *Remy, Claude:* Die Entwicklung des Freikletterns in der Zeit von 1960 bis heute, in: Die Alpen, 1988, S. 58 ff. *Sigrist, Hanspeter:* Gedanken zur Entwicklung des Freikletterns in der Schweiz, in: Die Alpen, 1988, S. 10 ff.
47 *Hoibian, Olivier:* De l'alpinisme à l'escalade libre. L'invention d'un style?, in: Revue STAPS, Nr. 26, 1995, S. 7 ff.
48 *Gloria, Aurélien und Raspaud, Michel:* Emergence des compétitions d'escalade en France (1980–1987). Genèse d'une offre fédérale, in: Revue STAPS, Nr. 71, 2006, S. 99 ff.
49 *Kernen, Rachel:* Kleine Geschichte des Wettkampfkletterns. Weltmeisterliche Spannung an Plastikgriffen, in: Die Alpen, 5/2007.

Anker, Daniel: 100 Jahre Akademischer Alpenclub Bern. Vom «Chrummfädi» auf den Everest, in: Die Alpen, 10/2005, S. 54.
50 *Busset, Thomas; Marcacci, Marco:* «Sport», Kapitel 4: Zum Wandel der sportlichen Betätigungen, in: Historisches Lexikon der Schweiz; www.hls-dhs-dss.ch/textes/d/D16332.php, abgerufen am 7. 11. 2012
51 *Gross, Etienne:* Entwicklung des Bergsteigens in den letzten 25 Jahren (Vorwort), in: Die Alpen, 1988, S. 1.
52 Zum Thema Platz und Entwicklung der Sportvereine in der Schweiz siehe *Stamm, Hanspeter und Lamprecht, Markus:* «Der Sportverein zwischen Geselligkeit, Leistungssport und modernem Dienstleistungsunternehmen», in: Sportgeselligkeit, Traverse 3/1998, S. 103 ff.
53 *Mäder, Peter:* Weiter auf dem eingeschlagenen Weg, in: Die Alpen, 2/1999, Seite 11.
54 *Gross, Etienne:* Plaisirklettern – Sicherheit – Breitensport, in: Die Alpen, 8/1998, S. 11 f.
55 *Gross, Etienne:* Bergsteigerkongress in Innsbruck. Etwas elitär …, in: Die Alpen, 11/2002, S. 29.
56 *Stämpfli, Franz:* SAC und Wettkampfklettern, in: Die Alpen, 4/1998, S. 13.
57 *Ruff, Markus:* Wie viel Integration braucht die Jugend?, in: Die Alpen, 4/2000, S. 11.
58 Statuten des Schweizer Alpen Clubs von 1996. In der letzten Version der Statuten gehört die Wissenschaft nicht mehr zum Vereinszweck (abgerufen am 9. 6. 2007).
59 Siehe die Liste der Mitgliedsverbände auf: www.ifsc-climbing.org
60 *Wassermann, Emanuel:* Neuorganisation der Alpinausbildung im SAC, in: Die Alpen, 1/1999, S. 18. 2005 wurden die Kommissionen Jugend, Ausbildung und Kurse zusammengefasst zu einer: der Kommission Bergsport & Jugend.
61 Jahresbericht 2003.
62 *Sigrist, Hanspeter:* Erfolgreiche Eisklettersaison. Eis- und Sportkletterer in einem Team, in: Die Alpen, 4/2007.
63 152. Abgeordnetenversammlung in Bern vom 9. 6. 2012. Die Alpen, 8/2012, S. 29.
64 *Stämpfli, Franz:* SAC und Wettkampfklettern, in: Die Alpen, 4/1998, S. 13.
65 *van Dierendonck, Bernard:* Klettern in der Schule: der SAC machts möglich, in: Die Alpen, 5/1999, S. 36 ff.
66 Siehe Artikel 7 der Statuten, aufgenommen durch die Abgeordnetenversammlung am 18. 6. 2011. Es handelt sich um unabhängige Verbände, deren Statuten und Aktivitäten vom SAC genehmigt werden müssen und die eine Konsultativstimme haben. Die Sektionen sind dem Zentrum angegliedert, das ihre Region abdeckt. Das Zentrum erhält eine jährliche Zuwendung durch die Sektionen, eine jährliche Subvention vom Zentralverband und für jeden organisierten Wettkampf.
67 Jahresbericht 2012.
68 *Bender, Didier:* Zur neuen Saison im Skialpinismus: ein fliessender Übergang, in: Die Alpen, 12/2002, S. 24 f.
69 *Défago, Claude:* Skialpinismuswettkampf: Die erste Schweizer Nationalmannschaft steht!, in: Die Alpen, 3/1999, S. 13 f.
70 *Liard, Gilles:* Bescheidene Ernte an der EM. Nachwuchs gesucht, in: Die Alpen, 5/2007, S. 54 f.
71 *Ehrenzweig, Nathalie:* Ins Fernsehen geklettert. Swiss Climbing Cup, in: Die Alpen, 3/2009, S. 23 ff. 72 Artikel 2 der Statuten, Version vom 9. 6. 2007: Leitbild «Berge bewegen», verabschiedet von der Delegiertenversammlung am 11. 6. 2005.
73 *Fankhauser, Andrea:* Klettern für die Wissenschaft. SAC-Expedition in Patagonien, in: Die Alpen, 4/2007, S. 30 ff.
74 *Wydler, Alex:* Alpinistischer Nachwuchs. Abschied von den Kunstgriffen, in: Die Alpen, 12/2007, S. 45 ff.
75 Das Jubiläumsmotto lautet: «Mehr als Bergsport», «Plus que de la montagne», «Ben più che alpinismo», «Dapli che alpinissem» (Rumantsch Grischun).

RETTUNG

1. *Kürsteiner, Walther:* Kritik der alpinen Unglücksfälle von 1891 bis 1900, in: Jb. SAC, 37. Jg., 1901, S. 277–296.
2. XXXV. Geschäftsbericht des Zentralkomitees an die Generalversammlung des Schweizer Alpenclub in Pontresina am 13. September 1903, in: Jb. SAC, 39. Jg., 1903, S. 437.
3. *Campell, Rudolf:* Über das Rettungswesen des S.A.C., in: Die Alpen SAC. Zum 75jährigen Bestehen des S.A.C. 1863–1938, S. 403.
4. Organisation des alpinen Rettungswesens in der Schweiz. Vgl. *Dübi*, S. 297.
5. 44. Geschäftsbericht des Zentralkomitees an die Abgeordnetenversammlung des Schweizer Alpenclub in Baden am 12. November 1912, in: Jb. SAC, 48. Jg., 1912, S. 350.
6. 46. Geschäftsbericht des Zentralkomitees über das Jahr 1914, in: Jb. SAC, 50. Jg., 1914/1915, S. 349.
7. Vgl. *Dübi*, S. 297.
8. Zitiert nach: *Elsener, Richard:* Wie alles begann, in: Rettungskommission Alpine Rettung SAC (Hrsg.): Hilfe am Berg. Hundert Jahre Alpine Rettung SAC in der Schweiz, AS Verlag Zürich 2001, S. 60 f.
9. Vgl. dazu *Anker, Daniel; Rettner, Rainer:* Corti-Drama. Tod und Rettung am Eiger 1957–1961, AS Verlag, Zürich 2007.
10. Vgl. dazu: *Ogi, Peter:* 50 Jahre Lawinenhundewesen im SAC, in: Die Alpen, 1996, S. 20–21.
11. *Häfeli, Jörg:* Fliegerrettungsübung im Tödigebiet, in: Die Alpen, 1932, S. 391–396.
12. Der Dokumentarfilm «Drama am Gauligletscher» wurde am 9.2.2012 auf SF1 gezeigt. Literatur: *Schubiger, Claude:* Dakota C 53, F. Rouge & Cie., Lausanne 1947. *Wetter, Ernst:* Flugzeug PX-1 vermisst, SJW Nr. 1025, Zürich 1968. *Cornioley, Roger:* Der Flugzeugabsturz einer amerikanischen Dakota auf dem Gauligletscher im November 1946, in: Berner Zeitschrift für Geschichte, 68. Jg., 2006, Heft 3.
13. *Campell, Rudolf:* Das Rettungswesen des SAC. Rückblick – Gegenwart – Ausblick, in: Die Alpen SAC, 1954, S. 116–119.
14. Vgl. *Elsener, Richard:* Wie alles begann, in: Rettungskommission Alpine Rettung SAC (Hrsg.): Hilfe am Berg. Hundert Jahre Alpine Rettung SAC in der Schweiz. Zürich, 2001, S. 53.
15. Gesetz über die Organisation des Rettungswesens vom 27. März 1996.
16. *Jaggi, Daniel:* Alarm beim SAC: Bergretter vor dem Aus, in: Sonntags-Blick, 29.8.2004, S. 18.
17. Alpine Rettung Schweiz: Jahresbericht 2011, S. 7.

GANZ UNTEN

Der Text setzt sich zusammen aus zwei Forschungsarbeiten von Andrea Porrini für den SNF-Schlussbericht: *Haver, Gianni; Le Comte, Élodie; Porrini, Andrea:* «Faits associatifs, territoire et société: histoire du Club alpin suisse (1863–1945)», unveröffentlicht, Uni Lausanne, 2010: Anhang Nr. 3, Une association «apolitique» dans les conflits de l'entre-deux-guerres; Anhang Nr. 4, Femmes, étrangers et ennemis de la patrie: le Club alpin suisse et la gestion des indésirables. Siehe auch: *Porrini, Andrea:* Donne, stranieri e nemici della patria: il Club alpino svizzero tra ammissioni ed esclusioni (1863-1945), in: Percorsi di ricerca, no 1, Working Papers del laboratorio di Storia delle Alpi, Università della Svizzera italiana, Mendrisio 2009.

1. *Lejeune, Dominique:* Le cas de l'alpinisme et des alpinistes, in: *Terret, Thierry*: Histoire des Sports, Paris 1996, S. 210; *Lejeune, Dominique:* Les alpinistes dans la société française (vers 1875, vers 1919); étude d'un groupe; étude d'une psychologie collective, in: Revue de géographie alpine, 64–4/1976. In den aktuellen Statuten des SAC steht bei Artikel 1: «Er ist parteipolitisch und konfessionell ungebunden.» im Leitbild des SAC vom 11. Juni 2005 heisst es: «Er ist parteipolitisch ungebunden, nimmt jedoch Stellung zu politischen Themen, wenn seine Interessen betroffen sind.»
2. *Mestre, Michel:* Le Alpi contese, Torino 2000, S. 142. Siehe auch: *Amstädter Rainer*, Der Alpinismus: Kultur, Organisation, Politik, WUV-Universitätsverlag, Wien 1996. *Mestre, Michel:* L'idée nationale en montagne et dans l'alpinisme: le cas du club alpin austro-allemand (DÖVA), in: Revue de Civilisation Contemporaine de l'Université de Bretagne Occidentale, http://www.univ-brest.fr/amnis, 2002. *Pastore, Alessandro:* Alpinismo e storia d'Italia. Dall'Unità alla Resistenza. Il Mulino, Bologna 2003. *Cuaz, Marco:* Le Alpi. Il Mulino, Bologna 2005. *Gidl, Anneliese:* Alpenverein. Die Städter entdecken die Alpen. Der Deutsche und Österreichische Alpenverein von der Gründung bis zum Ende des Ersten Weltkrieges. Böhlau Verlag, Wien 2007. Berg Heil! Alpenverein und Bergsteigen 1918–1945. Hg. vom Deutschen Alpenverein, vom Oesterreichischen Alpenverein und vom Alpenverein Südtirol. Böhlau Verlag, Wien 2011.
3. Protokoll des Central-Comité, Sitzung vom 4. November 1919, SAC-Zentralarchiv Bern, S. 115 f.
4. «In questa lontananza dalla vita sta forse l'ultimo segreto dell'impressione prodotta dalle Alpi elevate.» Georg Simmel, zitiert von *Mathieu, Jon:* Storia delle Alpi 1500-1900. Ambiente, sviluppo e società, Bellinzona 2000, p. 7.
5. Historisch-biographisches Lexikon der Schweiz, Neuenburg 1921, S. 455. Aubert war der Gründer der Entente Internationale contre la IIIe Internationale, die unter seiner Führung und durch sein Korrespondentennetz in fast ganz Europa zur «wichtigsten und dauerhaftesten Gruppierung im Kampf gegen den Kommunismus in der ersten Hälfte des 20. Jahrhunderts» wurde. Siehe *Caillat, Michel:* «L'entente internationale anticommuniste (EIA). L'impact sur la formation d'un anticommunisme helvétique de l'action internationale d'un groupe de bourgeois genevois», in: *Caillat, Michel; Cerutti, Mauro; Fayet, Jean-François; Roulin, Stéphanie* (éd.): Histoire(s) de l'anticommunisme en Suisse, Zurich 2009, S. 147. Dieses Engagement brachte Aubert von 1935 bis 1939 einen Sitz im Nationalrat als Vertreter der frontistischen Union nationale ein. Mehr zu Aubert unter: www.hls-dhs-dss.ch.
6. Protokoll des Central-Comité, Sitzung vom 4. November 1918, SAC-Zentralarchiv, Bern. Im Original heisst es: «(…) des inquiétudes qui étreignent le cœur de tous les vrais citoyens du fait de l'activité néfaste déployée dans notre pays par des éléments étrangers, révolutionnaires illuminés ou stipendiés à la solde de causes en contradiction absolue avec notre démocratie.» Die andern Originalversionen in der französischen Ausgabe von «Helvetia Club».
7. Ebd.
8. Siehe *Vuillemier, Marc; Kohler, Françoise; Ballif, Eliane; Cerutti, Mauro; Chevalley, Bernard:* La grève générale de 1918 en Suisse, Genève 1977.
9. Protokoll des Central-Comité, Sitzung vom 4. November 1918, SAC-Zentralarchiv, Bern, S. 115 ff.
10. Ebd.
11. Ebd
12. Ebd
13. Ebd
14. Brief vom 13. Dezember 1918 des Vizepräsidenten der Sektion Monte Rosa an [Maurice Gallet], den Präsidenten der Gruppe Sierre, Staatsarchiv, Sitten.
15. Brief von Aubert an Cavin, 28. März 1919, Staatsarchiv, Sitten.
16. Brief der Sezione Ticino an die Guardia Civica di Lugano, 10. Mai 1919, Archiv der Sezione Ticino, Lugano.
17. Brief der Sezione Ticino an die Guardia Civica di Lugano, 10. Mai 1919, Archiv der Sezione Ticino, Lugano.

18 Protokoll des Central-Comité, Sitzung vom 7. Januar 1919, SAC-Zentralarchiv, Bern.
19 Protokoll des Central-Comité, Sitzung vom 26. November 1918, SAC-Zentralarchiv, Bern.
20 Protokoll des Central-Comité, Sitzung vom 17. Dezember 1918, SAC-Zentralarchiv, Bern.
21 Ebd.
22 Zirkular vom Dezember 1918, Staatsarchiv, Sitten.
23 *Raaflaub, Robert:* Les 15 premières années de la section Prévôtoise du CAS 1917–1931, Moutier 1933.
24 Ebd.
25 Ebd.
26 Ebd.
27 *Thürer, Andreas:* Der Schweizerische Vaterländische Verband und die in ihm zusammengeschlossenen Bürgerwehren 1919–1923, unveröffentlichte Lizenziatsarbeit, Basel 1976. *Thürer, Andreas:* Der Schweizerische Vaterländische Verband 1919–1930/31. Diss. phil., Basel 2010; 3 Bde. mit total 1405 Seiten. www.hls-dhs-dss.ch/textes/d/D17416.php (abgerufen am 21.12.12).
28 Das Central-Comité des SAC, das die Traktandenliste der Sitzung erarbeitete, hatte als Name «Union suisse de défense nationale» vorgeschlagen.
29 Rundschreiben vom Dezember 1918, Archiv der Walliser Sektion, Staatsarchiv Wallis.
30 *Thürer:* Der Vaterländische Verband, a.a.O. www.vaterlaendische.ch/geschichte.html (abgerufen am 21. Dezember 2012).
31 Protokoll des Central-Comité, Sitzung vom 26.11.1918, SAC-Zentralarchiv, Bern.
32 Protokoll der 59. Abgeordnetenversammlung des SAC, in: Alpina, 1921, S. 35.
33 Protokoll des Central-Comité, konstituierende Sitzung vom 22.11.1919 und vom 30. April 1920, SAC-Zentralarchiv, Bern.
34 53. Geschäftsbericht des C.C. des S.A.C., Bestand der Sektionen und Mitglieder, in: Alpina 1921, S. 180: «Gar viele Touristen treten dem S.A.C. bei, um dessen Vergünstigungen teilhaftig zu werden, ohne gleichzeitig den Idealismus und patriotischen Geist unserer Vereinigung zu teilen. […] Das C.C. hat deshalb in einem Appell an die Sektionen diese dringend ersucht, bei Neuaufnahmen mit aller Sorgfalt zu verfahren. Wir haben denn auch den Bestrebungen, die auf eine Clubreinigung drangen, alle Beachtung geschenkt.» In der französischen Version ist «Clubreinigung» mit «sélection au sein du C.A.S.» übersetzt.
35 Protokoll des Central-Comité, Sitzung vom 17. September 1920, SAC-Zentralarchiv, Bern 36 Protokoll des Central-Comité, Sitzung vom 29. Oktober 1920, SAC-Zentralarchiv, Bern.
37 Protokoll des Central-Comité, Sitzung vom 13. November 1919, SAC-Zentralarchiv, Bern.
38 Brief von Gottlieb Schaffner ans Central-Comité vom 21. Januar 1921, SAC-Zentralarchiv, Bern.
39 Brief der Untersektion Brugg ans Central-Comité vom 21. Januar 1921, SAC-Zentralarchiv, Bern.
40 Brief des Komitees der Zürcher Sektion ans Central-Comité vom 4. März 1922, SAC-Zentralarchiv, Bern.
41 Protokoll des Central-Comité, Sitzung vom 6. Juni 1933, SAC-Zentralarchiv, Bern.
42 Protokoll des Central-Comité, Sitzung vom 16. November 1938, SAC-Zentralarchiv, Bern.
43 Protokoll des Central-Comité, Sitzung vom 18. Februar 1946, SAC-Zentralarchiv, Bern.
44 Brief vom 27. Februar 1946 von Zentralpräsident *Furer* an den Präsidenten der Sektion Gotthard, Rudolf Walker.
45 Protokoll des Central-Comité, Sitzung vom 25. Februar 1946, SAC-Zentralarchiv, Bern.
46 Brief von Charles Golay an CC-Präsident Albert Eggler vom 22.7.1965, in: Akten des CC 1938–1973, SAC-Zentralarchiv, Bern.
47 Brief der Sektion Pilatus an das CC Bern vom 6.8.1965, in: ebd.
48 *Anker, Daniel:* Oben statt unten. Der Schweizer Alpen-Club und die Politik, die Gesellschaft und Ideologie der Berge. Unveröffentlichte Lizenziatsarbeit, Universität Bern, 1986, S. 75 ff.
49 *Jost, Hans-Ulrich:* Die reaktionäre Avant-Garde. Die Geburt der Neuen Rechten in der Schweiz um 1900. Chronos, Zürich 1992.
50 *Hoibian, Olivier:* Les alpinistes en France, a.a.O., S. 2.

UMWELT

1 *Huxley, Thomas:* Evidence as to man's place in nature. Williams and Norgate, Edinburgh 1863, S. 71.
2 Ebd.
3 Von *Tschudi, Friedrich:* Das Thierleben der Alpenwelt. Leipzig 1853; zitiert nach der 5. Auflage, 1860, S. 3.
4 *Hobsbawm, Eric; Ranger, Eric:* The Invention of Tradition. Canto Press, Cambridge 1992, S. 13.
5 Zitiert nach: *Anker, Daniel:* Oben statt unten. Der Schweizer Alpen-Club und die Politik, die Gesellschaft und Ideologie der Berge. Unveröffentlichte Lizenziatsarbeit, Uni Bern, 1986, S. 29.
6 *Buss,* S. 7.
7 *Zeller, Willy:* Von den inneren Zielen des S.A.C., in: Die Alpen Chronik, 1933, S. 4.
8 *Dübi,* S. 50, 56.
9 *Schmidhauser, Albin:* Entwicklung und Aktivitäten wichtiger Naturschutzorganisationen von gesamtschweizerischer Bedeutung: von ihren Anfängen bis zur Verabschiedung des Waldgesetzes 1991. ETH, Zürich 1999, S. 7.
10 *König, Wolfgang:* Bahnen und Berge. Verkehrstechnik, Tourismus und Naturschutz in den Schweizer Alpen 1870–1939. Campus Verlag, Frankfurt a.M. 2000, S. 132.
11 *Alpina,* 1896, S. 124; Alpina, 1897, S. 24, 98; 1912, S. 244–246. Sowie Punkt «Jungfraubahn» im XXVIII. Geschäftsbericht des Centralkomitees des Schweizer Alpenclub, in: Jb. SAC, Jg. 31, 1895, S. 450 f.
12 Jb. SAC, Jg. 43, 1907, S. 475.
13 *Dübi,* S. 286.
14 *Wirz, Tanja:* 100 Jahre für die Natur, in: Die Stimme der Natur, 100 Jahre Pro Natura. Pro Natura, Basel 2009, S. 126.
15 *Dübi,* S. 286.
16 *Wirz,* a.a.O., S. 126.
17 Die Alpen / Les Alpes / Le Alpi / Las Alps, Zum 75-jährigen Bestehen des S.A.C. 1863–1938, Bern 1938, S. 32–33.
18 *Haver, Gianni; Le Comte, Élodie; Porrini, Andrea:* «Faits associatifs, territoire et société: Histoire du Club alpin suisse (1863–1945)», Project FNS, Rapport final, non publié, Uni Lausanne, 2010: Extrait, Les Alpes entre produit de loisir et patrimoine naturel à protéger, S. 2.
19 *Landholt, Elias:* Unsere Alpenflora. SAC-Verlag, Bern 1960.
20 *Fitze, Urs:* Schweizer Alpenclub SAC: «Wir nützen und schützen die Alpen», in: Alpenmagazin online, www.alpenmagazin.org (abgerufen am 1.11.2012).
21 *Flüeler, Elsbeth:* Mehr als eine Ressource. Blosse Ressourcenpolitik wird den Bergen nicht gerecht, in: NZZ online, 20.1.2010.
22 Leserbrief: «Massentourismus in den Hütten» in: Die Alpen, 6/2012, S. 41.
23 *Fitze:* Schweizer Alpenclub SAC, a.a.O.
24 www.sac-cas.ch/umwelt/bergsport-naturschutz.html.
25 Ebd.

GEBIRGSFLIEGEREI

1. *Thiel, Oswald:* Alpinisme et aviation, in: L'Écho des Alpes, 1921, S. 102. Munck, Pierre: Im Flugzeug, in: Alpina, 1921, S. 212-214.
2. *Kempf, Hans:* Matterhornflug, in: Die Alpen, 1928, S. 65.
3. *Koenig, Hans:* Bergsteigen einst und jetzt, in: Die Alpen, 1952, S. 237.
4. *Wetter, Otto:* Flugzeug und alpines Rettungswesen, in: Die Alpen Chronik, 1931, S. 259 f.
5. CC: Das Flugzeug im Dienste des alpinen Rettungswesens, in: Die Alpen Chronik, 1932, S. 151.
6. *Bindschedler, H.:* Rettungsübungen mit Flugzeugen, in: Die Alpen Chronik, 1932, S. 288.
7. *Oechslin, Max:* Zu den Vorträgen von Gletscherpilot Hermann Geiger, in: Die Alpen MB, 1958, S. 51.
8. *Oechslin, Max:* Firn- und Gletscherflugplätze, in: Die Alpen MB, 1958, S. 53.
9. *Oechslin, Max:* Nochmals Flugzeuge im Hochgebirge!, in: Die Alpen MB, 1958, S. 115.
10. *Herzen, Serge:* Hélicoptère et secours en montagne, in: Die Alpen Chronik, 1950, S. 228.
11. Ebd.
12. Ebd., S. 230.
13. Brief vom 13. August 1960; Archiv der SAC-Geschäftsstelle in der Burgerbibliothek Bern.
14. Amtliches Bulletin der Bundesversammlung, Frühjahrssession Ständerat, 5. März 1963, S. 4
15. Amtliches Bulletin der Bundesversammlung, Sommersession Ständerat, 5. Juni 1963, S. 132
16. Ebd.
17. *Schwarzenbach, Fritz:* Tagebuch; liegt dem Autor vor.
18. Amtliches Bulletin der Bundesversammlung, Sommersession Ständerat, 5. Juni 1963, S. 134
19. Ebd., S. 138
20. BGE 1C_43/2012
21. Zur Geschichte der Gebirgsfliegerei, vgl. *Camenzind, Peter:* Der Anfang des Dilemmas. 50 Jahre touristische Gebirgsfliegerei, in: Die Alpen, 4/2011, S. 45–50.

CLUBLOKALE

Défayes, Fabienne: «Pourquoi ne pas en rester à quelques planches de mélèze?»: les rénovations des cabanes de montagne entre matériel et idéel. Une approche par l'architecture Université de Neuchâtel, Institut d'ethnologie, 2010.

BILDNACHWEIS STATISTIKEN

Mitglieder
Georg Grolimund, Alpengroupies; Schweizerischer Nationalpark; Alpines Museum der Schweiz.

Kantone
Sektionen Aarau, Angenstein, Bachtel, Baselland, Bernina, Carougeoise, Engelberg, Gotthard, Huttwil, Jura, Kaiseregg, Monte Rosa, Morges, Mythen, Neuchâteloise, Pilatus/Rigi, Olten, Randen, Rossberg, Säntis, Ticino, Titlis, Toggenburg, Tödi, Thurgau.

Sektionen
Daniel Anker; Heinz Kundert; Ralph Schnegg; diverse Internetquellen.

Geschlecht
Georg Grolimund, Alpengroupies; Sektionen Basel und Thurgau; Alpines Museum der Schweiz.

Sprache
Marco Volken; Alpines Museum der Schweiz.

Alter
David Schweizer; Sektionen Basel, Hohe Winde, Tödi, Winterthur; Alpines Museum der Schweiz.

Hüttenübernachtungen
Caroline Fink; Marco Volken; diverse Internetquellen.

Ehrenamt
Peter Seiler; Alpines Museum der Schweiz.

Hüttenplätze
Marco Volken; SAC-Geschäftsstelle; Alpines Museum der Schweiz.

Geld
Walter von Weissenfluh, Alpines Museum der Schweiz

Aktivitäten
Brigit Rufer; Bruno Hasler; David Schweizer; Sektionen Basel, Bregaglia, Hohe Winde, Tödi.

Mitgliedschaft
Alpines Museum der Schweiz.

Präsidium
Severin Nowacki; Alpines Museum der Schweiz; Die Alpen, 1938.

Ehrenmitgliedschaft
Alpines Museum der Schweiz.

BIOGRAFIEN

DER MITARBEITERINNEN UND MITARBEITER

DANIEL ANKER — Geboren 1954 in Schaffhausen, Studium der Schweizer Geschichte an der Uni Bern mit Seminar- und Lizenziatsarbeit über den SAC: «Die Kraft der vaterländischen Berge: die Sprachenfrage im Schweizer Alpen-Club von 1863 bis 1925» (1983); «Oben statt unten. Der Schweizer Alpen-Club und die Politik, die Gesellschaft und die Ideologie der Berge» (1986). Verfasser mehrerer Skitouren-, Wander- und Klettersteigführer für viele Regionen der Schweiz sowie für Côte d'Azur, Languedoc-Roussillon und Kalifornien. Im Zürcher AS Verlag gibt er Bergmonografien über grosse Gipfel der Schweiz heraus. Freier Mitarbeiter von «Die Alpen», «outdoor guide» und «NZZ». «Ankers Buch der Woche» auf www.bergliteratur.ch. Mitglied der SAC-Sektionen Bern und Gantrisch, des Akademischen Alpenclubs Bern, der Società Alpinistica Valmaggese sowie der Verlag- und der Bibliothekskommission des SAC. Stiftungsrat der King Albert I. Memorial Foundation. Lebt in Bern.

BERNHARD RUDOLF BANZHAF — Geboren 1952 in Basel. Schulen und Ausbildung zum Logistiker. Längere berufliche Aufenthalte in Genf, England und im Mittleren Osten. Begeisterter Bergsteiger, seit 1969 Mitglied der SAC-Sektion Angenstein. Organisiert seit 1984 Reisen in den Himalaya und in die Gebirge Europas. Schreibt und publiziert daneben Bücher. Mitglied des Zentralvorstands SAC von 1995 bis 2003. Hobby gleich Beruf. Wohnt seit 1993 in Saas-Fee und fühlt sich dort sehr wohl. — www.banzhaf.org

PETER CAMENZIND — Geboren 1967 in Davos, Schweizerische Alpine Mittelschule Davos, Studium der Geschichte und Medienwissenschaften. Seit 1994 Journalist bei elektronischen, dann Printmedien, seit 2009 Redaktor «Die Alpen». Ihn interessiert alles im und um den SAC. Er mag Ski- und Hochtouren und alpine Wanderungen mit seinem Sohn Gian. Sitzt gerne gemütlich in Hütten und Biwak. Hallenklettern zur sportlichen Ertüchtigung. Lebt ländlich in der Äusseren Enge in Bern und ist Mitglied der SAC-Sektion Davos.

CAROLINE FINK — Geboren 1977, Autorin und Fotografin. Buchpublikationen und journalistische Arbeiten im Bereich Alpinismus, Berge und Reisen, wobei das Frauenbergsteigen einen Schwerpunkt bildet. Daneben dokumentarische Multi Media Stories im selben Themenkreis. Im Rahmen von Tagungen zu den Themen Frauenbergsteigen und Bergliteratur in den vergangenen Jahren Podien in der Schweiz und im Ausland. Grundlage ihrer beruflichen Laufbahn bildet ein Soziologiestudium. Sie ist selbst Alpinistin, Mitglied der SAC-Sektionen Uto und Baldern und lebt in Zürich. — www.caroline-fink.ch

MARTIN GUTMANN — Geboren 1979 in Trelleborg, Schweden. Ist als Schweizer und US-amerikanischer Staatsbürger in Schweden, Japan und den USA aufgewachsen. Studium in Politologie und Geschichte. Arbeitet als freiberuflicher Schriftsteller, mit regulären Beiträgen in «Climbing», «Alpinist», «Rock and Ice» und «The American Alpine Journal». Auch als Lehrer und Dozent an der Ecole d'Humanité und an der Uni Luzern tätig. Lebt am Hasliberg im Berner Oberland und ist Mitglied der SAC-Sektion Oberhasli.

BEAT HÄCHLER — Geboren 1962 in Bern. Von 2002 bis 2010 Co-Leiter des Stapferhauses Lenzburg, seit 2011 Direktor des Alpinen Museums der Schweiz in Bern. Studierte Geschichte, Germanistik und Medienwissenschaften in Bern und Madrid, 2012 Masterabschluss in Szenografie an der Zürcher Hochschule der Künste. Autor verschiedener Beiträge für Bergmonografien und Herausgeber des literarischen Tessin-Wanderbuchs «Das Klappern der Zoccoli». Lebt in Bern und ist Mitglied der SAC-Sektion Locarno.

ANDREA HUNGERBÜHLER — Geboren 1972 in Basel. Soziologin, Studiengangsleiterin am Eidgenössischen Hochschulinstitut für Berufsbildung EHB in Zollikofen/Bern. Sie schrieb ihre Dissertation zum Bergführerberuf: «Könige der Alpen». Zur Kultur des Bergführerberufs (2013). Lebt in Bern und ist Mitglied der SAC-Sektion Bern.

TAMARA JANES — Geboren 1980 in St. Gallen. Studiert zurzeit Fotografie an der Zürcher Hochschule der Künste, zuvor Visuelle Kommunikation in St. Gallen. War während zehn Jahren als Grafikerin und Art Director in der Werbebranche tätig. Begegnet der Bergwelt meistens mit der Fotokamera beim Wandern oder beim Wintersport. Erster postadoleszenter Kletterversuch in der Kletterhalle Magnet in Niederwangen BE. Wohnt in Bern. Noch nicht SAC-Mitglied. — www.tamarajanes.ch

ÉLODIE LE COMTE — Née en 1978 à Genève. Etudes d'histoire. Auteur d'un ouvrage sur l'histoire de l'alpinisme genevois issu de son mémoire de Master: «Citadins au sommet. L'alpinisme genevois (1865-1970): un siècle d'histoire culturelle et sportive» (2008). Ses travaux et ses enseignements à l'Université de Genève portent sur l'histoire culturelle des Alpes et sur l'histoire orale. De 2006 à 2011, elle a été chercheuse pour le Fonds national suisse dans le cadre de plusieurs projets, dont l'un sur le CAS. Membre de la Section carougeoise du CAS et du Club Alpin Français. Passionnée de montagne en toute saison, elle travaille actuellement comme accompagnatrice de randonnée indépendante. En 2012, elle a passé l'aspirant-guide de haute montagne à l'ENSA (Chamonix). Vit à Presinge (GE).

BARBARA KELLER — Geboren 1981 in Reinach (AG). Studium der Geografie und Sozialanthropologie an den Universitäten Bern und Stockholm sowie Master «ausstellen & vermitteln» an der Zürcher Hochschule der Künste. Arbeitet seit 2011 als Kuratorin am Alpinen Museum der Schweiz und ist Projektleiterin der Ausstellung «Helvetia Club. Die Schweiz, die Berge und der Schweizer Alpen-Club». Lebt in Bern und ist Mitglied der SAC-Sektion Bern.

MARCO MARCACCI — Nato nel 1950 a San Vittore (GR) dove risiede. Laureato in storia presso l'Università di Ginevra, autore di numerose pubblicazioni, in italiano e in francese, sulla storia svizzera del XIX e del XX secolo. Lavora come storico e pubblicista indipendente ed è membro della redazione della rivista «Archivio Storico Ticinese». Si è occupato di storia dello sport, nonché della percezione della montagna: due tematiche che toccano anche la storia del CAS. Appassionato della montagna, pratica regolarmente l'escursionismo alpino.

ANDREAS MINDER — Geboren 1965 in Diemerswil (BE). Volkswirtschaftsstudium in Bern (lic. rer. pol.), freier Journalist im Zürcher Pressebüro Presseladen, arbeitet regelmässig für «Die Alpen» und den «Bergretter», das Magazin der Alpinen Rettung Schweiz. Lebt in Zürich und ist Mitglied der SAC-Sektion Uto.

ANDREA PORRINI — Né en 1978. Titulaire d'un Master et d'un DEA (diplôme d'études approfondier) en sciences politiques et sociologie (Université de Lausanne). Il a travaillé sur la naissance de l'UTOE

DANK

(Union tessinoise des ouvriers excursionnistes) et a été chercheur pour le Fonds national suisse, dans le cadre d'un projet sur le CAS. Il est actuellement inscrit comme doctorant pour une thèse intitulée «Faits associatifs, nationalisme et territoire: naissance et développement du Club alpin suisse (1863–1914)». Il est également chercheur associé au Laboratoire d'histoire des Alpes. Membre de la Section Ticino du CAS. Il vit à Massagno près de Lugano.

MARTIN RICKENBACHER — Geboren 1954 und aufgewachsen zu Füssen der Sissacherflue (BL). Ist diplomierter Kulturingenieur der ETH Zürich und arbeitet seit 1989 im Bereich Topografie des Bundesamts für Landestopografie swisstopo, in dessen Auftrag er den vorliegenden Beitrag verfasst hat. Vertritt seit 2008 swisstopo im Stiftungsrat des Alpinen Museums der Schweiz. Seit 1995 widmet er sich in seinen Publikationen den Schnittstellen zwischen Vermessung, Kartografie und Geschichte. 2011 veröffentlichte er seine Forschungen zu «Napoleons Karten der Schweiz», für die er 2009 von der Philosophisch-Historischen Fakultät der Universität Basel promoviert worden war. Lebt in Bern.

THOMAS SCHMID — Geboren 1976 in Adelboden und dort auch aufgewachsen – von daher also eigentlich für den Alpinismus prädestiniert, zu dem er bisher aber keinen praktischen Zugang gefunden hat. Hat Geschichte und Latein in Bern studiert (lic. phil.) und arbeitet als Archivar in der Burgerbibliothek Bern, wo er unter anderem für die Archive des SAC und des Akademischen Alpenclubs Bern zuständig ist und an den gezeichneten Bergpanoramen von Vater und Sohn Gottlieb Studer mindestens so viel Freude hat wie an einem echten.

ANITA SCHNEUWLY — Geboren 1975 in Fribourg. Ausbildung zur Floristin, anschliessend Studium in Visueller Kommunikation an der Hochschule der Künste in Bern. Seit 2011 eigenes Atelier als visuelle Gestalterin. In den Bergen zum Wandern und Staunen. Lebt und arbeitet in Bern. — www.anitaschneuwly.ch

JÜRG STEINER — Geboren 1964 in Bern. Geograf, arbeitet als Journalist bei der «Berner Zeitung» und schreibt regelmässig über Bergthemen. Er lebt mit seiner Familie in Mittelhäusern bei Köniz und ist seit 1993 Mitglied des SAC, zuerst in der Sektion Locarno (weil er dort arbeitete), seit 2011 in der Sektion Blümlisalp.

SOPHIE STIEGER — Geboren 1979 in Zürich. Freischaffende Fotografin, arbeitet für verschiedene Zeitungen und Magazine, daneben auch freie Projekte. Mit den Bergen hat sie nur vom Tal aus zu tun. Lebt in Zürich. — www.sophiestieger.ch

MARCO VOLKEN — Geboren 1965 in Mailand als Walliser, aufgewachsen im Tessin. Studium der Physik an der ETH Zürich. Freier Fotograf und Autor. Zahlreiche Publikationen über alpine Themen, darunter Bildbände, Sachbücher, Wander-, Hütten-, Kletter- und Skitourenführer; im AS Verlag ist er Herausgeber mehrerer Bergmonografien. Als Fotograf arbeitet er für Zeitschriften, Non-Profit-Organisationen, Werbung und Tourismus. Mitglied der SAC-Sektionen Ticino und Bregaglia sowie der Società Escursionistica Verzaschese. Vier Jahre in der Sommeralpinismuskommision des SAC und acht Jahre in der Verlagskommission. Stiftungsrat der King Albert I. Memorial Foundation. Lebt in Zürich. — www.marcovolken.ch

Ein Buch ist immer ein Gemeinschaftswerk. Der SAC Verlag hat die angenehme Pflicht, allen Beteiligten einen grossen Dank auszusprechen:

Vorab dem Herausgeber und Hauptautoren Daniel Anker, der eine herkulische Arbeit leistete, gut gesichert von Marco Volken.

Allen Textautoren und Fotografen; und da ganz speziell Sophie Stieger, die für die 35 Porträts von heutigen SAC-Mitgliedern verantwortlich war.

Der Gestalterin Anita Schneuwly für ihren Wurf – und die Umsetzung.

Den Übersetzern, die unter Zeitdruck ganze Textberge abzutragen hatten.

Dem «SAC-Archivar» Thomas Schmid in der Burgerbibliothek Bern, der die Recherchen im neu katalogisierten Zentralarchiv tatkräftig unterstützte.

Den Leuten im Alpinen Museum der Schweiz in Bern, insbesondere auch Stefan Hächler für die Bildbeschaffung und Barbara Keller, der Kuratorin der Ausstellung «Helvetia Club», die auch den Link zu den Grafikern Brigit Rufer und Matthias Rohrbach von Rob & Rose sicherstellte.

Dem ehemaligen Geschäftsführer Peter Mäder, der als Götti des Buches fungierte; und so manchen Leuten auf der Geschäftsstelle in Bern, die mit Infos, Ratschlägen und Durchlesen halfen.

All den SAC-Sektionen, die ihre Archive öffneten und bei den Recherchen mithalfen.

Der SAC-Bibliothek in der ZB Zürich, die die beste Sammlung alpiner Literatur der Schweiz zur Verfügung gestellt hat.

Den internen und externen Korrektoren und Korrektorinnen. Unserer designierten Zentralpräsidentin Françoise Jaquet für das Nachwort. Und unserem Zentralpräsidenten Frank-Urs Müller, der die Texte lektorierte und das Vorwort verfasste.

Johann N. Schneider-Ammann, Bundesrat und SAC-Mitglied, für das treffende Grusswort.

Und den Porträtierten danken wir herzlich, dass sie einmal mehr für ihren Club im Einsatz waren.

Zuletzt noch ein Wort zu einer Geschichte von beispielhafter Partnerschaft. 1871 druckte die Firma Stämpfli in Bern erstmals für den SAC, und zwar das «Jahrbuch des Schweizer Alpenclub» VII. Alle weiteren Jahrbücher auch, und selbstverständlich ebenfalls die Denkschrift zum 50-Jahr-Jubiläum von Heinrich Dübi.

Seit 1925 gibt es die Zeitschrift «Die Alpen», die immer bei Stämpfli produziert wurde. Peter Stämpfli, der heutige Mitinhaber, und der SAC sind stolz auf diese lange Tradition. So war es schon fast naheliegend, dass auch der vorliegende Jubiläumsband bei Stämpfli gesetzt und gedruckt wurde. Peter Hubacher war seit Jahren unser Kontaktmann bei Stämpfli und sorgte noch vor seiner Pensionierung für ein Projektbegleitteam, welches durch Markus Peter Gerber gekonnt geleitet wurde. Auch ihnen wie der Polygrafin Caroline Wangler sei ganz fest gedankt.

HANS M. OTT
Verlagsleiter SAC Verlag

HELVETIA CLUB –
EINST UND HEUTE

Es waren drei Clubisten
Clu, clu, clu, bisten
Es waren drei Clubisten.
Der Erste, der hieß H e i r i.
Der Zweite, der hieß H e n r i.
Der Dritte, der hieß E n r i c o.
Der Erste kam von Zürich her.
Der Zweite kam vom Lemanstrand.
Der Dritte kam von Lugano.
Die trafen auf der Jungfrau sich.
Sie schauten in das Land hinab.
Da riefen sie begeistert aus:
Der Erste: Hoch das Schweizerland!
Der Zweite: Vive la belle Suisse!
Der Dritt': Evviva Svizzera!

Ein von K. Rüegg getextetes Lied aus «Das fröhliche Murmelthier. Allerlei Sing-Sang für Schweizer Alpenclubisten und zugewandte Orte». Der Grindelwalder Gletscherpfarrer Gottlieb Strasser, Mitbegründer der SAC-Sektion Grindelwald, stellte dieses 1899 publizierte Singbuch für den Schweizer Alpen-Club SAC zusammen. Wir singen mit, auch in den nächsten fünfzig Jahren.

Aufnahme Hans Leuzinger, Bern, — Quelle: Die Alpen, 1950.

IMPRESSUM

© SAC Verlag, Bern 2013

Übersetzungen
Emanuel Balsiger
Waldo Morandi
Anne-Marie Nicole
Antoine Reist

Lektorat
Stämpfli Publikationen AG, Bern

Visuelles Konzept und Gestaltung
Anita Schneuwly,
visuelle Gestaltung, Bern

Gestaltung der Statistiken
Rob&Rose, Zürich

Satz
Stämpfli Publikationen AG, Bern

Lithografie
Stämpfli Publikationen AG, Bern

Druck
Stämpfli Publikationen AG, Bern

Buchbinderei
Buchbinderei Burkhardt AG,
Mönchaltorf

ISBN 978-3-85902-362-8

TITELBILD

Mitglieder der Zürcher SAC-Sektion Bachtel auf dem Pfaffenstöckli (3114 m) in den Berner Alpen. Stolz hält einer der Clubisten die am Pickel befestigte Schweizer Fahne hoch, während ein anderer sich mit der Karte vergewissert hat, wie hoch der Gipfel ist – und wie er heisst. Er erhielt den Namen nach dem Pfarrer Rudolf Gerwer von Grindelwald, der im Juli 1865 mit Führer Christian Michel die Erstbesteigung gemacht hatte. Er habe dem Gipfel «die Ehre der Unerstiegenheit abgerungen», schrieb Gerwer im dritten «Jahrbuch des Schweizer Alpen-Club». Gerwer gehörte zu den ersten Mitgliedern der SAC-Sektion Bern. Man nannte «seinen» Berg früher auch Grindelwald Grünhorn, was wiederum an die erste SAC-Hütte, die Grünhorn-Hütte, denken lässt. Fragt sich nur, wo denn die Frauen sind. Nun, sie sind erst seit 1980 offiziell mit dabei im Club. Ein Trost: Im SAC-Jahrbuch von 1890 finden wir für das Pfaffenstöckli den Namen Jacksonspitze, nach der Wintererstbesteigerin Margaret Anne Jackson. Den Clubisten links auf dem Bild kümmert das alles nicht. In diesem Sinne: Ein Prost auf den SAC!
— Quelle: 125 Jahre SAC Bachtel 1871–1996

DANK

Der Schweizer Alpen-Club SAC dankt der MIGROS für ihre Partnerschaft.

Hauptsponsor
Sponsor principal **MIGROS**
Sponsor principale